Marshall H. Klaus/John H. Kennell:
Mutter-Kind-Bindung
Über die Folgen einer frühen Trennung

Vorwort von Julius Richmond
Mit 31 Abbildungen
Aus dem Amerikanischen von
Karl Heinz Siber

Deutscher
Taschenbuch
Verlag

dtv

Ungekürzte Ausgabe
Juli 1987
Deutscher Taschenbuch Verlag GmbH & Co. KG, München

Titel der amerikanischen Originalausgabe:
Maternal-Infant-Bonding: The Impact of Early Separation or Loss on Family Development

ISBN 3-466-34068-3
Umschlaggestaltung: Boris Sokolow
Gesamtherstellung: Kösel, Kempten
Printed in Germany · ISBN 3-423-15033-5

Inhalt

Für unsere Eltern;
für unsere Frauen Peggy und Lois

und für unsere Kinder
David, Susan und Jack
Susan, David, Alisa, Laura und Sarah

Vorwort

Dieses sehr aktuelle Buch befaßt sich mit der Frage, wie es möglich ist, von den frühesten Lebenstagen an »aus Menschen menschliche Wesen zu machen«. Im Mittelpunkt stehen dabei die Frühgenese der Beziehung zwischen Säugling und Eltern – und die Faktoren, die diesen Prozeß fördern oder hemmen können. Aktuell ist das Buch, weil wir, historisch betrachtet, heute einen Punkt erreicht haben, an dem wir die Gewohnheiten und Praktiken der Vergangenheit überprüfen und neue Orientierungslinien setzen. In solchen veränderungsschwangeren Zeiten ist es gut, wenn man sich an Experten orientieren kann, die fähige Kliniker sind und als Naturwissenschaftler nicht nur ein Bewußtsein von den Herausforderungen haben, die das Betreten wissenschaftlichen Neulands bietet, sondern auch in der Kunst der Betreuung von Familien mit normalen und kranken Neugeborenen bewandert sind. Es ist ein Glücksfall, für den man dankbar sein darf, daß sich bei den Autoren aufgrund ihres beruflichen Könnens eine Reihe von Qualitäten miteinander verbinden: eine hohe Sensibilität für die Bedürfnisse von Eltern, eine offene Einstellung für neue Bewertungen und Interpretationen alter Fragen, eine theoretische Orientierung, die es ihnen gestattet, die komplexen Fragen der Bindung zwischen Eltern und Neugeborenem zu prüfen und kritisch zu überdenken, und eine Bescheidenheit, die sie ihre eigenen wissenschaftlichen Untersuchungen sowie die anderer Forscher mit Abstand und Augenmaß betrachten läßt.
Woher kommt aber eigentlich dieser rasche Veränderungsprozeß im Umkreis der Betreuung des Neugeborenen und seiner Familie? Wir müssen hier einen Blick in die Geschichte der Medizin seit der Jahrhundertwende werfen. Damals ermöglichten die Fortschritte in den Naturwissenschaften den Beginn der modernen Ära der naturwissenschaftlichen medizinischen und insbesondere klinischen Forschung. Erst auf dieser Basis entstand die ärztlich-medizinische Ausbildung in ihrer heutigen Form, und parallel dazu entwickelte sich das moderne Krankenhauswesen.
Daß die Resultate dieser Entwicklung im Laufe der Jahrzehnte seit der Jahrhundertwende in bedeutender Weise dazu beigetragen haben, das Leben von Müttern und Säuglingen zu retten, ist unbestritten. Die zunehmenden Kenntnisse in den Bereichen Mikrobiologie, Immunologie, Nahrungsphysiologie und Stoffwechsel führten zu verbesserten Vorbeuge- und Behandlungsmethoden und zu

einem Rückgang der Säuglingssterblichkeit (Tod im ersten Lebensjahr, bezogen auf jeweils tausend Neugeborene) von 140 im Jahr 1900 auf ungefähr 17 im Jahr 1975.

Die Versuche, die neuen wissenschaftlichen Kenntnisse in der Praxis anzuwenden, führten zu einer Institutionalisierung und Professionalisierung der ärztlichen Geburtshilfe und Säuglingspflege, die den innigen Kontakt der Mutter und des Neugeborenen untereinander sowie zur Familie auflösten. Das vermehrte Wissen und die verbesserte medizinische Technik im Bereich der Betreuung frühgeborener und kranker Säuglinge hat sich in den vergangenen Jahren im Aufbau von Intensivpflegestationen und in der Herausbildung der neuen Fachrichtung Neonatologie oder Perinatologie niedergeschlagen.

Jeder Fortschritt ist jedoch mit bestimmten Risiken verbunden. Die zunehmende Isolierung Neugeborener von ihren Müttern sowie der Mütter und Kinder von ihren Familien anläßlich eines Vorgangs, der stets ein bedeutsames familiäres Ereignis gewesen ist, hat zu einem Unbehagen sowohl auf seiten der Eltern als auch auf seiten der Ärzte und in der Folge zu einer kritischen Überprüfung dieser Praktiken geführt. Die kontinuierlichen wissenschaftlichen Fortschritte lassen den Gedanken an eine Abkehr von altbewährten Praktiken heute realisierbarer erscheinen. So ist es etwa auf der Grundlage unserer vertieften Kenntnisse in der Epidemiologie und Infektionskontrolle sowie aufgrund der vielen zur Verfügung stehenden antibakteriellen Wirkstoffe möglich geworden, die Öffnung von Wöchnerinnen- und Säuglingsstationen für Besuche der Familienangehörigen zu erproben. Zugleich haben die an Bedeutung gewinnenden Forschungsrichtungen im Bereich der Säuglingsbeobachtung und der frühkindlichen Entwicklung die Aufmerksamkeit darauf gelenkt, wie wichtig es ist, die interaktions- und deprivationsbezogenen Aspekte der ersten Lebensphase zu studieren. Das Buch profitiert davon, daß die Autoren zu den Pionieren einer Öffnung der Säuglingsstationen – insbesondere der Intensivpflegestationen für frühgeborene und kranke Säuglinge – für Eltern und andere Familienmitglieder gehörten. Es profitiert ferner davon, daß sie im Lauf des vergangenen Jahrzehnts die Folgewirkungen dieses Öffnungsprozesses systematisch studiert haben und weiterhin studieren. Ihre Untersuchungen und die anderer Forscher, die sie referieren, sprechen klar dafür, daß diese flexibleren und liberaleren Regelungen sowohl für das Neugeborene als auch für die Familie wesentlich besser sind. Auf der Basis dieser Untersuchungen präsentieren die Autoren einen theoretischen Bezugsrahmen, der mit ihrer entwicklungspsychologischen Orientierung übereinstimmt. Sie postulieren die Existenz einer »die ersten Minuten und Stunden nach der Geburt umfassenden sensiblen

Phase, während derer es im Interesse einer optimalen späteren Entwicklung erforderlich ist, daß die Mutter bzw. der Vater engen körperlichen Kontakt mit dem Säugling halten«. Sie vertreten ferner die Auffassung, daß das Neugeborene seinerseits Rückmeldungs-Signale geben muß, um so eine erste Interaktionssequenz in Gang zu setzen, die zum Aufbau einer tiefen und überdauernden Bindung führen kann.
Wir haben schließlich auch das Glück, daß die Autoren uns in den Genuß eines anspruchsvollen und gleichwohl praktisch brauchbaren Überblicks über die wissenschaftliche Literatur kommen lassen, eines Überblicks, wie er nur in langer, gründlicher Arbeit zu gewinnen ist.
Schließlich profitieren wir davon, daß die Autoren Kliniker sind, die gründlich in der klinischen Praxis und Forschung zu Hause sind. Man merkt das auf jeder Seite; sie haben aus ihrer eigenen Erfahrung und aus der Literatur viele Schlüsse gezogen, die sie an uns weitergeben. Andere Kliniker mögen gewisse Einwände geltend machen – wie es zwischen Klinikern zumeist Differenzen gibt –, aber keiner kann sagen, daß die Auffassungen, die die Autoren vertreten, nicht aus einem ehrlichen Ringen mit den vielen komplexen, in einem reichen klinischen Erfahrungsschatz enthaltenen Problemen entstammen.
So legen uns die Autoren also eine Arbeit vor, die einen Überblick über Kunst und Wissenschaft der Betreuung des Neugeborenen und seiner Familie mit einem wichtigen theoretischen Bezugsrahmen für das Studium der frühen Beziehungen zwischen dem Neugeborenen und seinen Eltern verbindet.
Glücklicherweise spricht der heutige Stand dieser Wissenschaft und Kunst für eine Säuglingspflege, die menschlichere Züge trägt. Die Autoren haben durch ihre klinische und forscherische Pionierarbeit und durch dieses einzigartige Buch sowohl der Familie als auch den beruflich mit der Säuglings- und Kinderpflege Befaßten einen großen Dienst erwiesen. Da dieser Band als Handbuch für die Betreuung des normalen und ebensowohl des kranken Neugeborenen in der Familie dienen wird und da so viele neue Erkenntnisse in so rascher Folge gewonnen werden, können wir nur hoffen, daß die Autoren die Herausforderung annehmen werden, das Buch recht oft zu überarbeiten und zu aktualisieren.

Dr. med. Julius Richmond
(Professor für Kinder- und Entwicklungspsychologie an der Harvard-Medical-School; Chefpsychiater am Children's Hospital Medical Center; Direktor des Judge Baker Guidance Center in Boston, Massachusetts)

Einführung

Lernen ist für jeden von uns ein persönliches Abenteuer; aus diesem Grund sind wir vom traditionellen Stil des Bücherschreibens abgegangen und haben uns bei der Erstellung dieses Buches mehrerer ungewohnter Techniken bedient.
Eine Neuerung ist die Einschaltung des Patientengesprächs. Mancher Leser wird die Hereinnahme dieses Materials nicht gutheißen, aber wir sind der Ansicht, daß ein repräsentatives Gespräch mit zusätzlichen qualifizierten Kommentaren ein Mittel ist, um zum Nachdenken anzuregen, und daher wert, ausprobiert zu werden. Die Lektüre des Buches wird ohne ein Mitlesen der Gespräche nicht vollständig sein. Wir wollen allerdings darauf hinweisen, daß die Bemerkungen, die wir zu jedem der drei Gespräche gemacht haben, nicht für jeden Patienten gültig sein können. Da wir keine über einen langen Zeitraum fortgeführten Tiefeninterviews mit den Eltern gemacht haben, wird es manchmal viele mögliche Deutungen für die eine oder andere Äußerung unserer Gesprächspartner geben. Immerhin aber verraten uns diese Äußerungen etwas über die Gefühle, Gedanken, Sorgen und Hoffnungen von Eltern in dieser schwierigen Phase ihres Lebens. Wir haben uns für diese drei Elterngespräche entschieden, weil sie bestimmte Reaktionen oder Gesichtspunkte demonstrieren oder herausheben, auf die auch andere Eltern immer wieder zu sprechen gekommen sind. Mancher Leser entschließt sich vielleicht, zuerst das Gespräch zu lesen und die Äußerungen der Eltern selbst zu deuten, ehe er unsere Bemerkungen dazu liest. Für diejenigen, die sich einen raschen Überblick über den Gegenstand verschaffen wollen, haben wir am Ende jeden Kapitels eine Liste mit Empfehlungen hinzugefügt.
Um die vielen kontroversen Fragen deutlich zu machen, haben wir erfahrene Fachkollegen gebeten, Kommentare zu jedem Kapitel – abgesehen vom ersten – beizusteuern. Die meisten haben dies in Form von in den Text des Kapitels eingestreuten kritischen Bemerkungen getan. Andere haben einen zusammenhängenden Kommentar verfaßt, den wir dann an geeigneter Stelle eingerückt haben. Wir raten dem Leser dringend, diese kurzen, kompakten, gedankenreichen Beiträge nicht zu übergehen, da sie Gesichtspunkte enthalten, die unsere Konzeption ergänzen, erweitern oder mit ihnen kontrastieren.
Das Buch folgt einem Aufbauschema, das sich teilweise in Anleh-

nung an die Entwicklung unseres Verständnisses des behandelten Gegenstands ergeben hat. Wie wir festgestellt haben, ist es, wenn man das Mutter- und Vaterverhalten beim Menschen verstehen will, sehr nützlich, aus den eingehenden und präzisen Beobachtungen zu lernen, die die Tierverhaltensforschung bei einer großen Zahl ganz unterschiedlicher Tierarten gemacht hat. Denn die Notwendigkeit der Fürsorge für die Jungen hat möglicherweise zur evolutionären Herausbildung ähnlicher Verhaltensmuster beim Menschen einerseits, bei bestimmten Tierarten andererseits geführt. Weil dies für unsere Auffassungen so entscheidend ist, haben wir die diesbezüglichen Forschungsergebnisse in einem separaten Kapitel (Kapitel 2) referiert. Die Ergebnisse vieler Untersuchungen sind dort zusammenfassend dargestellt, so daß der Leser bei sorgfältiger Lektüre Unterschiede und Ähnlichkeiten des Elternverhaltens bei einer Anzahl von mit ähnlichen Aufgaben konfrontierten Arten feststellen kann. In Kapitel 3 sind diejenigen Untersuchungen referiert, die den theoretischen und empirischen Bezugsrahmen für eine Diskussion des Fürsorgeverhaltens der menschlichen Mutter liefern. Diese werden dann in Bezug zu klinischen Situationen gesetzt, die mit dem Verhalten der normalen menschlichen Mutter gegenüber ihrem Neugeborenen zu tun haben. Kapitel 4 referiert Untersuchungen, die mit den Familien frühgeborener und kranker Säuglinge durchgeführt wurden, und gibt spezifische Empfehlungen für die Betreuung solcher Familien. Wir verfolgen seit mehreren Jahren mit Interesse die Interpretationen, mit denen Dr. Bertrand Cramer die Reaktionen von Eltern auf die Geburt eines frühgeborenen Kindes erläutert, und haben einen Beitrag von ihm am Ende des 4. Kapitels eingefügt. Er hört solchen Eltern mit den Ohren eines Psychoanalytikers zu, der Erfahrungen sowohl in den Vereinigten Staaten als auch in Europa gesammelt hat. Kapitel 5 widmet sich dem traurigen und schwierigen Problem der mit einer Mißbildung geborenen Kinder; solche Kinder kommen auf einer Spezialstation für Hochrisikogeburten recht häufig zur Welt. In den meisten Kinderkrankenhäusern gibt es die größte Zahl der Todesfälle in der Neugeborenen-Abteilung, insbesondere auf der Neugeborenen-Intensivpflegestation. Das Spektrum elterlicher Reaktionen auf den Tod eines Neugeborenen wird in Kapitel 6 geschildert; zugleich werden dort Empfehlungen für das Vorgehen des Arztes gegeben, der mit der Betreuung des verstorbenen Säuglings befaßt war. In den letzten drei Kapiteln (Kapitel 4–6) werden jeweils zunächst grundlegende Forschungsergebnisse präsentiert, dann folgt eine Fallstudie mit Erläuterungen von uns. Daran schließen sich klinische Empfehlungen und eine Liste mit praktischen Hinweisen an. Wir hoffen, daß die in den Text eingestreuten kritischen Kommentare Diskussionen anregen, so daß der Leser sich der vielen komplexen und strittigen Fragen bewußt wird, die offen bleiben. Den Abschluß bildet ein Blick in die Zukunft.

Rückblickend müssen wir sagen, daß es die Mütter frühgeborener Kinder waren, die zuerst unser Interesse entfachten, indem sie uns zeigten, wieviele schwierige Bindungsprobleme sich nach einer Trennung von Mutter und Säugling ergeben. Bestärkt und ermutigt wurden wir in unserer spontanen Wißbegier von nachdenklichen Säuglingsschwestern (insbesondere Jane Cable), die uns an ihren Erfahrungen teilhaben ließen und bereit waren, mit uns zusammen den zu jener Zeit riskant erscheinenden Schritt zu tun und Eltern den Zutritt zur bis dahin klösterlich streng abgeschotteten Säuglingsstation zu gestatten. Ein reicheres und tieferes Verständnis dessen, was im Denken der Eltern frühgeborener Kinder vorgeht, eröffnete sich uns in Diskussionen mit Kollegen aus Psychologie und Soziologie (Cliff Barnett, Mary Bergen, Douglas Bond, Anna Freud, Rose Grobstein, Herb Leiderman, Litzie Rolnick, Benjamin Spock).

Was unsere eigenen Forschungen angeht, so profitierten sie unschätzbar viel von den kritischen Anregungen und provokativen Fragen, mit denen uns Kollegen, die ebenfalls im Bereich des Mutter- und Vaterverhaltens forschen, konfrontierten. Unser besonderer Dank gilt hier T. Berry Brazelton, Harry Gordon, Raven Lang, Julius Richmond, Jay S. Rosenblatt und dem verstorbenen William Wallace.

Wir hatten das besondere Glück, Seite an Seite mit einer Reihe hervorragender, wißbegieriger und erfrischender Medizinstudenten arbeiten zu können, die unzählige Arbeitsstunden darangaben und suchende, weiterführende Fragen stellten. Jeder dieser Studenten trug seinen unverwechselbaren Teil zu diesem Buch bei. Wir danken Gail Bongiovanni, David Chesler, Wendy Freed, David Gordon, Guillermo Gutierrez, Deborah Jean Hales, Rick Jerauld, Chris Kreger, John Lampe, Betsy Parke Macintyre, Willie McAlpine, Nancy Plumb, Howard Slyter, Meredith Steffa, Harriett Holan Wolfe, Steve Zuelke sowie den vielen geduldigen und gewissenhaften Forschungsbeauftragten, die unsere Untersuchungen möglich gemacht haben, zuletzt Billie Navojosky und Diana Voos.

Während der gesamten Dauer unserer Untersuchungen hatten wir das Glück, von der Erfahrung und dem Rat von Joseph Fagan, Robert Fantz und Simón Miranda vom Labor für Wahrnehmungsentwicklung an der Fakultät für Psychologie profitieren zu können. Unser besonderer Dank gilt unserem Fakultätsvorstand, Dr. Leroy Matthews, der es mit großer Aufmerksamkeit verstanden hat, uns die Zeit für die Fertigstellung dieser Arbeit zu verschaffen.

Wir möchten auch die fachmännische Schreibarbeit und die aufopfernden Bemühungen von Janet Negrelli, Jackie Stimpert und Elizabeth Wilber würdigen. Die redaktionelle Arbeit an dem Buch nahm unser früherer Mitarbeiter Robin White in Angriff; in den letzten Monaten vor Fertigstellung des Buches, als die Arbeit sich intensivierte, kam die fachmännische Unterstützung von Alisa Klaus, Laurie Krent und Susan Schafer dazu.
Unser guter Freund, Kollege und Berater Dr. Avroy Fanaroff unterstützte und half uns bei der Durchführung der meisten unserer Untersuchungen. Seit 1973 betreiben wir eine höchst produktive Zusammenarbeit mit unserer Kollegin, Beraterin und Kritikerin Mary Anne Trause. Bei einigen unserer Untersuchungen haben wir auf die besonderen Kenntnisse und Fähigkeiten von Dennis Drotar, Nancy A. Irvin, Betsy Lozoff und Norma Ringler zurückgegriffen.
Unsere Forschungen in Guatemala hätten wir niemals durchführen können ohne die Anregungen und Maßgaben von Dr. Leonardo Mata, Dr. Roberto Sosa und Dr. Juan Urrutia, ohne die äußerst gewissenhafte und aufopfernde Arbeit der Forschungsassistenten Patricia Baten, Marta Isabel Garcia, Rubidia Méndez und Olga Maricela Ochoa, und insbesondere nicht ohne die Mitarbeit und die fachmännische Qualifikation von Prof. Gustavo Castaneda und dem gesamten Personal des Roosevelt-Krankenhauses und des Krankenhauses der guatemaltekischen Sozialversicherungsanstalt.
Nicht möglich gewesen wäre unsere Arbeit auch ohne die großzügige Unterstützung der Grant Foundation, der Educational Foundation of America, Stipendium für Mütter- und Kinderheilkunde Nr. MC-R-390337, NIH 72-C-202, sowie der Research Corporation.

Marshall H. Klaus
John H. Kennell

KAPITEL 1

Die Mutter-Kind-Bindung in der perinatalen Phase

von Marshall H. Klaus und John H. Kennell

Das meiste von dem, was unser Leben reich und schön macht, schöpfen wir aus den engen persönlichen Beziehungen, die jeder von uns zu einer kleinen Anzahl anderer Menschen unterhält – zu Mutter, Vater, Bruder, Schwester, Ehemann, Ehefrau, Sohn, Tochter sowie zu einem kleinen Kreis guter Freunde. Zu jeder dieser kleinen Gruppe angehörenden Personen hat der Einzelne eine auf jeweils einzigartige Weise enge Bindung. Ein Großteil der Freuden und Sorgen des Lebens kreist um solche Bindungen oder emotionale Beziehungen, sei es, daß wir sie anknüpfen, abbrechen, uns auf sie einstellen oder uns mit ihrem Verlust nach dem Tod eines uns nahestehenden Menschen abfinden. Dieses Buch beschäftigt sich mit einer dieser ganz besonderen Bindungen – mit der, die sich zwischen einer Mutter oder einem Vater und einem neugeborenen Säugling herstellt. Im Lauf der vergangenen vierzig Jahre haben Forscher aus den verschiedensten Fachbereichen sorgfältige Untersuchungen zu dem Prozeß angestellt, in dessen Verlauf das menschliche Neugeborene seine emotionalen Bindungen zur Mutter entwickelt (Bowlby 1958, Spitz 1967). Sie haben die verhängnisvollen Auswirkungen einer langdauernden Trennung des Säuglings von der Mutter auf seine motorische, intellektuelle und seelische Entwicklung beschrieben. Barnett und Mitarbeiter (1970) bemerkten hierzu: »Es ist zwar theoretisch anerkannt, daß eine Trennung Mutter und Neugeborenes berührt, aber den Auswirkungen auf die Mutter ist doch wenig Aufmerksamkeit geschenkt worden.« Das vorliegende Buch beschreibt die Entwicklung von Bindungen aus eben jener vernachlässigten Sicht der Mutter, beziehungsweise allgemein gesagt, des aufziehenden Elternteils: wie diese Bindungen wachsen, sich entwikkeln und reifen und wodurch sie gestört, entstellt, gefördert oder bestärkt werden. Diese Bindungen sind entscheidend für das Überleben und die Entwicklung des Säuglings. Einen Aspekt ihres Wesens kennzeichnet sehr gut das russische Sprichwort: »Niemand kann für Geld tun, was eine Mutter umsonst tut«. Die Bindung der

Mutter an ihr Kind ist vielleicht die intensivste menschliche Bindung überhaupt. Sie weist zwei ganz spezifische Charakteristiken auf: Zunächst einmal trägt die Mutter das Kind bis zur Geburt in ihrem Körper, und dann, nach der Geburt, sichert sie sein Überleben in einer Phase, in der es vollständig auf sie angewiesen ist. Die Intensität dieser Bindung ist so groß, daß sie die Mutter beziehungsweise den Vater befähigt, Tag für Tag und Nacht für Nacht die mit der Aufzucht und Pflege ihres Neugeborenen verbundenen außergewöhnlichen Opfer zu bringen – verschmutzte Windeln zu wechseln, seinem Geschrei auf den Grund zu gehen, ihn vor Gefahren zu bewahren und ihn mitten in der Nacht, dem eigenen Schlafbedürfnis zum Trotz, zu füttern. Das Wesen dieser Bindung ist es, das wir im folgenden untersuchen wollen. Die ursprüngliche Mutter-Kind-Bindung ist die Keimzelle für alle späteren emotionalen Bindungen des Kleinkinds; sie ist die formende Beziehung, in deren Verlauf das Kind sein Selbstgefühl entwickelt. Die Intensität und die spezifische Färbung dieser Bindung zur Mutter wird die Qualität aller Beziehungen beeinflussen, die das Kind im Verlauf seines weiteren Lebens zu anderen Personen aufnehmen und unterhalten wird.

Unter einer »Bindung« können wir eine in ihrer jeweiligen Art einmalige Beziehung zwischen zwei Menschen verstehen, die nicht austauschbar ist und eine gewisse Dauerhaftigkeit besitzt. Diese Art der dauerhaften Beziehung operational zu definieren, ist sicherlich schwierig; wir haben als Indikatoren für das Vorhandensein einer solchen Bindung Verhaltensweisen wie Küssen, Umarmen, Liebkosen und verlängerten Blickkontakt herangezogen – Verhaltensweisen, die sowohl dazu dienen, den Kontakt zu einer bestimmten Person aufrechtzuerhalten, als auch dazu, ihr seine Zuneigung zu zeigen. Wenn diese Definition auch im Rahmen experimenteller Beobachtungen nützliche Dienste leistet, so ist es doch wichtig, zwischen Bindungen einerseits und Bindung demonstrierenden Verhaltensweisen andererseits zu unterscheiden. Eine enge Bindung kann lange zeitliche und große räumliche Trennungen überdauern, auch wenn zeitweise keine sichtbaren Zeichen ihr Vorhandensein bezeugen. Ein Hilferuf kann eine Mutter selbst nach vierzig Jahren der Trennung an die Seite ihres Kindes bringen und ein Bindungsverhalten bewirken, das an Intensität dem des ersten Jahres nicht nachsteht.

Wenn wir über Bindung reden, sollten wir nicht vergessen zu erwähnen, daß entscheidende, mit der Entwicklung von Bindungen ebenso wie mit ihrer Lösung unmittelbar zusammenhängende Lebensereignisse im Verlauf der letzten sechzig Jahre aus dem häuslichen Bereich in die Klinik verlegt worden sind. Die Klinikrou-

Tabelle 1–1: Auswirkungen einer frühen Trennung auf die Häufigkeit von Entwicklungshemmungen ohne organische Ursache und von Kindesmißhandlungen (Schlagen)

	Autoren	Anzahl der untersuchten Fälle	Anzahl der Betroffenen	Anteil der Getrennten (%)
Entwicklungshemmung	Ambuel und Harris, 1963	100	27 Frühgeburten	27
	Shaheen, Alexander, Truskowsky und Barbero, 1968	44	16 Frühgeburten	36
	Evans, Reinhart und Succop, 1972	40	9 Frühgeburten	22,5
Schlagen	Elmer und Gregg, 1967	20	6 Frühgeburten	30
	Skinner und Castle, 1969	78	10 Frühgeburten	13
	Klein und Stern, 1971	51	12 Neugeborene mit geringem Geburtsgewicht	23,5
	Oliver, Cox, Taylor und Baldwin, 1974	38	8 Frühgeburten	21

tine entscheidet heute über die Vorgänge, die Geburt und Tod begleiten. Die um diese beiden Ereignisse im Leben eines Menschen zentrierten Erfahrungen sind aus dem hergebrachten Nachbarschaftsverband und aus den verwurzelten Traditionen herausgelöst worden, die in Jahrhunderten aufgebaut wurden, um den einzelnen Familien bei der Bewältigung dieser bedeutungsvollen Lebensstationen zu helfen.

Einen wichtigen Anstoß bekam das Studium der Mutter-Kind-Bindung vor 10 bis 15 Jahren, als sich in Neugeborenen-Intensivstationen die Beobachtung häufte, daß frühgeborene Säuglinge, nachdem man sie mit heroischen Anstrengungen gerettet und in gesundem und blühendem Zustand nach Hause geschickt hatte, bisweilen wenig später wieder in die Notaufnahme eingeliefert wurden, von Schlägen ihrer Eltern gezeichnet und manchmal gefährlich verletzt. Sorgfältige Untersuchungen zeigen, daß frühgeborene Kinder und solche, die aus anderen Gründen die erste Phase nach der Geburt getrennt von der Mutter in der Klinik verbrachten, im Vergleich zu anderen, nicht von der Mutter getrennten Kleinkindern, häufiger geschlagen werden und häufiger an Entwicklungshemmungen ohne Vorliegen einer organischen Erkrankung leiden. Das Syndrom der Entwicklungshemmung ohne organische Erkrankung äußert sich darin, daß der Säugling nicht wächst, keine Gewichtszunahme zeigt und/oder sich in seinem Verhalten während der ersten paar Monate zu Hause nicht im normalen Rhythmus entwickelt. Solche Kleinkinder zeigen dagegen, wenn sie lediglich eine normale Routinepflege in der Klinik erhalten, ein rasches Gedeihen auf jedem Sektor ihrer Entwicklung. Tabelle 1–1 zeigt die Ergebnisse von Beobachtungen zur Häufigkeit des Geschlagenwerdens und der Entwicklungshemmung ohne organische Erkrankung bei Kleinkindern aus ganz unterschiedlichen Ländern und setzt diese Häufigkeit in Beziehung zu einer Trennung von der Mutter bei oder kurz nach der Geburt. Wir mußten die Ergebnisdaten einer Reihe von Untersuchungen einer Nachanalyse unterwerfen, um diesen signifikanten Zusammenhang zwischen früher Trennung und dem späteren Auftreten dieser unglückseligen Symptome deutlich hervortreten zu lassen. Das Vorkommen dieser und anderer Störungen der Mutter-Kind-Bindung stellte eine fortgesetzte Herausforderung dar, die uns zu dem Versuch animierte, die Geheimnisse der mütterlichen Bindung an das Neugeborene zu entschleiern. Hätten wir den ersten neonatologischen Text von Budin (1907) sorgfältig gelesen, wir hätten die tragischen Probleme, die sich aus einer frühen Trennung von Mutter und Neugeborenem ergeben, vorhersehen und vielleicht vermeiden können. In seinem Buch »*The Nursling*« schrieb Budin: »Unglücklicherweise läßt ... eine gewisse Zahl von Müttern die neugeborenen Babys im Stich, deren Bedürfnisse sie nicht haben erfüllen müssen und an denen sie jedes Interesse verloren haben. Gewiß, das Leben der Kleinen ist gerettet worden, aber der Preis dafür ist der Verlust der Mutter.« Er gab die Empfehlung, bei Frühgeburten die Mutter zum Stillen ihres frühgeborenen Kindes, gegebenenfalls zusätzlich zu einem ihrer älteren, normal ausgetragenen Kinder, anzuhalten, um bei ihr die Muttermilchproduktion anzuregen. Er entwarf und propagierte den gläsernen Brutkasten, der der Mutter gestattete, ihr Baby ohne weiteres und jederzeit zu sehen, und er erlaubte den Müttern frühgeborener Kinder, diese zu besuchen und zu pflegen. Die Folge dieser Maßnahmen war, daß die Mütter mit den Bedürfnissen des Säuglings vertraut blieben, selbst wenn dieser für längere Zeit in der Klinik bleiben mußte.

Martin Cooney, ein junger Arzt und Schüler Budins, propagierte auf der Berliner Ausstellung von 1896 mit gutem geschäftlichen Erfolg seine »Kinderbrutanstalt«, ein Spezialgerät zur Versorgung frühgeborener Kinder. Die deutschen Ärzte waren ohne weiteres bereit, Cooney frühgeborene Säuglinge zu überlassen, da sie ihnen keine Überlebenschance gaben. Er zeigte diese Säuglinge bei Ausstellungen in England (Covent Garden); 1902 kam er in die Vereinigten

Staaten zur Panamerikanischen Ausstellung in Buffalo; 1904 ging er nach Omaha in Nebraska. Von dort aus reiste er kreuz und quer durch die Vereinigten Staaten. Schließlich ließ sich Cooney auf Coney Island nieder, wo er im Lauf der folgenden vier Jahrzehnte mehr als 5000 frühgeborene Kinder durchbrachte und aufzog. Er zeigte seine Säuglinge auf fast allen bedeutenden Messen und Ausstellungen, zuletzt auf der New Yorker Weltausstellung von 1940.

Es ist interessant, sich zu vergegenwärtigen, daß Cooney noch 1932 Säuglinge aus dem Michael-Reese-Hospital holte und bekam, um sie bei der Weltausstellung in Chicago zu zeigen. Die Kasseneinnahmen, die er mit ihnen erzielte, wurden nur von denen der bekannten Tänzerin Sally Rand übertroffen (Liebling 1939).

Ironischerweise führte der Wunsch Budins, seine Methode zu propagieren, letzten Endes zum Ausschluß der Mutter aus der Säuglingspflege. Cooney hielt sich an alle Gebote seines Lehrers, Professor Budin, abgesehen von dieser einen wichtigen Ausnahme. Die Mütter der Säuglinge, die Cooney in seinem Ausstellungspavillon zeigte, erhielten zwar freien Eintritt, durften aber bei der Pflege der Kinder nicht mithelfen. Aufschlußreich, wenn auch vielleicht nicht überraschend ist, daß Cooney feststellen mußte, daß er von dem Geld, das die Mütter ihm für seine Bemühungen für seine Säuglinge zu zahlen bereit waren, nicht existieren konnte. Ebenfalls aufschlußreich ist, daß er in einigen Fällen große Probleme hatte, Mütter zur Rücknahme ihrer Säuglinge zu überreden, wenn diese ein Gewicht von fünf Pfund erreicht hatten. Ungeachtet des kommerziellen Charakters des Cooneyschen Unternehmens wurden, als man in den Vereinigten Staaten Pflegeabteilungen für Frühgeburten einrichtete, viele seiner Methoden übernommen. Abb. 1–1 A zeigt die Fassade eines seiner Ausstellungspavillons in San Francisco; Abb. 1–1 B zeigt das Innere eines seiner Pavillons; und Abb. 1–1 C zeigt die Schwestern – darunter Cooneys Tochter –, die mehrere frühgeborene Säuglinge vorzeigen (siehe Seite 22/23).

Die hohe Sterblichkeitsrate bei Krankenhauspatienten mit ansteckenden Krankheiten führte zu Anfang unseres Jahrhunderts zur Entwicklung strenger Quarantänetechniken für Patienten mit solchen Leiden und getrennter Abteilungen mit schützenden Isolationsvorrichtungen für infektionsfreie Patienten. Krankenbesuche suchte man weitgehend zu unterbinden, weil man glaubte, Besucher seien eine mögliche Infektionsquelle. Ein Beispiel für eines der vorherrschenden Probleme in den Jahren nach der Jahrhundertwende ist die Qualität der zur Verfügung stehenden Milch. Im Jahre 1903, auf der 15. Jahresversammlung der American Pediatric Society, berichtete einer der Redner, in den Läden werde die Milch noch immer mittels

A

B

Abb. 1–1, A: Cooneys Ausstellungspavillon in San Francisco (1915). B: Das Innere von Cooneys Pavillon. C: Schwestern zeigen sechs der ausgestellten Babys vor. In der Mitte Cooneys Tochter Hildegard.

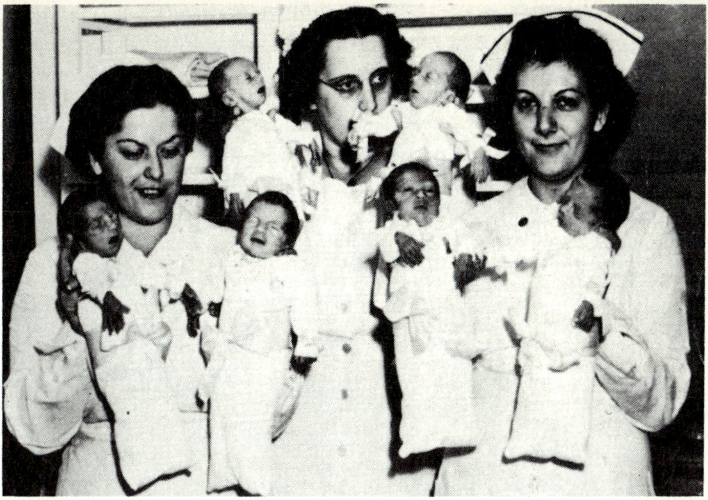
C

Schöpfkelle aus ungekühlten Zwanzigliterkannen verkauft (Faber und McIntosh 1966). Von dieser Milch genommene Kulturen zeigten eine massive Keimverseuchung. Der Sieg über die notorische Sommer-Diarrhöe konnte erst errungen werden, als mit gesetzlichen Mitteln allgemeine Verbesserungen in der Produktion und im Vertrieb der Milch durchgesetzt wurden, wobei die wichtigste Maßnahme die routinemäßige Pasteurisierung der Milch (mit Bescheinigungspflicht) war. In den Kinderkliniken führte das Bemühen, die Patienten vor Ansteckungen zu schützen, zu Isolations- und Quarantänepraktiken, die uns heute bizarr erscheinen. Zu Anfang der vierziger Jahre wurde ein neugeborenes Kind, solange es in der Klinik war, vollständig gegen jeden Kontakt mit seinen Eltern abgeschirmt. Die Besuchszeit in den größeren Kinderkliniken betrug nicht mehr als 30 bis 60 Minuten pro Woche. Die Furcht vor Infektionsquellen war auch für die handfesten Trennbarrieren zwischen den einzelnen Betten, wie man sie oft in älteren Kinderkliniken sieht, sowie für die räumliche Trennung der Geburtshilfe- und der Kinderabteilung in den großen Allgemeinkrankenhäusern verantwortlich. Nicht nur die Diarrhöe war epidemisch, sondern auch Bronchialinfektionen waren eine Geißel der Kinderkliniken sowie der Wöchnerinnen- und Kinderabteilungen.

Als unmittelbare Folge der Infektionsproblematik kam es dazu, daß die Geburtskliniken normal ausgetragene Säuglinge in großen, festungsartig abgeschotteten Säuglingsstationen zusammenlegten,

ganz im Geist der von Cooney eingeführten Praktiken. Der Feind hieß Bazillus; daher wurden Eltern und andere Familienmitglieder ausgesperrt. Das Sarah-Morris-Hospital in Chicago baute 1923 das erste klinische Zentrum für die Versorgung Frühgeborener auf. Den Empfehlungen Budins folgend, hielt der Direktor die Mütter dazu an, sich zu Hause die Muttermilch abzunehmen; zur Mithilfe bei der Pflege der frühgeborenen Kinder wurden die Mütter jedoch nicht ermuntert.
Die nach dem Vorbild des Sarah-Morris-Hospitals errichteten Frühgeborenen-Stationen hielten sich an ein Standardrepertoire von Regelungen, die bis in die frühen sechziger Jahre hinein praktisch wirksam blieben. Die Standardlehrbücher zur Pflege Neugeborener, die zwischen 1945 und 1960 im Gebrauch waren, spiegelten ungebrochen die Traditionen und Ängste der Jahre nach der Jahrhundertwende wider; sie empfahlen, den Umgang mit dem Säugling auf das Allernotwendigste zu beschränken und im übrigen eine Politik der strengen Isolation (d.h. der Aussperrung von Besuchern) zu üben.
In der Periode nach dem Zweiten Weltkrieg traten zwei Ansätze zu einer Reform in Erscheinung. Miller (1948) fand durch eine in Newcastle-on-Tyne in England vorgenommene Untersuchung heraus, daß die Sterblichkeit bei zu Hause gepflegten Frühgeborenen nur geringfügig höher war als bei einer Kontrollgruppe, die in einer Klinik versorgt wurde. Und im Baragwanath-Hospital in Johannesburg in Südafrika nahm Kahn den Mangel an ausgebildetem Personal und geeigneter Ausstattung zum Anlaß, eine neue Praxis einzuführen: Mütter konnten unter Aufsicht selbst die Pflege und Fütterung ihrer Säuglinge besorgen und blieben während der gesamten Dauer des Klinikaufenthalts mit im Krankenhaus. Abb. 1–2 zeigt sie bei der Arbeit (siehe Seite 25). Bei Frühgeburten wurden Mutter und Kind in einem geheizten Raum untergebracht und zusammengebettet. Die Infektionsrate erhöhte sich bei diesem Verfahren nicht, und die Überlebensquote war ausgezeichnet.
Im Lauf der vergangenen 10 Jahre ist mehr und mehr Müttern der Zugang zu den Frühgeborenen-Stationen geöffnet worden. Gleichwohl zeigte eine 1970 von Barnett und Mitarbeitern (1972) durchgeführte Untersuchung von Klinikpraktiken, daß nur 30 Prozent der Krankenhäuser den Müttern Zutritt zu diesen Stationen gewährten und es den Müttern in nur 40 Prozent dieser Fälle gestattet war, ihr Neugeborenes im Lauf seiner ersten Lebenstage anzufassen. Wenn man die von Barnett und Mitarbeitern (1970) vorgeschlagenen Kriterien für das Vorliegen von Deprivation und für die Ausprägungsgrade von Deprivation übernimmt, so wird offenbar, daß die

Abb. 1–2: Mütter im Baragwanath-Krankenhaus in Johannesburg. (Zur Verfügung gestellt von Dr. J. E. Bell, Palo, Alto.)

meisten Normalgeburten in den Vereinigten Staaten mit mehreren Tagen der Deprivation für die Mutter verbunden sind (Tabellen 1–2, Seite 26, und 1–3, Seite 27). Eine Frau, die von einer Frühgeburt entbunden wird, wird in der Regel zumindest für die Dauer des ersten Tages vollständig von ihrem Kind getrennt, und selbst danach bekommt sie es oft genug nur durch eine Glasscheibe zu sehen. Nur solche Mütter, die ihr Kind nach voll ausgetragener Schwangerschaft zu Hause zur Welt bringen und es von der Geburt an bei sich haben, erfahren keinerlei Deprivation.

Das Bedürfnis, dieses Buch zu schreiben, ergab sich aus diesen Zusammenhängen heraus, und, auf einer persönlicheren Ebene, aus unserer Arbeit als Leiter von Pflegestationen für gesunde und kranke Säuglinge. Eine Reihe spezifischer Fälle haben unser Interesse an diesem Thema angeregt. Frau D. beispielsweise war seit neun Jahren verheiratet und wollte seit fünf Jahren ein Kind haben. Nach 35 Schwangerschaftswochen kam sie in einer Klinik mit einem knapp vier Pfund schweren Knaben nieder. Wenige Minuten nach der Geburt begann er zu keuchen und lief blau an, so daß er wiederbelebt werden mußte. Schon zu diesem frühen Zeitpunkt befürchtete die Mutter, das Kind werde vielleicht nicht überleben. Drei Stunden später wurde es in eine Intensivstation, die einer der Autoren leitete, verlegt und für die folgenden 36 Stunden künstlich beatmet. Zwei

*Tabelle 1–2: Ausprägungsgrade von Deprivation und Teilvariablen**

Ausprägungsgrade von Deprivation	Dauer der Interaktion	Sensorische Modalitäten der Interaktion	Interaktion besteht aus pflegendem Umgang
I. Keine Deprivation	ununterbrochen	alle Sinne	ganz
II. Teilweise Deprivation	mit Pausen	alle Sinne	teilweise
III. Mäßige Deprivation	mit Pausen	alle Sinne	keine
IV. Schwere Deprivation	mit Pausen	nur visuell	keine
V. Völlige Deprivation	keine	keine	keine

* Aus: Barnett, Leidermann, Grobstein und Klaus 1970

Tage später zeigte der Säugling sich beträchtlich erholt, und das Beatmungsgerät wurde abgenommen. Am Ende des dritten Tages befand sich der Knabe in einem Brutkasten und begann durch eine Magensonde Nahrung zu sich zu nehmen. Nach zwei Wochen ließ er sich problemlos mit der Flasche füttern, und das Stationspersonal kam zu der Überzeugung, daß er bald entlassen werden könne. Nach mehreren Tagen kam jedoch die Oberschwester zu einem der Autoren und erklärte, die Mutter sei außer Stande, dem Kind auch nur wenige Tropfen Milch zu geben, während es sich andererseits ohne weiteres von den Schwestern füttern ließ. Der Mutter wurden einige Ratschläge erteilt, die jedoch nicht zum Erfolg führten. Drei Tage später beobachtete einer von uns das Kind und bemerkte, daß die Mutter beim Stillen eine sehr verkrampfte Haltung einnahm und ihre Brustwarze dem Kind immer wieder ruckartig entzog. Einmal setzte sie sich das Baby auf die Knie, hob mit den Händen seinen Kopf zu sich, blickte ihm ins Gesicht und sagte: »Bist du mein Kind? Bist du wirklich mein Kind? Bist du am Leben? Bist du wirklich am Leben?« Aufgrund vieler ähnlicher Beobachtungen bei anderen Patientinnen wurden wir immer wieder angeregt, dieses Phänomen näher zu untersuchen. Rückblickend gesehen, muß man annehmen, daß diese Frau, in der Überzeugung, ihr Kind werde nicht überleben, bereits im Lauf der ersten zwölf Stunden nach der Geburt um seinen Verlust zu trauern begonnen hatte. In den beiden ersten Wochen, während das Kind sich erholte, rechnete die Mutter noch immer nicht damit, daß es leben würde.

*Tabelle 1–3: Ausprägungsgrade von Deprivation über einen gewissen Zeitraum, in Abhängigkeit von Geburtsbedingungen**

Geburtssituation	Ausprägungsgrad der Deprivation, Tag bzw. Woche nach der Geburt					
	Tag 0	Tag 1	Tag 2	Tag 3	Woche 8	Woche 9
Hausgeburt, normalzeitig	I, keine Deprivation	I, keine Deprivation	I, keine Deprivation	I, keine Deprivation	I, keine Deprivation	I, keine Deprivation
Klinikgeburt, normalzeitig, Rooming-in	III, mäßige Deprivation	I, keine Deprivation	I, keine Deprivation	I, keine Deprivation	I, keine Deprivation	I, keine Deprivation
Klinikgeburt, normalzeitig, übliche Wöchnerinnenbetreuung	III, mäßige Deprivation	II, teilweise Deprivation	II, teilweise Deprivation	I, keine Deprivation	I, keine Deprivation	I, keine Deprivation
Frühgeburt, Mutter hat Zutritt zur Station	V, völlige Deprivation	IV, schwere Deprivation	III, mäßige Deprivation	II, teilweise Deprivation	II, teilweise Deprivation (Entlassungsstation)	I, keine Deprivation (zu Hause)
Frühgeburt, übliche Betreuung (d. h. getrennt)	V, völlige Deprivation	IV, schwere Deprivation	IV, schwere Deprivation	IV, schwere Deprivation	II, teilweise Deprivation (Entlassungsstation)	I, keine Deprivation (zu Hause)
unverheiratete Mutter, lehnt Kontakt ab	V, völlige Deprivation	V, völlige Deprivation	V, völlige Deprivation	V, völlige Deprivation	V, völlige Deprivation	V, völlige Deprivation

* Aus: Barnett, Leidermann, Grobstein und Klaus (1970)

Es ist ohne weiteres ersichtlich, wie leicht sich in der Interaktion zwischen dieser Mutter und ihrem Säugling das Syndrom der Entwicklungshemmung oder sogar der Kindesmißhandlung hätte ergeben können. In der Tat schlug sie dem Krankenhauspersonal vor, daß das Kind noch für eine längere Zeit in der Klinik verbleiben solle, da sie noch weitere vier Wochen benötige, um sich die erforderlichen Kenntnisse in der Säuglingspflege anzueignen. Sechs Monate nach der Geburt des Kindes meinte die Mutter, dies seien die schlimmsten sechs Monate ihres Lebens gewesen. Einen Monat, nachdem sie das Kind zu guter letzt mit nach Hause genommen hatte, fand sie es nötig, zwei oder drei Tage ohne das Baby wegzufahren, um sich ausruhen zu können. Eine weitere Beobachtung regte uns zu Fragen an: Eine Mutter, die mit Erfolg und Geschick zwei normal ausgetragene Kinder aufgezogen hatte, wurde von Unsicherheit und Ängstlichkeit befallen, als sie vor der Situation stand, ein frühgeborenes Kind versorgen zu müssen. Sie bedurfte beträchtlicher Extrahilfen und Anweisungen, um den Säugling füttern und ihm die Windeln wechseln zu können, und hatte in den ersten drei Monaten nach der Heimkehr aus der Klinik unzählige Fragen.
In den vergangenen zwölf Jahren hat sich ein aufregender Ideenaustausch über diese Dinge mit Leuten aus einem weiten Spektrum von Fachbereichen entwickelt. Das vorliegende Buch stellt unsere synthetische Aufarbeitung dieses faszinierenden und komplexen Gegenstandsbereichs dar. Wir, die wir das Glück und das Unglück haben, Tag für Tag in der Neugeborenen-Intensivstation sowohl gesunde, normal ausgetragene als auch kranke Säuglinge, sowie die Mütter zu beobachten, die von ihren winzigen Neugeborenen getrennt sind, müssen uns die Frage stellen: Wie sieht der normale Vorgang aus, in dessen Verlauf ein Vater und eine Mutter eine emotionale Bindung an ihr kleines Kind entwickelt? Ausgehend von unseren frühen tastenden Bemühungen, die Geheimnisse dieses Vorgangs zu verstehen und zu enträtseln, sind wir zu unserem gegenwärtigen Verständnis vorgedrungen. Wir müssen eingestehen, daß unsere Verhaltensbeobachtungen zwar oft bestimmte aufschlußreiche Untersuchungen anregen, daß sie uns aber auch oft das eine oder andere spezifische Phänomen haben mißverstehen lassen. Ein Beispiel hierzu: Als wir erstmals Müttern gestatteten, die Frühgeborenen-Station zu betreten und ihre Säuglinge im Brutkasten anzufassen, bemerkten wir, daß sie sie betasteten, wie eine Hausfrau einen Kuchen betastet, um herauszufinden, ob er fertig ist: indem sie die Arme oder Beine des Kindes mit den Fingerspitzen antippten. Wir fragten uns, woher diese Verhaltensweise wohl rühren mochte. Unsere Vorstellungen und Gedanken zu diesem Verhalten bildeten

sich allmählich heraus, während wir immer wieder abwechselnd Beobachtungen in der Intensivpflegestation und in der normalen Säuglingsstation anstellten. Wie wir in Kapitel 3 darlegen werden, stellt das Betasten frühgeborener Säuglinge durch die Mutter möglicherweise eine Abart des normalen Mutterverhaltens dar, die durch das zerbrechliche Aussehen des Säuglings und die Präsenz des Brutkastens bedingt ist. Versetzt man Kind und Mutter in eine für das miteinander Vertrautwerden günstigere Situation, dann ist dieses Verhalten nur während der ersten Minuten der Kontaktaufnahme zu beobachten.

Die Tatsache, daß in einem nahe verwandten Bereich in der letzten Zeit eine Menge Information zusammengetragen wurde, ist unserer Arbeit sehr zugute gekommen. Detaillierte Untersuchungen zu dem verblüffenden Verhaltensrepertoire des normalen Neugeborenen haben gezeigt, daß der Säugling bereits in den ersten Minuten und Stunden seines Lebens sehen und hören kann und sich im Rhythmus der Stimme seiner Mutter bewegt, ein Verhalten, das zu einem schönen Gleichklang in den Reaktionen beider und zu einem synchronisierten »Tanz« zwischen Mutter und Säugling führt (Condon und Sander 1974). Das Erscheinungsbild des Säuglings in Verbindung mit seinem breiten Repertoire an sensorischen und motorischen Fähigkeiten löst bei der Mutter ein bestimmtes Antwortverhalten aus und öffnet mehrere Kommunikationskanäle, die eine grundlegende Rolle im Aufbau von Bindungen und in der Entstehung der soeben erwähnten abgestimmten Interaktionen spielen.

Beispielhaft für die Rolle des Säuglings in bindungsverstärkenden Interaktionen zeigt Abb. 1–3 eine Mutter beim Stillen ihres Kindes wenige Minuten nach dessen Geburt: Der Säugling leckt die Haut in der Nähe der Brustwarze ab (Lang 1972). MacFarlane (1975) hat gezeigt, daß dieser Säugling sechs Tage später die Fähigkeit entwikkelt haben wird, das Brustkissen seiner Mutter am Geruch von den Brustkissen anderer Frauen zu unterscheiden. Was die Mutter betrifft, so zeigt sie ein intensives Interesse daran, die geöffneten Augen ihres neugeborenen Kindes anzublicken. Der Säugling ist wach und lebhaft und folgt in dieser besonderen Phase unmittelbar nach der Geburt seiner Mutter mit den Blicken über einen Gesichtskreis von mehr als 180 Bogengraden (Brazelton u. a. 1966). Wenn der Säugling die Brustwarzen der Mutter ableckt, löst dies eine ausgeprägte Prolaktin-Sekretion und einen Ausstoß von Oxytozin aus, was eine Kontraktion der Gebärmutter und damit ein Nachlassen der Nachblutungen bewirkt. Es ist denkbar, daß diese frühzeitige Interaktion auch die Übertragung der Staphylokokken und anderen

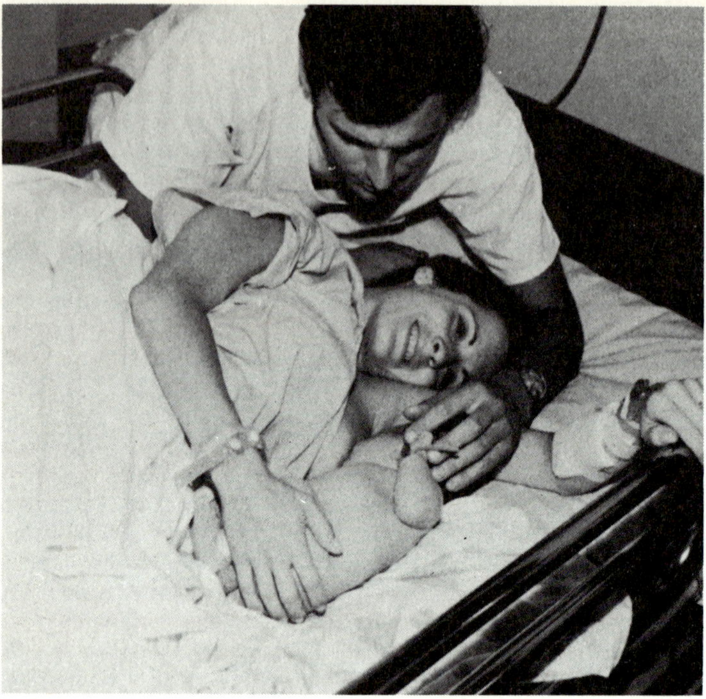

Abb. 1–3: Eine Mutter stillt wenige Minuten nach der Entbindung ihr Neugeborenes unter den Augen des Vaters.

Bakterien der Mutter auf den Säugling begünstigt, so daß sich bei ihm in erster Linie die mütterlichen Bazillen und nicht die des Krankenhauses ansiedeln. Jüngste Entdeckungen in der Endokrinologie, der Verhaltensforschung, der Entwicklungspsychologie des Kleinkindes sowie in der Immunologie und Bakteriologie haben unser Wissen um die wechselseitigen Funktionszusammenhänge beträchtlich erweitert, die auf vielen Ebenen zwischen pflegendem Elternteil und Kleinkind bestehen. Im weiteren Verlauf dieses Textes werden wir uns wiederholt mit der Wechselbeziehung zwischen diesen beiden und den stimulierenden Attributen beschäftigen, die jeder von ihnen einbringt. Wir haben aus unseren eigenen Fehlern gelernt, daß man zu irreführenden Schlüssen gelangt, wenn man bei diesen komplexen Interaktionen nur jeweils einen der Beteiligten ins Auge faßt.
Es ist nicht leicht, die Faktoren zu verstehen, die das Interaktions- und Mutterverhalten eines erwachsenen Menschen bestimmen, der

20 bis 30 Lebensjahre hinter sich hat. Das Verhalten einer Mutter oder eines Vaters zu ihrem Säugling ergibt sich aus einer komplexen Kombination von Elementen: aus den mitgebrachten Anlagen der Eltern selbst, den Reaktionen des Säuglings auf diese, aus einer langen Geschichte interpersoneller Beziehungen der Elternteile zu ihrer je eigenen Familie sowie untereinander, aus gemachten Erfahrungen mit der jetzigen oder mit früheren Schwangerschaften, der Übernahme der Praktiken und Werte ihrer Kultur und – der wahrscheinlich wichtigste Faktor – aus der Art und Weise, wie jeder Elternteil selbst von seinen Eltern erzogen wurde. Das Mutter- bzw. Vaterverhalten einer jeden Frau und eines jeden Mannes, die Fähigkeit jedes einzelnen, Streß zu ertragen, und die Bedürfnisse nach besonderer Zuwendung, die jeder hat, dies alles ist von Person zu Person sehr verschieden und hängt vom Zusammenwirken der genannten Faktoren ab.

1–4 (Seite 32) ist ein schematisiertes Diagramm, das die wichtigsten Faktoren, die das väterliche bzw. mütterliche Verhalten beeinflussen, zeigt, sowie die negativen Folgen, die aus ihnen unserer Hypothese nach entstehen können. Einige dieser Determinanten (eingerahmt mit durchgehenden Linien) liegen zum Zeitpunkt der Geburt des Kindes fest und sind nicht mehr veränderbar, so etwa das Verhalten, das der Vater und die Mutter in ihrer frühen Kindheit von seiten ihrer Eltern erfuhren, die in ihrem Kulturkreis gängigen Praktiken, ihre stabilen Persönlichkeitsmerkmale und ihre Beziehungen zur eigenen Familie sowie zueinander. Andere Determinanten (eingerahmt mit gestrichelten Linien) sind variierbar, wie etwa die Einstellungen, Äußerungen und Praktiken der Ärzte in der Klinik oder die Trennung bzw. Nichttrennung der Mutter vom Kind in den ersten Lebenstagen; unwägbare Faktoren sind ferner das Wesen des Kindes selbst, sein Temperament, sowie ob es gesund, krank oder mißgestaltet sein wird. Abb. 1–4 listet außerdem eine Reihe möglicher Störungen in der Mutter-Kind-Beziehung auf, die von leichten Formen der Ängstlichkeit (beispielsweise einem beharrlichen Sich-Sorgen der Mutter um ihr Baby, nachdem ein unbedeutendes Problem aufgetreten ist, das das Klinikpersonal vollständig behoben hat) bis zur schwerwiegendsten Äußerungsform reicht: dem Symdrom des geschlagenen Kindes. Unsere Hypothese lautet, daß dieses gesamte Spektrum von Problemen möglicherweise zum großen Teil aus der Tatsache der Trennung sowie aus anderen außergewöhnlichen Bedingungen resultiert, die sich infolge gegenwärtig geübter klinischer Praktiken in der Phase unmittelbar nach der Geburt ergeben. Die Trennung bzw. Nichttrennung der Mutter vom Säugling und die praktischen Abläufe während der ersten Stunden und Tage

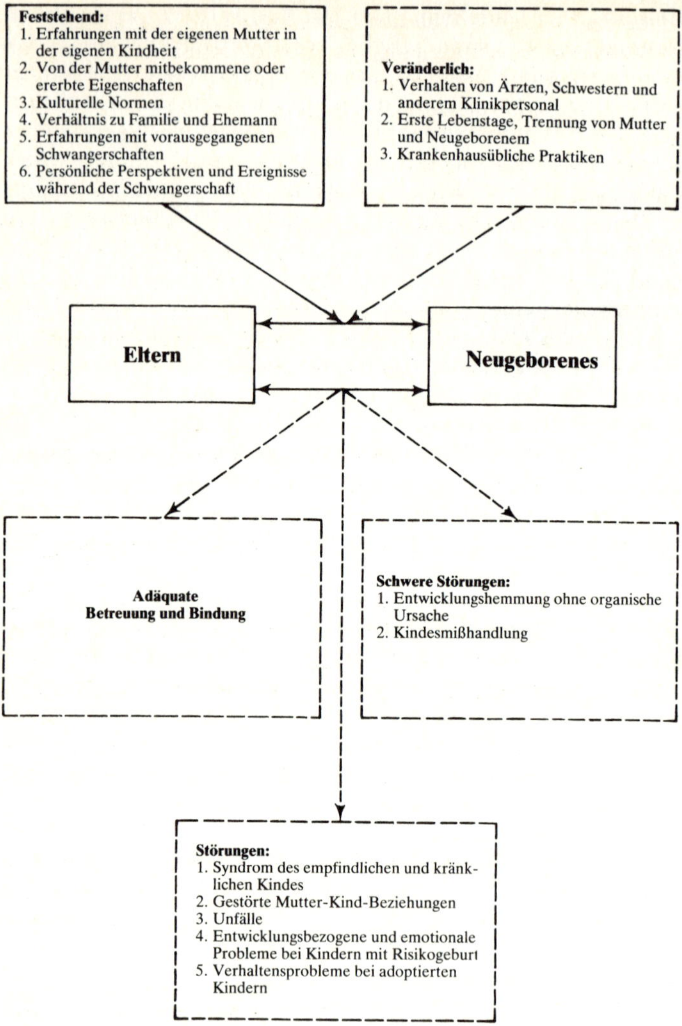

Abb. 1–4: Ein hypothetisches Ordnungsschema, das die bedeutsamsten Einflußfaktoren des Mutterverhaltens und die möglichen resultierenden Störungen auflistet. Durchgezogene Linien repräsentieren weitgehend unveränderliche Determinanten; gestrichelte Linien repräsentieren veränderliche Determinanten.

nach der Geburt stellen die am leichtesten manipulierbaren Variablen innerhalb dieses Schemas dar. Untersuchungen aus jüngster Zeit haben Klarheit über einige Teilschritte im Entstehungsprozeß der Mutter-Kind-Bindung im Laufe dieser allerersten Lebensperiode gebracht.
Die Untersuchungen, die wir selbst im Lauf der vergangenen zwölf Jahre angestellt haben, haben uns zur Formulierung von Gesetzmäßigkeiten geführt, die für die Bindung der Mutter zu ihrem Säugling bestimmend sind. Für einige dieser Regeln haben wir überzeugende Belege, während für andere die Anhaltspunkte fragmentarisch und ungesichert sind. Zum gegenwärtigen Zeitpunkt glauben wir jedoch, mit diesen sieben Gesetzmäßigkeiten grundlegende Momente des Prozesses der Entstehung von Mutter-Kind-Bindungen erfaßt zu haben.

1. Es gibt eine die ersten Minuten und Stunden nach der Geburt umfassende sensible Phase, während derer es im Interesse einer optimalen späteren Entwicklung erforderlich ist, daß die Mutter bzw. der Vater engen körperlichen Kontakt mit dem Säugling halten.
2. Es scheint beim Menschen artspezifische Reaktionen zu geben, die bei Müttern und Vätern auftreten, wenn sie zum ersten Mal in Kontakt zu ihrem Säugling kommen.
3. Der Prozeß, in dem die Bindungen entstehen, ist so strukturiert, daß Mütter und Väter niemals zu mehr als einem Säugling gleichzeitig eine optimale Bindung entwickeln können. Bowlby (1958) hat diese Gesetzmäßigkeit des Bindungsverhaltens bereits, wenn auch aus der umgekehrten Richtung, formuliert und als »Monotropie« bezeichnet.
4. Während sich die Bindung der Mutter zu ihrem Säugling entwikkelt, ist es erforderlich, daß das Kind mit irgendwelchen Signalen wie Körper- oder Augenbewegungen auf die Mutter reagiert. Wir drückten dies manchmal mit dem Satz aus: »Man kann keinen Spüllappen lieben«.
5. Bei Menschen, die den Geburtsvorgang miterleben, entsteht eine starke Bindung zum Säugling.
6. Manchen Erwachsenen fällt es schwer, gleichzeitig zwei entgegengesetzte Bindungsprozesse durchzumachen, das heißt, eine Bindung an eine Person aufzubauen, während zugleich der drohende oder reale Verlust derselben oder einer anderen Person betrauert wird.
7. Manche Ereignisse der ersten Lebensphase haben langfristig wirksame Folgen. Befürchtungen über das Wohlergehen eines

Säuglings, bei dem sich am ersten Tag eine vorübergehende Störung zeigt, können zu überdauernden Besorgnissen führen, die von großer Tragweite sein und die Entwicklung des Kindes nachteilig beeinflussen können (Kennell und Rolnick 1960).

In den verflossenen zehn Jahren, einem Zeitraum, in dem sich unsere Kenntnisse im Bereich der Entwicklung des Kleinkindes und der Mutter-Kind-Bindung rapide vermehrt haben, haben sich auch auf dem Gebiet der Neugeborenen-Intensivversorgung und der Durchführung von Risikogeburten bemerkenswerte Veränderungen vollzogen. Der mit der Sorge um Risikogeburten betraute Arzt verlangt häufig sorgfältige Untersuchungen an einem großen Prozentsatz werdender Mütter mit Spezialgeräten zur Messung der Herzfrequenz des Fetus und der Gebärmutterkontraktionen während der Wehen. Der Neonatologe wünscht sich den Säugling warm, trocken und unter sorgfältiger Obhut. Zur gleichen Zeit erleben wir eine starke Laienbewegung, die für weniger ärztliche Eingriffe bei Normalgeburten und für eine stärkere Beteiligung und Kontrolle der Eltern eintritt. Eine Konsequenz daraus ist, daß die Neigung zur Hausgeburt heute im Anwachsen begriffen ist. Als Idealfall wünschen wir uns eine den fortgeschrittensten heutigen Wissensstand repräsentierende Risikofall-Geburtshilfe, Neonatologie und Säuglingspädagogik, zugleich aber eine Mutter-Kind-Bindung und eine Teilnahme der Familie und der Eltern wie bei einer Hausgeburt. Das vorliegende Buch enthält unsere Empfehlungen zum Umgang mit Müttern und Vätern bei Frühgeburten und normalen Geburten, bei der Geburt eines mißgebildeten Kindes sowie für den Fall, daß ein Säugling stirbt.
Wir werden nicht versuchen, die vielen Untersuchungen allesamt zu referieren, in denen die Faktoren, die die Entwicklung des Säuglings beeinflussen bestimmt werden, das heißt all die komplexen Voraussetzungen für eine sekundäre Stimulation. Dies ist ein Buch über die Bedürfnisse von Vätern und Müttern und wie sie sich auf den Säugling auswirken.

KAPITEL 2

Mutterverhalten bei Säugetieren

von Mary Anne Trause, Marshall H. Klaus
und John H. Kennell

> Nur indem wir zu einem wirklichen Verständnis der Verhaltensähnlichkeiten zwischen Schimpansen und Menschen gelangen, können wir sinnvoll über die Verhaltensunterschiede zwischen Menschen und Schimpansen nachdenken. Und erst dann können wir wirklich anfangen, die ganze Einzigartigkeit des Menschen in biologischer und geistiger Hinsicht zu begreifen.
>
> *Jane van Lawick-Goodall*

Wie der Neonatologe, der sich für die Veränderung des Atmungsverhaltens bei der Geburt interessiert, bei seinen Forschungen mit Embryos von Schafen und Affen arbeitet, haben Wissenschaftler, die das Mutterverhalten beim Menschen zu verstehen versuchen, gefunden, daß ein Studium des Mutterverhaltens bei unterschiedlichsten Tierarten hierfür gute Dienste leistet. Die Absicht dabei ist nicht, das menschliche Verhalten zu erklären, sondern vielmehr, den Menschen im Zusammenhang des allgemeinen Evolutionsprozesses zu betrachten. Die mit dem Einatmen von Luft zusammenhängenden Erfordernisse führten zu ähnlichen morphologischen Strukturen beim Menschen wie bei den Primaten; die mit der Pflege der Jungen einhergehenden Erfordernisse führten zur Entwicklung ähnlicher Schemata des Mutterverhaltens beim Menschen wie bei den höheren Säugetieren. Das Studium der Eltern-Kind-Bindung beim Menschen hat teilweise von wissenschaftlichen Beobachtungen an Tiermüttern profitiert.

Kaufman (1970) hat die wichtige evolutionäre Funktion gewisser Veränderungen in den biologischen Reproduktionsabläufen bei Säugetieren beschrieben (innere Befruchtung, Entwicklung der Fruchtblase, Entwicklung der Plazenta); er stellt dazu folgendes fest:

> Von mindestens gleicher Wichtigkeit ist, daß die Säugetiere auch auf der *Verhaltensseite* ein Programm der reproduktiven Ökonomie entwickelt haben, und zwar ein höheres Niveau der *elterlichen Fürsorge* für die Jungen

nach der Geburt. Ein evolutionärer Schritt, ohne dessen weitergedachte Konsequenzen die Entwicklung des Menschen nicht vorstellbar ist. Zwar hatten sich Formen der Fürsorge für die frisch ausgeschlüpften Jungtiere bereits bei Fischen, Reptilien und insbesondere bei Vögeln entwickelt, aber was den ungeheuren Fortschritt bei den Säugetieren erst möglich gemacht hat, war die Errungenschaft, den Säugling mit einer durch eine spezialisierte Drüse abgesonderten Nährflüssigkeit, der Muttermilch, zu füttern, die alles enthält, was er für sein Wachstum und seine Entwicklung benötigt. Dieses verbesserte Fütterungssystem sorgt auch dafür, daß die Jungen dem Muttertier stets körperlich nahe bleiben und so besser vor Gefahren geschützt sind... Und was schließlich noch sehr wichtig ist: Die enge körperliche Beziehung und die miteinander geteilte persönliche Erfahrung, die das Füttern des Kindes aus dem Körper der Mutter für beide mit sich bringt, stellen eine Intensität und Intimität des Kontaktes her, durch die eine neue Art der Bindung, eine tendenziell dauerhafte Bindung geschaffen wird.*

Bei den niederen Primaten hängt das Jungtier am mütterlichen Körper; bei höheren Primaten wie beim Gorilla oder beim Menschen ist der Säugling nicht fähig, sich anzuklammern, und die Mutter muß ihn tragen. Bei diesen sehr entwickelten Arten spielt die Mutter also eine wichtigere Rolle für die Aufrechterhaltung des Kontakts mit dem Säugling, und sein Überleben hängt im höheren Maß von der Stärke der Bindung der Mutter an ihn ab.

Kommentar: Die verschiedenen Muster des Mutterverhaltens bei Säugetieren stellen, wie es scheint, hauptsächlich eine Anpassung an den altrizialen (d.h. unreifen) bzw. frühreifen Status des Neugeborenen dar. Arten mit altrizialen Jungen sind gewöhnlich Nestbauer oder leben in Höhlen oder in einem Erdbau, während Arten mit frühreifen Jungen im allgemeinen in umherziehenden Herden oder geselligen Gruppen im Freien zusammenleben. Bei der erstgenannten Gruppe besteht eine ausgedehnte Periode intensiver mütterlicher Fürsorge; diese hört, wenn die Entwöhnung einsetzt, allmählich auf, und die Jungen verlassen die Mutter nach kurzer Zeit. Bei der letzteren Gruppe ist die Periode intensiver mütterlicher Fürsorge kürzer; dagegen finden wir eine ausgedehntere Entwöhnungsperiode, in deren Verlauf die Jungen in das Sozialgefüge der Tiergruppe eingegliedert werden, der die Mutter angehört; es kommt oft vor, daß ein Tier seine angestammte Gruppe niemals wirklich verläßt.
Die Primaten vereinigen auf sich Eigenschaften beider Typen: Ihre Jungen sind in mancher Hinsicht altrizial, in anderer Hinsicht aber frühreif.

J. S. Rosenblatt

* Aus: Kaufman (1970)

Beim Aufsuchen relevanter Daten zum Aufbau jener emotionalen Bindung zwischen einer Tiermutter und ihren Jungen haben wir sowohl auf ethologische Feldstudien als auch auf experimentelle Laboruntersuchungen zurückgegriffen. Bei ethologischen Untersuchungen werden die Tiere normalerweise in ihrem natürlichen Lebensraum beobachtet, und ihr Verhalten wird sorgfältig registriert und beschrieben, wie es sich im Rahmen ökologischer und sozialer Verhältnisse, unter denen es auch entstanden ist, unverfälscht darbietet. In einer zweiten Phase, nachdem diese Beschreibungen vorliegen, versucht man die Funktion spezieller Verhaltensmuster, ihre auslösenden Bedingungen und die ihnen zugrundeliegenden Mechanismen zu erklären, wozu man Feld- oder Laborexperimente benötigt. Da experimentelle Interventionen immer erst vorgenommen werden, nachdem die Tiere einer sorgfältigen Beobachtung in ihrer natürlichen Umgebung unterworfen wurden, ergibt sich ein Verhaltensmodell, das sich auf normales und nicht auf pathologisch gestörtes Verhalten bezieht.
Selbst diejenigen, die mit Nachdruck vor einer Überbewertung der Tauglichkeit der Tierverhaltensforschung für das Verständnis menschlichen Verhaltens warnen, räumen die Nützlichkeit einer aus evolutionärer Perspektive argumentierenden Interpretation für die Erhellung einzelner bedeutsamer Bestandteile der menschlichen Verhaltensentwicklung ein (Bernal und Richards 1972).

Artspezifisches Verhalten

Eingehende Beobachtungen des Gebärvorgangs, die bei einer großen Zahl von Tierarten vorgenommen wurden, haben Aufschlüsse über die evolutionäre Herausbildung artspezifischer Gebärverhaltensweisen und ihren Zusammenhang zur nachfolgenden mütterlichen Fürsorge erbracht; beides ist an den Bedürfnissen des oder der neugeborenen Jungen orientiert und dient ihrer Erfüllung. Hauskatzen in der ganzen Welt zeigen ein ähnliches Gebärverhalten: Gegen Ende der Tragezeit ist die trächtige Katze nicht mehr so flink und beweglich wie sonst, und ihr Aktivitätsniveau sinkt stark ab. Als Gebärplatz wählt sie eine warme, dunkle Stelle, vorzugsweise mit weichem Untergrund, aus. Der Grad ihres Sich-Abschließens variiert – bei Haustieren hängt er davon ab, wie eng die Beziehung des Tiers zu seinem Besitzer ist. Es sind Fälle bekannt geworden, in denen Hauskatzen ihre Jungen im Bett einer schlafenden Person zur Welt

brachten, aber zumeist suchen sie sich ein abgeschlossenes Plätzchen, beispielsweise hinter einem Schrank oder unter einer Treppe.
Während des Gebärens leckt die Katze gewöhnlich sich selbst, die Neugeborenen und den Boden des Gebärplatzes ab. In jedem Fall leckt sie ihren Unterleib, insbesondere die vaginale Zone, und das führt oft dazu, daß sie ihre Kätzchen unmittelbar nach der Geburt beleckt oder beschnüffelt. Im typischen Fall verharrt die Katze, solange die Wehen anhalten, in hockender Stellung, was das Herauspressen der Fetusse erleichtert.
Nachdem das letzte Kätzchen geworfen und die letzte Plazenta aufgefressen ist, legt sich die Katzenmutter im allgemeinen so hin, daß sie mit ihrem Körper die Jungen umschließt, und ruht mit ihnen zusammen für ungefähr zwölf Stunden. Dieses körperliche Umschließen ist die erste direkte Verhaltensanpassung, die sie nach der Geburt zugunsten ihrer Jungen vollbringt. Sie »bietet sich dar«, indem sie den von ihrem Körperbogen und von ihren Vorder- und Hinterbeinen umschlossenen Kätzchen die Bauch- und Brustpartie zuwendet. Während sie mit ihnen so daliegt, leckt sie sie immer wieder und fordert sie damit zum Säugen auf. Das Säugen kann schon eine halbe Stunde nach der Geburt einsetzen und setzt üblicherweise vor Ende der zwölfstündigen Ruheperiode ein. In den ersten Tagen bleibt die Mutter bei ihrem Wurf am Gebärplatz, abgesehen davon, daß sie sich alle paar Stunden einmal zum Fressen entfernt. Wenn eines der Jungen aus dem »Nest« kriecht, fängt es gewöhnlich alsbald zu piepsen an, woraufhin es von der Mutter zurückgeholt wird; durch zunehmende Übung entwickelt die Mutter hierin allmählich größeres Geschick.
In den ersten zwanzig Tagen nach der Geburt geht der Anstoß zum Säugen vom Muttertier aus. Während der darauffolgenden zehn bis fünfzehn Tage kann die Initiative sowohl von der Mutter als auch von den Kätzchen ausgehen, aber nach dem 35. Tag sind es in der Regel eher die Jungen, die zum Säugen die Mutter suchen (Schneirla u. a. 1963).
Auch bei einem anderen Säugetier ist die Sequenz des Mutterverhaltens beim Gebären und danach sorgfältig beobachtet und beschrieben worden: beim Rhesusaffen. In den letzten fünf Tagen der Trächtigkeit betastet das Muttertier mit den Fingern seine Genitalzone, woraufhin es sie mit Augen und Nase begutachtet und ableckt. Unmittelbar vor Einsetzen des Geburtsvorgangs entfernt es mit den Händen den Schleimpropfen, der die Scheidenöffnung verschließt. Sobald das Gesicht des Fetus erscheint, geht die Rhesusmutter in die Hocke und hilft, indem sie mit ihren Händen seinen Kopf nach außen zieht, Rumpf und Beine ans Tageslicht zu befördern. Während der

Rhesus-Säugling bisweilen während der Geburt Laute von sich gibt, tut die Mutter dies nie. Sobald seine Hände frei sind, klammert sich der Säugling an das Fell der Mutter, und die Mutter ihrerseits drückt das Neugeborene an ihre Brust und säubert sodann abwechselnd sich selbst und den Säugling, indem sie ihn gründlich von Kopf bis Fuß ableckt. Wenn die Nachgeburt kommt, wendet sie ihre Aufmerksamkeit vorübergehend vom Säugling ab, um die Plazenta zu fressen. Im Lauf des ersten Monats verwendet die Mutter zunehmend mehr Zeit auf die körperliche Pflege und das Zu-sich-Holen des Säuglings, und sie muß ihn mit zunehmendem Nachdruck davon abhalten, von ihr wegzulaufen. In dieser Periode verbringt sie viel Zeit damit, das Junge an sich zu drücken oder locker auf dem Arm zu tragen (Brandt und Mitchell 1971).

Kommentar: Die Rolle des Gebärvorgangs für die Entstehung der emotionalen Bindung zwischen Muttertier und Jungen wird von den Tierforschern kontrovers beurteilt. Rattenweibchen, denen man eine normale Geburt vorenthält, indem man einen Kaiserschnitt vornimmt, kümmern sich, wenn sie nach einigen Stunden aus der Narkose erwachen, spontan um ihre Jungen. Hieraus haben einige Forscher die These abgeleitet, daß der Gebärvorgang für die Entstehung der Mutter-Jungen-Bindung oder für das Einsetzen des Mutterverhaltens keine *entscheidende* Rolle spielt. Bridges (1975)* hat jedoch mit einer unlängst veröffentlichten Untersuchung demonstriert, wie bedeutsam der Gebärvorgang für die Mutter ist. Er konnte zeigen, daß Muttertieren, denen die Jungen jeweils unmittelbar, nachdem die Mutter sie nach der Geburt gereinigt hatte, weggenommen wurden, 25 Tage später keine erhöhte Zuwendungsbereitschaft zeigten, als sie mit neugeborenen Jungtieren zusammengebracht wurden; dagegen zeigten sich Muttertiere, denen man ihre Jungen bis zum Abschluß des Gebärvorgangs, d. h. etwa eine halbe Stunde lang, gelassen hatte, 25 Tage später Jungtieren gegenüber höchst zuwendungsbereit. Meine eigene Auffassung ist, daß dieses Problem noch nicht gründlich genug untersucht worden ist.

J. S. Rosenblatt

Brandt und Mitchell (1971) berichten über eine faszinierende Beobachtung, die sie bei einer im Käfig lebenden Schimpansenmutter machten: Als das neugeborene Junge dieser Schimpansin den Eindruck machte, als ob es nicht atme, ergriff sie es am Rumpf und Kopf und stülpte ihre Lippen über seinen Mund und seine Nase, als führe sie eine Mund-zu-Mund-Beatmung durch. Nach einer Minute stieß das Junge einen Schrei aus, und die Mutter legte es an die Brust.

* Bridges (1975)

Zwei Tierarten, die taxonomisch nahe miteinander verwandt sind, müssen deswegen nicht unbedingt genau das gleiche Reaktionsverhalten auf gleichartige Umweltanforderungen entwickelt haben. So sind beispielsweise die nordindischen Languren eng mit den Rhesusaffen verwandt, und das Verhalten der Muttertiere beider Arten in der vor- und nachgeburtlichen Phase ist in vieler Hinsicht ähnlich; aber während die Langurenmutter es zuläßt, daß ihr Säugling nach Ablauf seiner ersten paar Lebensstunden durch die Hände von bis zu acht anderen Weibchen wandert, hält die Rhesusmutter ihr Junges an sich gedrückt und sorgt eifersüchtig dafür, daß sich kein anderes Tier nähert (siehe Tab. 2–1, Seite 41/42).
Der skandinavische und der amerikanische Elch, zwei nahe verwandte Arten, zeigen ebenfalls unterschiedliche Muster des Mutterverhaltens. Die amerikanische Elchkuh sucht zum Gebären einen vollkommen einsamen Platz im Dickicht, in dessen Nähe sie Nahrung und Wasser findet und wo sie mit ihrem Kalb in den ersten Wochen allein bleibt. Während der ersten Tage bleiben sie innerhalb eines nur wenige Quadratmeter messenden Bereichs, während sie später zusammen umherzuwandern beginnen. Die skandinavische Elchkuh andererseits sucht zum Gebären eine nur wenig abseits gelegene Stelle auf, von der aus sie in Sicht-, Hör- und Geruchskontakt mit ihrer Herde bleiben kann. Nach dem ersten Säugen drückt die Mutter das Junge sanft zu Boden und läßt es, so versteckt, allein, um in der Nähe mit ihrer Herde zusammen zu weiden. Die Nacht über bleibt sie bei ihrem Kalb, und bei Tag sucht sie es in der ersten Zeit alle zwanzig Minuten zum Säugen auf. Schon nach wenigen Tagen jedoch stattet sie ihm diese Säugebesuche nur noch alle paar Stunden ab.
Zwei verwandte Arten, die in der Phase nach der Entbindung ein weitgehend unterschiedliches Verhalten zeigen, ist der Schweinsaffe und der Haubenmakake. Die ausgewachsenen Haubenaffen neigen normalerweise dazu, in engem Körperkontakt miteinander zu bleiben, während die ausgewachsenen Schweinsaffen einer Gruppe untereinander selten Kontakt suchen. Entsprechend kehrt das Haubenaffenweibchen nach dem Gebären gleich wieder in den Gruppenverband zurück, während das Schweinsaffenweibchen mit seinem Jungen abseits bleibt (Rosenblum und Kaufman 1967). Diese Beispiele illustrieren sehr drastisch, mit welcher Vorsicht man zu Werke gehen muß, wenn man vom Verhalten einer Tierart auf das einer, sei es auch nahe verwandten, Art schließen will.
In Tabelle 2–1 sind Beobachtungen des mütterlichen Fürsorgeverhaltens bei einer Reihe von Säugetierarten zusammengefaßt. Die Übersicht zeigt, daß unterschiedliche Tierarten in bezug auf die Befriedigung ähnlicher Bedürfnisse vergleichbare Verhaltensweisen

Tabelle 2–1: Artspezifisches Mutterverhalten bei verschiedenen Tierarten

Tier	Vorbereitung auf Gebärvorgang	Gebärplatz	Geburt	Schützen der Jungen	Säugen	Stimulierung der Jungen	Andere Beobachtungen
Hauskatze	Lecken der Genitalzone	Warmer, dunkler Ort	Leckt sich selbst, das Junge und den Boden des Gebärplatzes ab; frißt Nachgeburt	Holt piepsende Junge zurück	Stimuliert Junge, indem sie ihre Zitzen präsentiert; Beginn: $^1/_2$ bis 12 Stunden nach der Geburt	Ablecken (Roth und Rosenblatt 1968)	
Laboratoriumsratte	Nestbau; Lecken der Anal-Genitalzone	Gebärnest (Rosenblatt und Lehrmann 1963)	Frißt Nachgeburt	Nest; holt Junge zurück	Mutter legt sich über Wurf	Ablecken (Rosenblatt 1969)	Hat anfänglich etwas Angst vor Jungen (Rosenblatt 1970)
Ziege	Absonderung von der Herde	Geschützter Platz	Leckt sich selbst ab, leckt das Neugeborene ganz ab	Verscheucht Eindringlinge; nähert sich lautgebenden Jungen	Korrigiert Lage	Ablecken	Versucht vor Entbindung anderes Zicklein zu stehlen (Ewer 1976, Hersher u. a. 1963a)
Schaf	Absonderung von der Herde	Hausschaf: Geschützter Platz im Innern Wildschaf: Unzulängliche Berggegend	Leckt eigene Analzone ab; leckt das Neugeborene ganz ab	Nähert sich meckerndem Lamm (Hersher u. a. 1963a)	Korrigiert Lage	Ablecken	

Tier	Vorbereitung auf Gebärvorgang	Gebärplatz	Geburt	Schützen der Jungen	Säugen	Stimulierung der Jungen	Andere Beobachtungen
Primaten: Nordindischer Langur				Bleibt in den ersten Stunden für sich		Ablecken Körperpflege, Manipulieren, Streicheln	Erlaubt anderen Weibchen am 1. Tag, Junge zu nehmen (Dolhinow 1972)
Rhesusaffe	Erkundung der Genitalien; manuelle Entfernung des Schleimpfropfens	Käfigboden oder Metallstange	Hockende Stellung, zieht Fetus heraus; frißt Nachgeburt; leckt Junges ab	Drückt Junges an sich, schaukelt es; vermeidet lange Zeit Kontakt zu Artgenossen; holt Junge zurück und weist sie zurecht		Körperpflege (Brandt und Mitchell 1971)	
Schimpanse	Absonderung von der Herde		Trägt Nachgeburt an Nabelschnur umher	Bleibt mehrere Tage von der Herde getrennt; läßt Junge 5 Monate lang von keinem Artgenossen berühren (Kaufman 1970)			Andere Verhaltensweisen ähnlich wie beim Rhesusaffen

entwickelt haben. Alle Säugetiere bereiten sich auf die Geburt ihrer Jungen vor, richten einen Gebärplatz ein und lecken während des Gebärvorgangs ihren Körper ab. Sind die Jungen geboren, so zeigt die Mutter durchwegs ein intensives Interesse daran, sie zu beschützen, sie warm zu halten, gegenüber etwaigen Besuchern die Kontrolle über den Wurf zu wahren, Eindringlinge abzuhalten, den Wurf unter Aufsicht zu halten und – bei manchen Arten – streunende Jungtiere zurückzuholen. Ferner säubern und stimulieren die meisten Säugetiermütter ihre Neugeborenen, indem sie sie ablecken und anderen Formen der Körperpflege unterwerfen.
Die den Jungtieren aller Säugetierarten gemeinsamen Bedürfnisse werden bei den verschiedenen Arten auf vielfältig unterschiedliche und je spezifische Weise gestillt. Jede Spezies kennt spezifische, koordinierte Verhaltensmuster, die sie in Wechselwirkung mit ihrer Umwelt zur Sicherstellung ihres Überlebens entwickelt hat. Individualisierte, dauerhafte emotionale Bindungen zwischen Muttertier und Säugling entwickeln sich bei Arten wie den Primaten, bei denen die Jungen ganz besonders hilflos sind, sowie auch bei verschiedenen Huftierarten, bei denen die Jungen in eine wandernde Herde hineingeboren werden und leicht verlorengehen können.

Trennung

In Anbetracht des Vorausgegangenen scheint es ein bedeutungsvoller Vorgang zu sein, wenn ein neugeborenes Menschenkind, sofern es vorzeitig zur Welt kommt oder nach einer normalzeitigen Geburt erkrankt, sofort von der Mutter getrennt wird. Hat eine solche frühe Trennung Einfluß auf die Qualität der zukünftigen Mutter-Kind-Bindung? Bei unserer Suche nach Anhaltspunkten dafür, ob die Frage nach den Auswirkungen einer frühen Trennung auf das Verhalten menschlicher Mütter ein fruchtbares Forschungsfeld eröffnen könnte, haben wir einen Blick darauf geworfen, wie sich eine solche Trennung bei Tieren aus einem weiten Artenspektrum auswirkt. Besonders relevant für unsere Fragestellung sind der Zeitpunkt, zu dem die Trennung erfolgt, die Dauer der Trennung, das Verhalten der Mutter beim Wiedersehen mit ihrem Kind sowie die artspezifischen Unterschiede in den Auswirkungen der Trennung. Es muß betont werden, daß unser Hauptinteresse den Auswirkungen der Trennung auf das Bindungsverhalten der Mutter und nicht so sehr auf das Verhalten des Säuglings gilt. Welche Teilmomente der Trennung stören die Entwicklung eines adäquaten Mutterverhaltens?

Rosenblatt und Lehrmann (1963) versuchten eine Antwort auf diese Frage zu finden, indem sie bei Laboratoriumsratten die Auswirkungen einer Trennung von Mutter und Neugeborenem auf das Mutterverhalten untersuchten. Ein wichtiges Kennzeichen ist, daß sie Mutterverhalten auch gegenüber fremden Jungen zeigt: Unter bestimmten Bedingungen erregt ein fremder Wurf ihre mütterlichen Fürsorgeinstinkte. Dieser Umstand gestattete es, Mutterverhalten im Experiment dadurch wieder hervorzurufen, daß man die Mutter jeweils für kurze Zeit mit einem neuen Wurf (»Testwurf«) zusammenbrachte und die Reaktion von Müttern beobachtete, die man zuvor für unterschiedlich lange Zeit von ihren Jungtieren getrennt gehalten hatte.

Tabelle 2–2 zeigt die Untersuchungsergebnisse von Rosenblatt und Lehrmann (1963); aus ihnen geht hervor, daß eine Trennung von Muttertier und Jungen bei der Laboratoriumsratte zu schweren Verhaltensstörungen führt, insbesondere wenn diese Trennung unmittelbar nach der Geburt vorgenommen wird. Wurde die Trennung unmittelbar nach der Geburt vorgenommen und dauerte sie mindestens vier Tage, dann starben alle einer so behandelten Rattenmutter anvertrauten Jungen binnen fünf Tagen (die Jungen waren zuvor von ihrer eigenen Mutter ernährt worden). Wenn die Trennung nur zwei Tage dauerte, starb die Hälfte der Jungen binnen fünf Tagen. In beiden Fällen führte die Trennung zu einem drastischen Nachlassen der Zuwendungs- und Reaktionsbereitschaft des Muttertiers gegenüber dem Testwurf; ein neuer Wurf, den man einer vorher der Trennung unterworfenen Mutter auf Dauer überließ, löste bei ihr vorübergehend Nestbau-, Säuge- und Beaufsichtigungsverhalten aus, aber schließlich schwächte sich dieses Mutterverhalten ab und blieb auf einem niedrigen Niveau. Wenn man Rattenmüttern nach dem Gebären nur drei Tage Zeit gab, mütterliche Verhaltensmuster zu entwickeln, ehe man sie von ihren Jungen trennte, war die Wahrscheinlichkeit weit größer, daß sie auf einen neuen Wurf, mit dem sie zusammengebracht wurden, adäquat reagierten, selbst wenn sie vier Tage der Trennung hinter sich hatten.

Bei Ziegen wird das Mutterverhalten durch eine Trennung vom Neugeborenen noch stärker beeinträchtigt (s. Tabelle 2–3), da die Bindung zwischen Muttertier und Jungem bei der Ziege viel früher zustandekommt und stärker individualisiert ist als bei der Ratte. Da eine Ziegenmutter fremde Zicklein heftig von sich zu stoßen pflegt, ist es für den Experimentator schwer, ihr für Testzwecke das Junge einer anderen Ziege zuzugesellen.

Collias (1956) und Klopfer (1971) stellten fest, daß Ziegenmütter, denen die Jungen unmittelbar nach der Geburt für mehr als eine

Zeitpunkt der Trennung	Dauer der Trennung	Getestet (mit einem 5–10 Tage alten Jungen, das nicht aus ihrem eigenen Wurf stammte)	Auswirkungen
Bei der Geburt	Permanent	In den 4 Tagen nach der Geburt wöchentlich	Säugen nur in seltenen Fällen; Zurückholen (etwas mehr als bei jungfräulichen Weibchen); Nestbauverhalten drastisch reduziert
Nachdem Weibchen Junge gesäubert und Nachgeburt gefressen hatte	Experimentalgruppe: Permanent Kontrollgruppe: Keine Trennung	am Beginn des 3. Tages am 5. Tag	Säugen; Zurückholen; Nestbauverhalten reduziert (allerdings weniger stark) Verstärkung des Mutterverhaltens
Bei der Geburt	2 Tage, dann Pflegejunge 9 Tage lang mit Muttertier zusammen 4 Tage, dann Pflegejunge 1 Tag lang mit Muttertier zusammen	1 Tag nach Zuführung des Pflegejungen, dann in unregelmäßigen Abständen bis zum 10. Tag nach der Geburt	Mutterverhalten nach Zurückführung der Pflegejungen verstärkt, dann auf Niveau der Mütter ohne Junge absinkend; nach Trennung zurückgehend, stärker bei Müttern mit 4tägiger Trennung
Bei der Geburt 3 Tage nach der Geburt	4 Tage	Nach der Trennung	kein Mutterverhalten
9 Tage nach der Geburt 14 Tage nach der Geburt	4 Tage	nach der Trennung	Mutterverhalten kehrt zurück; 60% bis 75% der Muttertiere säugen
9. Tag nach der Geburt	Permanent	nach der Trennung jeden 2. Tag	Mutterverhalten läßt früher nach und sinkt auf tieferes Niveau als bei Kontrollgruppe
14. Tag nach der Geburt	Permanent	nach der Trennung jeden 2. Tag	Nachlassen des Mutterverhaltens beschleunigt sich nicht – hat schon auf natürliche Weise eingesetzt

* Daten aus: Rosenblatt und Lehrmann (1963)

Stunde weggenommen werden, sie danach nicht mehr annehmen (Tabelle 2–3). Wie Hersher und Mitarbeiter (1963a) zeigten, nehmen Ziegenmütter, die man unmittelbar nach dem Werfen auch nur fünf Minuten im Kontakt mit ihren Jungen läßt, auch nach drei Stunden der Trennung praktisch alle ihre Jungen wieder an. Allerdings wurden langfristige Auswirkungen der Trennung auf das Säugeverhalten festgestellt, die noch zwei bis drei Monate später zu beobachten waren.
Eine unlängst von Sackett und Ruppenthal (1974) durchgeführte Versuchsreihe legt die Vermutung nahe, daß möglicherweise auch das Verhalten von Affenmüttern durch eine Trennung von ihren Neugeborenen beeinflußt wird. Diese Untersuchungen sind allerdings, weil es bei ihnen nicht um das Mutterverhalten an sich ging, streng genommen mit den Ziegen- oder Rattenexperimenten nicht vergleichbar. Was in ihnen gemessen wurde, war die »mütterliche Motivation«, definiert als die Tendenz, den Kontakt zu Neugeborenen dem zu Affen anderer Altersstufen vorzuziehen. Die Autoren versetzten die Versuchsäffin in eine Entscheidungssituation, in ein Gehäuse, das aus einer zentralen Kabine bestand, um die herum sechs Zellen angeordnet waren, an die wiederum Kästen mit Locktieren angesetzt werden konnten (Abb. 2–1). Das Affenweibchen wurde in die Mittelkabine gesetzt, um zwei Kästen mit je einem Locktier wurden per Zufallswahl an zwei der sechs äußeren Kabinen angesetzt. Plexiglastrennwände sorgten dafür, daß das Versuchstier die Locktiere deutlich erkennen konnte. Die Anzahl der Sekunden, die das Versuchstier in der einem Locktier benachbarten Zelle verbrachte, ergab ein Maß für die relative Stärke des Wunsches nach Kontakt mit diesem Locktier. Tabelle 2–4 präsentiert die relevanten Ergebnisse dieser Experimente. Affenmütter, die nach der Niederkunft für eine Stunde von ihrem Säugling getrennt wurden, zeigten eine Vorliebe für Neugeborene. Dauerte die Trennung jedoch 24 Stunden, so schien die Vorliebe der Mutter für das Zusammensein mit Neugeborenen zu schwinden.
(Abb. 2–1, siehe S. 48; Tab. 2–4, siehe S. 49).

Meier (1965) untersuchte die Frage, wie wild aufgewachsene und im Labor aufgezogene Affenmütter ihre Neugeborenen nach einer Kaiserschnittgeburt annehmen (Tabelle 2–5, siehe Seite 50). Im Experiment wurden die Mütter durch Kaiserschnitt entbunden und zwei Stunden lang von ihren Säuglingen getrennt. Während bei normaler Entbindung alle Affenmütter ihre Neugeborenen sofort akzeptierten, hatte von den durch Kaiserschnitt entbundenen Laboratoriumsäffinnen drei Tage nach der Entbindung noch keine ihr

Tabelle 2–3: Auswirkungen früher Trennung auf das Mutterverhalten bei Ziegen

Quelle	Zeitpunkt der Trennung	Dauer der Trennung	Auswirkungen
Collias 1956	Kurz nach der Geburt	2–4 $1/2$ Stunden	5 von 6 Jungen bei der Rückkehr für mindestens 1 Stunde nicht angenommen
	Kurz nach der Geburt	15–45 Minuten	6 von 6 Jungen angenommen
	keine Trennung		8 von 8 Jungen angenommen
Klopfer 1971	unmittelbar nach der Geburt	1, 2 oder 3 Stunden	2 von 15 Muttertieren lassen Junge säugen; 15 von 15 Muttertieren wehren fremde Junge energisch ab
	5 Minuten nach der Geburt	1, 2 oder 3 Stunden	14 von 15 Muttertieren nehmen Junge sofort wieder an; 15 von 15 Muttertieren wehren fremde Junge energisch ab
Hersher, Richmond, und Moore 1963a	Experimentalgruppe: 5–10 Minuten nach der Geburt	$1/2$–1 Stunde	Beobachtung des Muttertiers mit ihrem eigenen Jungen und 2 anderen Jungen 2–3 Monate später: die Hälfte der Jungen säugt überhaupt nicht; die andere Hälfte säugt wahllos
	Kontrollgruppe: Keine Trennung		kein Muttertier stößt eigene Junge weg, aber viele stoßen fremde Junge weg

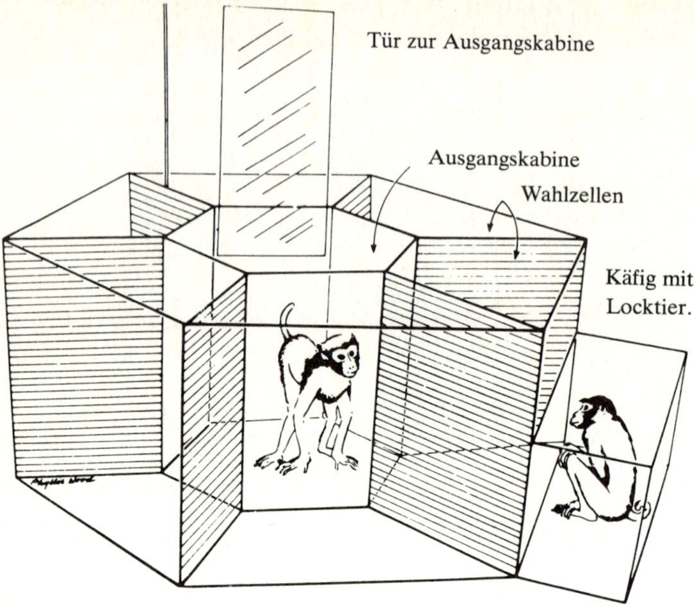

Abb. 2–1: Zellengehäuse zum Studium des sozialen Bevorzugungsverhaltens bei Affen. (Aus: Sackett und Ruppenthal 1974.)

Neugeborenes angenommen. Dagegen akzeptierten vier von sieben wild aufgewachsenen Affenmüttern ihre chirurgisch entbundenen Säuglinge am ersten Tage, die übrigen vier die ihren im Lauf des zweiten Tages.*
Wie andere Untersuchungen mit Primaten gezeigt haben, gibt es, wenn die Trennung des Affenjungen mit ungefähr sechs Monaten vorgenommen wird und vier Wochen dauert, bei den meisten Müttern keine Probleme mit der Wiederannahme des Jungtiers. In

* Sackett und Ruppenthal (1974) schlagen folgende Erklärung für das unterschiedliche Verhalten wild aufgewachsener und im Labor aufgezogener Affenmütter vor: Die letzteren seien in der Regel mutterlose, d. h. selbst ohne Mutter im Käfig aufgewachsene Tiere. Die ersteren dagegen seien zu allermeist erst eingefangen worden, nachdem die eigene Mutter sie großgezogen hatte. So fördere das Experiment in gewissem Sinn die Spätfolgen einer unzureichenden mütterlichen Fürsorge bei den Laboratoriumsaffen zu Tage, deren Mutterverhalten unter Streßbedingungen leichter »ausfalle«.

*Tabelle 2–4: Mütterliche Motivation bei Schweinsaffenmüttern, die von ihren Jungen getrennt wurden**

Zeitpunkt der Trennung	Dauer der Trennung	Tendenz (Bevorzugung eines Neugeborenen oder einer erwachsenen Artgenossin)
Bei der Geburt	1 Stunde	Neugeborenes
2 Wochen nach Geburt	1 Stunde	Neugeborenes
1 Monat nach Geburt	1 Stunde	Neugeborenes
2 Monate nach Geburt	1 Stunde	ausgeglichene Tendenz
6 Monate nach Geburt	1 Stunde	erwachsenes Weibchen
Kontrolltiere (waren weder schwanger noch mit Neugeborenen zusammen)		erwachsenes Weibchen
Bei der Geburt	24 Stunden	erwachsenes Weibchen
2 Wochen nach Geburt	24 Stunden	Neugeborenes
1 Monat nach Geburt	24 Stunden	Neugeborenes
2 Monate nach Geburt	24 Stunden	ausgeglichene Tendenz
6 Monate nach Geburt	24 Stunden	erwachsenes Weibchen
Kontrolltiere		erwachsenes Weibchen
Bei der Geburt	7 Tage	erwachsenes Weibchen
2 Wochen nach Geburt	7 Tage	Neugeborenes
1 Monat nach Geburt	7 Tage	erwachsenes Weibchen
2 Monate nach Geburt	7 Tage	erwachsenes Weibchen
6 Monate nach Geburt	7 Tage	erwachsenes Weibchen
Kontrolltiere		erwachsenes Weibchen

* Daten aus: Sackett und Ruppenthal (1974)

allen diesen Fällen regredierte das Mutterverhalten auf ein der Fürsorge für einen weit jüngeren Säugling angemessenes Niveau. Das wieder angenommene Junge wurde stärker beaufsichtigt, und das Muttertier ließ das Zurückweisungsverhalten vermissen, das normalerweise das Selbständigwerden der Jungen im Alter von sechs bis acht Monaten begünstigt.

Die Trennung eines neugeborenen oder jungen Tieres von seiner Mutter führt also zu signifikanten Veränderungen im Mutterverhalten. Je früher nach der Geburt die Trennung eintritt, desto ausgeprägter sind ihre Auswirkungen. Es scheint für jede Tierart eine spezifische Zeitdauer der Trennung zu geben, die von den Tieren verkraftet wird. Wenn die Trennung über diese kritische Dauer hinausgeht, sind die Auswirkungen auf das Mutterverhalten gegen-

Tabelle 2–5: Auswirkungen früher Trennung auf das Mutterverhalten bei Primaten

Tierart und Quelle	Zeitpunkt der Trennung	Dauer der Trennung	Auswirkungen
Rhesusaffe (Meier 1965)	Experimentalgruppe: Nach Kaiserschnitt mit Lokalanästhesie	Nicht angegeben – ungefähr 2 Stunden	Isoliert aufgezogene Laboratoriumstiere akzeptieren keine Neugeborenen (nähern sich ihnen nicht, nehmen sie nicht an sich, lassen nicht zu, daß sie sich an ihren Bauch schmiegen) Wilde Versuchstiere: 3 akzeptieren Neugeborenes am Tag der Niederkunft, die anderen 4 am nächsten Tag.
	Kontrollgruppe: Vaginale Geburt – keine Trennung	keine Trennung	Laboratoriums- und Wildtiere: Normales Mutterverhalten
Schweinsaffe (Rosenblum und Kaufman 1967)	4.8 bis 6.1 Monate nach der Geburt	4 Wochen	4 von 4 Müttern nehmen Junge sofort wieder an; Bewachung durch Mutter in dem Monat nach der Trennung stärker als im Monat zuvor; das sonst in diesem Alter normale bindungslösende Mutterverhalten (z. B. strafende Zurückweisung, Entzug der Mutterbrust) tritt kaum auf.
Rhesusaffe (Harlow u. a. 1963)	7 Monate nach der Geburt	3 Wochen	3 von 4 Müttern nehmen Junge sofort an; die 4. bleibt über 24 Stunden lang anscheinend völlig gleichgültig ungeachtet der Annäherungsversuche der Jungen.

über der betroffenen Nachwuchsgeneration oft ebenso drastisch wie irreversibel.

Adoption

Untersuchungen zum Trennungsphänomen beziehen sich auf die Stimuli, die mütterliches Verhalten fördern und deren Entfernung zu einer Abschwächung dieses Verhaltens bei Tiermüttern führt. Untersuchungen zum Adoptionsphänomen andererseits befassen sich mit den Bedingungen, die bei Tierweibchen, die selbst keine Jungen geworfen haben, mütterliches Verhalten gegenüber den Jungen anderer Weibchen fördern. Uns interessiert die Frage, ob es eine spezifische sensible Phase gibt, während der einem Weibchen ein neues Junges in Obhut gegeben werden kann, eine wie lange Zeitspanne für eine erfolgreiche Adoption benötigt wird,* ob eine erfolgreiche Adoption bestimmte Bedingungen von seiten der Umwelt voraussetzt und welche artspezifischen Unterschiede im Adoptionsverhalten es gibt.

Kommentar: Es gibt in der menschlichen Gesellschaft Fälle von Adoption, bei denen eine Frau, die selbst nicht Mutter ist, gleichwohl die Mutterrolle für einen Säugling übernehmen muß; sehr ähnliche Situationen ergeben sich bei mehreren Tierarten, wo Weibchen, die selbst ohne Junges sind, entweder ein neugeborenes Jungtier angeboten bekommen oder im Rahmen einer geselligen Gruppe in Kontakt mit solchen Jungtieren kommen. Die Reaktion, die ein Weibchen in einer solchen Situation zeigt, unterscheidet sich von Tierart zu Tierart sehr stark: Bei Mäusen reagieren sowohl Weibchen als auch Männchen fast unverzüglich mit mütterlichem Verhalten, während sich bei Ratten die Reaktion gemächlich im Laufe von fünf bis sieben Tagen entwickelt (sie kann allerdings auf zwei Tage zusammengedrängt werden, indem man das Weibchen zu engem Körperkontakt mit den Jungen zwingt). Bei den Rhesusaffen gibt es ein »Tantenphänomen«: Junge Weibchen suchen Zugang zu Neugeborenen und zeigen, wenn ihnen dies gelingt, Vorformen mütterlichen Verhaltens.

J. S. Rosenblatt

Das Experiment von Grota (1968) mit Laboratoriumsratten demonstriert, daß bestimmte Faktoren das Zustandekommen von Adoptionen erleichtern. Wenn ein Wurf einem Weibchen anvertraut wird, das erst seit einem Tag Muttermilch gibt, haben die Jungen eine größere

* Eine »erfolgreiche Adoption« liegt vor, wenn das Weibchen die für das Überleben des adoptierten Jungen erforderlichen Verhaltensweisen realisiert.

Chance zu überleben und rasch zu wachsen, als wenn ein Weibchen schon seit zehn Tagen Milch gibt. Je weniger Zeit also zwischen der eigenen Niederkunft der Adoptivmutter und der Darbietung der neuen Jungen vergeht, desto besser wird die Adoption klappen. Wenn die neuen Jungen nach einem Tag dargeboten wurden, kam es zur geglückten Adoption von bis zu zehn Neugeborenen. Wenn dagegen einer Mutter, die seit zehn Tagen Muttermilch hatte, zehn fremde Junge gegeben wurden, überlebte eine signifikant geringere Zahl von ihnen, als wenn nur vier Junge dargeboten wurden.

Kommentar: Das hier diskutierte Problem ist dem weiten Bereich der Sychronität zwischen Muttertier und Jungen zuzurechnen. Normalerweise entwickelt sich synchrones Verhalten aus frühen Ansätzen bei der Geburt und verfeinert sich (bei manchen Mutter-Jungen-Gruppen) in der wechselseitigen Interaktion während der darauffolgenden Tage. Synchrone Abläufe gibt es in bezug auf viele Funktionen sowohl auf der physiologischen als auch auf der Verhaltensseite, so etwa auch bei der Muttermilchproduktion und beim Säugen. Je größer die Diskrepanz zwischen dem Zustand der Mutter und dem Entwicklungsstand der oder des Jungen, desto schwieriger ist es für beide Seiten, Synchronität zu entwickeln; und am größten ist die Diskrepanz natürlich dann, wenn das Weibchen selbst nicht Mutter ist und die Jungen der mütterlichen Fürsorge bedürfen.

J. S. Rosenblatt

Wie Schneirla und Mitarbeiter (1963) feststellten, wird das Adoptivverhalten einer Katzenmutter auch von der Größe des Wurfs beeinflußt. Wurde einem Katzenweibchen, dem der eigene Wurf gleich nach der Geburt weggenommen war, ein einzelnes neues Kätzchen gegeben, so nahm sie es an und stillte es, gleich ob sie es sieben, zwölf oder fünfzehn Tage nach ihrer eigenen Niederkunft erhielt; dagegen wurde ein aus drei Kätzchen bestehender Wurf nur angenommen, wenn er der Adoptivmutter vor dem fünfzehnten Tag zugeführt wurde. Nach dem fünfzehnten Tag reagierte sie auf die Darbietung von drei Kätzchen mit Angriffs- und Vermeidungsverhalten. Interessant ist der Unterschied der Zeitspannen, während deren Katzen und Ratten fremde Junge noch annehmen. Nimmt man einer Rattenmutter den eigenen Wurf bei der Geburt weg, dann sind fremde Rattenbabys vier Tage später nicht mehr imstande, bei ihr mütterliches Verhalten auszulösen; bei einer Katze jedoch, der ihre Jungen bei der Geburt weggenommen werden, kann ein fremdes Kätzchen noch zwölf und manchmal fünfzehn Tage später Mutterverhalten auslösen.

Unter normalen Umständen weist ein Muttertier fremde Junge zurück. Die Forschergruppe um Hersher demonstrierte jedoch, daß

Ziegenmütter dazu gebracht werden können, fremde Junge zu adoptieren, vorausgesetzt, daß sie und das Zicklein von den anderen Tieren der Herde isoliert werden, gleichzeitig aber auf engem Raum zusammenbleiben, und ferner vorausgesetzt, daß die Ziegenmutter daran gehindert wird, das Zicklein wegzustoßen. Wenn sich unter diesen Bedingungen eine Bindung erst einmal einstellt, dann sind keine Unterschiede mehr zwischen Ziegenmüttern mit angenommenen und solchen mit leiblichen Jungen erkennbar. Es ist auch möglich, artenüberschreitende Adoptionen herbeizuführen, aber in diesen Fällen machen die Muttertiere oft einen »ängstlicheren« Eindruck (Hersher u. a. 1963b).

Hersher nimmt an, daß die ängstliche Erregung, die bei Adoptivmüttern von Jungtieren einer anderen Art häufig zu beobachten ist, zum großen Teil daher rührt, daß das Jungtier die charakteristischen Verhaltensweisen seiner eigenen Art beibehält, an die sich anzupassen die Mutter nicht in der Lage ist. So entfernen sich beispielsweise junge Ziegen eher von der Herde als junge Schafe, so daß ein Mutterschaf, das ein Zicklein adoptiert hat, häufiger den Herdenverband verlassen muß und öfter in Erregung gerät als ein Schaf, das ein adoptiertes Lämmchen aufzieht (Hersher u. a. 1963b).

Wie Schneirla und Mitarbeiter (1963) beobachteten, pflegen Katzenmütter ein junges Kätzchen in der Regel zu adoptieren, wenn es nicht wesentlich älter ist als ihre eigenen, es sei denn, das Kätzchen weist Verhaltenseigentümlichkeiten auf, die zu verunsichernden Situationen führen.

Harlow und Mitarbeiter (1963) bemerkten bei der Beobachtung einer Rhesusaffengruppe, wie ein Weibchen Kontakt mit einem verwaisten Jungtier zu schließen versuchte, das man ihr in den Käfig gesetzt hatte. Das Baby reagierte damit, daß es schrie und sich zu einer Kugel zusammenrollte. Das Weibchen pendelte tagelang zwischen Annäherungs- und Rückzugsverhalten hin und her, vermochte aber zu keiner Zeit adäquat auf das seltsame Benehmen des Säuglings zu reagieren. Harlow beobachtete auch, wie eine Rhesusäffin, die frisch geworfen hatte und von ihrem eigenen Neugeborenen getrennt worden war, ein junges Kätzchen zu adoptieren versuchte. Die Adoption ließ sich gut an, solange die Affenmutter das Kätzchen umschlang. Als sie jedoch im Käfig umherzugehen begann, fiel das Kätzchen, das ja nicht fähig war, sich festzuklammern, von ihr ab. Nachdem sie mehrere frustrierende Tage lang das Kätzchen immer wieder an sich genommen hatte, gab sie es schließlich auf.

Aus den soeben referierten Arbeiten lassen sich die folgenden Gesetzmäßigkeiten ableiten:

1. Es scheint eine bei jeder Tierart anders bemessene sensible

Periode nach der Niederkunft zu geben, während derer Muttertiere fremde Junge zu adoptieren bereit sind.

2. Bei manchen Tierarten wie bei Ziegen und Schafen kommt es nach Ende der sensiblen Periode nur noch unter spezifischen Bedingungen (z. B. enger Kontakt, Isolation, ausreichende Kontaktdauer) zu Adoptionen.
3. Situative Bedingungen – wie etwa die Anzahl der zugeführten Jungen – beeinflussen das Gelingen einer Adoption.
4. Ungewöhnliches Verhalten von seiten des Jungtiers kann das Gelingen einer Adoption behindern.

Mechanismen

Unsere abschließende Aufgabe besteht darin, uns ein Bild von den Mechanismen zu machen, die den Motiven des Verhaltens von Tierweibchen vor, während und nach der Geburt ihrer Jungen zugrundeliegen. Weshalb bereiten sich trächtige Tierweibchen auf den Gebärvorgang vor? Warum ist die Wahrscheinlichkeit, daß sie ein fremdes Junges annehmen, um so größer, je kürzer der Zeitabstand zwischen ihrer eigenen Niederkunft und der Kontaktaufnahme mit dem Jungtier ist? Warum stellt die Dauer der Trennung eines Muttertiers von seinen Jungen einen so entscheidenden Faktor dafür dar, ob es, wenn sie ihm wieder zurückgegeben werden, zu seinem Mutterverhalten zurückkehrt? Die Untersuchungen von Klopfer (1971) und Rosenblatt (1963–1975) wurden in der Absicht durchgeführt, Antworten auf diese Fragen zu finden. Beide Forscher haben gefragt: Wird mütterliches Verhalten durch Merkmale und Verhaltensweisen der Jungen ausgelöst oder ist es primär eine Folge hormonaler Veränderungen im Organismus des Muttertiers? Beide haben versucht, Antworten auf diese Frage zu finden, indem sie in einer Serie sorgfältig kontrollierter Versuche eine Variable nach der anderen auf ihre spezifischen Auswirkungen hin prüften.

Lott und Rosenblatt (1969) zeigten erstmals, daß Mutterverhalten auch bei Ratten, die selbst keine Jungen geworfen haben, vorkommen kann. Sowohl jungfräuliche als auch männliche Ratten, selbst solche, bei denen die Geschlechtsdrüsen oder die Hypophyse entfernt waren, reagierten nach fünf bis sechs Tagen auf fünf bis zehn Tage alte Rattenjunge mit den mütterlichen Verhaltensweisen des Beaufsichtigens und Zurückholens, des Sich-Präsentierens in Demutshaltung, des Nestbauens und des Beleckens. Mutterverhalten hängt also nicht zur Gänze von hormonalen Veränderungen ab, wenngleich frischgebackene Tiermütter auf Junge spontan und unmittelbar reagieren.

Kommentar: Geruchsmerkmale von Rattenjungen, bei deren Wahrnehmung fremde Rattenweibchen Vermeidungsverhalten oder vielleicht auch Angst zeigen, scheinen jungfräuliche Ratten erst einmal von einem unmittelbaren Reagieren auf die Jungen abzuhalten. Sorgt man dafür, daß jungfräuliche Ratten den Geruch der Jungen nicht wahrnehmen, dann zeigen sie nach weniger als einem Tag des Kontaktes – und manchmal auf der Stelle – mütterliches Verhalten. Wenn ein Rattenweibchen selbst Junge wirft, löst deren Geruch bei ihr natürlich kein Vermeidungsverhalten aus. Das deutet darauf hin, daß sich ein wichtiges Moment beim Aufbau von Bindungen in der Überwindung von Vermeidungstendenzen und Angst gegenüber Neugeborenen darstellt; diese Anpassungsleistung könnte eine der Funktionen der Hormone sein, sie könnte aber auch auf der Erfahrung ähnlicher Gerüche während der Trächtigkeit beruhen.

J. S. Rosenblatt

Um festzustellen, ob trächtige Ratten sich eher wie jungfräuliche Ratten oder eher wie Rattenmütter kurz nach dem Werfen verhalten, verglichen Lott und Rosenblatt (1969) bei Ratten, bei denen die Trächtigkeit zu unterschiedlichen Zeitpunkten künstlich beendet wurde, die Zeit, die bis zum Auftreten mütterlichen Verhaltens verging. Sie fanden heraus, daß Ratten, die vor dem elften Trächtigkeitstag entbunden wurden, sich nicht signifikant anders verhielten als nicht-trächtige Weibchen: Sie zeigten nach fünf bis sechs Tagen des Kontakts mit neugeborenen Jungen mütterliche Verhaltensweisen (die Trächtigkeitsperiode beträgt bei Ratten gewöhnlich 22 bis 23 Tage). Dagegen reagierten Rattenweibchen, die am 16. oder 19. Trächtigkeitstag durch Kaiserschnitt entbunden wurden, fast sofort mit mütterlicher Zuwendung. Ähnliche Ergebnisse stellten sich heraus, wenn die Trächtigkeit durch die operative Herausnahme der Gebärmutter beendet wurde: Rosenblatt (1971) kam auch hier zu dem Befund, daß die »Latenzperiode«, die bis zum Auftreten von Mutterverhalten verging, um so kürzer war, je später die Trächtigkeit beendet wurde. Das war ein klares Indiz dafür, daß sich im Lauf der Trächtigkeit im Organismus des Weibchens Veränderungen vollziehen, die die Reaktionsbereitschaft gegenüber neugeborenen Jungen erhöhen.
Nachdem mehreren Forscherkollegen der Versuch mißlungen war, Hormone zu isolieren, die diese Phänomene hervorrufen könnten, machten Terkel und Rosenblatt (1968) den Versuch, herauszufinden, ob die humorale Substanz, die das Mutterverhalten steuert, durch das

Blutplasma transportiert wird. Sie injizierten jungfräulichen Ratten 3 bis 4 ml Plasmaflüssigkeit, die einer Rattenmutter innerhalb von 48 Stunden nach dem Wurf abgenommen worden war. Einer Kontrollgruppe jungfräulicher Ratten wurde entweder Plasma von Ratten, die nicht geworfen hatten, oder eine Salzlösung injiziert. Diejenigen jungfräulichen Ratten, denen Plasma von Rattenmüttern injiziert worden war, zeigten signifikant früher als die Ratten aus den Kontrollgruppen mütterliches Verhalten. Das Experiment bestätigte also die Existenz einer im Plasma transportierten Substanz, die mütterliches Verhalten anregt.

Um diese Befunde zu stützen und zu ergänzen, entwickelten Terkel und Rosenblatt (1972) eine Technik, die die Übertragung größerer Blutmengen von einer Ratte zur anderen erlaubte, ohne dabei die Bewegungsfreiheit der beiden Tiere zu beeinträchtigen. Durch kontinuierliche beiderseitige Transfusion konnte eine 50:50 Mischung des Blutes beider Ratten erreicht werden. Mit Hilfe dieses Verfahrens untersuchten Terkel und Rosenblatt die Auswirkungen einer Übertragung des Blutes von Mutterratten zu verschiedenen Zeitpunkten vor, während und nach dem Werfen. Jungfräuliche Ratten erhielten Blut von anderen jungfräulichen Ratten, von Mutterratten, die unmittelbar zuvor Junge geboren hatten, von solchen, die 24 Stunden vorher geworfen hatten sowie von solchen, bei denen die Niederkunft binnen 24 Stunden nach der Transfusion erwartet wurde. Von den jungfräulichen Ratten, deren Blut mit dem anderer jungfräulicher Ratten gemischt wurde, zeigte innerhalb von 48 Stunden keine mütterliches Verhalten, während dies bei sieben von acht Empfängerinnen des Blutes ganz junger Rattenmütter der Fall war. In den anderen beiden Gruppen jedoch (jungfräuliche Ratten, die das Blut von Rattenmüttern 24 Stunden vor bzw. nach der Niederkunft erhielten) zeigten signifikant wenigere Ratten während derselben Zeitspanne mütterliches Verhalten.

Terkel und Rosenblatt zogen aus diesen Ergebnissen den Schluß: »Nur Blut, das im Rahmen einer begrenzten Zeitspanne um den Geburtszeitpunkt herum übertragen wird, regt mütterliches Verhalten an... Blut von trächtigen Weibchen, das 24 Stunden vor der erwarteten Niederkunft übertragen wurde, war noch nicht in der Lage, bei einem signifikanten Anteil der jungfräulichen Ratten mütterliches Verhalten anzuregen, während Blut, das in derselben Menge und für dieselbe Zeitdauer von Rattenmüttern übertragen wurde, die 24 Stunden vorher Junge geboren hatten, diese Potenz schon wieder eingebüßt hatte.« Die Autoren geben zu bedenken, daß die genannten Zeiträume nicht unbedingt die genauen zeitlichen Grenzen angeben, innerhalb derer die humorale Basis für das

Mutterverhalten gegeben ist, da sie nur drei Zeitpunkte einbezogen und nur eine 50prozentige Blutmischung erreichten. Ungeachtetdessen weisen diese Untersuchungsergebnisse nachdrücklich auf die Bedeutung der Phase unmittelbar vor und nach der Geburt hin. Es scheint, daß bestimmte mit dem Gebärvorgang einhergehende physiologische Mechanismen die Sensibilität der Mutter gegenüber ihrem Neugeborenen erhöhen. Daraus läßt sich schließen, daß mütterliches Verhalten durch Hormoneinwirkung verstärkt werden kann, allerdings nur für kurze Zeit. Wie andere Befunde nahelegen, bedarf es in der Zeit danach der körperlichen Gegenwart der oder des Jungen, um die Kontinuität des Mutterverhaltens zu gewährleisten.

Kommentar: Wir interpretieren diese Ergebnisse inzwischen anders; zu jener Zeit wußten wir nämlich noch nicht, daß sich die Disposition zum mütterlichen Verhalten bei Rattenweibchen in Wirklichkeit im Lauf der letzten 24 Stunden vor dem Gebärvorgang bildet. Das heißt, das Muttertier wird zu mütterlichem Verhalten nicht durch Hormone angeregt, die nach der Geburt der Jungen ausgeschüttet werden, sondern wahrscheinlich durch ein Hormon (Östrogen), das bereits 48 Stunden vorher freigesetzt wird. Was unsere Untersuchung im Licht dieser Erkenntnis zeigt, ist, daß dieses Hormon nach der Geburt der Jungen noch für mindestens sechs Stunden in genügender Konzentration im Blut der Mutter vorhanden ist, um bei jungfräulichen Ratten Mutterverhalten auszulösen, daß dies aber 24 Stunden nach der Geburt nicht mehr der Fall ist.

J. S. Rosenblatt

In neueren Versuchen haben Rosenblatt und Mitarbeiter die hormonalen Substanzen, die bei der Auslösung von Mutterverhalten eine Rolle spielen, weiter isoliert. Schon früher hatten sie festgestellt, daß bei trächtigen Rattenweibchen, denen Eierstöcke und Gebärmutter operativ entfernt worden waren, Mutterverhalten prompt, das heißt nicht erst nach einer »Latenzperiode«, zu beobachten war, während Rattenweibchen, denen nur die Gebärmutter herausgenommen wurde (am sechzehnten Tag der Trächtigkeit und später), in der Tat eine solche Latenzperiode aufweisen. Daraus wurde die Hypothese abgeleitet, daß die Eierstöcke für das Einsetzen des Mutterverhaltens eine entscheidende Rolle spielen. Um diese Hypothese unmittelbar zu überprüfen, entfernten Rosenblatt und Siegel (1975) Rattenweibchen zu verschiedenen Zeitpunkten in der zweiten Hälfte der Trächtigkeitsperiode Eierstöcke und Gebärmutter. Es stellte sich heraus, daß bei gleichzeitiger Mitentfernung der Eierstöcke zum Zeitpunkt der Hysterektomie tatsächlich eine signifikant längere Latenzperiode eintrat, als wenn die Gebärmutter allein herausgenommen wurde.

In einer anschließenden Untersuchung versuchten Siegel und Rosenblatt (1975) bei Rattenweibchen ohne Eierstöcke und Gebärmutter ein unverzögertes Mutterverhalten wiederherzustellen. Den Weibchen wurde zum Zeitpunkt des chirurgischen Eingriffs Östradiolbenzoat injiziert. Eine Gruppe erhielt ferner 44 Stunden danach Progesteron. Das Östradiolbenzoat führte, gleich ob es in hoher oder geringer Dosis gegeben wurde, zur Wiederkehr eines Mutterverhaltens, wie es für die Weibchen typisch war, denen zum gleichen Trächtigkeitszeitpunkt lediglich die Gebärmutter entfernt worden war. Das Progesteron hatte keinen Einfluß auf die Wirkung des Östradiolbenzoats. Die Autoren gelangten zu dem Schluß, daß Östrogen für das Mutterverhalten förderlich ist. Eine Stütze finden ihre Befunde in denen von Shaikh (1971), denen zufolge die Östradiolkonzentration im Blutserum normalerweise zwischen dem siebzehnten und neunzehnten Tag der Trächtigkeit eine langsame und danach, vom neunzehnten Tag an, eine beschleunigte Zunahme zeigt. Zarrow und Mitarbeiter (1971) konnten zeigen, daß das Einsetzen des Mutterverhaltens bei der Geburt der Jungen nicht beeinträchtigt wurde, wenn die Ausschüttung von Prolaktin in den letzten sechs bis sieben Tagen der Trächtigkeit gehemmt wurde. Die Wirkung des Östradiols kann also nicht durch die Tatsache erklärt werden, daß Östrogen Prolaktin freisetzt.

Um Klarheit darüber zu gewinnen, ob das Östradiol das stimulierende Hormon für Mutterverhalten ist, untersuchten Rosenblatt und Siegel (1975), ob das Mutterverhalten bereits vor der Geburt der Jungen einsetzt, wie es der Befund von Shaikh (1971) erwarten läßt, demzufolge die Östradiolkonzentration im Serum unmittelbar vor dem Gebärvorgang stark ansteigt. Um das Verhalten trächtiger Weibchen zu testen, wurden ihnen, erstmals vierzig Stunden vor dem erwarteten Zeitpunkt der Niederkunft und sodann in Intervallen von jeweils zwei Stunden, neugeborene Rattenjunge vorgesetzt; es stellte sich heraus, daß das Nestbauverhalten tatsächlich 34 Stunden vor der Niederkunft einsetzte und Beaufsichtigungsverhalten 24 Stunden vor der Niederkunft.

Zusammengefaßt: Jungfräuliche Rattenweibchen und männliche Ratten zeigen, wenn man sie genügend lange mit Jungen zusammenläßt, Mutterverhalten, wenn auch erst nach verhältnismäßig langer Latenzperiode. Bei Rattenweibchen nimmt die Latenzperiode nach dem elften Tag der Trächtigkeit immer weiter ab. Die Erkenntnis, daß eine im Blutplasma transportierte Substanz das Mutterverhalten kurze Zeit vor Einsetzen des Gebärvorgangs anregt, zeigt in Verbindung mit dem Nachweis der wichtigen Rolle, die das Östradiol spielt, eindeutig, daß für das Auftreten mütterlichen Verhaltens vor

der Geburt der Jungen zumindest teilweise physiologische Mechanismen verantwortlich sind.
Nach dem Gebären ist allem Anschein nach die Anwesenheit der Jungen eine notwendige Voraussetzung für die Aufrechterhaltung des Mutterverhaltens. Nimmt man einer Rattenmutter die Jungen bei der Geburt weg und enthält sie ihr vier Tage lang vor, so ist ihr Mutterverhalten unwiederbringlich »gelöscht«. Läßt man der Mutter die Jungen dagegen vor der Trennung mindestens drei Tage lang, so wird nach einer viertägigen Trennung ihr Mutterverhalten wieder aufgenommen. Es scheint also, daß sich in der Phase zwischen der Geburt und dem dritten Tag ein Übergang von einer inneren (d. h. hormonalen) zu einer primär äußeren Steuerung des Mutterverhaltens vollzieht. Es ist in diesem Zusammenhang interessant, daß Turnbull und Mitarbeiter (1974) bei schwangeren Frauen in den fünf Wochen vor Einsetzen der Wehen einen signifikanten Rückgang des Progesterons und eine ebensolche Zunahme des Östradiols festgestellt haben (Abb. 2–2).

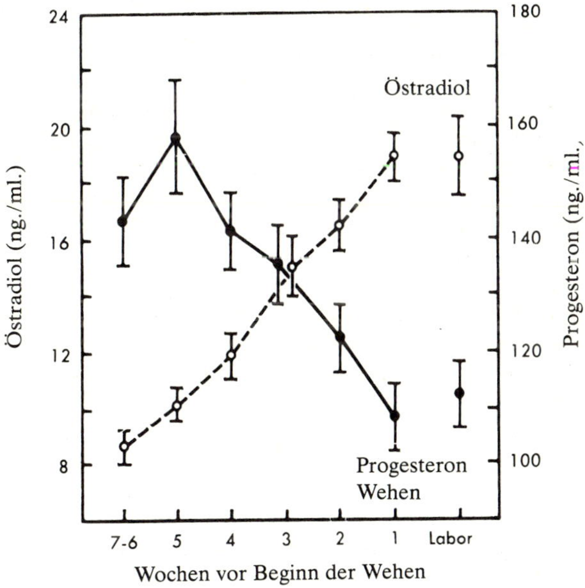

Abb. 2–2: Progesteron- und Östradiolkonzentration bei schwangeren Frauen in der Phase vor der Entbindung (aus: Turnbull u. a. 1974).

Klopfer (1971) beschäftigte sich mit den Verhaltensmerkmalen junger Ziegen, die bei erwachsenen Ziegenweibchen mütterliche Reaktionen auslösen. Um die Auswirkungen der vom Zicklein ausgehenden visuellen Reize zu untersuchen, verglich er das Verhalten von Ziegenmüttern, denen während des Gebärens und während der ersten Minuten des Kontakts mit ihrem Jungen die Augen verbunden wurden, mit dem normal gebärender Weibchen. Er stellte fest, daß nach einer Periode der Trennung die Ziegen beider Gruppen unterschiedslos ihr eigenes Junges wieder annahmen, während sie fremde Junge wegstießen. Dies deutete darauf hin, daß visuelle Reize keine auslösende Funktion für das Mutterverhalten des Ziegenweibchens haben.
Klopfer verglich auch das Verhalten von Ziegenmüttern, deren Junges während der Geburt Laute von sich gegeben hatte, mit dem von solchen, deren Zicklein stumm geblieben waren. Auch hier waren nach einer Periode der Trennung keine Unterschiede festzustellen: Alle Weibchen zeigten nach der Wiedervereinigung mit ihrem Jungen mütterliches Verhalten, und alle stießen fremde Zicklein weg. Laute scheinen also keine bedeutsame Rolle bei der Auslösung mütterlichen Verhaltens zu spielen. In einem dritten Experiment testete Klopfer die Bedeutung von Geruchsreizen, indem er die Nüstern von Ziegenweibchen entweder bei der Niederkunft oder aber zum Zeitpunkt der Wiederzusammenführung von Mutter und Zicklein nach einer Trennungsperiode mit Kokain anästhesierte. Die Mutterziegen, die beim Gebären mit Kokain behandelt wurden, wiesen ihre Jungen nicht zurück, wie zu erwarten gewesen wäre, wenn Geruchsreize die Funktion von Auslösern für mütterliches Verhalten hätten. Vielmehr nahmen acht von neun Ziegenweibchen ihre eigenen Jungen an, sechs von ihnen nahmen aber auch fremde Junge an. Von den bei der Wiederzusammenführung mit Kokain behandelten Mutterziegen stieß die Hälfte ihre Jungen ab; Klopfer modifizierte aufgrund dieser Resultate seine ursprüngliche Auffassung, derzufolge sinnliche Reize, insbesondere Geruchsreize, als Auslöser für mütterliches Verhalten wirken. Er nahm stattdessen an, daß die Ziegenmutter für die Wiedererkennung ihrer Jungen auf Geruchsreize angewiesen ist; die »Abläufe, die aus einem abweisenden ein mütterliches Weibchen machen, die innerhalb von etwa fünf Minuten nach der Geburt der Jungen ihre Funktion erfüllt haben müssen«, müßten jedoch »vermutlich an anderer Stelle gesucht werden als bei äußeren ›Auslösern‹ irgendwelcher Art«.
Diese Verschiebung des Aufmerksamkeitsschwerpunkts von äußeren Auslösern zu endogenen Faktoren im Organismus des Tierweib-

chens resultierte in einer abschließenden Untersuchung. Klopfers Gedankengang dabei war: Falls für das Einsetzen mütterlichen Verhaltens primär endogene Faktoren verantwortlich sind, müßte eine Tiermutter sich jedem ihr unmittelbar nach der Geburt ihrer eigenen Jungen zugeführten Zicklein mütterlich zuwenden. Die Ergebnisse seiner Untersuchung bestätigten diese Erwartung. Fünf Ziegenweibchen, denen unmittelbar nach der Niederkunft für fünf Minuten ein fremdes Junges gegeben wurde, nahmen ausnahmslos nach einer Trennungszeit von bis zu drei Stunden dieses fremde Junge wieder an. Fünf von sechs Ziegen, denen man bei der Niederkunft zusätzlich zu ihren eigenen ein fremdes Zicklein gegeben hatte, nahmen nach einer Trennungszeit alle Jungen an. Keines der Weibchen akzeptierte jedoch andere fremde Junge als die, mit denen es nach seiner Niederkunft zusammengewesen war.
Klopfer (1971) resümierte: »Im Zeitraum von wenigen Minuten nach der Geburt – und nur in diesem Zeitraum, später nicht mehr – geschieht etwas, das sie in die Bereitschaft versetzt, eine Bindung zu einem Jungen aufzubauen. Wenn diese Bindung erst einmal hergestellt ist, zeigt die Ziegenmutter, wird ihr das Junge weggenommen, viele Anzeichen der Erregung und Niedergeschlagenheit, die uns vom menschlichen Verhalten her vertraut sind. Kam die Bindung nicht zustande, nimmt sie den Verlust des Jungen so gleichgültig hin wie eine beliebige Nicht-Mutter, und dies trotz der Tatsache, daß sie unter Umständen viel Milch gibt.« Das Interpretationsmodell, das Klopfer vorschlägt, beinhaltet hormonale Veränderungen im Lauf des letzten Stadiums der Wehen, Veränderungen, die vorübergehend eine erhöhte Reaktions- und Zuwendungsbereitschaft gegenüber Neugeborenen bewirken.
Sowohl Rosenblatt (1963–1975) als auch Klopfer (1971) präsentieren ein Modell, innerhalb dessen biologische Mechanismen an erster Stelle für die Zuwendungsbereitschaft der Mutter gegenüber ihren Jungen unmittelbar nach der Geburt verantwortlich sind, Mechanismen, die jedoch danach rasch abklingen. Innerhalb der sensiblen Periode geht das Mutterverhalten sehr schnell verloren, wenn die Jungen nicht präsent sind, um es auszulösen und aufrechtzuerhalten. Sind sie ihr jedoch präsent, dann setzt ein fließender Übergangsprozeß ein, und der physiologische Zustand, in dem sich die Mutter nach der Geburt der Jungen befindet, sensibilisiert sie für die Verhaltensreize der oder des Neugeborenen, auf die sie zu reagieren beginnt. Der Säugling seinerseits reagiert auf das Verhalten der Mutter, und so entwickeln sich rasch Interaktionsmuster, durch welche sich die emotionale Bindung zwischen Mutter und Säugling herstellt und festigt; diese Bindung sorgt nun dafür, daß die Mutter das Neugebo-

rene nicht im Stich läßt. An die Stelle der eher rigiden biologischen Mechanismen treten alsbald verhältnismäßig flexible Verhaltensmechanismen. Von einem evolutionstheoretischen Standpunkt aus erscheint ein solches Modell durchaus vernünftig, da es dem Phänomen der Erhaltung der Art in der Auseinandersetzung mit veränderlichen und potentiell lebensfeindlichen Umweltbedingungen Rechnung trägt.

Kommentar: Ich halte Ihre Aussage zum Übergang von hormonalen zu nichthormonalen Steuerungsmechanismen des Mutterverhaltens für gut, zutreffend und erschöpfend. Ich glaube, es ist eine philosophische Frage, ob man diese Periode als eine »kritische Periode« für die Entstehung der Mutter-Kind-Bindung bezeichnen will. Ich neige eher dazu, von Entwicklungsstadien als von kritischen Perioden zu sprechen. Ein Übergang von einem Entwicklungsstadium (auch bei der Mutter) zum folgenden setzt alle Abläufe voraus, die sich in den vorhergegangenen Stadien vollzogen haben, nicht etwa nur die Abläufe, die sich während des Übergangs selbst vollziehen. Es mag von praktischem Nutzen sein, wenn man eine kritische Phase des Übergangs hervorhebt, wie Sie es getan haben, aber ich halte es auf lange Sicht für besser, sich zu vergegenwärtigen, daß auch wichtige Faktoren, die außerhalb der kritischen Phase liegen, das Gelingen oder Mißlingen des Übergangs von einem Entwicklungsstadium zum nächsten beeinflussen.

J. S. Rosenblatt

KAPITEL 3

Mutter- und Vaterverhalten beim Menschen

von Marshall H. Klaus und John H. Kennell

Die Weibchen vieler Säugetierarten zeigen vor, während und nach der Geburt ihrer Jungen artspezifische Muster normalen Bindungsverhaltens. Wie ist dies bei der menschlichen Mutter? Wodurch wird bei ihr die Bindung zu ihrem Säugling ausgelöst, gefördert oder gestört? Bei unserem Versuch, Antworten auf diese Frage zu finden, haben wir Informationen aus einem breiten Spektrum von Erkenntnisquellen zusammengetragen, unter anderem aus: (1) klinischen Beobachtungen im Zusammenhang ärztlicher Behandlungsverläufe, (2) Verhaltensbeobachtungen an jungen Müttern in natürlicher Umgebung, (3) über einen langen Zeitraum verteilten Tiefeninterviews mit einer kleinen Anzahl von Müttern, durchgeführt vorwiegend von Psychoanalytikern, (4) strukturierten Befragungen oder Beobachtungen sowie (5) aus den Ergebnissen einer kleinen Zahl sorgfältig kontrollierter Untersuchungen an den Müttern sowohl frühgeborener als auch normalzeitig geborener Säuglinge. Wenn wir im folgenden die verfügbaren Informationen in Betracht nehmen, sollten wir auf keinen Fall vergessen, daß die – notwendigen – Kontrollen, wie sie sich bei Versuchen mit Tiermüttern durchführen lassen, bei Untersuchungen an menschlichen Müttern nicht immer möglich sind. Wir müssen daher die brauchbaren Informationen behutsam herauskitzeln und Beobachtungen aus verschiedenen Quellen miteinander verbinden. Bei allen Untersuchungen muß der gesellschaftliche Bezugsrahmen mit in Betracht gezogen werden. Kulturelle Einflüsse, die Werte und Erwartungshaltungen sowohl der Mutter als auch des Beobachters können das letztendliche Ergebnis ebenso beeinflussen wie Klinikstrukturen und -praktiken.
Sowohl die Mutter als auch der Beobachter treten der Geburtssituation mit gewissen vorgefaßten Urteilen, mit Einstellungen entgegen, die sich im subtilen Zusammenwirken der in ihrem bisherigen Leben gemachten Erfahrungen geformt haben. Selbst innerhalb der westlichen Welt gibt es im Umfeld der Geburt eine Vielfalt sehr unterschiedlicher Verhaltensweisen und Praktiken.

Kommentar: In weiten Teilen der westlichen Welt herrscht unter den von Berufs wegen – als Ärzte – mit der Sorge für Mütter und Säuglinge Befaßten eine ziemlich einförmige Auffassung vor: daß die Geburt eines Babys wie eine Krankheit oder eine Operation behandelt werden müsse. Diese Einstellung schafft eine Aura des Pathologischen oder bestenfalls der Heilung von etwas Pathologischem. Ihre Rückwirkung auf die Einstellung der Mutter gegenüber ihrer Schwangerschaft, der Entbindung und dem Neugeborenen wird zu einem bedeutenden Faktor für das Verständnis der Ängste und der Hilflosigkeit, die in der amerikanischen Kultur beheimatete Mütter diesem Ereignis gegenüber empfinden.

T. B. Brazelton

Eine schöne Illustration für die Vielfalt der Entbindungspraktiken bietet der Ort Termoli, eine kleine Gemeinde in einer ländlichen Region Italiens. Wenn eine Frau in der Klinik kurz vor der Entbindung steht, versammeln sich, wie der Anthropologe Schreiber (1974) berichtet, ihre Familienangehörigen vor dem Kreißsaal. Ist das Kind geboren, so wird es innerhalb seiner ersten fünf Lebensminuten von den Eltern, den Großeltern und von durchschnittlich noch weiteren fünf Verwandten geküßt. Die Schwiegermutter, die das Baby als erste auf den Arm nimmt, gibt es noch vor Ablauf der ersten zwanzig Minuten der Mutter zurück. Die Nachricht von der Geburt erreicht rasch das Haus der Eltern, und je nach dem Geschlecht des Säuglings wird dort eine rosarote oder eine hellblaue Rosette in die Tür gehängt. Damit ist die Geburt offiziell bekanntgegeben, und es beginnt eine lange Reihe von Besuchen sämtlicher nahen und entfernten Verwandten, Bekannten und Nachbarn. Wie Schreiber feststellte, waren nach sechs Wochen aus 80 Prozent aller Haushalte der 1500 Einwohner zählenden Stadt Besucher in das Haus des Neugeborenen gekommen, um zu gratulieren und gewöhnlich auch ein kleines Geschenk für die Mutter oder das Kind zu hinterlassen. Ein Kind zu gebären, ist für eine Frau in Termoli Anlaß zu großem Stolz und bringt ihr viel Lob und Ehre ein.

Modelle oder Praktiken, die sich in einer Gesellschaft allem Anschein nach bewähren, eignen sich jedoch nicht unbedingt als optimale Lösung für eine andere Kultur. Der Erfolg, den irgendein System irgendwo erzielt, bietet keine Gewähr für seine universelle Tauglichkeit, und das, was »natürlich« zu sein scheint, ist nicht notwendigerweise »gut«. Es ist unter dieser Voraussetzung geboten, hervorzuheben, daß Daten aus unterschiedlichen Kulturen, sollen sie sinnvoll interpretierbar sein, immer mit Blick auf den gesamten gesellschaftlichen Kontext analysiert werden müssen.

Mit dieser Mahnung im Gedächtnis, wollen wir nun damit beginnen, einzelne Komponenten der emotionalen Bindung zwischen Mutter und Säugling zusammenzusetzen und die Faktoren zu bestimmen, die verändernd oder störend in den Aufbau dieser Bindung eingreifen können. Da der menschliche Säugling für die Erfüllung aller seiner physischen und emotionalen Bedürfnisse vollständig auf die Mutter bzw. Pflegeperson angewiesen ist, könnten die Stärke und die Dauerhaftigkeit dieser Bindung sehr wohl darüber entscheiden, ob er überleben wird oder nicht und ob er sich optimal entwickeln wird. Es folgt eine Aufzählung der Ereignisse, die für die Entwicklung einer Bindung der Mutter an ihren Säugling wichtig sind:

Vor der Schwangerschaft
Planung der Schwangerschaft

Während der Schwangerschaft
Bestätigung der Schwangerschaft
Bejahung der Schwangerschaft
Bewegung des Fetus
Der Fetus wird als »Person« anerkannt

Nach der Geburt
Geburt
Das Baby sehen
Das Baby anfassen
Für das Baby sorgen

Indem wir die Mutter nach diesen Phasen beobachten und studieren, können wir schrittweise die ineinandergreifenden Stücke zusammensetzen, die das Fundament für die Mutter-Kind-Bindung ergeben.

Kommentar: Ich würde der Liste der Phasen noch etwas hinzufügen. *Während der Schwangerschaft:* Daran »arbeiten«, eine Mutter zu werden im Unterschied zu einem »Mädchen« oder einer verheirateten, aber kinderlosen Frau. *Nach der Geburt:* Die Mutterrolle akzeptieren und das Baby als ein Wesen für sich, ein Wesen mit seinen eigenen Stärken sehen.

T. B. Brazelton

Grundlegende Erwägungen

Vor der Schwangerschaft

Aus den Ergebnissen bestimmter Experimente läßt sich schließen, daß die Erfahrungen, welche die Mutter in der Vergangenheit gemacht hat, wesentlich mit darüber entscheiden, wie sie ihre eigene

Mutterrolle gestaltet. Kinder nehmen Erwachsene – besonders geliebte und mächtige Erwachsene – zum Vorbild für ihr eigenes Verhalten. »Vater und Mutter spielen«, eine Betätigung, die insbesondere bei Mädchen im Kindergartenalter einen großen Teil der Mußestunden ausfüllt, scheint eine frühe Einübung in die Rolle einer Hausfrau und Mutter zu sein, die das Mädchen zwei oder drei Jahrzehnte später wahrscheinlich übernehmen wird. Mütter, die ihre kleine Tochter beim Spiel mit einem Puppenbaby beobachten, sind immer wieder überrascht, wenn sie sehen, wie das Kind ihre eigenen Handlungsweisen, Einstellungen und Gesichtsausdrücke bis in die kleinste Einzelheit hinein imitiert.

In der entwicklungspsychologischen Literatur finden wir die Auffassung, daß Prozesse des Imitations- oder Modellernens ein machtvolles Element der kindlichen Sozialisation darstellen. Kinder können sich aneignen, was sie beobachtet haben oder was ihnen selbst an mütterlicher Pflege zuteil wurde. Lange ehe eine junge Frau selbst Mutter wird, hat sie also durch Beobachtung, Spiel und Übung ein Repertoire mütterlicher Verhaltensweisen erworben. Sie hat bereits gelernt, ob man einen schreienden Säugling hochnimmt oder liegen läßt, wie oft und wie lange ein Säugling umhergetragen wird und ob er kräftig oder dünn sein sollte. Interessanterweise werden diese »Faktizitäten«, die ein Mensch schon in frühesten Jahren in sich aufnimmt, für ihn zu Regeln und Geboten, die für ihn womöglich unhinterfragt ein Leben lang gültig bleiben. Wenn man nicht als Erwachsener in einem bewußten und mühevollen Prozeß diese angelernten Verhaltensweisen überprüft, wird man sie unbewußt an die eigenen Kinder weitergeben.

Kommentar: Einer der unglückseligsten Aspekte der für die westliche Kultur charakteristische Kleinfamilie ist es, daß viele, wenn nicht die meisten jungen Frauen niemals mit der Aufgabe konfrontiert werden, mit einem Säugling umzugehen, bis sie selbst ein Kind bekommen. Nur die allerwenigsten jungen Mütter unter meinen Patientinnen hatten zuvor jemals einen Säugling gepflegt oder für ein Kleinkind gesorgt.

T. P. Brazelton

In Entwicklungsländern wie beispielsweise in Guatemala ist es der Normalfall, daß junge Mädchen im Umgang mit Säuglingen Erfahrungen sammeln und Verantwortung tragen, ehe sie selbst ihr erstes Kind bekommen; dadurch ist es ihnen möglich, ihr eigenes Mutterverhalten an die Bedürfnisse von Säuglingen anzupassen und Sicherheit und Selbstvertrauen zu gewinnen, ehe sie selbst Mütter werden. Die Erziehung (im weitesten Sinn), die eine Frau selbst

erfahren hat – dazu gehören sowohl die allgemeinen Kinderaufzuchtpraktiken ihrer Kultur als auch die persönlichen Eigenheiten im Erziehungsverhalten der eigenen Mutter –, hat sehr viel Einfluß auf das Verhalten, das sie ihrem eigenen Kind gegenüber zeigen wird. Ein eindrucksvolles Beispiel hierfür ist die Erfahrung, daß Mütter, die ihre kleinen Kinder schlagen, oft in ihren ersten Lebensjahren selbst geschlagen wurden. Frommer und O'Shea (1973) haben auch festgestellt, daß Mütter, die in ihrer eigenen Kindheit (vor dem 11. Lebensjahr) die Trennung der Eltern erleben mußten, signifikant größere Probleme mit der Säuglingspflege hatten als andere Mütter.
Wenn wir zu einem Verständnis der Genese des Mutter- und Bindungsverhaltens gelangen, sind wir vielleicht besser in der Lage, uns Interventionsmaßnahmen auszudenken, mit denen Veränderungen in all jenen Fällen eingeleitet werden können, in denen dies für Mutter und Säugling wünschenswert erscheint.

Schwangerschaft

Während der Schwangerschaft durchlebt eine Frau gleichzeitig zwei Arten von Veränderungsprozessen: (1) Physische und emotionale Veränderungen bei sich selbst und (2) das Wachsen des Fetus in ihrer Gebärmutter. Was sie diesen Veränderungen gegenüber empfindet, wird je nachdem, ob sie die Schwangerschaft gewollt hat, ob sie verheiratet ist, mit dem Vater des Kindes zusammenlebt oder ob sie schon andere Kinder hat, sehr verschieden sein. Ihre Empfindungen werden darüberhinaus beeinflußt vom Alter ihrer anderen Kinder, von ihrem Beruf oder Berufswunsch, den Erinnerungen an ihre eigene Kindheit sowie vom emotionalen Verhältnis, das sie zu ihren Eltern hat (Boston Women's Health Book Collective 1973). Für die meisten Frauen ist die Schwangerschaft eine Zeit starker und wechselnder, positiver wie negativer und häufig ambivalenter Emotionen. In dem Augenblick, wo sich eine Frau darüber klar wird, daß sie bald ein Kind haben wird – und insbesondere, wenn es ihr erstes ist –, muß sie sich auf eine abrupte Veränderung ihrer Lebensweise einstellen: Aus einem primär nur für sich selbst verantwortlichen Individium soll eine für das Leben und das Wohlergehen eines Kindes verantwortliche Mutter werden. Auch in ihrer Beziehung zum Vater des Kindes wird sich etwas ändern, denn sie wird von nun an ihre Zeit und ihre Aufmerksamkeit auf zwei Menschen verteilen müssen (Benedek 1952).
Caplan (1960) betrachtet die Schwangerschaft als eine kritische Entwicklungsphase, die insbesondere zwei spezifische Anpassungsaufgaben mit sich bringt:

Die Bejahung der Schwangerschaft. Im Verlauf der ersten Schwangerschaftsphase muß eine Frau mit dem Wissen darum fertig werden, daß sie bald Mutter sein wird. Wenn sie erstmals begreift, daß sie schwanger ist, erfüllt sie dies vielleicht mit gemischten Gefühlen. Ob und in welchem Grad sie ihre Schwangerschaft bejaht, hängt von einer großen Zahl von Überlegungen ab – das reicht von der Erkenntnis, daß sich ihr gewohnter Tagesablauf ändern wird, bis zu ernsteren Dingen wie zu möglichen wirtschaftlichen und Wohnungsschwierigkeiten oder zwischenmenschlichen Problemen. In dieser ersten Phase identifiziert sich die Mutter, wie Bibring und Mitarbeiter (1961) es formuliert haben, mit dem reifenden Fetus als einem »integralen Teil ihrer selbst«.

Wahrnehmung des Fetus als ein von der eigenen Person unterschiedenes Wesen. Die zweite Phase ist gekennzeichnet durch ein zunehmendes Sich-Bewußtwerden der Mutter, daß das ungeborene Kind in ihrer Gebärmutter ein Wesen für sich ist, eine Erkenntnis, die ihren Ausgang gewöhnlich von dem bemerkenswert tiefempfundenen Ereignis der ersten spürbaren Bewegungen des Fetus nimmt. Während dieser Phase muß die schwangere Frau beginnen, ihre Einstellung zum Fetus zu verändern: Begriff sie ihn bisher als Teil ihres eigenen Organismus, so muß sie sich auf ihn nunmehr als auf ein lebendiges Wesen einstellen, das bald ein Individium mit eigener Körperlichkeit sein wird. Bibring und Mitarbeiter (1961) sind der Auffassung, daß diese Erkenntnis einer psychischen Vorbereitung der Frau auf die Geburt, d. h. auf die physische Trennung von ihrem Kind gleichkommt. Und dieses Bereitsein wiederum legt den Grundstein für den Aufbau einer Beziehung zum Kind.

Wenn der Fetus begonnen hat sich zu regen, fängt eine Frau gewöhnlich an, sich vorzustellen, wie das Baby sein wird, ihm diese oder jene Persönlichkeitseigenschaft zuzuschreiben und eine emotionale Bindung zu ihm zu entwickeln. Es kann vorkommen, daß sie in dieser Phase ihre Schwangerschaft nocht entschiedener bejaht und einen signifikanten Wandel in ihrer Einstellung zum Fetus zeigt. Eine zunächst ungeplante und ungewollte Schwangerschaft mag ihr nun eher akzeptabel erscheinen. Nach außen zeigt sich das Bereitsein der Mutter gewöhnlich dadurch, daß sie Babykleider oder ein Kinderbettchen kauft, einen Vornamen auswählt oder Umstellungen in der Wohnung vornimmt, um das Kind unterbringen zu können. Ein normales Kind zu gebären, ist eine vorrangige Sorge der meisten Frauen. Die meisten schwangeren Frauen hegen jedoch unterschwellige Befürchtungen, ihr Kind könne mißgebildet oder abnormal sein oder die eine oder andere ihrer eigenen heimlichen inneren Schwächen zum Vorschein bringen.

Brazelton (1973) hat die Bedeutung dieser während der Schwangerschaft eintretenden Veränderungen und Verunsicherungen für die anschließende Entwicklung einer emotionalen Bindung an das Neugeborene deutlich gemacht:

Die Befragungen, die mit normalen Erstgebärenden vor der Niederkunft in einer psychoanalytischen Gesprächssituation durchgeführt wurden, deckten Befürchtungen auf, die oft pathologische Ausmaße anzunehmen schienen. Das unbewußte Material war so geladen und entstellt, so nahe an der Oberfläche, daß man sich vor der Entbindung genötigt sah, eine düstere Prognose für die Fähigkeit der betreffenden Frauen zur Einpassung in die Mutterrolle zu stellen. Wenn wir eine solche Frau dann aber als Mutter agieren sahen, stellten wir fest, daß gerade die Ängste und das entstellte unbewußte Material zu einer reorganisierenden, die Frau auf ihre wichtige neue Rolle hin ausrichtenden Kraft werden konnten. Ich spürte allmählich, daß ein großer Teil der vorgeburtlichen Ängste und bizarren Phantasien zu einem gesunden Mechanismus gehören konnten, um die Frau aus dem vorher bestehenden Gleichgewicht, das sie erreicht hatte, heraus auf ein neues Niveau der Anpassung zu heben. Die Alarmreaktion, die wir »anbohrten«, diente der Frau als eine Art Schocktherapie, indem sie sie zwang, ihr eigenes Selbst im Hinblick auf ihre neue Rolle zu reorganisieren... Ich sehe heute in den psychischen Erschütterungen der Schwangerschaft einen Vorgang, der die emotionalen Stromkreise zur »Schaltung« neuer Bindungen bereit macht, als Vorbereitung auf die vielen Entscheidungen, die die junge Mutter während einer sehr kurzen kritischen Zeitspanne zu fällen bereit sein muß, als eine Methode, in den Bahnen ihrer Emotionalität Raum für eine Sensibilität für den Säugling und seine individuellen Bedürfnisse zu schaffen, eine Sensibilität, die auf der Ebene ihres früheren Anpassungsgleichgewichts nicht leicht oder garnicht zu erlangen gewesen wäre. In diesem Sinne läßt sich gerade der emotionale Aufruhr in der Schwangerschaft und in der ersten Phase nach der Entbindung als eine positive Kraft sehen, die die Anpassung der Mutter fördert und die Bereitstellung einer individualisierteren Umgebung für den Säugling ermöglicht.

Kommentar: Dies ist ein ausgezeichnetes Beispiel dafür, wie leicht Ärzte einer Mutter das Etikett »ängstlich« oder »ärztlicher Hilfe bedürftig« verpassen, wenn sie in Wirklichkeit normale Ängste durchmacht – die wichtig sind im Prozeß der Mutterwerdung und der raschen Anpassung an ein *wie immer auch geartetes* Neugeborenes.

T. B. Brazelton

Ein interessantes Beispiel dafür, wie die Vorbereitung und Anpassung der Mutter in einem anderen Kulturkreis gehandhabt wird, findet sich in Thailand. Seit Jahrhunderten ist es dort Sitte, daß eine Frau, wenn sie schwanger wird, sich eine Tonstatue von einer Mutter mit Säugling kauft. Nach der Geburt ihres Kindes wirft sie die Statue in den Fluß; so zerstört sie buchstäblich das Bild von Mutter und Säugling, das sie vor der Niederkunft hatte. Abb. 3–1 zeigt drei solche Statuen.

Um die komplexen Abläufe besser zu verstehen, die sich in der Phase unmittelbar vor, während und nach der Geburt ereignen, wollen wir unsere Aufmerksamkeit primär der Mutter-Kind-Dyade zuwenden. Man kann nicht oft genug wiederholen, daß der Vater, die eventuell vorhandenen Geschwister und der erweiterte Familienkreis von allergrößter Wichtigkeit für diese Dyade sind. Brazelton (1973) vertritt die These, daß werdende Väter einen ähnlich starken emotionalen Umbruch durchleben wie die Mütter.

Abb. 3–1: Solche Figuren werden von thailändischen Frauen bei Beginn einer Schwangerschaft gekauft und nach der Geburt des Kindes zerschlagen.

Jeder junge Mann war gezwungen, seine Rolle als Ernährer der Familie, als erwachsener, zur Übernahme der Verantwortung für ein Kind bereiter Mann, als Modell für die Männlichkeitsvorstellung, die sich das Kind lernend aneignen würde, sowie als wichtiger Freund und Helfer für seine Frau im Prozeß ihrer Anpassung an die Mutterrolle neu zu überdenken. Dabei mußte er sich einer neuen Selbstprüfung unterziehen und auf die Erfahrungen zurückgreifen, die er mit seinem eigenen Vater gemacht hatte. Wenn er sich von bestehenden Bindungen zu seinen Eltern zu befreien versuchte, war es schwer für ihn, sich zugleich mit ihnen als Vorbilder für seine jetzt zu übernehmende Rolle zu identifizieren. Möglicherweise hatte er sich noch kaum mit seiner Rolle als Ehemann zurecht gefunden und vermochte die neu hinzutretenden Erwartungen nur schwer zu verarbeiten. Innerhalb einer aus lauter vereinzelten Kleinfamilien bestehenden Sozialstruktur, wie wir sie in den USA haben, war der junge Vater oft die einzige verfügbare Hilfe und Stütze für die junge Mutter. Beide waren von ihrer Familie fortgezogen, sowohl im wörtlichen als auch im übertragenen psychologischen Sinn, und waren nicht willens, sich nun moralischer oder materieller Unterstützung wegen wieder an sie zu wenden. Andere Personen, von denen möglicherweise Beistand zu erwarten war, gab es kaum – etwa einen Hausarzt, einen Pfarrer, gute Freunde oder Nachbarn. Der Vater war derjenige, von dem in allererster Linie Unterstützung erwartet wurde.*

Kommentar: Heutzutage, da den Vätern sehr daran gelegen ist, ihrer Frau und ihren Kindern gegenüber eine aktivere Rolle zu spielen, fühlen wir uns verpflichtet, daran zu erinnern, auf wie wenige Hilfen ein junger Vater zurückgreifen kann, wenn es für ihn gilt, seinerseits die erforderlichen Anpassungsleistungen zu vollbringen. Daß hier eine ungeheure – und ungeheuer wertvolle – emotionale Bindungsenergie brachliegt und auf ihre Mobilisierung wartet, deutet sich in einer Feststellung an, die Margaret Mead unlängst getroffen hat: »Keine in der Entwicklung befindliche Gesellschaft, die darauf angewiesen ist, daß die Männer Heim und Familie verlassen, um ihre ›Pflicht‹ für die Gesellschaft zu tun, gestattet ihren jungen Männern, ihr neugeborenes Kind anzufassen oder auf den Arm zu nehmen. Dem steht immer ein Tabu entgegen. Denn irgendwo wissen sie, daß, wenn sie dies zuließen, die jungen Väter so auf ihr Kind ›einsteigen‹ würden, daß sie nie mehr so verfügbar sein würden, um ihre ›Pflicht‹ draußen gehörig zu erfüllen.« Unter den Bedingungen unserer vereinsamten Kleinfamilie besteht vielleicht die beste »Pflicht« eines Vaters darin, daß er sich stärker auf seine Frau und auf sein neugeborenes Baby einläßt.

T. B. Brazelton

Bibring (1959) pflichtet der Auffassung bei, daß aus einem Geschehen, das einstmals eine Übergangsperiode mit sorgsam ausgeformten und tradierten Unterstützungsstrukturen gewesen ist, heute eine

* Aus: Brazelton (1973)

Periode der Krise geworden ist, da keine gesellschaftlichen Mechanismen vorhanden sind, die den werdenden Eltern helfen würden, die tiefgreifenden Veränderungen und Entwicklungskonflikte, die mit der Geburt eines Kindes einhergehen, besser zu bewältigen. Früher war es einem jungen Mädchen innerhalb des Verbands der Großfamilie möglich, Schwangerschaften bei älteren Frauen mitzuerleben und bei der Geburt von Kindern beobachtend und helfend dabeizusein. Schwangerschaft und Geburt waren somit gemeinsame Erfahrungen, an denen jedes Mädchen von einem frühen Alter an teilhatte. Dies gilt noch heute für die Mehrzahl der in den ländlichen und halbländlichen Regionen der Entwicklungsländer aufwachsenden jungen Frauen. Abb. 3–2 zeigt eine junge Mutter im Indianerdorf Santa Maria Cauqué im Bergland von Guatemala. In einer vereinzelten Kleinfamilie westlichen Typs kann es leicht vorkommen, daß eine junge Frau – und erst recht ein junger Mann – auf keinerlei frühere Erfahrungen mit werdenden Müttern und Vätern zurückgreifen kann und vielleicht, obgleich sie selbst ein Kind erwartet, nicht in der Lage ist, jemanden zu finden, der sich mit Schwangerschaft auskennt und ihr Ratschläge oder gar Anschauungsunterricht erteilen könnte. Hinzu kommt bei der heute üblichen Klinikentbindung die Angst, die die ungewohnte Umgebung der Schwangeren einflößt.

Abb. 3–2: Eine junge Mutter aus dem Indianerdorf Santa Maria Cauqué im guatemaltekischen Hochland macht sich unter Anleitung ihrer Großmutter mit der Babypflege vertraut.

Seit die Entbindung aus dem Haus in die Klinik verlagert worden ist, um eine bessere medizinische Versorgung von Mutter und Kind zu gewährleisten, sind eine Reihe von Organisationen entstanden, die zum Teil die Stelle der früheren Großfamilie eingenommen haben. Es sind dies Gruppen, in denen beide Elternteile zusammen mit anderen Ehepaaren über Schwangerschaft, Wehen, Geburt und Säuglingspflege belehrt werden. Das erklärte Ziel dieser Institutionen ist es zwar, Eltern auf die bevorstehende Geburt ihres Kindes vorzubereiten, aber sie bewirken darüberhinaus auch, daß die Teilnehmer ihre Hoffnungen, Erwartungen und Befürchtungen miteinander teilen; so bieten sie einen teilweisen Ersatz für die Großfamilie. Die durch die gemeinsame Teilnahme an solchen Gruppenkursen zustande gekommenen Bindungen sind intensiv, und Paare, die einander dort begegnet sind, bleiben oft noch Jahre in Kontakt.
Anhaltspunkte dafür, daß Frauen in der Tat schon während der Schwangerschaft eine Bindung zu ihrem ungeborenen Kind zu entwickeln beginnen, ergeben sich aus einer Untersuchung über die Reaktion von Frauen auf den Tod ihres neugeborenen Kindes, die Kennell und Mitarbeiter (1970) durchführten. Das Design dieser Untersuchung beruhte zum Teil auf den Arbeiten einer Reihe von Forschern, die die These vertreten haben, die Dauer und Intensität der Trauer nach einem Verlust verhalte sich proportional zur Intensität der Beziehung, die zwischen dem Trauernden und dem Verstorbenen bestand. In Anlehnung an diese These gingen Kennell und Mitarbeiter von der Arbeitshypothese aus, die Intensität der Bindung einer Mutter zu ihrem neugeborenen Kind lasse sich indirekt dadurch messen, daß man die Dauer und Intensität ihres Trauerns nach dem Tode des Babys feststellte. Wenn keine Bindung existiert hatte, würde es keine Trauer geben.
Nahm man die Dauer und Intensität des Trauerns zum Maß für die Intensität der emotionalen Bindung, so war festzustellen, daß eine solche Bindung nach der Geburt des Kindes existierte, selbst wenn kein Berührungskontakt zwischen Mutter und Säugling bestanden hatte. Bei jeder der zwanzig Mütter, deren Kinder gestorben waren, wurden eindeutige Anzeichen der Trauer beobachtet. Die Mütter trauerten, gleich ob der Säugling nur eine Stunde oder zwölf Tage lang gelebt hatte, ob er 3000 Gramm oder aussichtslose 580 Gramm gewogen hatte, ob die Schwangerschaft eine gewollte oder eine ungewollte gewesen war. Die Tatsache, daß alle Mütter trauerten, ließ darauf schließen, daß zum Zeitpunkt der Geburt des Kindes oder kurz danach bereits bedeutsame emotionale Bindungen hergestellt werden. Ein längeres und intensiveres Trauern war bei solchen Müttern zu beobachten, für die die Schwangerschaft eine positive

Erfahrung gewesen war, sowie bei solchen, die Berührungskontakt mit ihrem Säugling gehabt hatten; dies deutet darauf hin, daß sowohl eine lustvolle Vorfreude auf die Geburt des Kindes als auch der körperliche Kontakt mit ihm nach der Geburt bedeutsame Faktoren im Prozeß der Bindungsentstehung sein könnten.

Cohen (1966) weist allerdings darauf hin, daß jede Streßbelastung, wie etwa aufgrund eines Umzugs in eine andere geographische Zone, aufgrund ehelicher Untreue, des Verlusts eines nahen Freundes oder Verwandten, einer früher einmal vorgenommenen Abtreibung oder aufgrund des vorausgegangenen Verlusts eines Kindes, der die Mutter im Gefühl zurückließ, ungeliebt und ohne Hilfe dazustehen, oder der bei ihr verstärkte Befürchtungen um die Gesundheit und Lebensfähigkeit ihres Säuglings weckt, den Prozeß des Sich-Vorbereitens auf den Säugling verzögern und die Entwicklung von Bindungen hemmen kann. Als Verhaltensweisen, die eine Reaktion auf Streßbedingungen darstellen und eine innere Ablehnung der Schwangerschaft verraten, lassen sich nach den ersten drei Schwangerschaftsmonaten kennzeichnen: eine übermäßige Beschäftigung mit dem eigenen Äußeren (entsprechend einer negativ besetzten Selbstwahrnehmung), eine weitgehende emotionale Abkapselung oder abrupte Stimmungsschwankungen, übermäßige körperliche Beschwerden und Klagen, das Fehlen jeglicher Reaktion auf spürbare Bewegungen des Fetus oder das Fehlen jeglichen Vorbereitungsverhaltens während der letzten drei Schwangerschaftsmonate.

Die Geburt

Die dürftigen wissenschaftlichen Daten zum Geburtsvorgang legen die Annahme nahe, daß Mütter, die während der Wehen entspannt bleiben und die mit den sie betreuenden Personen kooperieren und gut zurecht kommen, mit größerer Wahrscheinlichkeit beim ersten Anblick ihres Neugeborenen eine freudige Reaktion zeigen (Newton und Newton 1962). Der Verlust des Bewußtseins bei der Geburt führt nicht, jedenfalls nicht in sichtbarer Weise, zu einer Ablehnungsreaktion seitens der Mutter, wie sie bei manchen Tieren beobachtet worden ist. Systematische Untersuchungen zu diesem bedeutsamen Bereich stehen jedoch noch aus. Im allgemeinen gilt: Je schwerer die Wehen, desto geringer ist die Wahrscheinlichkeit, daß die betreffende Mutter ihr Kind stillen wird.

Wir haben unlängst begonnen, uns mit Hausgeburten zu beschäftigen. Im krassen Gegensatz zu der Frau, die in der Klinik entbindet, macht die Frau, die ihr Kind zuhause zur Welt bringt, den Eindruck, die Situation unter Kontrolle zu haben. Unmittelbar nach der Geburt ist sie, wie es scheint, in einem bemerkenswerten ekstatischen Zustand. Wir haben diesen Zustand *ekstasis* genannt. Die Euphorie wirkt ansteckend, und die Beobachter werden von der nach der Geburt herrschenden festlichen, rückhaltlosen Hochstimmung erfaßt und fühlen sich zu zärtlichen Glückwünschen für die Mutter angeregt. Verblüffend ist das intensive Interesse, das der Beobachter für den Säugling empfindet, insbesondere während der ersten fünfzehn bis zwanzig Lebensminuten.

Diese Untersuchungen, die vorläufigen Charakter haben, sind anhand von Videoaufzeichnungen und Filmen sowie mit Hilfe langer Gespräche mit sensiblen Hebammen entstanden (Mills 1974; Lang 1974). Eine dieser Hebammen, Raven Lang, hat bei 52 Hausgeburten Beobachtungen gesammelt. In 37 Prozent der Fälle kauerte die Mutter bei der Geburt auf Händen und Knien. Manche Hebammen lassen die Mutter in seitlicher Lage gebären, was ihr die Möglichkeit gibt, das Herauskommen des Kindes selbst mitanzusehen. Die Beobachter sind, wie die Mutter selbst, während der Geburt in äußerst euphorischer Stimmung und lassen der Mutter Ermunterung und Beistand zuteil werden; das Baby zieht in den ersten fünfzehn bis zwanzig Minuten seines Lebens das intensivste Interesse der Anwesenden auf sich. Mrs. Lang bemerkte auch, daß die Personen, die die Wehen und die Geburt miterleben, eine intensivere Bindung zu dem Kind entwickeln als andere Freunde der Familie, die bei der Geburt nicht anwesend waren. Wir glauben, daß dies eine der wichtigen Gesetzmäßigkeiten bei der Entstehung von Bindungen ist. In früheren Zeiten, als die Kindbettsterblichkeit noch hoch war, erfüllte dies eine grundlegend wichtige Funktion, indem es gewährleistete, daß sich eine Ersatzmutter fand.

Diese Hausgeburten, die bei einer ausgewählten Bevölkerungsgruppe studiert wurden, zeigen ein etwas anderes Interaktionsmuster, von dem bei Klinikgeburten nur Bruchstücke sichtbar werden. Um die Befunde zusammenzufassen:

1. Die Mutter ist aktiv an der Geburt beteiligt.
2. Sie nimmt das Baby sofort nach der Geburt an sich.
3. Es läßt sich eine verblüffende Stimmungseuphorie feststellen in Verbindung mit starker Erregung bei allen anwesenden Beobachtern.
4. Alle Anwesenden empfinden einen Drang, den Säugling immer wieder für längere Zeit anzuschauen.
5. Die Mutter wird liebkost.
6. Das Baby wird nach fünf bis sechs Minuten erstmals gestillt; eingeleitet wird dies durch ein längeres Lecken des Säuglings an der Haut der Mutter.

Kommentar: In vielen anderen Kulturen gehört die erste halbe Stunde nach der Geburt der Mutter selbst. Sie scheint eine Erholungsphase zu brauchen und zu wünschen, ehe ihr Interesse für den Säugling erwacht. Dies klingt sehr einleuchtend, und ich bin der Ansicht, daß die Ekstase, die wir beobachten können, vielleicht zum größeren Teil mit der Erleichterung der Mutter darüber zusammenhängt, daß die Wehen schließlich zu einem guten Ende gekommen sind. Diese Euphorie kann sicherlich für den Aufbau einer emotionalen Bindung zum Säugling mobilisiert werden; in unserer amerikanischen Kultur, die für die schwangere Frau so viele institutionelle Barrikaden aufgebaut hat, ist das Verhalten einer Mutter, die eine Hausgeburt erlebt hat, vielleicht ein Zeichen der Erleichterung darüber, daß ihre Autonomie noch funktioniert.

T. B. Brazelton

Ebenfalls in letzter Zeit haben wir damit begonnen, in einer Klinik in Guatemala vorläufige Beobachtungen zu den Wirkungen anzustellen, die erzielt werden, wenn man eine Erstgebärende für die Zeit der Wehen und der Geburt von einer freundlichen, helfenden Frau betreuen läßt (einer »Doula«, wie Raphael [1973] sie beschrieben hat). (Üblicherweise werden die Angehörigen der gebärenden Mutter während dieser Zeit nicht ins Entbindungszimmer gelassen.) Obgleich es noch zu früh ist, sichere Angaben zu machen, scheint es, daß Frauen, die bei der Entbindung nicht mit dem Klinikpersonal allein sind, weniger schreien und möglicherweise kürzere Wehen haben. Für eine Analyse der langfristigen Auswirkungen dieser Erfahrung auf den Prozeß der Entwicklung emotionaler Bindungen benötigen wir noch mehr Zeit.

Um die Einstellung und das Verhalten von Müttern sowie die Interaktion zwischen Mutter und Säugling in den ersten Stunden und Tagen des Lebens besser verstehen zu können, benötigen wir noch mehr Untersuchungen über die Auswirkungen unterschiedlicher Entbindungsverfahren und anästhesistischer Eingriffe. Derzeit wird beispielsweise erforscht, welche Wirkungen Medikamente, die der Mutter während der Wehen und der Entbindung gegeben werden, auf das Verhalten Neugeborener haben. Es scheint festzustehen, daß die meisten schmerzbetäubenden Mittel die Reaktionsbereitschaft des Säuglings in der Tat herabsetzen und damit wahrscheinlich die ersten Interaktionen zwischen Mutter und Kind beeinflussen. In unserer eigenen Praxis haben uns die Unterschiede verblüfft, die wir zwischen einer großen Zahl von Säuglingen, die in anderen Ländern ohne eine Analgesie oder Anästhesie der Mutter entbunden wurden, und den in den Vereinigten Staaten unter minimaler Analgesie oder Infusionsanästhesie der Mutter geborenen Babys gefunden haben. Die letzteren mußten nach der Geburt viele Stunden lang wie postoperative (oder postnarkotische) Patienten behandelt werden: Kopf nach unten, wiederholtes Saugen und sorgfältige Beobachtung (Brazelton 1961; Richards und Bernal 1971). Falls werdende Mütter in Entwicklungsländern solche Medikamente erhielten, so stellt sich die Frage, wieviele Säuglinge in diesem Fall vielleicht infolge von Verstopfung der Atemwege durch gesteigerte Sekretion in Verbindung mit einer herabgesetzten Sensibilität des Husten- und des Würgereflexes sowie anderer Reflexe zugrundegehen würden.

Kommentar: Sicherlich wird ein in seiner Empfindungsfähigkeit herabgesetzter Säugling sich mit größerer Wahrscheinlichkeit, sei es beim ersten Kontakt oder sei es in anschließenden Stillsituationen, weniger reaktionsbereit zeigen und im selben Maß weniger stimulierend auf eine Mutter wirken, die sich nach Kräften müht, in sich eine emotionale Bindung an ihr Neugeborenes zu mobilisieren.

T. B. Brazelton

Es besteht ferner ein Bedarf an umfassenden Untersuchungen zur Wirkungsgesamtheit anästhesistischer und anderer Entbindungspraktiken wie beispielsweise des Dammschnitts auf die Mutter-Kind-Bindung. Die Befreiung von Schmerzen für eine kurze Zeitspanne muß gegen die Auswirkungen abgewogen werden, die mit einer Veränderung dieser einzigartigen Erfahrung im Leben einer Frau verbunden sind, einer Erfahrung, die, wie berichtet wird, in ihrer naturgemäßen Form oft mit orgasmusartigen Empfindungen einhergeht und ein durch eine stark erweiterte Wahrnehmungsfähigkeit gekennzeichnetes Stadium einleitet. Dem entgegen stehen die bisweilen hektischen, schmerzhaften und unangenehmen Manöver, die eine bei rasch fortschreitenden Wehen durchgeführte Entbindungsanästhesie erfordert; die ziemlich verbreiteten postspinalen Kopfschmerzen, welche die Mutter zwingen, drei bis fünf Tage in der Rückenlage zu verharren, und die Möglichkeiten der Interaktion mit dem Säugling beeinträchtigen; ferner die Folgen des Dammschnitts bzw. der Vernähung für das Wohlbefinden und die Mobilität der Mutter sowie für ihre Fähigkeit, selbst für das Baby zu sorgen. Diese negativen Faktoren müssen gegen die verhältnismäßig kurze Periode intensiven Schmerzes abgewogen werden, die mit einer natürlichen Geburt verbunden ist. Der Unterschied in puncto Aktivität und Behaglichkeit nach der Geburt zwischen amerikanischen Müttern, die unter Medikation und Anästhesie entbunden haben, und den holländischen und guatemaltekischen Müttern, die ihre Kinder ohne diese Hilfen zur Welt brachten, hat uns beeindruckt. In Guatemala kehren die Mütter einen oder zwei Tage nach der Geburt des Kindes

von der Klinik nach Hause zurück und übernehmen voll und ganz die Pflege ihres Säuglings.
Verbessert oder verändert eine natürliche Geburt die Bindung zwischen Mutter und Kind? Fördert die Anwesenheit des Vaters bei der Geburt die Mutter-Kind-Bindung und die Vater-Kind-Bindung? Beeinflußt die Anwesenheit des Vaters bei der Geburt auch die Innigkeit der Beziehung zwischen Mutter und Vater? Wie wirkt es sich aus, wenn man der Mutter gestattet, sich selbst für eine Gebärstellung zu entscheiden, oder wenn man ihr erlaubt, selbst die Kontrolle über den Ereignisablauf bei der Geburt zu behalten?

Kommentar: Ein Gefühl der Autonomie, des wenigstens teilweisen Unter-Kontrolle-Habens einer doch ziemlich furchteinflößenden kritischen Lebensphase, das Gefühl, gegenüber dem, was abläuft, *eine Wahl zu haben,* spielt womöglich eine entscheidende Rolle als motivierender Faktor für die weitere Entwicklung des Lebens sowohl des Mannes als auch der Frau, sowohl des Vaters als auch der Mutter im Anschluß an eine solche kritische Periode.

T. B. Brazelton

Diese Fragen führen uns weiter hinein in den Geburtsvorgang und die Beteiligung der Eltern an ihm.
Die Forschung über die Mutter-Kind-Bindung hat – man möchte sagen: ganz geziemender Weise – ein verstärktes Interesse am Verhalten werdender Väter hervorgerufen. Greenberg und Morris (1974) haben die tiefgreifende Wirkung eines Neugeborenen auf seinen Vater mit dem Ausdruck »Inbesitznahme« beschrieben, der die Ausschließlichkeit wiedergibt, mit der der Säugling das Interesse und die Zuwendung des Vaters auf sich zieht. Sie haben mehrere spezifische Aspekte der sich entwickelnden väterlichen Bindung an den Neugeborenen identifiziert, Aspekte, die von der Anziehung, die der Säugling auf ihn ausübt, über das Phänomen, daß er ihn als »perfekt« wahrnimmt, bis zu äußerster Euphorie und gesteigertem Selbstwertgefühl reichen (Abb. 3–3, siehe S. 79).
Nach Darstellung von Parke (1974) reflektieren und verstärken Klinikpraktiken, die den Vater von frühen Interaktionen mit seinem neugeborenen Kind ausschließen, einen kulturellen Stereotyp. Sowohl im kulturellen als auch im theoretisch-wissenschaftlichen Bereich ist, zumindest in den Vereinigten Staaten, einseitig die Rolle der Mutter für das frühkindliche Erleben hervorgehoben, der Vater hingegen weitgehend nicht zur Kenntnis genommen worden. Die in der letzten Zeit vollzogenen Veränderungen in der Praxis der Kliniken sowie das neuerwachte Interesse an der Hausgeburt deuten jedoch auf einen Wandel im Verständnis der Vaterrolle hin.

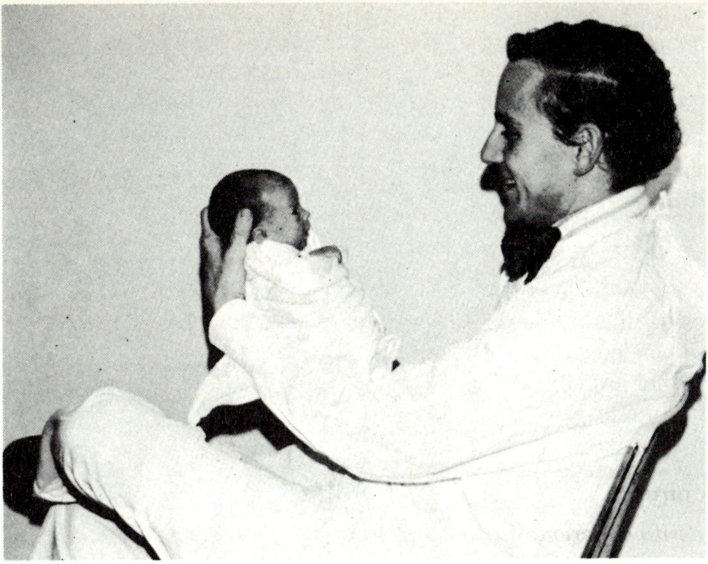

Abb. 3–3: Ein Vater erfreut sich an seinem neugeborenen Kind.

Parke hat Eltern in drei verschiedenen Situationen beobachtet: die Mutter oder den Vater allein mit dem zwei bis vier Tage alten Säugling sowie Vater, Mutter und Säugling zusammen im Krankenhauszimmer der Mutter (d. h. in triadischer Interaktion).
Das verblüffendste Resultat war, daß die Beobachtungen von Parke keine signifikanten Verhaltensunterschiede zwischen Vätern, die mit ihrem Kind allein waren, und Müttern in derselben Situation erkennen ließen. In der triadischen Konstellation hält der Vater den Säugling in der Regel beinahe eine doppelt so lange Zeit auf dem Arm wie die Mutter, spricht mehr, faßt den Säugling etwas häufiger an und lächelt ihm signifikant seltener zu als die Mutter. Wenn beide Elternteile gegenwärtig sind, spielt der Vater eindeutig die aktivere Rolle, ganz im Gegensatz zu dem kulturellen Stereotyp, das dem Vater die Rolle des »stillen Teilhabers« zuweist. Tatsächlich nimmt die Interaktion der Mutter mit dem Säugling innerhalb dieser triadischen Konstellation im großen und ganzen ab. Es sollte vermerkt werden, daß alle von Parke beobachteten Väter mit Ausnahme eines einzigen die Wehen und die Entbindung miterlebt hatten, was bei ihnen einen überdurchschnittlichen Grad der emotionalen Bindung an das Kind erwarten ließ. Parke hat jedoch

unlängst eine weitere, ähnlich angelegte Untersuchung durchgeführt, bei der die beteiligten Väter in der großen Mehrzahl Wehen und Geburt nicht miterlebt hatten. Trotz dieses, sozial und institutionell bedingten, Unterschiedes spielten die Väter auch hier die aktivere und dominierende Rolle, soweit es das Tragen, Ansprechen und Anfassen des Säuglings betraf.

Parke ist der Überzeugung, daß der Vater bereits in der Klinik, wo der Grundstein zur Eltern-Kind-Bindung gelegt wird, ausgiebig Kontakt mit dem Neugeborenen haben sollte. »Eine Menge Lernprozesse zwischen Mutter und Säugling spielen sich in der Klinik ab – Lernprozesse, von denen der Vater normalerweise ausgeschlossen ist, in die er aber einbezogen werden muß, soll er nicht nur ein Interesse und eine Art von Besitzerstolz gegenüber dem Baby entwickeln, sondern auch ein intuitives Handlungswissen, wie die Mutter es sich aneignet«. Parkes Untersuchungsbefunde zeigen, daß der Vater seinem Neugeborenen gegenüber mehr Interesse und Zuwendung zeigt, als die amerikanische Kultur es wahrhaben will.

Weitere Forschungen zu dieser frühen Periode könnten sich als besonders fruchtbar erweisen, da sie weitere ineinandergreifende, Mutter und Säugling aneinanderbindende Prozesse ans Licht bringen könnten.

Nach der Geburt

Sensible Phase. Unmittelbar nach der Entbindung treten die Eltern in eine in gewisser Weise einzigartige Phase ein, deren Verlauf unter Umständen langanhaltende Folgen für die Familie hat. Diese Phase, die nur von kurzer Dauer ist und in deren Verlauf sich die Bindung der Eltern an ihr Neugeborenes ausbildet, haben wir die *sensible Phase der Mutterschaft* genannt. Da wir diesen Begriff als wesentlich für das Verständnis des Entstehungsprozesses von Bindungen betrachten, werden wir die Anhaltspunkte, die für die Existenz einer solchen sensiblen Phase sprechen, einer detaillierten Prüfung unterziehen. Während dieser geheimnisvollen Periode finden komplexe Interaktionen zwischen Mutter und Säugling statt, die mithelfen, die Bindung zwischen beiden zu »verschweißen«. Sie darf nicht verwechselt werden mit der sensiblen Phase zwischen dem zweiten und sechsten Lebensmonat, in deren Verlauf der Säugling eine stabile emotionale Beziehung zu seiner Mutter aufbaut (Yarrow 1961; Bronfenbrenner 1968). Wir müssen betonen, daß unser Augenmerk in diesem Abschnitt der Bindung der Mutter (bzw. des Vaters) an das Neugeborene gilt.

Die in Kapitel 2 beschriebenen, sorgfältig angelegten experimentellen Tieruntersuchungen, die die drastischen und irreversiblen Auswirkungen einer frühen Trennung auf das Verhalten von Tiermüttern deutlich machen, verbieten sich beim Menschen naturgemäß. Aber die Ergebnisse etlicher in den unterschiedlichsten Ländern durchgeführter klinischer Beobachtungen und quasi-experimenteller Untersuchungen sprechen überzeugend dafür, daß es auch beim Menschen eine eigentümliche Phase kurz nach der Geburt gibt, die für die Bindung der Mutter an den Säugling grundlegend ist.

Klinische Anhaltspunkte für die Annahme einer sensiblen Periode. In einem israelischen Krankenhaus passierte das bemerkenswerte Mißgeschick, daß die Babys zweier Mütter versehentlich vertauscht wurden. Der Irrtum wurde erst bemerkt, als die Frauen, nachdem sie die Kinder zwei Wochen lang zu Hause gehabt und gepflegt hatten, mit ihnen zu einer Nachuntersuchung in die Klinik zurückkehrten. Man beeilte sich, die Babys wieder ihren richtigen Müttern zurückzugeben. Diese hatten jedoch beide eine so intensive Bindung an das Kind entwickelt, das sie in den ersten zwei Wochen betreut hatten, daß sie es nur widerwillig wieder hergaben. Die Väter hingegen traten unter Berufung auf bestimmte familientypische physiognomische und andere Merkmale nachdrücklich dafür ein, daß der Irrtum rückgängig gemacht wurde. In anderen Verwechslungsfällen, in denen einer Mutter zum ersten Stillen oder zum Halten für eine kurze Zeit das Kind einer anderen Frau gegeben wurde, haben wir mit großem Erstaunen beobachtet, wie lange sie in Gedanken diesem Säugling nachhing. Eine solche Mutter pflegt oft noch Monate später, auch wenn ihr eigenes Kind in jeder Beziehung Anlaß zu vollster Zufriedenheit gibt, auf jenes erste Baby zurückzukommen und etwa zu sagen: »Ach, das war so ein liebes Kindchen.«

Diese Beobachtungen führten uns zu der Frage, was geschieht, wenn ein Säugling in der Periode unmittelbar nach der Geburt von der Mutter getrennt wird. Im Rahmen unserer klinischen Erfahrungen haben wir festgestellt, daß viele Mütter, die eine solche Trennung erlebten, hinterher mit sichtlichem Zögern und Ungeschick darangingen, ihre Mutterrolle zu übernehmen. Sie müssen mehrmals angeleitet werden, ehe sie mit den einfachen Aufgaben des Stillens und Wickelns zurechtkommen, die die meisten anderen Mütter im Nu beherrschen. In Fällen, wo die Trennung länger andauert, kommt es, wie uns Mütter berichtet haben, vor, daß eine Frau manchmal für kurze Zeit ganz vergißt, daß sie ein Baby hat. Und wenn ein frühgeborenes Kind nach Hause entlassen wird, erleben wir es erstaunlich oft, daß die Mutter, so vernarrt sie in ihr Baby sein mag, immer noch das Gefühl hat, es gehöre eher jemand anderem – der

Oberschwester in der Säuglingsstation oder der behandelnden Ärztin – als ihr selbst.

Kommentar: Wenn wir die seelisch-geistigen Prozesse betrachten, die der einsetzenden Bindung einer Mutter an ihr Kind zugrundeliegen, tritt uns vor allem die Bedeutung des engen physischen Kontaktes mit dem Säugling in der nachgeburtlichen Phase vor Augen. Während der Schwangerschaft erlebt die Mutter ihr Kind in erster Linie als einen Teil ihrer selbst und besetzt es mit narzißtischer Liebe – auch wenn sie sich Phantasien darüber hingibt, durch welche individuellen Eigenschaften es sich einmal auszeichnen wird. Die Entbindung stellt einen Teilverlust des eigenen Selbst, sowohl in körperlicher als auch in seelischer Beziehung dar. Wenn die Mutter unmittelbar und kontinuierlich die Möglichkeit hat, den Säugling zu halten und zu bemuttern, kann sie mit ihm verschmelzen, d. h. die körperliche Einheit mit ihm wiederherstellen und ihre narzißtische Liebe von dem »inneren« auf den »äußeren« Säugling übertragen. Die Eigentümlichkeit seines Verhaltens und der sich entwickelnden Interaktionsformen erleichtert zugleich die Entstehung einer Beziehung, in der die Mutter den Säugling als eigenständiges Wesen begreifen lernt.
Wenn der Säugling jedoch körperlich von der Mutter getrennt wird, muß diese sich, da es nicht zu einer Übertragung ihrer narzißtischen Liebe kommen kann, mit Hilfe psychischer Mechanismen von jenem Teil ihres Selbst distanzieren – ein Prozeß, der mit dem des Trauerns verwandt, wenn auch nicht identisch ist. Wenn ihr das Baby später zurückgegeben wird, kann es sein, daß ihre psychische Distanzierung ein Ausmaß erreicht hat, das ihre Fähigkeit, das Kind wieder als einen Teil ihrer selbst zu akzeptieren, beeinträchtigt. Eine gut funktionierende »selbstlose« Mutterliebe beruht in erster Linie darauf, daß die Mutter ihr Kind mit narzißtischer Liebe besetzt. Indem sie es liebt, liebt sie einen Teil ihrer selbst. Läuft dieser Prozeß schief, so wird sie den Säugling wahrscheinlich wie ein fremdes Wesen behandeln oder ihn sogar mißhandeln, weil seine Forderungen ihr bei der Erfüllung der eigenen Bedürfnisse in die Quere kommen.

E. Furmann

Die klinischen Beobachtungen von Rose und Mitarbeitern (1960) sowie von Kennell und Rolnick (1960) lassen die Annahme zu, daß emotionale Bindungen im Verlauf der unmittelbar auf die Geburt folgenden Periode sehr störungsanfällig sind und unter Umständen eine bleibende Veränderung erfahren können. Schon eine verhältnismäßig harmlose Erkrankung des Neugeborenen, etwa eine geringfügige Erhöhung der Bilirubin-Werte, verlangsamte Nahrungsaufnahme, eine notwendig werdende Versorgung mit zusätzlichem Sauerstoff für eine bis zwei Stunden oder eine Brutkastenbehandlung in den ersten 24 Stunden aufgrund leichter Atemnot wirken sich, so scheint es, auf die Beziehung zwischen Mutter und Säugling aus. Das

Verhalten der Mutter bleibt oft für die Dauer des ersten Lebensjahres des Kindes oder noch länger gestört, auch wenn dessen Probleme vor der Klinikentlassung voll und ganz beseitigt worden sind – oft binnen weniger Stunden. Dies ist eine der von uns gefundenen Gesetzmäßigkeiten der Mutter-Kind-Bindung: frühe Ereignisse zeigen langanhaltende Wirkungen. Befürchtungen, die eine Mutter in den ersten paar Tagen nach der Geburt hinsichtlich ihres Kindes hegt, können, selbst wenn das Problem sich leicht beseitigen läßt, ihre Beziehung zum Kind noch lange Zeit danach beeinflussen.

Kommentar: Das Problem ist nicht, daß Mütter nach einer solchen Trennung keine Bindung zu ihrem Kind mehr aufbauen können, das Problem ist, daß sie vielleicht mehr investieren müssen – unnötigerweise. Und in einer angespannten Situation, in der es wenig oder gar keinen Grund gibt, ein Baby oder eine emotionale Bindung zu einem Baby zu wollen, ist dieser Unterschied womöglich entscheidend.

T. B. Brazelton

Untersuchungen zu den Auswirkungen der »Rooming-in«-Praxis haben ebenfalls die Bedeutung des physischen Kontakts während der nachgeburtlichen Phase bestätigt. An der Duke-University wurde schon vor drei Jahrzehnten im Anschluß an die Einführung des Rooming-in eine Zunahme der Zahl der stillenden Mütter sowie ein Rückgang der Telefonanrufe ängstlicher Mütter festgestellt (McBryde 1951). Eine schwedische Untersuchung kam zu dem Ergebnis, daß Mütter, die durch Zufallsauswahl zu einer Rooming-in-Gruppe zusammengefaßt wurden, im Durchschnitt größere Zuversicht zeigten, sich in der Säuglingspflege kompetenter fühlten und dem Geschrei ihres Säuglings gegenüber sensibler wirkten als Mütter, die ohne Rooming-in entbanden (Greenberg u. a. 1973).
Alle diese klinischen Studien legen die Schlußfolgerung nahe, daß die Geschehnisse, die sich während der ersten Stunden nach der Geburt abspielen, für die Mutter eine besondere Bedeutung besitzen. Die gängige Praxis in den Säuglingsstationen der modernen amerikanischen Kliniken stellt dies im allgemeinen nicht in Rechnung, man trennt vielmehr Mutter und Säugling unmittelbar nach der Entbindung, um die Mutter in einer Erholungsabteilung für Wöchnerinnen und das Kind in einer Übergangs-Säuglingsstation zu betreuen. Lägen überzeugende Anhaltspunkte für die Existenz einer frühen sensiblen Phase nach der Entbindung vor, wären einige einschneidende Veränderungen in der Praxis der Kliniken unausweichlich, mit dem Ziel, Mutter und Baby nach der Entbindung zusammenzulassen. Der Versuch, in systematischer Weise festzustellen, ob es beim

Menschen eine solche sensible Phase gibt oder nicht, stößt auf viele Schwierigkeiten. Das Verhalten der menschlichen Mutter wird von einer Vielfalt von Faktoren bestimmt; so ist es zum Beispiel denkbar, daß die geistigen Fähigkeiten einer Mutter sie in die Lage versetzen, potentielle Probleme wie das einer frühen Trennung von ihrem Neugeborenen zu überwinden.

Kommentar: Alle Mütter sind zu Anfang in einem gewissen Ausmaß ambivalent. Wenn es beim Menschen eine »sensible Phase« gibt, dann wäre sie sicherlich weniger streng durch zeitliche Festlegungen, kritische Ereignisse und all die anderen Dinge determiniert, durch die bei den Tieren eine kritische oder sensible Phase definiert ist. Wir alle stellen uns die menschliche Mutter viel lieber als eine flexibleres Wesen vor, das zur Verarbeitung und Überwindung von Streßsituationen durch eine gewisse Biegsamkeit fähig ist. Aber vielleicht muten wir mit dem Streß, den das gegenwärtige Gesundheitssystem der Vereinigten Staaten bereithält, den meisten Müttern doch eine ganze Menge zu.

T. B. Brazelton

Es ist zugegebenermaßen schwierig, die Auswirkungen von Ereignissen, die sich innerhalb einer kurzen Zeitspanne abspielen, auf die emotionale Bindung der Mutter an ihr Neugeborenes zu isolieren und zu demonstrieren. Nichtsdestoweniger sind wir der Meinung, daß die vorliegenden Untersuchungen stark für die Annahme sprechen, daß die Phase unmittelbar nach der Entbindung von erstrangiger Bedeutung für die Entwicklung einer emotionalen Bindung der Mutter an ihr Kind ist.

Untersuchungen, welche die Hypothese einer sensiblen Periode stützen. Im Rahmen von acht Untersuchungen wurden Häufigkeit und Dauer des Kontakts zwischen Müttern und ihren Neugeborenen in der Klinik variiert. Bei einer sorgfältig angelegten quasi-experimentellen Studie wurden erstgebärende Mütter mit normalen und normalzeitig geborenen Säuglingen in zwei Gruppen geteilt: Den vierzehn Müttern der ersten Gruppe wurde ihr nacktes Baby während der ersten beiden Stunden nach der Entbindung für eine Stunde und sodann nochmals für fünf Stunden an jedem der drei ersten Lebenstage des Kindes ins Bett gegeben (Tabelle 3–1). Mit den vierzehn Müttern der zweiten Gruppe wurde so verfahren, wie es in den meisten amerikanischen Kliniken üblich ist: nach der Entbindung ein Blick auf das Neugeborene, ein kurzer Identifikationskontakt nach sechs bis acht Stunden und dann alle vier Stunden ein zwanzig- bis dreißigminütiger Besuch zum Füttern des Kindes. Die Gruppen waren in bezug auf das Alter sowie den Familienstand und den sozioökonomischen Status der Mütter homogenisiert und unterschieden sich im Hinblick auf das Geschlecht und das Gewicht der Neugeborenen nicht signifikant. Die einzelnen Frauen wurden den Gruppen durch Zufallswahl zugelost, erhielten alle die gleiche Erklärung verlesen und wußten, soweit uns bekannt ist, nicht, daß Unterschiede hinsichtlich der Mutter-Kind-Kontakte in den ersten drei Tagen bestanden.

*Tabelle 3–1: Klinische Daten für 14 Mütter der Gruppe mit vermehrtem Kontakt sowie 14 Mütter der Kontrollgruppe**

	Kontroll-gruppe	Gruppe mit ver-mehrtem Kontakt
Merkmale der Mütter		
Alter (in Jahren)	18.6	18.2
Anzahl der Mütter		
verheiratet	5	4
farbig	13	13
weiß	1	1
mittlerer Punktwert**		
A (Wohnung)	6.5	6.7
B (Beruf)	6.9	6.7
C (Bildungsniveau)	4.9	4.9
Präsenz der Säuglingsschwester (Min./Tag)	14	13
Klinikaufenthalt (Tage)	3.7	3.8
Durchschnittliches Geburtsgewicht (Gramm)	3074	3184
Zahl der Neugeborenen		
männlich	8	6
weiblich	6	8

* Aus: Klaus u. a. (1972); Nachdruck mit Genehmigung.

** Es wurde ein Bewertungssystem nach Hollingshead verwendet; dabei wurden, ausgehend von einer Skala von 1–7, als Eckwerte angesetzt: unter A (Wohnung): 7.0 = ärmlichste Wohnverhältnisse; B (Beruf): 7.0 = ungelernte Arbeiterin; und C (Bildungsniveau): 5.0 = Absolvierung von 10 oder 11 Schuljahren.

Um festzustellen, ob der vermehrte Mutter-Kind-Kontakt in den ersten Lebenstagen zu einem anderen Mutterverhalten führte, ließen wir die Mütter 28 bis 32 Tage nach der Entbindung wieder in die Klinik kommen und führten an ihnen drei getrennte Erhebungen durch. Es waren dies (1) ein standardisiertes Interview, (2) eine Beobachtung des Verhaltens der Mutter während einer ärztlichen

Untersuchung ihres Kindes sowie (3) eine als Filmdokument festgehaltene Studie jeder Mutter beim Füttern ihres Säuglings.
Es wurden den Müttern drei verschiedene mit der Säuglingspflege zusammenhängende Fragen gestellt und ihre Antworten dann auf einer Skala mit Werten von 0 bis 3 bewertet. Frage 1: »Wenn das Baby schreit, obwohl es gerade gefüttert worden ist und die Windeln trocken sind, was tun Sie dann?« 0 Punkte wurden gegeben, wenn eine Mutter ihr Kind schreien ließ, 3 Punkte, wenn sie es jedes Mal aufnahm. Die dazwischenliegenden Punktwerte wurden für Handlungsweisen vergeben, die zwischen diesen beiden Extremen lagen. Frage 2: »Sind Sie, seit das Baby geboren ist, aus gewesen? Was für ein Gefühl war es?« 0 Punkte wurden gegeben, wenn eine Mutter mit »ja« antwortete und angab, sich gut gefühlt und während des Ausgehens nicht an ihr Baby gedacht zu haben; 3 Punkte wurden gegeben, wenn eine Mutter nicht ohne ihr Kind ausging oder wenn sie zwar ausging, aber dann pausenlos an das Kind dachte. Die Mütter aus der Gruppe mit den vermehrten Kontakten hatten größere Skrupel, ihre Neugeborenen in der Obhut anderer Personen zu lassen, und sie standen, während das Baby untersucht wurde, gewöhnlich dabei und beobachteten den Vorgang. Sie zeigten ein ausgeprägteres Tröstungs- und Liebkosungsverhalten, wenn ihr Kind bei der Untersuchung zu weinen anfing (Abb. 3–4 und 3–5).
Um das Verhalten der Mütter in einer anderen Situation studieren zu können, wurden sie beim Füttern ihrer Säuglinge mit einer Zeitrafferkamera fotografiert. Die Situation des Fütterns wurde wegen ihrer Universalität und ihrer zentralen Stellung innerhalb der Mutter-Kind-Beziehung als Maßstab mütterlichen Verhaltens gewählt. Alle Mütter wußten, daß sie fotografiert wurden, und wurden aufgefordert, sich soviel Zeit zu lassen, wie sie wollten. Die Bilder wurden in Intervallen von jeweils einer Sekunde aufgenommen. Jedes der ersten 600 Fotos wurde von Bewertern analysiert, die nicht wußten, welcher der beiden Gruppen die einzelnen Frauen angehörten. Für jede Mutter wurde die Häufigkeit bestimmter Verhaltensweisen ausgezählt. Manche dieser Verhaltensweisen ließen sich als Indikatoren ihrer Geschicklichkeit im Umgang mit dem Säugling interpretieren – etwa die Art, wie sie die Flasche hielten, oder das Achten darauf, daß sich im Sauger keine Luftblase bildete –, andere als Indikatoren ihres Bindungsverhaltens – wie etwa die Enge des Kontakts zwischen Brust oder Bauch der Mutter und dem Körper des Kindes, die Häufigkeit von Liebkosungen und die Häufigkeit von *En-face*-Blickkontakten. Unter *En-face*-Blickkontakt verstehen wir die Stellung, in der die Mutter ihr Gesicht dem des Säuglings so zuwendet, daß beider Augen einander genau gegenüberstehen.

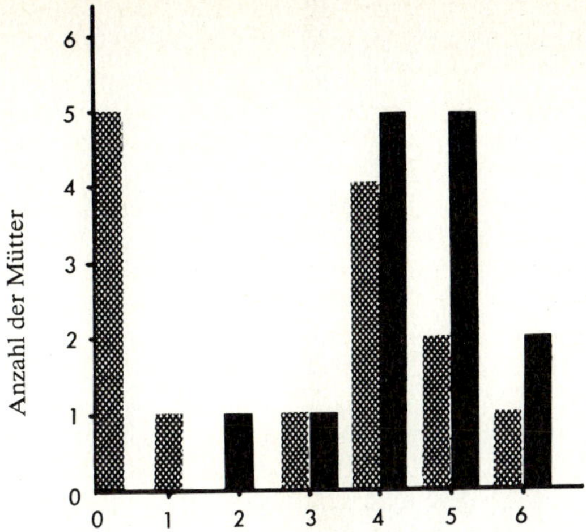

$p<.05$

■ Mütter mit vermehrtem Kontakt

▒ Mütter der Kontrollgruppe

1. Wenn das Baby schreit, obwohl es frisch gefüttert ist und seine Windeln trocken sind, was machen Sie dann?
0–lasse es immer ausschreien
1–lasse es meistens ausschreien
2–nehme es meistens hoch
3–nehme es immer hoch
2. Sind Sie seit der Geburt des Kindes aus gewesen? Was für ein Gefühl hatten Sie dabei?
0–hatte ein gutes Gefühl
1–dachte an das Kind
2–machte mir Sorgen um das Kind
3–war nicht aus, da ich das Kind nicht alleinlassen wollte
Punktwert

Abb. 3–4: Ergebnisse einer standardisierten Befragung von Müttern einen Monat nach der Entbindung. (Aus: Klaus u.a. 1972; Nachdruck mit Genehmigung.)

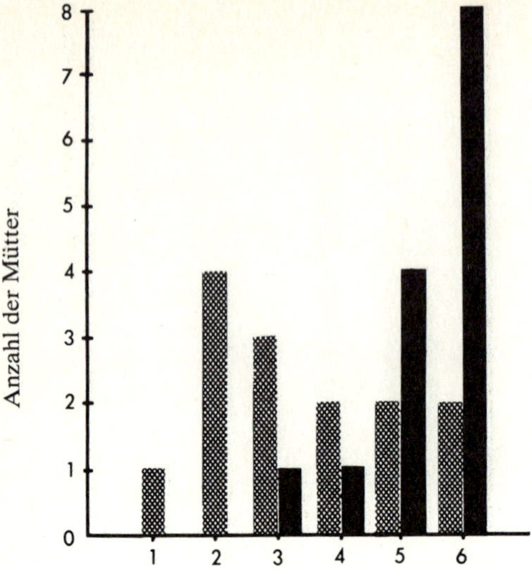

$p < .02$

■ Mütter mit vermehrtem Kontakt

▩ Mütter der Kontrollgruppe

1. Behielt die Mutter Platz und beobachtete sie, was der Arzt mit ihrem Kind machte?
0–behielt Platz und beobachtete nicht
1–behielt Platz und beobachtete
2–stand manchmal auf und beobachtete
3–blieb die ganze Zeit stehen und beobachtete.
2. Wenn das Kind schrie, versuchte die Mutter, es zu trösten?
0–ignorierte das Schreien
1–tröstete nur selten
2–tröstete manchmal
3–tröstete immer
Punktwert

Abb. 3–5: Bewertung von Müttern aufgrund von Beobachtungen während einer ärztlichen Untersuchung ihres Neugeborenen im Alter von 1 Monat (Aus: Klaus u. a. 1972; Nachdruck mit Genehmigung.)

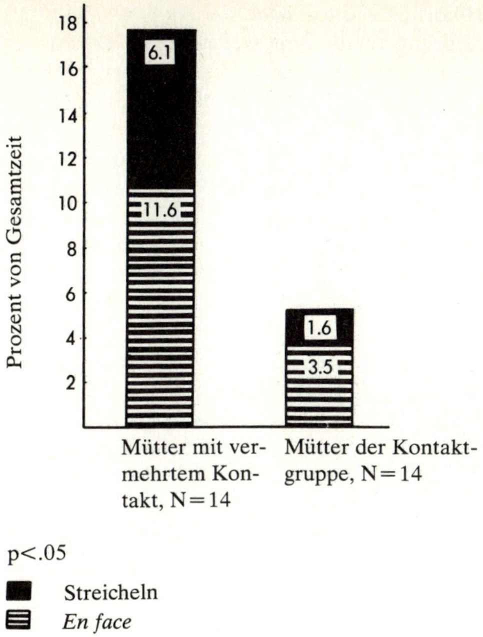

Abb. 3–6: Filmische Analyse des Fütterungsverhaltens einen Monat nach der Geburt; angegeben ist der prozentuale Anteil von *En-face*-Blickkontakten und Streichelberührungen an der Gesamtkontaktzeit bei Müttern der Experimental- und Kontrollgruppe. (Aus: Klaus u. a. 1972; Nachdruck mit Genehmigung.)

Abb. 3–6 zeigt die Liebkosungs- und *En-face*-Werte beider Müttergruppen. Während es in bezug auf die Zeit, welche die Mütter beider Gruppen damit verbrachten, ihr Baby anzublicken, keine signifikanten Unterschiede gab, zeigten die Mütter der ersten Gruppe signifikant mehr *En-face*-Blickkontakte (11,6% gegenüber 3,5% bei der Kontrollgruppe) und Liebkosungen (6,1% gegenüber 1,6%) als die Mütter der Kontrollgruppe. In bezug auf das Fütterungsverhalten waren keine signifikanten Unterschiede festzustellen, wenngleich die Mütter der Kontrollgruppe die Flasche häufiger aus der senkrechten in eine schräge Lage brachten. Bei allen drei beobachteten Verhaltenskriterien waren einen Monat nach der Entbindung Unterschiede zwischen den beiden Müttergruppen feststellbar. Diese Verfahren dienten dazu, die Bindung der Mutter an das Kind zu messen, und nicht etwa dazu, gutes oder schlechtes Mutterverhalten in einem technischen Sinn zu beurteilen.
Bei einer erneuten Erhebung ein Jahr nach der Entbindung zeigten die beiden Müttergruppen im Zuge einer eineinhalbstündigen Beobachtungsperiode wiederum signifikante Unterschiede (Kennell u. a. 1974). Die Mütter der Experimentalgruppe hielten sich längere Zeit am Tisch auf, um dem untersuchenden Arzt bei der Handhabung ihres Babys zu assistieren und es zu beschwichtigen, wenn es zu schreien anfing (Abb. 3–7 und 3–8). Wir stellten uns die Frage, ob die Tatsache, daß die Unterschiede über einen Zeitraum von elf Monaten hinweg so konstant geblieben waren, vielleicht auf dem Verhalten einiger weniger Mütter in beiden Gruppen beruhte. Die Erstellung einer Rangreihe der Mütter innerhalb jeder der beiden Gruppen erbrachte jedoch keine signifikante Korrelation zwischen den Resultaten der ersten und denen der zweiten Erhebung.

Kommentar: Man könnte das Verhalten dieser Mütter als »überfürsorglich« interpretieren – als ein Verhalten, das dem Säugling weniger Chancen für autonomes Verhalten einräumt, als es optimal für ihn wäre.

T. B. Brazelton

Im Abstand von zwei Jahren nach der Entbindung wurden aus jeder Gruppe fünf Mütter ausgelost, und wir verglichen das Sprachverhalten, das die Mütter beider Gruppen im Umgang mit ihrem Kind zeigten (Ringler u. a. 1975). Die der Experimentalgruppe angehörenden Mütter stellten doppelt soviele Fragen, sprachen in längeren, d. h. wortreicheren Sätzen und gebrauchten weniger Füllwörter, mehr Adjektive und weniger Befehlsformeln als die Mütter der Kontrollgruppe (Tabelle 3–2). Im Abstand von fünf Jahren nach der Geburt verglichen wir neun Kinder von Müttern der Experimentalgruppe, die vermehrte frühe Kontakte gehabt hatten, mit zehn

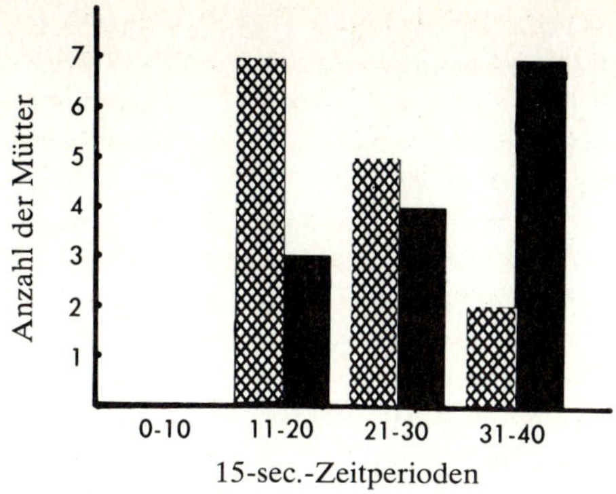

p<.05

■ Mütter mit vermehrtem Kontakt

▩ Mütter der Kontrollgruppe

Abb. 3–7: Bewertung von Müttern aufgrund von Beobachtungen bei der ärztlichen Untersuchung ihres einjährigen Kindes; angegeben ist die Zahl der 15-sec.-Zeitperioden, die die Mütter am Untersuchungstisch mit Handreichungen für den Arzt verbrachten. (Aus: Kennell u. a. 1974.)

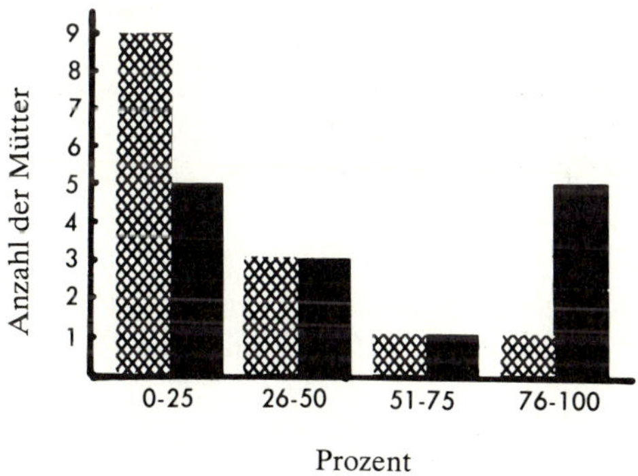

p=.05

■ Mütter mit vermehrtem Kontakt

▩ Mütter der Kontrollgruppe

Abb. 3–8: Bewertung von Müttern aufgrund von Beobachtungen bei der ärztlichen Untersuchung ihres einjährigen Kindes; angegeben ist der prozentuale Anteil der Zeit, die die Mütter damit verbrachten, ihr weinendes Kind zu trösten, an der gesamten »Weinzeit« des Kindes. (Aus: Kennell u. a. 1974.)

Kindern der anderen Gruppe. Die ersteren erzielten signifikant höhere Intelligenzquotienten und bessere Resultate in zwei Sprachtests (Ringler u. a. 1976). Diese Befunde lassen die These zu, daß bereits sechzehn Stunden zusätzlichen Kontakts innerhalb der ersten drei Lebenstage des Kindes das mütterliche Verhalten für die Dauer eines Jahres und möglicherweise darüber hinaus beeinflussen, und sie stützen unsere Hypothese einer für das Mutterverhalten wichtigen sensiblen Phase kurz nach der Entbindung.

Der Leser sollte beachten, daß in dieser Untersuchung nicht die Spezifität menschlichen Bindungsverhaltens, sondern lediglich seine Qualität unter bestimmten Bedingungen geprüft wurde. Zu beachten ist ferner, daß die Mütter beider Gruppen nach der Entbindung zunächst einmal von ihrem Säugling getrennt wurden. Die Babys wurden den Müttern ein bis zwei Stunden nach der Geburt ins Bett gegeben, waren also nicht vom Augenblick der Entbindung an ununterbrochen mit ihnen zusammen, wie es bei einer natürlichen Hausgeburt der Fall wäre. Was die zu dieser Untersuchung herangezogenen Mütter an Narkose und Medikamenten erhielten, würde in jeder Universitätsklinik der Vereinigten Staaten als für erstgebärende Mütter äußerst minimale Dosis gelten, aber das ändert nichts daran, daß die Mütter und Säuglinge beider Gruppen Medikamente erhielten, welche die Folgewirkungen des frühen Kontakts möglicherweise beeinflußt haben.

*Tabelle 3–2: Merkmale der mütterlichen Sprache im Kontakt zum ein- und zweijährigen Kind**

Kriterium	1 Jahr		2 Jahre	
	vermehrter Kontakt	Kontrollgruppe	vermehrter Kontakt	Kontrollgruppe
Anzahl der Worte pro Äußerung	3.43	4.34	4.62**	3.66
durchschnittliche Dauer der Äußerungen (sec.)	2.5	2.7	3.9	3.1
prozentualer Anteil von				
Adjektiven/Wörtern insges.	0.20	0.10	16.00***	12.00
Füllwörtern/Wörtern insges.	62.60	57.60	48.00	62.00***
Fragen/Sätzen insges.	10.40	25.20	41.00**	19.00
Befehlen/Sätzen insges.	68.00	49.00	43.00	74.00***
Aussagesätzen/Sätzen insges.	15.00	26.00**	16.00	6.00

* Aus: Ringler u. a. (1975) ** p<.05 *** p<.02

Sieben weitere Untersuchungen mit Müttern und normalzeitig geborenen Säuglingen sind seit 1970 durchgeführt und zum größten Teil auch schon publiziert worden. Winters (1973) gab sechs Müttern ihr Neugeborenes kurz nach der Entbindung zum Stillen und verglich sie mit sechs anderen Müttern, die erst ungefähr sechzehn Stunden später mit ihrem Baby erstmals Kontakt hatten. Alle Frauen hatten ursprünglich die Absicht gehabt, ihr Kind selbst zu stillen, und keine wurde durch physische Probleme veranlaßt, damit aufzuhören. Die sechs Mütter, denen man ihr Kind unmittelbar nach der Entbindung zum Stillen gegeben hatte, stillten es auch noch zwei Monate später selbst, während es von den anderen sechs nur noch eine tat.

Im Jahr 1974 begannen Klaus, Kennell, Mata, Sosa und Urutia in zwei verschiedenen Kliniken in Guatemala City mit einer Langzeituntersuchung, der ein ähnliches Design zugrundelag wie der weiter oben referierten Studie. Im Krankenhaus der I.G.S.S. (der staatlichen Sozialversicherungsanstalt) erhielten neunzehn Mütter einer ersten Experimentalgruppe ihr Neugeborenes noch auf dem Entbin-

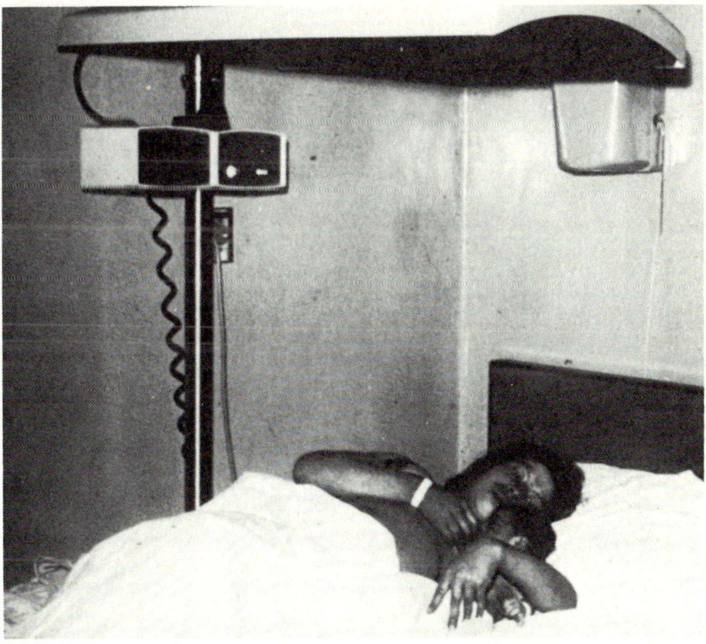

Abb. 3–9: Eine guatemaltekische Mutter, die mit ihrem Baby während der ersten Minuten allein ist (über dem Bett ein Heizstrahler).

dungstisch, während der Dammschnitt genäht wurde, und durften sodann 45 Minuten lang mit ihm allein bleiben. Alle Mutter-Kind-Paare waren nackt und lagen unter einem Heizstrahler (Abb. 3–9). Die Mütter der anderen Gruppe wurden kurz nach der Entbindung von ihrem Säugling getrennt, was in beiden Kliniken der gängigen Routine entspricht. Von diesem Unterschied abgesehen, war die Behandlung und Pflege für beide Gruppen identisch. Die Mütter bekamen ihr Baby 24 Stunden nach der Niederkunft, um mit dem Stillen zu beginnen. Zwei Tage nach der Geburt wurden alle Säuglinge aus der Obhut der Klinik entlassen. (Für alle in dieser Klinik geborenen Kinder wurde auf Verlangen ein Jahr lang kostenlos Milchpulver ausgegeben.) In bezug auf den sozio-ökonomischen Status, den Familienstand, die Wohnverhältnisse und die Einkommenshöhe unterschieden sich die beiden Gruppen kaum (Tabelle 3–3). Eine Erhebung sechs Monate nach der Niederkunft ergab, daß in der ersten Gruppe (zusätzlicher 45minütiger Kontakt unmittelbar nach der Geburt) weniger Infektionen aufgetreten waren und die Zahl der Mütter, die noch stillten, signifikant größer war als in der anderen Gruppe. Die mittlere Gewichtszunahme war bei den Säuglingen der ersten Gruppe um 750 Gramm oder nahezu eineinhalb Pfund größer als bei denen der Kontrollgruppe (p<.05) (Tabelle 3–4).

Tabelle 3–3: Ausgangsdaten zweier Untersuchungen in Guatemala

	Versuchsanordnung			
	Klinik der Sozialversicherungsanstalt		Roosevelt-Krankenhaus	
	Kontrollgruppe	Experimentalgruppe	Kontrollgruppe	Experimentalgruppe
Anzahl	20	20	30	30
Kontaktdauer in der 1. Stunde nach der Geburt (in Min.)	0	45	0	45
Erstes Stillen nach (Std.)	24	24	12	12
Durchschnittsalter der Mütter	22	23	20	21
sozio-ökonomischer Punktwert	15	14	11	13*
durchschnittl. Geburtsgewicht (in Gramm)	2862	2850	2741	2929*

* p<.05

Tabelle 3–4: Ergebnisse der Untersuchung in der Klinik der Sozialversicherungsanstalt

	Kontrollgruppe		Experimentalgruppe	
Alter (in Monaten)	6	12	6	12
durchschnittl. Gewichtszunahme (in Gramm)	3739	5685	4498*	5974*
Zahl der stillenden Mütter/ Mütter insgesamt	3/18	0/18	9/17*	5/17*
Zahl der Infektionen (absolut)	39	68	31	45

* p<.05

Tabelle 3–5: Ergebnisse der Untersuchung im Roosevelt-Krankenhaus

	Kontrollgruppe		Experimentalgruppe	
Alter (in Monaten)	6	12	6	12
durchschnittl. Gewichtszunahme (in Gramm)	4144	5661	4163	5582
Zahl der stillenden Mütter/ Mütter insgesamt	21/28*	12/27	10/26	5/25
Zahl der Infektionen (absolut)	89	144	60	65

* p<.05

Eine gleichartig angelegte Untersuchung wurde im Roosevelt-Krankenhaus in Guatemala City durchgeführt; es waren hier nach zwölf Monaten keine signifikanten Unterschiede in bezug auf die Gewichtszunahme und die Anzahl der noch stillenden Mütter festzustellen, lediglich eine höhere Zahl von Infektionen in der Kontrollgruppe (Tabelle 3–5). Unglücklicherweise bestanden zwischen den beiden Gruppen am Roosevelt-Krankenhaus bereits zu Anfang der Untersuchung einige signifikante Unterschiede (Tabelle 3–3). Diese Eingangsunterschiede in der Versuchspopulation könnten vielleicht eine Erklärung dafür sein, daß die Untersuchung am Roosevelt-Krankenhaus die Hypothese einer sensiblen Phase für die Ausprägung des Mutterverhaltens nur teilweise bestätigt hat.
In einer vergleichenden Studie untersuchten Sousa und Mitarbeiter (1974) bei zwei Gruppen von jeweils 100 Müttern, die in einer

Wöchnerinnenstation mit zwanzig Betten in der brasilianischen Stadt Pelotis ein normales, voll ausgetragenes Kind zur Welt brachten, das Stillverhalten. Den Babys der Experimentalgruppe wurde unmittelbar nach der Geburt die Brust gegeben, und sie blieben für die ganze Dauer des Klinikaufenthalts in beständigem Kontakt mit der Mutter (jede Mutter hatte ihr Baby auf einer Liege neben ihrem Bett). Die Mütter der Kontrollgruppe hatten auf herkömmliche Weise Kontakt mit ihren Neugeborenen: ein kurzer Blick auf das Baby nach der Geburt, dann, nach zwölf bis vierzehn Stunden des Getrenntseins, ein circa 30minütiger Besuch alle drei Stunden, sieben Mal täglich, bei Unterbringung der Neugeborenen auf einer separaten Säuglingsstation. Es wurde definitorisch festgelegt, daß das Kriterium – gelungenes Stillen – dann erfüllt sein sollte, wenn eine Mutter in den ersten beiden Monaten nach der Niederkunft ihrem Kind außer der Muttermilch sowie Tee, Wasser oder kleinen Mengen Fruchtsaft keine zusätzliche Nahrung gab. Am Ende dieser beiden Monate zeigten 77% der Mütter der Experimentalgruppe gelungenes Stillen, im Gegensatz dazu bei der Kontrollgruppe nur 27%. Ein Schwachpunkt des Versuchsdesigns liegt darin, daß während der Experimentalperiode eine eigens zugeteilte Schwester in der Abteilung arbeitete, welche die Mütter zum Stillen anhielt und ermunterte. Wenn die Untersuchung auch für sich allein keine definitiven Schlüsse zuläßt, so verleiht sie doch unserer Hypothese größeres Gewicht.

Kommentar: Diese Untersuchungen helfen mit, deutlich zu machen, auf welch feindselige Weise die Krankenhäuser in den Vereinigten Staaten in den Geburtsvorgang und in den Entwicklungsprozeß der frühen Mutter-Kind-Bindung eingreifen. Alles, was mithilft, der vorrangigen Bedeutung der Mutter oder des Neugeborenen oder ihres Zusammenseins wieder zu ihrem Recht zu verhelfen, wird ihrer Selbstachtung gut tun und natürlich auch die Intensität ihrer dyadischen Bindung erhöhen.

T. B. Brazelton

Aufregende Untersuchungsergebnisse hat unlängst DeChateau mitgeteilt; seine im schwedischen Umea durchgeführten Arbeiten bestätigen und erweitern die in diesem Kapitel bisher referierten. DeChateau untersuchte an schwedischen Müttern die Auswirkungen eines frühen Hautkontakts zwischen Mutter und Kind (während der ersten dreißig Lebensminuten des Kindes) auf die weitere Entwicklung, wie sie sich in den Antworten der Mütter auf eine Befragung drei Monate nach der Geburt darstellte (Tabelle 3–6). Interesant ist dabei, daß mehr Mütter der Kontrollgruppe über Probleme mit dem nächtlichen Füttern des Kindes berichteten, obgleich die Mütter der

Experimentalgruppe ihre Kinder über einen fast doppelt so langen Zeitraum hinweg nachts fütterten. Die Mütter der Kontrollgruppe nahmen auch nach der Entlassung aus der Klinik für wesentlich längere Zeit eine Aushilfe im Haushalt in Anspruch.

*Tabelle 3–6: Daten aus Gesprächen mit Müttern 3 Monate nach der Entbindung**

	Gruppe mit frühem Kontakt (N = 21)	Kontrollgruppe (N = 19)
Schwangerschaft geplant	12	12
Schwangerschaft ungewollt	9	7
Teilnahme am Kurs zur Geburtsvorbereitung	17	12
Bewertung der Entbindung		
schwer	4	1
normal	3	3
leicht	14	15
Ehemann kommt zu Besuch in die Klinik		
oft	16	16
nicht oft	4	2
Erste Woche zu Hause		
schwer	19	15
leicht	2	3
Anpassung an das Kind		
leicht	13	3
wie erwartet	7	14
schwierig	1	2
Probleme mit nächtlicher Fütterung		
ja	1	6
nein	17	10
durchschnittl. Dauer der nächtlichen Fütterung (in Tagen)	42	24
durchschnittl. Dauer der Benötigung einer Haushaltshilfe (in Tagen)	7,6	19,5
Anzahl der noch stillenden Mütter (in Prozent)	58	26

* Daten aus: De Chateau (1976)

In Tabelle 3–7 sind Daten von Beobachtungen in der häuslichen Umgebung zusammengefaßt; beobachtet wurden Mütter und Kinder – ebenfalls drei Monate nach der Niederkunft – während einer auf zehn Minuten begrenzten freien Spielsituation zweieinhalb Stunden nach der nachmittäglichen Fütterung. Es ist interessant, daß die Mütter, die frühen Hautkontakt zum Kind gehabt hatten, signifikant längere Zeit eine *En-face*-Position einnahmen und ihr Neugeborenes häufiger küßten, während die Mütter der Kontrollgruppe ihr Kind häufiger säuberten. Es scheint, als konzentriere sich jede Gruppe bevorzugt auf ein je anderes Ende des kindlichen Körpers: Die eine legte fleißig trocken und reinigte, während die andere dem Kind Liebe gab. Ein verblüffendes Resultat war, daß die Kinder der Kontaktgruppe weniger weinten und signifikant mehr lächelten und lachten als die der Kontrollgruppe. Es muß dabei hervorgehoben werden, daß, von jenen ersten dreißig Minuten nach der Geburt abgesehen, keinerlei Unterschied zwischen der Experimental- und der Kontrollgruppe gemacht wurde: Alle Neugeborenen wurden dreißig Minuten nach der Geburt gewickelt und für etwa eineinhalb Stunden in ein Bettchen neben dem Bett der Mutter gelegt.
Ein zusätzlicher und bedeutsamer Unterschied zwischen den beiden Gruppen ergab sich in bezug auf die Länge der Stillperiode. Die Mütter der Experimentalgruppe stillten länger als die der Kontrollgruppe (Durchschnitt: Experimentalgruppe 175 Tage, Kontrollgruppe 108 Tage). Diese Befunde entsprechen in etwa denen, die wir in Guatemala erhielten.
Bei einer dritten, 1974 am Roosevelt-Krankenhaus in Guatemala City durchgeführten Untersuchung erhielten neun Mütter einer ersten Gruppe, sobald sie den Kreißsaal verlassen hatten, ihr nacktes Neugeborenes ins Bett (über dem ein Heizstrahler angebracht war). Zehn Mütter einer zweiten Gruppe wurden entsprechend der üblichen Routine von ihren Neugeborenen getrennt. Die Kinder beider Gruppen wurden anschließend in den Säuglingspflegesaal gebracht und kehrten erst nach zwölf Stunden zum ersten Säugen zu den Müttern (in einem Siebenbettzimmer) zurück. Jede der Mütter wurde in dieser Situation im Umgang mit ihrem Kind von einem Mitarbeiter des Forschungsteams beobachtet, der nicht wußte, zu welcher Gruppe sie gehörte. Für die Dauer einer Viertelstunde wurde – in Beobachtungsphasen von jeweils fünfzehn Sekunden pro Minute – registriert, wie oft bzw. wie lange jede Mutter ihren Säugling liebkoste, küßte, in *En-face*-Position anblickte und an sich drückte. Die Mütter der ersten Gruppe zeigten ein signifikant ausgeprägteres Bindungsverhalten.
Im Jahr 1975 wurde eine ähnliche Untersuchung mit drei Mütter-

*Tabelle 3–7: Beobachtungen bei zehnminütigem freiem Spiel zu Hause, 3 Monate nach der Geburt**

Beobachtung	Mittlere Häufigkeit		p
	Gruppe mit frühem Kontakt (N = 21)	Kontrollgruppe (N = 19)	
Verhalten der Neugeborenen			
Augen geschlossen	0	1,1	0,10
Augen geöffnet	10	8,9	0,10
schreien	0,2	1,2	0,02
Lächeln/Lachen	2,7	1,4	0,02
blickt Mutter an	7,5	7,3	n.s.
Mutterverhalten			
blickt Kind *en face* an	3,1	0,8	0,008
lächelt	5,5	4,5	n.s.
lacht	0,9	0,5	n.s.
küßt das Kind	1,1	0,3	0,009
säubert das Kind	0,1	0,5	0,05
gibt dem Kind ein Spielzeug	4,6	4,0	n.s.
schaukelt das Kind	0,1	0,5	0,10

* Daten aus: De Chateau (1976)
n.s. = nicht signifikant

gruppen durchgeführt (Hales u. a.). Zwanzig Mütter konnten unmittelbar nach Verlassen des Kreißsaals fünfundvierzig Minuten in intimem Hautkontakt mit ihrem Neugeborenen verbringen, wobei das Bett von einem Heizstrahler gewärmt wurde. Zwanzig andere Mütter wurden nach der Entbindung von ihrem Baby getrennt, erhielten es aber zwölf Stunden nach der Geburt in einer Kontaktsituation, die mit der der ersten Gruppe identisch war. Eine dritte Gruppe wurde ebenfalls nach der Entbindung vom Kind getrennt; diese Mütter erhielten ihr Kind zwar, der im betreffenden Krankenhaus üblichen Routine entsprechend, zwölf Stunden nach der Geburt, ohne aber Gelegenheit zu intimem, unbeobachtetem Hautkontakt zu erhalten. Das Verhalten der Mütter aller drei Gruppen wurde 36 Stunden nach der Niederkunft durch ein Mitglied des Forscherteams beobachtet, das nichts über die vorausgegangenen Erfahrungen der Mütter wußte. Diejenigen Mütter, die mit ihrem Baby unmittelbar nach dessen Geburt Hautkontakt gehabt hatten,

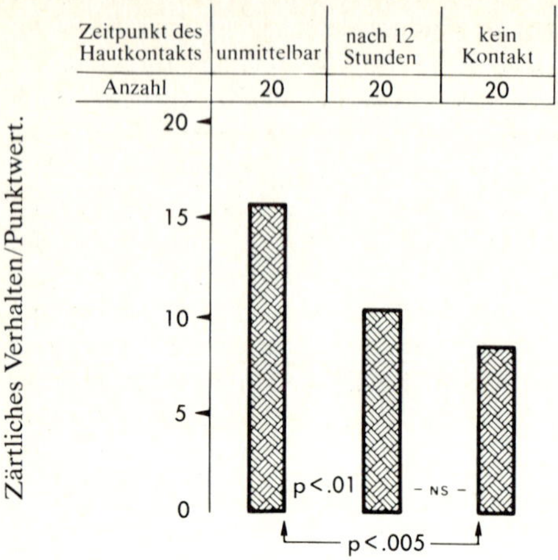

Abb. 3–10: Ausprägung des Bindungsverhaltens (dazu zählten: *En-face*-Blickkontakte, das Anschauen des Kindes, das Sprechen mit dem Kind, das Liebkosen, An-sich-Drücken und Anlächeln des Kindes), beobachtet 36 Stunden nach der Geburt bei drei Müttergruppen, von denen zwei Hautkontakt mit ihren Babys gehabt hatten, und zwar 45 Minuten bzw. 12 Stunden nach der Geburt. Die Mütter der Kontrollgruppe hatten mit ihren Kindern keinen Hautkontakt.

zeigten ein signifikant ausgeprägteres Bindungsverhalten (mehr Blickkontakte, häufigeres Ansprechen des Babys, mehr Liebkosungen, mehr Streicheln, Küssen, Lächeln) als die Mütter der zweiten und die der Kontrollgruppe (Abb. 3–10). Keine Unterschiede waren festzustellen in bezug auf die Enge des Körperkontakts und auf die Handhabung der Säuglingspflege. Von der Gruppe mit frühem Hautkontakt über die Gruppe mit Hautkontakt nach zwölf Stunden bis zur Kontrollgruppe ohne Hautkontakt läßt sich eine stufenweise Abnahme des Bindungsverhaltens beobachten. Diese Untersuchung ist die erste, die sich anschickt, die sensible Phase zeitlich einzugrenzen.

Die im 4. Kapitel referierten systematischen und detaillierten Untersuchungen mit Müttern frühgeborener Kinder, die früh bzw. spät in körperlichen Kontakt mit ihrem Kind kamen, stellen eine weitere Stütze für unsere Konzeption dar.

Lind (1973) machte an jungen Vätern die interessante und bedeutsame Beobachtung, daß es das väterliche Fürsorgeverhalten in den ersten drei Lebensmonaten des Kindes sehr förderte, wenn der Vater während der ersten drei Lebenstage des Kindes aufgefordert wurde, den Säugling zweimal auszuwickeln und mit ihm für eine Stunde in Augenkontakt zu treten. Gestützt auf diese Befunde sind wir der festen Überzeugung, eine wesentliche Gesetzmäßigkeit des Bindungsverhaltens darin erblicken zu dürfen, daß die ersten Minuten und Stunden nach der Geburt eines Kindes eine *sensible Phase* darstellen, in der optimale Voraussetzungen für die Entstehung einer emotionalen Eltern-Kind-Bindung gegeben sind. Wir müssen nun versuchen, die Frage zu beantworten, weshalb diese Phase so wichtig ist. Was spielt sich zwischen einem Elternteil und einem neugeborenen Kind ab, das sie aneinander bindet und das lange Festhalten der Mutter an dieser Beziehung gewährleistet? Wieder müssen wir, um eine Antwort zu finden, Beobachtungen aus einer ganzen Reihe von Quellen zu Rate ziehen.

Es war ein wichtiger Schritt zum Verständnis dieser Phase, als Wolff (1959) erstmals sechs verschiedene Bewußtseinsstadien des Neugeborenen mit den Extremen des tiefen Schlafs auf der einen und des Schreiens auf der anderen Seite beschrieb. Das Stadium, das uns am meisten interessiert, ist das vierte: der Zustand der ruhigen Aufmerksamkeit. In diesem Zustand hat das Kind die Augen weit geöffnet und ist im Stande, auf seine Umgebung einzugehen und zu reagieren. Unglücklicherweise kann es vorkommen, daß dieser Zustand nur für wenige Sekunden anhält. Dieser Umstand erschwerte die Identifizierung dieses Zustands und erklärt, warum er erst 1959 erkannt und beschrieben worden ist. Abb. 3–11 (siehe S. 102) zeigt ein vier Tage altes Kind im Zustand der ruhigen Aufmerksamkeit (Stadium vier). Wie nun aber Desmond und Mitarbeiter (1966) beobachteten, befindet sich der Säugling in der ersten Stunde nach der Geburt 45–60 Minuten lang in eben diesem Zustand. Im Anschluß an diese Entdeckung konnte gezeigt werden, daß ein Säugling sehen kann, daß er visuelle Präferenzen hat und den Kopf in die Richtung wendet, aus der er eine Stimme hört, und zwar all dies in der ersten Stunde nach seiner Geburt. Nach Ablauf dieser Stunde schlummert er jedoch ein und schläft drei bis vier Stunden lang tief. Der Säugling ist also nach seiner Geburt eine Stunde lang in einer idealen Verfassung für den wichtigen ersten Kontakt mit seinen Eltern.

Abb. 3–11: Ein vier Tage altes Neugeborenes im Zustand ruhiger Aufmerksamkeit (Stadium 4) mit seinem Vater.

Wechselseitige Interaktion

Die faszinierende Frage, warum sich die Entwicklung der mütterlichen Bindung während der ersten nachgeburtlichen Phase so rasch vollzieht, läßt sich nur im Anschluß an eine penible Erforschung dessen beantworten, was sich während dieser kritischen Zeit zwischen Mutter und Säugling abspielt. Was ist es, das sie zueinanderzieht und ihre intime Zusammengehörigkeit während der vielen Monate gewährleistet, in denen der Säugling nicht im Stande ist, seine Bedürfnisse selbst zu erfüllen? Welcher Art sind die »Belohnungen«, die die Mutter für ihre Hingabe und ihre Mühen erhält? In der Mitte von Abb. 3–12 befindet sich ein Foto, das eine alltägliche Situation zeigt – eine Mutter, wie sie ihr wenige Stunden altes Baby stillt. Das um das Foto herum angeordnete Diagramm straft jedoch die scheinbare Einfachheit der Szene Lügen: In ihm sind schematisch die vielfältigen Interaktionen zusammengestellt, die nebeneinander und gleichzeitig zwischen Mutter und Kind vor sich gehen. Beide stehen miteinander in einer intimen Kommunikation auf mehreren sinnlichen Ebenen. Ihre Handlungen greifen, sich ergänzend, ineinander und tragen dazu bei, sie emotional aneinanderzuschweißen.

Der Säugling regt die Mutter zu Handlungen an, die lustvoll für ihn sind, und umgekehrt: Die Mutter regt den Säugling zu Handlungen an, die sie ihrerseits als lustvoll empfindet. Wenn der Säugling zum Beispiel kräftig schreit, wird dies in der Regel die Mutter herbeirufen und sie veranlassen, ihn aufzunehmen. Wenn sie ihn aufnimmt, wird er sich in der Regel beruhigen, die Augen öffnen und ihren Blick suchen. Oder wenn die Mutter die Wange des Kindes berührt, wird es normalerweise den Kopf wenden, und wenn es dann ihre Brustwarze spürt, wird es daran saugen. Das Saugen wiederum ist für beide ein lustvoller Vorgang. Dies ist freilich eine notgedrungen vereinfachte Beschreibung dieser Interaktionen. In Wirklichkeit treten diese Handlungen nicht in einer kettenartigen Folge auf, sondern es ist eher so, daß jede von ihnen beim Partner mehrere andere auslöst. Die Folgen einer Interaktionshandlung sind eher mit den Wirkungen zu vergleichen, die ein ins Wasser geworfener Stein auslöst. In gewissem Sinn haben wir hier ein unfehlbares System vor uns, in dem jedes Element mehrfach determiniert ist, um die Innigkeit des Kontakts zwischen Mutter und Kind sicherzustellen.

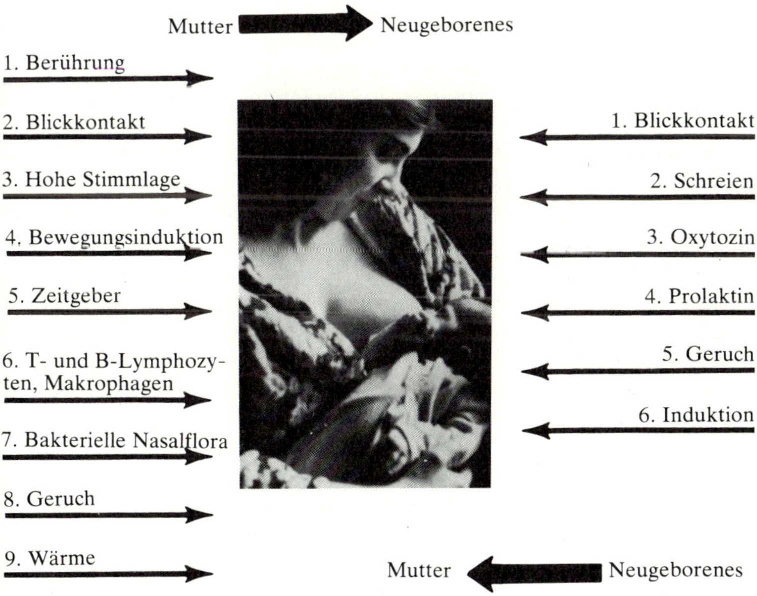

Abb. 3–12: Mutter-Kind- und Kind-Mutter-Interaktionen, die in den ersten Lebenstagen simultan auftreten können.

Wegen der der sprachlichen Darstellung gesetzten Grenzen können wir diese Interaktionen allerdings nicht in ihrer Gleichzeitigkeit, sondern nur als ein Nacheinander beschreiben, wodurch wir momentan die reiche Vielfalt des wirklichen Vorgangs zugunsten einer besseren Verständlichkeit opfern. Wir werden also notgedrungen das System in einzelne Teilmomente aufgliedern, wobei es jedoch wichtig ist, nicht zu vergessen, daß diese Momente alle ineinandergreifen (Abb. 3–12).

MUTTER ⟶ SÄUGLING

1. Berührung
2. Blickkontakt
3. Hohe Stimmlage
4. Bewegungsinduktion
5. Zeitgeber
6. T- und B-Lymphozyten, Makrophagen
7. Bakterielle Nasalflora
8. Geruch
9. Wärme

Wir werden zunächst die von der Mutter ausgehenden Interaktionshandlungen beschreiben, die für den Säugling von Bedeutung sind.

1. Berührung. Ein höchst bedeutsames Verhaltensmoment, das mithilft, Mutter und Säugling aneinanderzubinden, ist das Interesse der Mutter daran, ihr Baby anzufassen. Es gibt zwar noch keine wissenschaftliche Arbeit, in der definiert ist, welche Merkmale des Neugeborenen bei der Mutter den Impuls zum Anfassen auslösen, aber drei verschiedene Beobachter haben unabhängig voneinander ein charakteristisches Berührungsmuster beschrieben, dem Mütter beim ersten körperlichen Kontakt mit ihrem Neugeborenen folgen. Rubin (1963) bemerkte, daß sich bei menschlichen Müttern nach der Entbindung, im Prozeß des Vertrautwerdens mit dem Baby, eine regelmäßige Zunahme des Berührungsverhaltens feststellen läßt. Klaus und Mitarbeiter (1970) beobachteten, daß die meisten Mütter ihr Neugeborenes, wenn es ihnen binnen weniger Minuten oder Stunden nach der Geburt ins Bett gegeben wurde, zunächst behutsam mit den Fingerspitzen an Armen oder Beinen berührten und sodann innerhalb von vier bis acht Minuten dazu übergingen, es zu streicheln, zu massieren und seinen Rumpf mit den Händen zu umschließen (Abb. 3–13). Während der ersten drei Minuten nahm der Fingerspitzenkontakt 52%, der Handflächenkontakt 28% der gesamten Körperkontaktzeit ein. In den letzten drei Minuten der Beobachtungszeit hatte sich dieses Verhältnis umgekehrt. Der Fingerspitzen-

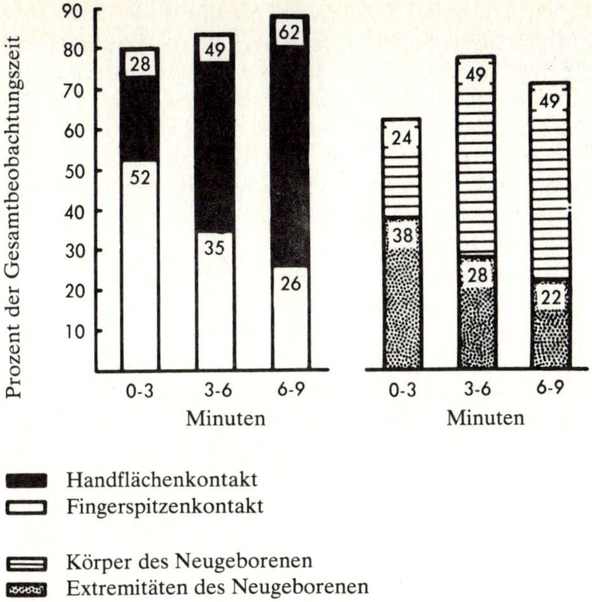

Abb. 3–13: Berührungskontakt mit Handfläche und Fingerspitzen an Rumpf und Extremitäten des Neugeborenen beim ersten nachgeburtlichen Kontakt von Müttern mit ihren normalzeitig geborenen Kindern. (Aus: Klaus u. a. 1970.)

kontakt war stark zurückgegangen, während der Handflächenkontakt auf 62% der gesamten Kontaktzeit angestiegen war. Rubin (1963) beobachtete ein ähnliches Verhaltensmuster, das allerdings wesentlich langsamer ablief. Die von ihr beobachteten Mütter benötigten gewöhnlich ungefähr drei Tage, um die Sequenz zu durchlaufen, aber ihre Kinder waren nicht nackt, sondern gewickelt, und dies mag ausschlaggebend für den Unterschied gewesen sein. Bei Müttern normaler, frühgeborener Kinder, denen früher Körperkontakt gestattet wurde, war eine noch langsamer ablaufende Sequenz des Berührungsverhaltens festzustellen (Abb. 4–1); selbst beim dritten Kontaktbesuch stellten die Mütter frühgeborener Kinder keinen Handflächenkontakt her. Bei Müttern normalzeitig geborener Kinder dagegen war innerhalb von nur zehn Minuten ein weit nachhaltigeres Fortschreiten des Berührungskontakts zu beobachten.

Lang (1972) beobachtete im Rahmen einer Studie über Hausgeburten, daß die Mutter fast immer die Haut des Säuglings reibt, wobei sie mit seinem Gesicht anfängt. Sie benutzt dazu die Fingerspitzen, die sie gewöhnlich in einer sanften streichelnden Bewegung über die Haut führt. Sie tut dies vor dem ersten Stillen und vor dem Abgang der Plazenta. Gewöhnlich bietet sie dem Baby die Brust an, die jedoch oft nicht angenommen wird. Die häufigste Reaktion des Säuglings, wenn er die mütterliche Brustwarze angeboten bekommt, ist, daß er ununterbrochen daran leckt.

Wir besitzen somit fragmentarische Anhaltspunkte für eine, wie wir glauben, bedeutsame Gesetzmäßigkeit – daß menschliche Mütter beim ersten Kontakt mit ihrem Neugeborenen eine artspezifische Sequenz von Verhaltensweisen zeigen, wobei allerdings die Geschwindigkeit, mit der diese Sequenz abläuft, unter dem Einfluß kultureller und umweltspezifischer Bedingungen variiert. Besteht hier eine Beziehung zu dem, was in Kapitel 2 als Verhalten von Tiermüttern beschrieben wurde?

2. Blickkontakt. Eine weitere Interaktionsform, die von der Mutter zum Kind hin abläuft, geht von den Augen aus. Die von Klaus und Mitarbeitern (1970) studierten Mütter äußerten ein intensives Interesse an Blickkontakten mit ihrem Säugling. 73% der Mütter sprachen von einem starken Verlangen danach, das Kind zu wecken, um es die Augen öffnen zu sehen. Manche stellten sogar einen Zusammenhang zwischen dem Befinden des Säuglings und seinen Augen her, zum Beispiel: »Mach die Augen auf. Oh, so mach doch, schlag sie auf. Wenn du die Augen aufmachst, weiß ich, daß du lebst.« Mehrere Mütter erwähnten, sobald ihr Kind sie anblicke, fühlten sie sich viel enger mit ihm verbunden.

Die von Klaus und Mitarbeitern (1970) untersuchten Mütter normalzeitig geborener Kinder zeigten zwischen der ersten und fünften Kontaktminute eine bemerkenswerte Zunahme der in der *En-face*-Haltung verbrachten Zeit. Tabelle 3–8 zeigt die Zeitanteile (in %) der *En-face*-Position bei Müttern normalzeitig geborener Kinder.

Tabelle 3–8: Anteil der En-face-Position an gesamter Beobachtungszeit (in Prozent)

Erster Kontakt (Minuten)	En-face (in Prozent)
0 bis 3	10
3 bis 6	17
6 bis 9	23

Lang (1972) konnte bei den meisten Hausgeburten beobachten, daß die Mutter unmittelbar nach der Entbindung, aber noch bevor die Nachgeburt kam, das Baby aufnahm und in der *En-face*-Stellung vor sich hielt, wobei sie ihm in erhöhter Stimmlage zuredete.

Kommentar: Blickkontakte erfüllen den Zweck, dem Säugling eine reale Identität oder Individualität zu verleihen; zugleich bezieht die Mutter aus ihnen eine lustvolle Rückkoppelung.

T. B. Brazelton

Abb. 3–14 zeigt die Mutter eines normalzeitig geborenen Kindes in der *En-face*-Haltung, Abb. 3–15 (siehe S. 108) ist die Reproduktion einer Radierung von Hans Erni, die eine Mutter mit Kind in derselben Position zeigt.

Abb. 3–14: Die Mutter eines normalzeitig geborenen Kindes in *En-face*-Position. (Aus: Kennell, J. H., und Klaus, M. H.: Clin. Obstet. Gynecol. 14: 926–954, 1971.)

Abb. 3–15: Druck von Hans Erni, der die *En-face*-Position illustriert.

Es scheint noch andere Mechanismen zu geben, die den als lustvoll empfundenen Blickkontakt begünstigen. Wie Robson (1967) zutreffend schreibt: »Die Anziehungskraft, die die mütterlichen Augen auf das Kind (und die Augen des Kindes auf die Mutter) ausüben, wird durch ihren Reichtum an stimulierenden Merkmalen erhöht. Verglichen mit anderen Zonen der Körperoberfläche besitzt das Auge eine bemerkenswerte Vielfalt faszinierender Eigenschaften wie seinen Glanz, die Tatsache, daß es, wiewohl an seinen Platz fixiert, zugleich doch beweglich ist, die Farbkontraste zwischen Pupille, Iris und Hornhaut, die Erweiterungsfähigkeit der Pupille und die wechselnden Effekte von Veränderungen in der Breite der Lidspalte.«*

Wie Brazelton und Mitarbeiter (1966) berichteten, kann der Säugling von Geburt an sehen. Das Neugeborene einer bei der Geburt nicht unter Medikamentwirkung stehenden Mutter folgt mit dem Blick problemlos einer Hand, die sich 30–40 Zentimeter vor seinem Gesicht bewegt. Man sollte erwarten, daß der sehende Säugling den Blick zunächst auf den interessantesten optischen Reiz in seiner Reichweite heftet, und das könnte, folgt man der Beschreibung Robsons, das Auge des ihn anblickenden Menschen sein.

Im Rahmen unserer Arbeit mit dem von Brazelton entwickelten Verfahren zur Bewertung des Verhaltens Neugeborener (Neonatal Behavior Assessment), bei der wir eine große Zahl von Säuglingen studierten, hat uns immer wieder die Tatsache verblüfft, daß das Gesicht des Untersuchers ein interessanterer Blickfang für das Kind war als jedwedes unbelebte Objekt.

Kommentar: Die Daten zum Blickverhalten Neugeborener** deuten darauf hin, daß der Säugling sowohl bewegliche, mäßig komplexe als auch solche Blickobjekte bevorzugt, die ovale Form besitzen und die Elemente des menschlichen Gesichts in unverstellter Anordnung enthalten. Wie Goren (1975) gezeigt hat, folgt der Säugling unmittelbar nach der Geburt einem adäquaten d. h. nicht entstellten Modell des menschlichen Gesichts über ein Blickfeld von 180 Grad, einem entstellten Modell jedoch nur über ein signifikant kleineres Blickfeld (60 Grad) sowie für eine kürzere Zeit. Er ist bei der Geburt auf das menschliche Gesicht programmiert.

T. B. Brazelton

3. Hohe Stimmlage. Die von Lang (1972) mitgeteilte Beobachtung, daß Mütter, die zu Hause gebären, ihr Neugeborenes gewöhnlich in erhöhtem Tonfall ansprechen, veranlaßte uns, auf dieses Phänomen besonders zu achten. Interessanterweise haben auch wir, nachdem

* Aus: Robson (1967).

** Stechler und Lantz (1966) sowie Haith u. a. (1969).

wir von diesem Phänomen gehört hatten, Mütter beobachtet, die zu ihrem Neugeborenen in wesentlich höherer Stimmlage sprachen als sonst. Es kommt vor, daß sie sich umdrehen und mit ihrer normalen Stimme etwas zum Arzt oder zur Schwester sagen, und dann, sobald sie sich wieder ihrem Baby zuwenden, abrupt in die höhere Stimmlage zurückkehren. Wie Brazelton berichtet hat, merkt ein Neugeborenes beim Ertönen einer weiblichen Stimme mit größerem Interesse auf und lauscht ihr bereitwilliger als einer männlichen Stimme; indem die Mutter sich eines extra hohen Tonfalls bedient, kommt sie dem sensiblen Hörempfinden des Neugeborenen und seiner Vorliebe für die weibliche, höherfrequenzige Stimmlage entgegen.

4. Bewegungsinduktion. Die Mikroanalyse von Tonfilmszenen zeigt, daß Gespräche zwischen Menschen nicht allein eine akustische Dimension haben, sondern auch ein Bewegungsverhalten einschließen. Wenn ein Mensch spricht, bewegen sich mehrere Teile seines Körpers auf eine manchmal offenkundige, manchmal aber fast nicht wahrnehmbare Weise mit; dasselbe gilt für den Zuhörenden, der sich ebenfalls auf eine mit den Elementen der gesprochenen Sprache synchronisierte Weise bewegt. Filmt man zwei Menschen im Gespräch, so enthüllt die Mikroanalyse, daß sowohl der Zuhörende als auch der Sprechende sich im Rhythmus der gesprochenen Worte bewegen und so eine Art Tanz vollführen. Den Rhythmus oder Takt zu diesem Tanz gibt der Sprachduktus (Condon und Sander 1974).

Faszinierende Beobachtungen, die von Condon und Sander (1974) unlängst mitgeteilt wurden, zeigen, daß auch Neugeborene sich im Takt zur gesprochenen Sprache der Erwachsenen bewegen. »Wenn der Säugling sich bereits in Bewegung befindet, werden sich bestimmte ›Schaltstellen‹, an denen sich die Konfiguration seiner sich bewegenden Körperteile ändert, mit ›Schaltstellen‹ im Sprachrhythmus synchronisieren, wie sie für den jeweiligen Sprecher charakteristisch sind.« Mit anderen Worten: So oft der Sprecher zum Atemholen einhält oder eine Silbe hörbar heraushebt, wird der Säugling beispielsweise eine Augenbraue hochziehen oder einen Fuß senken, wenn auch in kaum wahrnehmbarer Weise. Condon und Sander konnten demonstrieren, daß die natürliche gesprochene Sprache ganz besonders geeignet ist, synchrone Bewegungen des Säuglings zu induzieren. Weder Klopfgeräusche noch unzusammenhängende Selbstlautfolgen konnten ein Maß an synchronen Bewegungen der Säuglinge erzeugen, wie die natürliche, rhythmische Sprache es vermochte. Solche synchronen induzierten Bewegungen wurden bei beiden in die Untersuchung einbezogenen Sprachen, Englisch und Chinesisch, gefunden. Wie die Autoren anmerkten:

Diese Untersuchung bringt ein komplexes Interaktionssystem zutage, das dadurch gekennzeichnet ist, daß die Koordination des motorischen Verhaltens des Neugeborenen vom koordinierten Sprachverhalten der Erwachsenen in seiner Umgebung induziert und mit ihm synchronisiert wird. Wenn sich das Kind von Anfang an präzise im gleichen Rhythmus mit der rhythmischen Struktur der Sprache seines Kulturkreises bewegt, dann partizipiert es im Zuge seiner Entwicklung durch komplexe, sozio-biologische Induktionsvorgänge an millionenfach wiederholten Sprachgestalten, lange bevor es sie später selbst sprechend und kommunizierend benutzt.*

Wenn sich das Baby auch im Rhythmus der Sprache seiner Mutter bewegt und in diesem Sinne von ihr beeinflußt wird, können auf der anderen Seite doch auch die Bewegungen des Säuglings eine befriedigende Erfahrung für die Mutter sein und sie zum Weitersprechen ermuntern. Was wir damit sagen wollen, ist, daß diese Kontaktdimension durch ein Interaktionsverhältnis charakterisiert ist.

Kommentar: Das Neugeborene vermittelt der Mutter in Form dieses subtilen motorischen Eingehens auf ihren Sprechrhythmus eine Rückkopplung, der sie kaum widerstehen kann. Wie wir festgestellt haben, wird diese Synchronität zu einem wichtigen atmosphärischen Faktor für ihre spätere emotionale Kommunikation. Ihre Zwiegespräche enthüllen sich als eine Art von »Paarungstanz« (wie vergleichsweise z. B. beim Schwan), wenn man sie im Film festhält und diesen Bild für Bild analysiert.

T. B. Brazelton

5. *Zeitgeber.* Die synchronen Bewegungen sind Bestandteil eines weit umfassenderen »Induktionsgeschehens« zwischen Mutter und Säugling, das Sander und Mitarbeiter (1970) durch ihre intensiven und sorgfältigen Untersuchungen identifiziert haben. Wir können hypothetisch davon ausgehen, daß schon der Fetus in der Gebärmutter in vielen seiner Verhaltensweisen und Körperrhythmen auf die entsprechenden Abläufe bei der Mutter eingestimmt ist. Das beruht auf einer Anzahl unterschiedlicher rhythmischer Einflüsse – auf dem Zyklus von Schlafen und Wachen der Mutter, ihren täglichen hormonalen Rhythmen, ihrem geordneten Tagesablauf, dem regelmäßigen Schlag ihres Herzens und den rhythmischen Kontraktionen der Gebärmutter, wie sie dem Einsetzen der Wehen vorausgehen und bis zum Austritt des Kindes aus dem Muttermund anhalten. Durch sorgfältige Beobachtungen der Aktivitätszustände und des Verhaltens normaler, nach der Rooming-in-Methode mit der Mutter zusammen untergebrachter Neugeborener während ihrer ersten

* Aus: Condon und Sander (1974).

beiden Lebenswochen konnte Sander die Wirksamkeit dieser Verhaltensphänomene im Lauf der ersten Lebensstunden bestätigen – Phänomene, deren Vorhandensein auch von anderen Forschern bekräftigt worden ist, wie etwa der bereits erwähnte ungewöhnlich lang andauernde Zustand ruhiger Aufmerksamkeit nach der Geburt. Sander hat weiterhin gezeigt, daß es am zweiten Lebenstag zu einem Umbruch des Abfolgemusters zwischen Schlafphasen mit und solchen ohne »schnelle Augenbewegungen« (*rapid eye movements* =REM) kommt. Im Lauf der darauffolgenden Tage nehmen sowohl die Länge jeder Schlafphase, die Gesamtzeit aller REM-Phasen als auch die Gesamtschlafzeit immer weiter ab. Damit einher geht eine Zunahme des Schreiens, das am dritten Lebenstag einen Höhepunkt erreicht. Es scheint somit, daß das einschneidende Ereignis der Geburt die bis dahin wirksamen Rhythmen des kindlichen Organismus durcheinanderbringt und seine Systeme in einen Zustand des Ungleichgewichts versetzt. Er muß den Biorhythmus seiner Aktivitätszustände und seines Verhaltens in Anpassung an das Dasein außerhalb der Gebärmutter neu finden und organisieren.

Die Mutter hilft ihrem Säugling, seinen Biorhythmus wieder einzupendeln, indem sie die ersten Tage eine regelmäßige Routine einhält. Als Indiz hierfür hat Sander das fortschreitend häufigere Zusammenfallen des Zustands der wachen Aufmerksamkeit auf seiten des Säuglings mit den Phasen des Aufgenommenwerdens und Gehaltenwerdens durch die Mutter identifiziert. Während diese Phasen am zweiten Tag nur in 25% der Fälle zusammenfallen, tun sie es am achten Tag bereits in 57% der Fälle. Cassel und Sander (1975) schreiben der Mutter, was die Induktion rhythmischer Abläufe beim Neugeborenen betrifft, eine Zeitgeberfunktion zu. Sie vergleichen den regelnden Einfluß der Mutter auf den Säugling mit der organisierenden Wirkung eines Magneten, der Eisenfeilspäne entsprechend bestimmter Feldlinien anordnet.

Wie Sander hervorgehoben hat, ist der Zustand wacher Aufmerksamkeit beim Kleinkind äußerst stabil. Er hat gezeigt, daß das Baby, wann immer es in einem anderen Zustand als dem der wachen Aufmerksamkeit ist und die Mutter sich mit ihm zu beschäftigen beginnt, mit großer Wahrscheinlichkeit eine Haltung wacher Aufmerksamkeit annimmt. Befindet es sich jedoch bereits in diesem Zustand und kommt die Mutter hinzu, dann ist die Wahrscheinlichkeit für eine Zustandsänderung gering. Das häufige Vorkommen des Aufmerksamkeitszustands beruht auf der Interaktion einer sensiblen Mutter mit ihrem Neugeborenen. Im Zustand der wachen Aufmerksamkeit ist es bereit, auf die Mutter zu reagieren, im Rhythmus ihrer Sprache oder ihrer Bewegungen zu »tanzen«.

6. T- und B-Lymphozyten und Makrophagen. Je mehr wir über die Muttermilch erfahren, desto deutlicher wird, wie vielfältig und kompliziert die Fürsorgerolle ist, die die Mutter für das Baby in der Zeit kurz nach der Geburt spielt. Man weiß seit einiger Zeit, daß die Muttermilch, insbesondere die Kolostralmilch, ein reiches Arsenal an Antikörpern enthält. In jüngerer Zeit hat man entdeckt, daß auch Immunglobulin A sowie T- und B-Lymphozyten in hoher Konzentration in ihr enthalten sind, die möglicherweise Teile der Magen- und Darmschleimhaut besetzen und sie vor jenen enteralen Krankheitserregern schützen, gegen die das Kind von seiten der Mutter nur wenige plazentare Abwehrkräfte mitbekommen hat (Walker 1973). Wenn beispielsweise eine Mutter nicht lange vor der Niederkunft eine Darminfektion mit C-Salmonellen gehabt hat, hat in den Zellen ihrer Magen- und Darmschleimhaut in der Regel die Produktion von Antikörpern gegen diese Organismen eingesetzt. Einige dieser Zellen wandern gezielt in die Milchdrüse, wo ein Teil von ihnen in die Kolostralmilch aufgenommen wird, während die übrigen in der Drüse verbleiben und dort Antikörper gegen C-Salmonellen erzeugen, welch letztere das Kind auf seinem Weg durch den Gebärkanal mit großer Wahrscheinlichkeit befallen werden. Entsprechende Abwehrstoffe werden gegen viele andere, potentiell gefährliche Organismen im Magen-Darm-Trakt der Mutter gebildet. Die Lymphozyten und Antikörper in der Kolostral- und Muttermilch können also das Baby gezielt vor dieser Salmonelleninfektion schützen (Goldblum u. a. 1975). Dies erklärt zum Teil, wie es kommt, daß ein neugeborenes Kind, das ausschließlich mit der Brust ernährt wird, auch in gefährdender Umgebung gegen *Shigella*- und Typhusbakterien, gegen andere Salmonellen und gegen krankheitserregende *Escherichia coli* geschützt ist.

7. Bakterielle Nasalflora. Während eines Zeitraums von über acht Jahren, in dessen Verlauf der bakteriologische Zustand aller in einem guatemaltekischen Indianerdorf geborenen Kinder sorgfältig registriert wurde, wurde kein Fall bekannt, in dem ein zu Hause, unter dürftigen hygienischen Verhältnissen zur Welt gebrachtes Kind in den beiden ersten Lebensmonaten eine Staphylokokkeninfektion der Haut bekommen hätte (Mata 1974). Nur wenige Kilometer weiter, in Guatemala City, kehrten während des gleichen Zeitraums viele aus einer klinischen Entbindungsstation entlassenen Säuglinge mit einer Hautinfektion nach Hause zurück, die durch pathogene Stämme von *Staphylococcus aureus* verursacht war (und die in den Säuglingsstationen von Krankenhäusern überall in der Welt auftritt). In diesen Entbindungsstationen wurden die Mütter für die ersten zwölf Stunden nach der Entbindung von ihren Neugeborenen getrennt. Es ist unsere Hypothese, daß, wenn man Mutter und Säugling in den ersten Minuten nach der Niederkunft beieinander läßt, die Mutter ihrem Baby ihr eigenspezifisches Sortiment an Bakterienstämmen der Atemwege, wie etwa den *Staphylococcus,* mitgibt. Diese von der Mutter übernommenen Stämme wachsen dann und bevölkern die Atemwege und den Magen-Darm-Trakt des Säuglings. Genauso wie ein mit Grassamen gesäter Boden, sobald der Rasen einmal gut zu sprießen begonnen hat, der Ansiedlung von Unkraut widersteht, können diese Organismen verhindern, daß die in der Klinik vorhandenen Staphylokokkenstämme das Baby befallen. Diese bakterielle Immunwirkung ist von Shinefield und Mitarbeitern (1963) nachgewiesen worden, die zeigen konnten, daß epidemische, pathogene Staphylokokkeninfektionen auf Säuglingsstationen beendet werden konnten, indem man die Nasenlöcher Neugeborener mit gutartigen Staphylokokkenstämmen besiedelte. Einen ähnlichen Schutzmechanismus gewährleistet möglicherweise die Mutter auf natürliche Art.

8. Geruch. Auch der Geruch der Mutter kann den Säugling beeinflussen. Wie McFarlane (1975) herausgefunden hat, vermag ein Säugling, der gestillt wird, vom fünften Lebenstag an mit signifikanter Zuverlässigkeit das Brustpolster seiner eigenen Mutter von dem anderer Mütter zu unterscheiden. Es ist nicht auszuschließen, daß zukünftige Forschungen ergeben werden, daß der Geruchssinn eine wesentliche Rolle in der Bindung des Säuglings an die Mutter spielt.

9. Wärme. Der Vollständigkeit halber sollte auch die Temperaturkontrolle noch erwähnt werden. In der Vergangenheit war der mütterliche Körper für den Säugling eine zuverlässige Wärmequelle; diese Funktion verliert freilich heute an Bedeutung. Phillips (1974) stellte im Rahmen einer Untersuchung fest, daß die Temperatur eines Neugeborenen nur ganz unwesentlich absank, als das Baby nach der Geburt eingewickelt, aber ohne Heizstrahler, auf Bauch und Brust der Mutter gelegt wurde.

In anderen Untersuchungen sind andere Aspekte der Mutter-Kind-Interaktion hervorgehoben worden. Cassel und Sander (1975) wiesen darauf hin, daß der Säugling, wenn er auf die Welt kommt, zwar bereits über ein entwickeltes System der sinnlichen Wahrnehmung verfügt, in seinen motorischen Fähigkeiten jedoch vergleichsweise stark nachhinkt. Die motorische Unselbständigkeit bringt es offenkundig mit sich, daß das Baby beständig von der Mutter bzw. einer anderen Mutterfunktion erfüllenden Person umsorgt wird. Am wichtigsten ist aber, daß diese Unselbständigkeit noch eine zweite Funktion erfüllt, indem sie das Kind in einen Interaktionszusammenhang mit der Mutterperson hineinzieht, innerhalb dessen es seine Tagesrhythmen koordinieren und regulieren kann. Zwar sind seine Funktionen und diejenigen seiner Pflegeperson in den ersten Tagen nach der Geburt vorübergehend asynchron und zusammenhanglos, aber die physischen Abläufe beim Säugling reorganisieren sich in regelmäßig sich wiederholenden Interaktionssituationen mit der Mutterperson.

Mit Hilfe von Experimenten, bei denen die Mutter während einer Fütterung des Kindes an dessen siebentem Lebenstag eine Gesichtsmaske trug und sich schweigsam verhielt, konnte Cassel Aufschluß darüber vermitteln, wie das Neugeborene die Interaktionssituation mit der Mutter wahrnimmt. Die betreffenden Säuglinge tranken in der Experimentalsituation signifikant weniger Muttermilch, suchten, wenn sie in die Wiege zurückgelegt wurden, mit den Augen das Zimmer ab, und zeigten nach dem »maskierten« Stillen eine im Vergleich mit den gewöhnlichen Fütterungen signifikante Veränderung in der Abfolge der REM- und der Nicht-REM-Schlafphasen.

Meltzoff und Moor (1975) haben unlängst die bemerkenswerte Entdeckung gemacht, daß Neugeborene zwei Wochen nach ihrer Geburt visuell wahrgenommene Stimuli mit Hilfe von Grimassen und manuellen Gebärden nachahmen. Meltzoff und Moor erhielten dieses bemerkenswerte Ergebnis, indem sie sechs Säuglingen zu vier Zeitpunkten jeweils vier Gesten vorführten (Herausstrecken der Zunge, Vorstülpen der Lippen, Öffnen des Mundes, fließende Fingerbewegungen) und das darauffolgende Verhalten der Kinder aufzeichneten. Jede der vorgeführten Verhaltensweisen trat in den zwanzig Sekunden unmittelbar nach ihrer Präsentation bei dem betreffenden Säugling signifikant häufiger auf als andere Verhaltensweisen. Es ist also denkbar, daß das Neugeborene auf seine Mutter mit einer Art Mimikry reagiert.

Zwei weitere von Salk (1973) mitgeteilte Beobachtungen zeigen die »Feinabstimmung« zwischen mütterlichem und kindlichem Verhalten: (1) Säuglinge werden ruhig, wenn sie dem natürlichen Schlagen eines menschlichen Herzens ausgesetzt werden, und (2) Mütter pflegen ihr Neugeborenes charakteristischerweise im linken Arm, nahe dem Herzen, zu halten. Wenn also ein Säugling schreit und von der Mutter aufgenommen wird, bestehen gute Aussichten, daß das Gehaltenwerden an ihrer Brust ihn beruhigt; dieser Mechanismus begünstigt auch die Neigung zu körperlicher Nähe in Leidenssituationen des Neugeborenen.

MUTTER ◄—— SÄUGLING

1. Blickkontakt
2. Schreien
3. Oxytozin
4. Prolaktin
5. Geruch
6. Induktion

Wenn wir unser vereinfachtes Schema (Abb. 3–12) verwenden, können wir die folgenden, vom Säugling ausgehenden Interaktionen auflisten:

1. Blickkontakt. Der Gesichtssinn bietet eines der wirkungsvollsten Funktionsgeflechte für die Vermittlung der mütterlichen Bindung an das Kind. Diese Tatsache wird durch die Arbeit von Fraiberg und Mitarbeitern (1974) unterstrichen, die eingehend beschrieben haben, welche Schwierigkeiten es Müttern blinder Kinder bereitet, ein inniges Verhältnis zu ihrem Kind zu finden. Ohne die bestätigende Funktion des wechselseitigen Sich-Anblickens fühlen Mütter sich verloren und kommen sich ihrem Baby gegenüber wie Fremde vor, bis beide gelernt haben, an die Stelle der fehlenden optischen andere Kommunikationsmöglichkeiten zu setzen.

Interessanterweise beträgt der Abstand zwischen den Augen der Mutter und denen des Säuglings, wenn dieser gestillt oder im Arm gehalten wird, ungefähr 30 Zentimeter, was genau der Entfernung entspricht, in der ein Säugling einen Gegenstand am besten fixieren kann. Aus dieser, der »Stillposition«, ergeben sich während der Zeit, in der die Mutter für ihr Baby sorgt, immer wieder Gelegenheiten für Blickkontakte.

Robson (1967) hat die These aufgestellt, der unmittelbare Blickkontakt zum Säugling sei einer der angeborenen Auslöser für mütterliches Fürsorgeverhalten. Einige unserer Erfahrungen haben gezeigt, wie machtvoll dieser Auslöser wirkt. So hatten wir beispielsweise einmal drei wissenschaftliche Mitarbeiterinnen in unserem Forschungsteam, die zur täglichen Durchführung einer Verhaltensbewertung an Neugeborenen nach dem von Brazelton entwickelten Verfahren benötigt wurden. Wir waren wenig erfreut, von allen dreien zu hören, daß sie Kleinkinder nicht sehr mochten, insbesondere Neugeborene wenig anziehend fanden und nicht vorhatten, je selbst ein Kind zu bekommen. Unter Murren eigneten sie sich die Kriterien zur Verhaltenseinschätzung an. Bei der Durchführung der Einschätzung kam jede der drei Frauen zum ersten Mal mit einem Säugling im Zustand der wachen Aufmerksamkeit in Berührung, der mit seinen Augen den ihren folgte – und es vollzog sich eine verblüffende Veränderung. Plötzlich begann jede begeistert von »ihrem« Baby zu sprechen, wollte es auf dem Arm halten und kam später am Tag sowie auch den Tag darauf wieder, um es zu besuchen. Am Abend erzählte sie ihren Freunden von dem wundervollen Kind, an dem sie Beobachtungen angestellt habe. Im Lauf weniger Wochen waren alle drei zu dem Entschluß gelangt, daß sie später gerne ein Kind haben und es sogar stillen würden. Diese Anekdote zeigt, welche unwiderstehliche Anziehungskraft von einem neugeborenen Kind ausgehen kann, das mit seinen Blicken den Augen des Erwachsenen folgt, und macht die emotionalen Bedeutungen verständlich, die der Betrachter Schicht um Schicht auf diesen Vorgang häuft.

2. Schreien. Auch die Stimme des Säuglings beeinflußt die Mutter. Lind und Mitarbeiter (1973), die bei ihrer Untersuchung mit Infrarotfotografie arbeiteten, haben eine weitere biologische Ebene freigelegt, auf der reziproke Verhaltensweisen Mutter und Kind enger aneinanderbinden. Nach ihren Feststellungen zeigte sich bei 54 von 63 Müttern, die mit dem Hungergeschrei gesunder Neugeborener konfrontiert wurden, eine signifikante Zunahme des Blutzuflusses in die Brüste. Das Geschrei des Säuglings löst physiologische Veränderungen im mütterlichen Organismus aus, die sie zum Stillen disponieren.

3. Oxytozin. Das Kind vermag auch die Absonderung mütterlicher Hormone zu provozieren. Wenn das Kind säugt oder die Brustwarzen der Mutter leckt, führt dies bei ihr zur Freisetzung von Oxytozin, das die Kontraktion der Gebärmutter beschleunigt und die Nachblutung bremst. Auch hier sieht man wieder, wie eng Mutter und Säugling nach der Geburt durch komplexe motorische, psychische und physiologische Interaktionen in Wechselwirkung miteinander stehen.

4. Prolaktin. Wie Hwang und Mitarbeiter (1971) gezeigt haben, erhöht sich die Konzentration von Prolaktin im Blutserum während der Schwangerschaft und sinkt nach der Entbindung rasch ab. Dazu kommt, daß, wann immer die Brustwarze der Mutter, sei es von den Lippen des Säuglings oder von einem Finger, berührt wird, die Prolaktinkonzentration auf das vier- bis sechsfache hochschnellt, um dann, wenn das Baby mit dem Säugen begonnen hat, wieder abzunehmen. Wir haben vorläufige Untersuchungen über die Prolaktinkonzentration bei drei Müttern durchgeführt, und zwar jeweils bevor und nachdem sie ihr Neugeborenes zum Stillen erhielten. Bei zwei Müttern war nach Zustandekommen des körperlichen Kontakts mit ihrem Säugling – ohne daß dieser gesäugt oder die mütterliche

Brust berührt hatte – eine signifikante Erhöhung der Prolaktinkonzentration festzustellen. Nicht nur Säugen und Lecken, sondern unter Umständen auch der bloße Berührungskontakt beeinflußt also die Prolaktinkonzentration im mütterlichen Organismus.
Es ist reizvoll, sich die Frage zu stellen, ob diese Veränderungen in der Prolaktinkonzentration, von denen wir wissen, daß sie die Alveolen in der Mutterbrust zur Sekretion von Milch anregen, noch andere Auswirkungen auf die Mutter haben. Bei den Vögeln ist das Prolaktin ein Liebeshormon; es scheint dort die enge Bindung zwischen Mutter und Jungen zu aktivieren. Verstärkt die ausgeprägte Prolaktinzunahme auch beim Menschen die Bindung der Mutter an ihr Neugeborenes? Wenn dies so wäre, dann könnte man in der Auslösung der erhöhten Prolaktin-Produktion durch die motorischen Aktionen des Kindes einen wirksamen, zum Überleben des Neugeborenen beitragenden biologischen Mechanismus sehen.
Beobachtungsdaten, die diese Hypothese teilweise stützen, teilt Avery (1973) mit, der in Denver in Colorado eine Methode zur Anregung der Muttermilchproduktion bei Frauen entwickelt hat, die niemals ein Kind zur Welt gebracht haben. Frauen, die auf diese Weise in die Lage versetzt wurden, ihre adoptierten Babys stillen zu können, berichteten darüber, wie sich bei ihnen während des Stillens ein starkes Gefühl der Verbundenheit mit dem Säugling einstellte. In diesen Situationen wirken Haut- und Berührungskontakt, Geruch, Körperwärme sowie akustische und visuelle Reize in der Förderung emotionaler Bindungen zusammen.
Bis zu diesem Punkt haben wir versucht, die Einzelbestandteile dieses komplexen Systems aufzugliedern in Einflüsse, die die Mutter auf das Kind, und solche, die das Kind auf die Mutter ausübt. Nun jedoch sind wir in der Lage, uns der Tatsache der Interaktion operational zu nähern. So kann man beispielsweise hypothetisch annehmen, daß die Mutter für das Streicheln des Kindes durch den daraus resultierenden Körperkontakt belohnt wird, mittels dessen sie lustvoll die Wärme und die zarte Haut des Neugeborenen erfahren kann. Dazu kommt, daß sie das Baby nahe vor Augen hat und seine Reaktionen auf ihre Berührung genau beobachten kann.
5. Geruch. Interessanterweise ist auch der Geruch aller Wahrscheinlichkeit nach wichtig. Viele Mütter berichten, jedes ihrer Babys habe seinen eigenen Körpergeruch gehabt.
6. Induktion. Zahlreiche klinische Erfahrungen haben uns zu der Überzeugung kommen lassen, daß eine wesentliche Grundregel in bezug auf die Genese von Bindungen lautet: Die Eltern müssen, um eine enge Bindung entwickeln zu können, von ihrem Säugling irgendeine Reaktion, ein Signal erfahren, zum Beispiel Körper- oder

Augenbewegungen. Unserer Hypothese nach erleben die meisten Eltern dies in den ersten Lebenstagen des Kindes, sooft dieses sich im Zustand ruhiger Aufmerksamkeit befindet und sich im Rhythmus ihres Sprechens bewegt. Wir haben für diese Gesetzmäßigkeit folgende Kurzformel gefunden: »Man kann sich nicht in einen Spüllappen verlieben.«
Mary Cassat hat in einem Gemälde, das eine Mutter mit einem einige Monate alten Säugling zeigt, einige der Interaktionen, die für eine Mutter lustvoll sind, schön eingefangen (Abb. 3–16); das Bild illustriert zugleich auch die gerade angesprochene Gesetzmäßigkeit.

Abb. 3–16: Ein Gemälde von Mary Cassat, das die wechselseitige Interaktion zwischen Mutter und Säugling während einer Fütterung zeigt. (Mit Genehmigung des Art Institute of Chicago.)

Das Verhalten der Mutter und das des Kindes ergänzen einander in bezug auf mehrere sinnliche und motorische Funktionsbereiche; dieser Umstand erhöht die Wahrscheinlichkeit, daß Interaktionen auftreten. Es scheint, als ob diese Verhaltensweisen spezifisch wären und einem angeborenen »Programm« zufolge den Prozeß in Gang setzten, mittels dessen Mutter und Säugling zu einem stabilen, ineinandergreifenden wechselseitigen Rhythmus finden. Wie wir gesehen haben, paßt beispielsweise die hohe Stimmlage, deren sich die Mutter beim Sprechen mit dem Säugling bedient, allem Anschein nach ideal zu der besonderen Sensibilität und Aufnahmebereitschaft des kindlichen Gehörs für hohe Stimmfrequenzen. Vorausgesetzt, die Beobachtung, daß Menschen ihre Stimmlage typischerweise erhöhen, wenn sie zu einem Säugling sprechen, ist richtig, kann man also sagen, daß die Natur damit einen Mechanismus bereitgestellt hat, mittels dessen die Menschen ihre Neugeborenen besonders gut stimulieren und besonders leicht reaktionsbereit machen können. In ähnlicher Weise korrespondiert das Interesse der Mutter an den Augen ihres Neugeborenen mit dessen Fähigkeit zu sehen, zielgerichtet und aufmerksam zu blicken und mit den Augen dem Blickobjekt zu folgen. Die Natur scheint im Okzipitalkortex die Sehnervenbahnen bevorzugt entwickelt zu haben, so daß diese sinnlichen und motorischen Funktionen dem Neugeborenen gleich zum Empfang von Reizen seitens der Mutter und zur Interaktion mit ihr zur Verfügung stehen.

Wie Kaila (1935), Spitz und Wolff (1946) und Ahrens (1954) nachgewiesen haben, ist einer der am frühesten und am besten wirksamen Stimuli zur Auslösung eines Lächelns beim Säugling eine optische Konfiguration, die aus zwei Augen und einem Mund besteht und dem Kind *en face* vorgehalten wird. Wie Goren (1975) gezeigt hat, entspricht dies einer angeborenen Formenpräferenz, da das Neugeborene auf diese Konfiguration bereits Minuten nach seiner Geburt anspricht, noch ehe es die Gelegenheit gehabt hat, irgendein menschliches Gesicht zu sehen. Wenn eine Mutter ihr Baby ansieht, trifft dies bei ihm also auf eine Prädisposition, sie seinerseits aufmerksam anzublicken, ihr mit den Augen zu folgen und ihr, ein wenig später, zuzulächeln. Da das Lächeln einen äußerst wirksamen Verstärker darstellt, trägt die visuelle Interaktion zur Festigung der Verbundenheit von Mutter und Kind bei.

Man sollte nicht übersehen, daß die Untersuchungen zur Bewegungsinduktion durch die menschliche Sprache, über die Condon und Sander (1974) berichten, mit wenige Stunden alten Säuglingen durchgeführt wurden und daß alle diese Säuglinge in amerikanischen Krankenhäusern geboren und mit Flaschenmilch gefüttert wurden.

Würde der Induktionsprozeß rascher vonstatten gehen, würde das Gehaltenwerden von der Mutter häufiger mit der Phase wacher Aufmerksamkeit beim Säugling zusammenfallen, und wäre der Umbruch in den Schlaf- und Wachzyklen des Säuglings weniger ausgeprägt und weniger langwierig, wenn Mutter und Neugeborenes von der Entbindung an ununterbrochen zusammenblieben und das Baby gestillt würde?

Das Gehör und der Gesichtssinn erlangen in den westlichen Industrienationen, wo Mutter und Säugling täglich für viele Stunden voneinander getrennt sind, eine wesentlich erhöhte Bedeutung. In manchen Entwicklungsländern, wo das Neugeborene von Geburt an mit dem Körper der Mutter in Kontakt bleibt, könnten die entsprechenden Veränderungen möglicherweise anders ablaufen. Eine afrikanische Frau, die ihren Säugling auf dem Rücken oder an ihrer Seite trägt, würde sich als schlechte Mutter verraten, wenn ihr Baby nach seinem siebenten Lebenstag sie noch naß machte oder beschmutzte – das heißt, wenn sie es nicht verstünde, die Zeichen für ein Bevorstehen dieser Vorgänge zu deuten und das Baby rechtzeitig von sich weg zu halten. Diese feine Sensibilität für bestimmte Bewegungen des Säuglings ist für die Menschen in unseren Ländern, wo Mutter und Neugeborenes einen großen Teil des Tages körperlich getrennt sind und nachts in getrennten Betten schlafen, nahezu unvorstellbar.

Diese Beobachtungen mögen besonders provokativ wirken, weil sie eine Erweiterung der intelligenten Beobachtungen von Bowlby (1958), Ainsworth (1970) sowie Ainsworth und Mitarbeitern (1974) darstellen, die alle zwischen exekutivem Verhalten und Signalverhalten unterscheiden. Exekutives Verhalten besteht aus Reaktionen wie Greifen, Sich-Anschmiegen oder aus sonstigen Haltungskorrekturen, jeweils mit dem Ziel, den Körperkontakt zur Bezugsperson, sobald er einmal hergestellt ist, aufrechtzuerhalten. Signalverhalten andererseits umfaßt Reaktionen wie Schreien und Lächeln, mit deren Hilfe die Bezugsperson näher herbeigerufen oder der physische Kontakt zu ihr hergestellt werden kann. Wir sind der Ansicht, daß sowohl das Signal- als auch das exekutive Verhalten in Verbindung mit den soeben dargestellten wechselseitigen Interaktionen funktioniert. Einer der größten Vorteile einer frühen Interaktion besteht darin, daß sie den Eltern hilft, sich schneller auf die Individualität ihres Säuglings einzustellen und ihr Verhalten entsprechend seinen Bedürfnissen und seinem Rhythmus anzupassen (Brazelton u.a. 1974).

Einzelne Säuglinge unterscheiden sich zwar sowohl hinsichtlich ihrer Fähigkeit, Reize wahrzunehmen bzw. sich gegen sie abzuschirmen,

als auch in ihrem Vermögen, solche Verhaltensweisen zu zeigen, auf die ihre Umgebung eingehen kann, aber wir fragen uns, ob nicht manche der in der späteren Kindheit feststellbaren Persönlichkeitsunterschiede wenigstens teilweise darauf zurückgehen, ob Mutter und Kind sehr früh oder erst später Kontakt miteinander hatten. Brazelton und Mitarbeiter (1974) sowie Stern (1974) haben damit begonnen, die normale, diffizile Mutter-Kind-Interaktion im dritten und vierten Lebensmonat des Säuglings zu dekodieren. Wir vertreten die Auffassung, daß die verblüffende Synchronität, die man zu diesem Zeitpunkt bei normalen Mutter-Kind-Paaren findet, in den entscheidenden ersten Minuten nach der Geburt wurzelt.
Es gibt noch weitere bedeutsame Regeln oder Gesetzmäßigkeiten (sie wurden in Kapitel 1 kurz erwähnt), hinsichtlich derer keine experimentellen Ergebnisse zur Verfügung stehen, von denen wir aber nichtsdestoweniger glauben, daß sie eine wichtige Rolle für die Mutter-Kind-Bindung spielen.

»Monotropie« – eine wichtige Gesetzmäßigkeit der mütterlichen Bindung an das Neugeborene

Wir haben im Verlauf der letzten fünf Jahre drei wichtige Beobachtungen gemacht, aus denen sich eine Grundgesetzmäßigkeit der Mutter-Kind-Bindung ableiten läßt. Aus Beobachtungen an unseren auf der Frühgeborenen-Station arbeitenden Schwestern, aus Diskussionen mit der Oberschwester der Matera (eines großen Heims für Adoptionskinder in Athen) und aus der klinischen Auswertung von Zwillingsgeburten läßt sich der Schluß ziehen, daß die Bindung der Mutter an den Säugling von ihrer Entwicklung und Struktur her so geartet ist, daß eine enge emotionale Bindung immer nur zu einer Person, nicht aber gleichzeitig zu mehreren, eingegangen werden kann. Von den Schwestern der Frühgeborenen-Station haben wir erfahren, daß jede ein Lieblingsbaby hat, daß sie die anderen Säuglinge zwar mag, aber eine optimale Beziehung zu einem gegebenen Zeitpunkt immer nur zu einem bestimmten Kind besteht. Wenn dieses Lieblingskind mit seiner Mutter die Station verläßt, ist die Schwester gewöhnlich traurig, oft zwei bis fünf Tage lang. In der Matera, wo die Schwestern in jeder Abteilung vier bis fünf Monate lang die Kinder betreuen (neun Schwestern für zwölf Säuglinge), ist es nie vorgekommen, daß eine Schwester zu mehr als einem Säugling gleichzeitig eine intensive Bindung entwickelt hat, obgleich dort in den letzten fünfzehn Jahren 3000 Neugeborene aufgezogen worden

sind. Wenn das Lieblingskind einer Schwester nach vier bis fünf Monaten die Matera verläßt, macht diese Schwester gewöhnlich eine längere (vier- bis sechsmonatige) Trauerperiode durch, die von ähnlichen Reaktionen gekennzeichnet ist, wie sie ein Mensch nach dem Tod eines nahen Verwandten zeigt.
Eine Bestätigung für dieses Phänomen liefern klinische Beobachtungen an einer Reihe von Zwillingspaaren, bei denen jeweils der körperlich größere Zwilling entlassen wurde, während der kleinere noch eine Zeitlang in der Frühgeborenen-Station versorgt werden mußte, was erwarten ließ, daß er in der Beziehung zu seiner Mutter mit größeren Schwierigkeiten konfrontiert werden würde. Unseren während eines kurzen Zeitraums angestellten Beobachtungen in Lausanne in der Schweiz lagen drei Zwillingspaare zugrunde, von denen jeweils der größere Zwilling zuerst, der kleinere später nach Hause entlassen wurde. Nach drei Monaten wurde von zweien der drei Paare der jüngere Zwilling in die Klinik zurückgebracht. Der eine war geschlagen worden, der andere entwickelte sich nicht. Die zweite Mutter machte eine Bemerkung des Inhalts, der größere der Zwillinge sei ihr Kind, der andere aber nicht. Wir haben in unserer eigenen Klinikabteilung ähnliche Probleme miterlebt. Es handelt sich hierbei offensichtlich um eine wichtige Gesetzmäßigkeit, die vielleicht mit erklärt, warum Mütter, die Zwillinge geboren haben, diese am liebsten gleichartig einkleiden. Möglicherweise können sie nach einer Niederkunft jeweils nur ein Bild oder eine emotionale Bindung in sich aufnehmen. Es wäre dies eine Tatsache von offenkundiger klinischer Bedeutsamkeit, und wir versuchen im Augenblick, weitere Beobachtungsstrategien zu entwickeln, um dies nachzuprüfen. Es ist in diesem Zusammenhang interessant, daß Bowlby in einem 1958 entstandenen Aufsatz über die Bindung des Kindes an seine Mutter schrieb: »Die Tatsache, daß instinktive Reaktionen in der Regel an eine bestimmte Person oder Personengruppe und nicht unterschiedslos an eine beliebige Menge adressiert sind, halte ich für so wichtig und zugleich so wenig beachtet, daß es angebracht ist, das Phänomen mit einem eigenen Terminus zu bezeichnen. Ich schlage vor, es ›Monotropie‹ zu nennen.« Wendet man diese Beobachtung auf den komplementären Aspekt des Verhältnisses, auf die Bindung der Mutter an das Kind an, so zieht sie die offenkundige klinische Implikation nach sich, daß man Zwillinge stets zusammen lassen und auch gemeinsam nach Hause schicken sollte, so daß die Entwicklung einer gleichzeitigen Bindung an beide zumindest möglich ist.
Eine weitere bedeutsame Grundregel, die sich aus vielen klinischen Erfahrungen sowie aus der Arbeit von Evans (1972) ergeben hat,

lautet, daß die Vorgänge des Aufbaus und des Abbaus von Bindungen bei einem Menschen nur schwer nebeneinander ablaufen können. Wir konnten in vielen Fällen, in denen von einem Zwillingspaar ein Geschwisterchen verstarb, beobachten, daß es den Eltern schwerfiel, in voller Intensität um das verlorene Baby zu trauern und sich dem überlebenden Zwilling gleichzeitig emotional verbunden zu fühlen. Dasselbe Problem tritt auf, wenn eine Mutter, nachdem sie ein Neugeborenes verloren hat, rasch wieder schwanger wird. Einen weiteren Beweis hierzu stellt die von Evans und Mitarbeitern (1972) mitgeteilte Beobachtung dar, nach der ein Drittel der Elternpaare, die einen trotz organischer Gesundheit an Entwicklungshemmung leidenden Säugling hatten, kurze Zeit zuvor einen Todesfall in der Familie zu beklagen gehabt hatten. Um den Tod eines eigenen Elternteils trauernd, waren sie nicht in der Lage, angemessen für ihr Neugeborenes zu sorgen. Man sollte daher Eheleuten empfehlen, nach einem Todesfall erst zu warten, bis sie zu trauern aufgehört haben (sechs bis zwölf Monate), ehe sie ein Kind zeugen.

Kommentar: Die Autoren führen im Kontext der Beziehungen menschlicher Mütter zu ihren Säuglingen die Begriffe der Bindung und des Bindungsverhalten ein. Unter Bezugnahme auf ein aus Beobachtungen an bestimmten Tierarten abgeleitetes Paradigma postulieren Klaus und Kennell auch das Vorhandensein einer sensiblen Phase für die Entstehung artspezifischen mütterlichen Bindungsverhaltens beim Menschen.

Die Begriffe *Bindung* und *Bindungsverhalten* sind seinerzeit im Hinblick auf die Impulse definiert worden, die den Säugling an seine Mutter binden – das Verlangen nach Herstellung und Aufrechterhaltung des körperlichen Kontakts zur Mutter, der Schutz vor Gefahren und die Erfüllung physiologischer Bedürfnisse gewährleistet.* Die Entsprechung in der Terminologie lädt zum Vergleich ein zwischen den theoretischen Formulierungen zur Mutter-Kind- und denen zur Kind-Mutter-Bindung. In der Bindung des Säuglings an die Mutter sieht Bowlby seinen, des Säuglings, Beitrag zum eigenen Überleben, und er interpretiert das Bindungsverhalten im Rahmen seines Überlebenswerts in der Umwelt, in der die Spezies sich ursprünglich entwickelt hat.** Wollte man das Bindungsverhalten von Müttern im Rahmen einer solchen evolutionären Betrachtungsweise interpretieren, dann müßte man zeigen, inwiefern die als zentral für die Bindung der Mutter an den Säugling erachteten Verhaltensweisen zum Überleben des Kindes und der Art beitragen. Das Überleben des einzelnen Säuglings setzt die Verfügbarkeit mütterlicher Pflege rund um die Uhr für einen Zeitraum von Monaten und Jahren voraus, und das Überleben der Art beruht auf dem Heranreifen des

* Bowlby (1958).
** Bowlby (1975).

Kindes zu einem selbsterhaltungs- und vermehrungsfähigen Erwachsenen. Wenn die mütterliche Bindung also einen Überlebenswert besitzt, so sollte man erwarten, sie in Verhaltensweisen repräsentiert zu sehen, die in den ersten Jahren das physische Überleben des Kindes und über einen längeren Zeitraum seine Entwicklung zu einem selbständigen Erwachsenen gewährleisten. Die Verhaltensweisen, die im Rahmen dieses Kapitels als Indikatoren mütterlicher Bindung aufgeführt werden (Liebkosen, Anblicken, Küssen, Umarmen, *En-face*-Blickkontakt), entsprechen jedoch, wie mir scheint, eher dem, was wir in den modernen westlichen Gesellschaften als ein »liebevolles Verhalten« bezeichnen würden. Ob diese liebevollen Verhaltensweisen als entscheidend für das Überleben des Kindes und der Art erachtet werden, bleibt unklar. Sie sind nicht spezifisch für die Mutter-Kind-Beziehung, können vielmehr oft auch dann beobachtet werden, wenn andere Personen sich mit einem Kleinkind abgeben. Sind diese Verhaltensweisen geeignet, zu erklären, was Mütter dazu bringt, die vollständige Umkrempelung ihrer bis dahin praktizierten Lebensweise, die die Fürsorge für ein Neugeborenes mit sich bringt, in Kauf zu nehmen und sich darüber zu freuen? Was sie dazu bringt, den engen Kontakt zu ihrem Kind auch in Situationen aufrechtzuerhalten, die sonst in den meisten menschlichen Gesellschaften mit Abwendungs- und Ekelimpulsen assoziiert sind (Kot, Erbrochenes)? Die als Indikatoren mütterlicher Bindung gewählten Verhaltensweisen scheinen mir auch in anderen Kulturen nicht die gleiche Bedeutung zu besitzen. So haben beispielsweise Studien in Sambia und in Zinacantan* gezeigt, daß direkte Blickkontakte zwischen Mutter und Säugling dort kaum vorkommen und in keinem reliablen Zusammenhang mit anderen sozialen Interaktionen stehen. Kann man behaupten, daß sambische Mütter, die in beständigem Körperkontakt mit ihrem Säugling sind, eine weniger intensive Bindung an ihn haben als amerikanische Mütter?
Die Untersuchungen hinsichtlich einer »sensiblen Phase« für die Entwicklung der Mutter-Kind-Bindung weisen auf einige kurzfristige Auswirkungen eines frühen Kontakts hin, während die Daten zu möglichen Langzeitwirkungen erst noch gesammelt werden müssen. Die genaue Einkreisung einer solchen Phase setzt eine bessere Definition relevanter mütterlicher Verhaltensweisen voraus. Die starke Betonung der Zeit unmittelbar nach der Entbindung ist jedoch womöglich geeignet, die Bedeutung pränataler Einflüsse und postnataler Anpassungen zu verdunkeln. Die relative Bedeutung und die Wechselwirkung dieser verschiedenen Einflußfaktoren mit der Mutter-Kind-Beziehung bedürfen zu ihrer Klärung noch weitere Untersuchungen.
Die Befunde der in diesem Kapitel referierten Forschungen haben mit den meisten Untersuchungsdaten über das menschliche Reproduktions- und Ernährungsverhalten einen generellen Mangel gemein. Diese für das Überleben der Art entscheidende Gruppe von Verhaltensweisen ist relativ stabil, und die grundlegenden Verhaltensmuster haben sich wahrscheinlich im Laufe jener langen Periode entwickelt, in der die Menschen als Jäger und

* Goldberg (1972) und Brazelton (1972).

Sammler lebten. Die generalisierten Aussagen über das Verhalten menschlicher Mütter basieren jedoch größtenteils auf Daten, die in Industriegesellschaften erhoben wurden, also in einer sehr späten und kurzen Phase der menschlichen Evolution. Manche in industrialisierten Ländern zu beobachtenden Verhaltensweisen mögen repräsentativ für das artspezifische Verhalten sein, aber es ist unklug, davon einfach auszugehen, ohne daß man zuvor eingehende transkulturelle Vergleiche in voragrarischen und agrarischen Gesellschaften angestellt hat. Die heute in den Vereinigten Staaten praktizierte sogenannte »natürliche« Hausgeburt bildet keine Ausnahme; sie ist eine Folge des Bemühens einzelner Menschen, die Kontrolle über ihre eigenen Lebensabläufe wiederzugewinnen – Reaktion gegen eine Kulturentwicklung, die diese Kontrolle in die Hände von Spezialisten verlagert hat.* Das ist sicherlich kein »natürliches« Verhalten einer Spezies in ihrer »natürlichen« Umwelt.
Objektive und ins Detail gehende Beschreibungen des mütterlichen Verhaltens in unserer und in anderen Kulturen sind notwendige Voraussetzung für ein wissenschaftliches Verständnis. Die in diesem Kapitel referierten Untersuchungen sollten Anstoß dazu geben, daß mütterliches Verhalten auf eine für unsere Spezies wirklich repräsentative Weise definiert wird, daß die spezifisch überlebensnotwendigen Teilmomente dieses Verhaltens bestimmt und daß die Prozesse umrissen werden, die über verschiedene Verläufe der Mutter-Kind-Beziehung entscheiden.

B. Lozoff

Klinische Überlegungen

Bis zur Mitte des vorigen Jahrhunderts blieben die Vorgänge und Verrichtungen, die eine Kindsgeburt begleiteten, im wesentlichen unverändert; ausgeklügelte traditionelle Praktiken halfen werdenden Eltern diese Phase ihres Lebens zu bewältigen. Im Verlauf der letzten hundert Jahre rückten jedoch die medizinischen und wissenschaftlichen Aspekte des Geburtsvorgangs immer stärker in den Vordergrund, wogegen den ebenso wichtigen psychologischen und sozialen Gesichtspunkten weniger Aufmerksamkeit gewidmet wurde. Haben die enormen Verbesserungen in der medizinischen Bewältigung der Geburt, die gewiß eine entscheidende Entschärfung der physischen Gefahren für die werdende Mutter gebracht haben, zu einem Schwinden des Interesses an den vielen anderen Problemen beigetragen, mit denen eine Frau während der Schwangerschaft konfrontiert ist?
Bei der Auswertung klinischer Daten muß man in Betracht ziehen, daß solche Daten im Zusammenhang mit der Gesamtheit der

* Lozoff und Misra (1975).

Umweltbedingungen zu sehen sind, wozu auch die gesellschaftlichen Wertsetzungen des jeweiligen Systems und die Praktiken in den Krankenhäusern gehören. In Rußland beispielsweise ist die Geburt eines Kindes ein gefeiertes und hochbewertetes Ereignis, und wenn eine Frau mehr als drei Kinder gebiert, gereicht ihr dies zur Ehre. Die Krankenhäuser wiederum lassen nicht zu, daß der Vater der Geburt beiwohnt oder auch nur seine Frau und das Neugeborene in der Klinik besucht. Er sieht sein Kind erst, wenn es nach Hause kommt. In Dänemark stellen die Besuchsregelungen für Väter gerade das entgegengesetzte Extrem dar. Es ist daher nicht möglich, die Auswirkungen eines Mutter-Kind-Kontakts in den ersten Stunden nach der Geburt auf die Qualität der späteren Bindung, wie sie sich in beiden Systemen darstellt, miteinander zu vergleichen.

Ferner müssen wir ein- und zweiphasige Geburtshilfesysteme auseinanderhalten. In Dänemark wird beispielsweise ein zweiphasiges System praktiziert. Eine normale, gesunde Schwangere wird in der vorgeburtlichen Phase gewöhnlich von einer Hebamme untersucht und betreut – wozu ergänzend einige wenige Untersuchungen durch einen Arzt kommen – und geht zur Entbindung dann häufig in eine Geburtsklinik. Eine Geburtsklinik weist nicht all jene Einrichtungen auf, die man gewöhnlich in einem Krankenhaus findet, sondern ähnelt eher einem Heim. Sie hat keine Blutbank und an Einrichtungen zur Notfallhilfe für kranke Neugeborene nur das Notwendigste. Fünf bis sechs Stunden nach der Niederkunft übernimmt die Mutter die volle Fürsorge für ihr Baby während der Tagesstunden. Es ist zu beachten, daß eine Mutter, die beginnt, selbst für die Bedürfnisse ihres Kindes zu sorgen, hier nicht nur von der Schwester, sondern auch von anderen Müttern lernen kann; sie gewinnt an praktischem Geschick und Selbstvertrauen, ehe sie mit dem Säugling nach Hause zurückkehrt. Die Schwester greift normalerweise nicht in die Säuglingspflege ein, und sie unterrichtet auch nicht auf eine förmliche Weise; sie steht einfach für Fragen und Hilfeleistungen zur Verfügung.

Innerhalb dieses Systems wird die Schwangerschaft wie ein normaler Vorgang und nicht wie eine Erkrankung behandelt. Schwangere, die an Diabetes oder Toxämie leiden, bei denen die Wehen zu früh einsetzen oder sonstige Komplikationen auftreten, die in der Zeit zwischen dem ersten Besuch der Hebamme und der Entbindung entdeckt werden, werden einem betreuenden Geburtshelfer zugewiesen und entbinden im Krankenhaus.

Bei einem Einphasensystem, wie es in den Vereinigten Staaten, in Deutschland und der Schweiz praktiziert wird, entbinden alle Frauen, gleich ob Komplikationen zu erwarten sind oder nicht, in

derselben klinischen Atmosphäre; Schwangerschaft und Niederkunft werden wie eine Erkrankung behandelt, die einen Krankenhausaufenthalt erfordert. Es ist daher, wenn man Daten über mütterliches Verhalten auswerten will, wichtig, festzustellen, ob die Daten innerhalb eines Ein- oder eines Zweiphasensystems erhoben wurden.
Um die Zahl der unbekannten Größen möglichst klein zu halten, die der werdenden Mutter während ihres Klinikaufenthalts entgegentreten, sollten sie und ihr Gatte die Entbindungsstation besichtigen, um zu sehen, wo die Wehen und die Entbindung später vor sich gehen werden. Sie sollten auch über die Vor- und Nachteile der Anästhesie (wenn eine solche vorgesehen ist), über den Ablauf der Entbindung und über alle Verrichtungen und eventuellen Medikationen informiert werden, die die werdende Mutter vor, während und nach der Entbindung zu gewärtigen hat. Eine rechtzeitige Vorbereitung bestärkt die Zuversicht der Eltern, indem sie die Wahrscheinlichkeit von Überraschungen herabsetzt. Für einen Erwachsenen gilt ebenso wie für ein Kind, das etwa wegen einer Operation ins Krankenhaus kommt: Je eingehender die zu erwartenden Abläufe im vorhinein beschrieben werden, desto mehr Angst wird abgebaut. Und je angstfreier eine Mutter die Geburt, je entspannter sie die für ihre Bindung bedeutsamen ersten Kontakte mit dem Neugeborenen erlebt, desto besser wird ihre spontane Beziehung zu ihm sein.

Vorbereitung auf die Geburt

Die werdende Mutter braucht während der Wehen und der Entbindung den beständigen Beistand und emotionalen Rückhalt sei es ihres Mannes, ihrer Mutter, einer Freundin, einer Hebamme oder einer Krankenschwester. Auch müssen die Vorkehrungen, die zur Weiterführung ihres Haushalts während der Zeit, die sie in der Klinik verbringt, getroffen worden sind, ihren Wünschen entsprechen. In Holland kommt, wenn eine Frau entbindet, eine »Kindbetthelferin« ins Haus, die der Hebamme bei der Geburt assistiert und für einige Tage den Familienhaushalt führt. Das verschafft der jungen Mutter die Muße, sich auf die Bedürfnisse ihres Säuglings zu konzentrieren und zugleich die familiäre Atmosphäre zu genießen, und es entlastet den Vater, indem es ihm ermöglicht, seine Energie ganz der Familie zu gönnen.

Um möglichst viel Spannung von der Mutter zu nehmen, sollten Wehen und Entbindung im gleichen Raum stattfinden; man braucht dann nicht in letzter Minute noch rasch in ein Entbindungszimmer umzuziehen. Wenn das Kind da ist und die Mutter es kurz begutachtet hat, benötigt sie gewöhnlich eine Minute, um die Fassung wiederzugewinnen und sozusagen zu Atem zu kommen, ehe sie sich der nächsten Aufgabe zuwendet – das Kind zu sich zu nehmen. Bei den normalen Klinikgeburten fällt diese »Atempause« gewöhnlich in die Zeitspanne, in der die Nachgeburt kommt, die Mutter gereinigt und ein eventuell vorgenommener Schnitt genäht wird. Es ist nach unserer Erfahrung am besten, einer Mutter ihr Baby erst dann zu geben, wenn sie zu erkennen gibt, daß sie bereit ist, es zu sich zu nehmen. Es gibt allerdings Mütter, die den Wunsch, ihr Baby zu halten und zu versorgen, schon nach wenigen Sekunden äußern. Wenn der Entbindungstisch breit genug ist und der Säugling warm gehalten werden kann, ist eine solche frühe Kontaktaufnahme eine sicherlich von vielen Müttern dankbar begrüßte Möglichkeit.
Es ist in vielen Krankenhäusern üblich, der Mutter den Säugling kurz nach der Geburt eine oder zwei Minuten lang an oder auf die Brust zu legen. Das ist zwar besser als gar nichts, aber wegen der fehlenden Intimität der Atmosphäre, der Schmalheit der meisten Entbindungstische und der Kürze der Zeit bleiben der Mutter nur ungenügende Möglichkeiten, ihr Neugeborenes zu betasten und zu erkunden, und das beeinträchtigt möglicherweise die optimale Entwicklung der mütterlichen Bindung.
Es ist für den Vater, die Mutter und den Säugling nach unserer Auffassung von äußerstem Vorteil, nach der Entbindung etwa dreißig bis fünfundvierzig Minuten lang zusammenzubleiben, sei es im Geburtszimmer oder in einem Nebenraum. Das ist natürlich nur dann möglich, wenn das Kind normal und gesund ist und die Mutter sich wohlfühlt. Die Mutter sollte den Säugling bei sich im Bett haben, so daß sie ihn anfassen und festhalten kann; das ist besser, als ihn in ein Körbchen oder dergleichen zu legen, wo sie nur sein Gesicht sehen könnte. Das Neugeborene sollte nackt sein, so daß sie seinen ganzen Körper begutachten kann. Wir empfehlen den Müttern, auf eine Seite des Betts oder des (breiten) Entbindungstischs zu rücken und so die andere Hälfte für das teilweise oder ganz nackte Baby freizumachen. Ein über dem Bett angebrachter Heizstrahler sorgt dafür, daß die Körpertemperatur des Neugeborenen gleich bleibt oder, wenn nötig, erhöht werden kann. (Abb. 3–17 zeigt, wie wir diese Situation gestalten.) Mehrere Mütter haben uns geschildert,

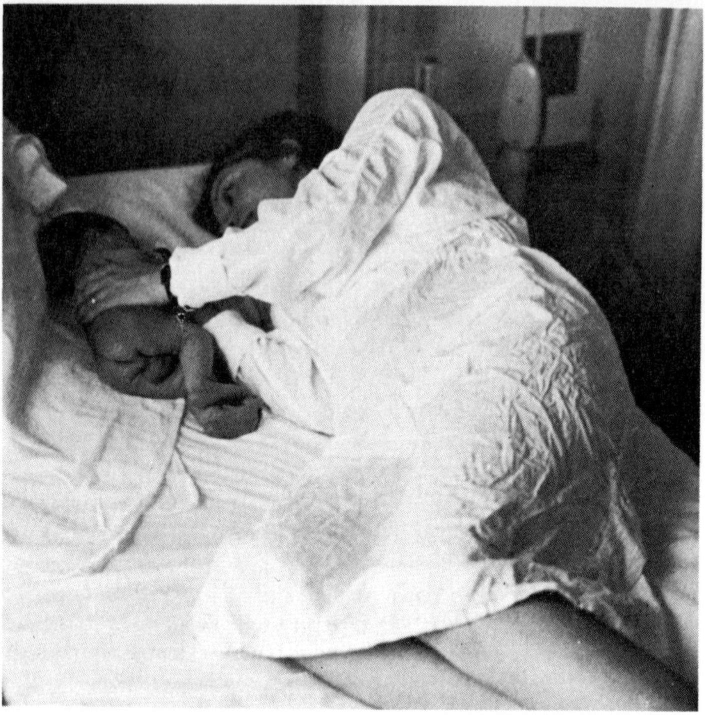

Abb. 3–17: Eine Mutter und ihr Neugeborenes kurz nach der Niederkunft in einem Entbindungszimmer. Ein über dem Bett angebrachter Heizstrahler (nicht im Bild) sorgt dafür, daß die Körpertemperatur des Neugeborenen nicht absinkt.

wie unvergeßlich für sie das Erlebnis war, ihr nacktes Baby an ihren ebenso nackten Busen zu drücken; wir empfehlen daher solche unmittelbaren Hautkontakte. Wenn die Mutter sich vorgenommen hat, selbst zu stillen, kann sie das in dieser Situation zum ersten Mal tun. Der Vater sitzt oder steht am Bettrand, auf der Seite des Säuglings. Eine solche Anordnung gestattet es beiden Eltern und dem Säugling, miteinander vertraut zu werden. Mit Rücksicht auf die wichtige Rolle, welche die Augen bei der Entwicklung der beiderseitigen Bindung spielen, warten wir mit der Verabreichung von Silbernitrat($AgNO_3$)-Augentropfen, bis dieses erste Rendezvous beendet ist.

Wir pflegen Mutter, Vater und Neugeborenes für etwa 30 Minuten zusammenzulassen. Wenn die Mutter und das Baby allein sind, kommt es oft vor, daß sie nach zehn bis fünfzehn Minuten zusammen in einen tiefen Schlaf versinken. Anders ist dies in guatemaltekischen Kliniken, wo Medikamente und Narkosen seltener verabreicht werden als in den Vereinigten Staaten; hier findet man die meisten Mütter nach einer dreiviertel Stunde des Alleinseins mit ihrem Baby hellwach vor. Mütter und Väter haben uns erzählt, daß sie dieses bedeutsame und stimulierende Gemeinsamkeitserlebnis niemals vergessen werden. Es trägt dazu bei, bei beiden Eltern eine intensive Bindung an den Säugling entstehen zu lassen. Wir müssen betonen, daß dieses Zusammensein in intimer Atmosphäre stattfinden und möglichst wenig durch Unterbrechungen gestört werden sollte.

Kommentar: Auch hier wieder muß sich das betreuende Personal der *Botschaften* bewußt sein, die es den Eltern mit solchen institutionalisierten Maßnahmen übermittelt. In diesem Fall lauten diese Botschaften etwa: »*Ihr* seid diejenigen, die für das Überleben des Kindes wichtig sind, nicht wir!« »Das ist jetzt eine wichtige Sache, wenn eure Eltern-Kind-Bindung funktionieren soll.« Prioritäten, die vom medizinischen Personal gesetzt werden, beeinflussen auf subtile Weise das Verhalten der Patienten. Wir haben beispielsweise festgestellt, daß viele Mütter frühgeborener Kinder sich ihr Baby, wenn sie es füttern, auf den Schoß setzen.* Bei einer Bewertung nach der Körpernähe-Skala von Brody schneiden diese Mütter schlecht ab – bis man herausfindet, daß sie dieses Verhalten den Schwestern auf der Frühgeborenen-Station abgeschaut haben, die die Kinder gewöhnlich in dieser Stellung füttern.

T. B. Brazelton

Durch eine kontinuierlich weiterbestehende intime Zweisamkeit und Interaktion von Säugling und Mutter während der darauffolgenden vier bis fünf Tage werden die emotionalen Bindungen weiter gefestigt, besonders wenn die Mutter die Pflege ihres Säuglings selbst übernimmt. Wichtig ist daneben auch der enge Kontakt mit dem Ehemann und den eventuell vorhandenen anderen Kindern.

Die ersten Lebenstage

Die Vorkehrungen, die für die Wöchnerin und ihr Neugeborenes getroffen werden, unterscheiden sich in den verschiedenen Kulturen sehr stark. In vielen Teilen der Welt bleiben Mutter und Säugling für die ersten sieben Tage in einer kleinen Hütte zusammen. In Holland ist es üblich, daß die Mutter zu Hause, in ihrem eigenen Zimmer mit dem Neugeborenen zusammen ist. In Dänemark bleibt der Säugling

* Siehe Brazelton und Mitarbeiter (1974)

gewöhnlich den größten Teil des Tages bei der Mutter im Klinikzimmer. Einer der Autoren (M. H. Klaus) hat eine Geburtshilfeklinik in der dänischen Stadt Horsholm besucht, in die Frauen zur Entbindung gehen, wenn mit einer komplikationslosen Geburt zu rechnen ist. Wir haben uns entschieden, diese Klinik hier vorzustellen, weil wir glauben, daß dort einige Dinge praktiziert werden, die geeignet sind, optimale Bedingungen für die Entwicklung der Mutter-Kind-Bindung zu schaffen. Eine schwangere Frau sucht zunächst mehrmals während ihrer Schwangerschaft eine Hebamme auf. Die Entbindung findet bei allen Frauen in demselben Zimmer statt, in dem sie auch die Wehen durchmachen. Es gibt in der Klinik ein gemütliches Wohnzimmer, ein Eßzimmer und auf jeder Etage mehrere Küchen, und der Säuglingspflegeraum stößt unmittelbar an die Zimmer der Mütter. Manchmal bleiben die Frauen während der Wehen im Wohnzimmer. Zum Zeitpunkt des Besuchs von Dr. Klaus beherbergte die Station zwanzig Mütter in Zwei- und Vierbettzimmern. Sechs Stunden nach der Entbindung übernimmt die Mutter die Pflege ihres Säuglings, der in einem Bett neben dem ihren untergebracht wird (Abb. 3–18). Viele Frauen bezeichnen es als gut und wichtig, das Neugeborene an ihrer Seite zu haben, so daß eine Kopfdrehung genügt, um es sehen zu können. Einige Frauen erzählten, daß sie ihr Neugeborenes, sooft es aufwacht, in einem fort anschauen und immer wieder zu sich nehmen. In anderen dänischen Kliniken, die wir besuchten, liegt das Baby in einem Korb am Fußende des Betts der Mutter, so daß es schwierig für sie ist, es ständig im Auge zu behalten (Abb. 3–19). In der Klinik von Horsholm ist den ganzen Tag über uneingeschränkt Besuchszeit; zur Mittags- und zur Teezeit kommen die Mütter ins Eßzimmer im Erdgeschoß herunter und lassen die Kinder oben allein. Abends zwischen ½9 und ½11 Uhr bringen sie die Babys in den großen Säuglingsraum, wo sie die Nacht über von Schwestern gehütet werden; die Babys, die nachts aufwachen, werden zum Stillen zu ihrer Mutter gebracht. In dieser Geburtsklinik waren im Jahr zuvor 2100 Kinder zur Welt gekommen. 25 von ihnen waren Frühgeburten, doch alle überlebten. Im Jahr davor waren es 1700 Geburten gewesen, wiederum ohne daß ein Neugeborenes oder eine Mutter verstorben wäre. Das zeigt, daß der Selektionsprozeß zur Aussonderung von Risikogeburten gut funktioniert.

Einer der stärksten Eindrücke, die diese Klinik beim Besucher hinterläßt, bietet sich am Morgen, wenn die Mütter in die Säuglingsschlafräume kommen, um die Kinder zu holen und selbst in Obhut zu nehmen. Es kommt dabei zu einem regen Informationsaustausch zwischen routinierten und weniger erfahrenen Müttern über solche Dinge wie das Baden und das Wickeln. In dieser Klinik lernt die

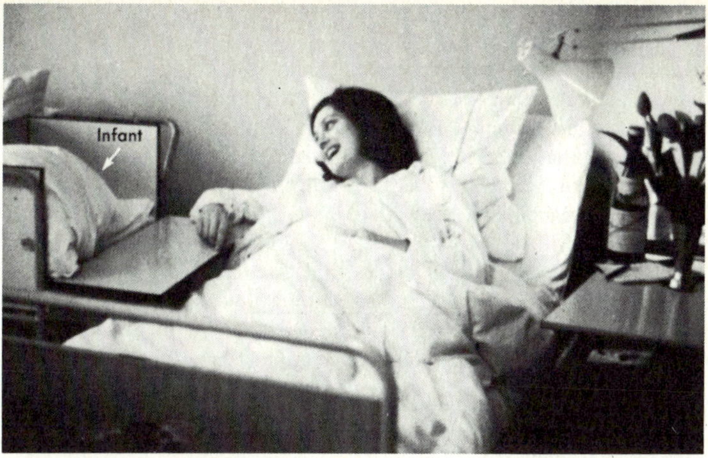

Abb. 3–18: Eine dänische Mutter mit ihrem Neugeborenen an ihrer Seite. Man beachte, daß die Höhe des Kinderbettchens den Blickkontakt erleichtert.

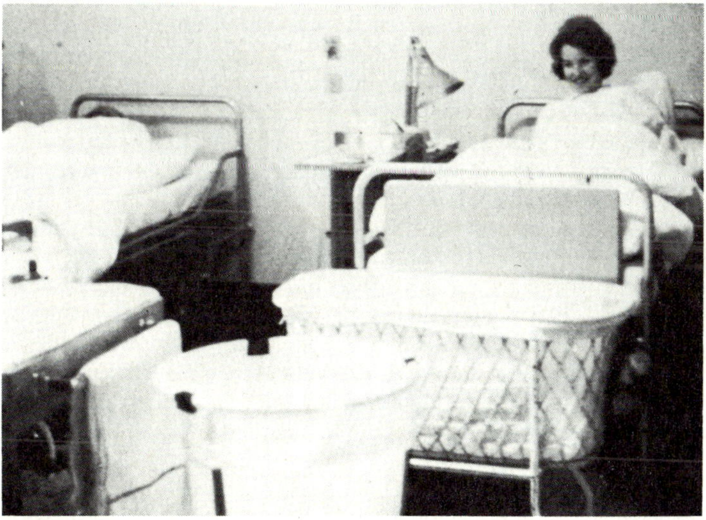

Abb. 3–19: In einer Kopenhagener Klinik: Der Kinderkorb steht am Fußende des Bettes, wie es in vielen europäischen Kliniken üblich ist.

Mutter ihr Kind und seine Bedürfnisse eingehend kennen, ehe sie nach Hause zurückkehrt.

Noch einige Begleitumstände der hier geübten Entbindungspraxis sollten erwähnt werden. Eine Anästhesie gibt es nur in den allerwenigsten Fällen. Die werdenden Eltern bleiben während der Wehen zusammen. Es gibt keine Fußrasten, und die Hände der Mutter sind nicht angeschnallt. Sie hat die Möglichkeit, das Kind unmittelbar nach der Geburt zu sehen und zu halten, und es wird alles getan, um die Geburt wieder zu einem natürlichen Vorgang zu machen. Erst kurz vor der Niederkunft kommt ein praktischer Arzt hinzu, um zu assistieren. Es steht allerdings außer Frage, daß die Hebamme bestimmt, was geschieht; der Arzt fragt sie gewöhnlich, wie er behilflich sein kann. Das ganze Geburtserlebnis unterscheidet sich in auffallender Weise von einer durchschnittlichen Klinikgeburt in den Vereinigten Staaten.

An den Universitätskrankenhäusern in Cleveland (Ohio) stehen bezüglich der Unterbringung von Mutter und Neugeborenem eine Reihe von Alternativen zur Wahl: Die Mutter kann dauernd mit dem Säugling zusammen sein, sie kann ihn für einige Stunden pro Tag bei sich haben oder sich für ein Rooming-in-Verfahren entscheiden, wie es viele europäische und amerikanische Kliniken anbieten: Das Neugeborene wird die Nacht über in einem Säuglingsraum untergebracht und liegt während des Tages, von acht Uhr morgens bis elf Uhr abends, in einem Körbchen am Bett der Mutter. Wir dringen gewöhnlich darauf, daß jede Mutter ihr Kind für einen erheblichen Teil der Tagesstunden bei sich behält, mindestens, um ein Beispiel zu geben, von ein Uhr nachmittags bis zum frühen Abend. Wir glauben auch, daß der Vater zu einer Zeit zu Besuch kommen sollte, wo das Baby noch bei der Mutter ist, und daß auch die Geschwister des Neugeborenen ihre Mutter besuchen können sollten. Auf diese Weise ermöglicht man der Familie, sich als neue Einheit um das Neugeborene herum zu konstituieren, ganz abgesehen davon, daß die Mutter sich dann weniger Sorgen um ihre anderen Kinder macht. Auch etwaige Trennungsängste der Geschwister können dadurch vermindert werden, was nicht nur eine unter Umständen äußerst wichtige und wirksame Vorkehrung gegen eine mögliche psychische Schädigung der Geschwister sein kann, sondern auch die Eingewöhnung in die neue Situation nach der Rückkehr der Mutter nach Hause erleichtert.

In den Vereinigten Staaten hört man von jungen, insbesondere erstgebärenden Müttern häufig, sie fühlten sich der Aufgabe, sich täglich für einen Zeitraum von drei bis vier Stunden um ihr Neugeborenes zu kümmern, vor dem vierten oder fünften Tag noch

nicht gewachsen. In Dänemark, wo die Mütter ihre Kinder – allerdings in häuslich eingerichteten »heimeligen« Klinikräumen – voll und ganz selbst pflegen und betreuen, fühlen sie sich schon sechs Stunden nach der Entbindung in der Lage, dieses Pensum zu bewältigen. Wie läßt sich dieser Unterschied erklären? Sind dänische Frauen gesünder? Erhalten sie andersartige Medikamente? Haben sie andere Möglichkeiten der Fürsorge für ihr Kind? Kommen sie mit anderen Erwartungen in die Klinik?
Nahezu jeder, der auf einer Entbindungsstation arbeitet, ob als Arzt oder als Schwester, findet die außerordentliche Sensibilität bemerkenswert, die Mütter in der Zeit unmittelbar nach der Entbindung an den Tag legen. Sie geraten unter Umständen in große Erregung über eine kleine Veränderung im Aussehen des Babys und wollen versichert sein, daß es gesund ist und sie sich als Mütter richtig verhalten. Nach Verlassen der Klinik äußern sich manche Mütter selbst über ihre ungewohnte und unerwartete Hypersensibilität und ihr Bedürfnis nach Anerkennung und Bestätigung. Solche Empfindungen scheinen bei der Mutter eines normalen, gesunden Kindes und bei einem problemlosen Verlauf der Geburt und der nachgeburtlichen Phase nicht recht am Platz. Man sollte allerdings nicht vergessen, daß diese Beobachtungen bei Müttern gemacht worden sind, die ihr Baby während des Klinikaufenthalts in der Regel nur einmal alle vier Stunden ans Bett bekamen. Die Überempfindlichkeit rührt natürlich teilweise von der Befürchtung der jungen Mutter her, sie werde vielleicht nicht fähig sein, ihrem Kind eine angemessene mütterliche Fürsorge zu gewähren, aber wir zweifeln daran, ob sie in dieser Hinsicht so große Bedenken und Befürchtungen hätte, wenn sie in ständigem Kontakt mit ihrem Säugling wäre. Vielleicht ist der Gedanke daran, wie es dem Baby in den langen Zeiträumen ergeht, in denen es von ihr getrennt ist – was die Schwestern und Ärzte mit ihm tun und ob es sich wohlfühlt – dazu angetan, solche Reaktionen zu verstärken.

Kommentar: Dazu kommen wohl auch Gedanken, die sie sich über ihre eigene Wichtigkeit als Mutter dieses zerbrechlichen, ihr noch weitgehend unbekannten Wesens sowie über die Frage macht, ob sie den Anforderungen genügt. Man muß bedenken, daß sie zu diesem Zeitpunkt bereits ihrer Autonomie und ihrer Wichtigkeit als individuelle Person – und damit auch als *die* zentrale Bezugsperson für das Kind – beraubt ist.

T. B. Brazelton

Als Modell für eine Entbindungsstation der Zukunft sollten wir uns eine Einrichtung vorstellen, die einen beständigen Kontakt zwischen

Mutter und Säugling gewährleistet. Das übergeordnete Ziel sollte vor allem darin bestehen, daß man der gesunden Mutter die volle Verantwortung für die Pflege ihres Neugeborenen anvertraut, während Schwestern oder Hebammen in bloß beratender Funktion zur Verfügung stehen, sooft die Mutter Hilfe wünscht und verlangt. Eine geringe Zahl von Krankenhäusern in den Vereinigten Staaten haben bereits mit dem Aufbau »häuslich« eingerichteter Entbindungsstationen begonnen.

Wir haben festgestellt, daß männliche Ärzte oft in Schwierigkeiten geraten, wenn sie die vielen kleinen, aber wichtigen Fragen beantworten sollen, die von jungen Müttern gestellt werden. Ihre drängenden Pflichten gegenüber den kranken unter den Säuglingen gelten ihnen oft für wichtiger, und sie überlassen jene anderen Verpflichtungen lieber den Schwestern. Schwestern kommen mit dieser Aufgabe im allgemeinen leicht zurecht, vorausgesetzt sie sind sich der Wichtigkeit jedweder von den Frauen aufgeworfenen Frage bewußt.

Nachgeburtliche Drepression

Viele Ärzte und Schwestern, die über umfangreiche Erfahrungen mit Wöchnerinnen in durchschnittlichen amerikanischen Kliniken verfügen, berichten, daß über 80% der Gebärenden mindestens einmal zwischen der Entbindung und der Entlassung aus der Klinik eine Depressionsphase durchmachen, in der auch Tränen fließen. Eine Reihe physiologischer, psychologischer und biochemischer Erklärungen hierfür sind in Vorschlag gebracht worden, aber keine von ihnen wirkt hieb- und stichfest.

Stellen wir uns einmal drei Szenen vor:

1. Wir betreten unvermittelt eine Wöchnerinnenstation in einem russischen Krankenhaus und sind überrascht über den traurigen Ausdruck auf den Gesichtern der Frauen, über ihre apathischen Bewegungen und Gespräche. Wir erinnern uns daran, daß die Ehemänner hier nicht zu Besuch kommen dürfen, daß die Mütter ihre Kinder nur einmal alle vier Stunden zum Stillen bekommen und ansonsten keinen Anteil an der Fürsorge für die Säuglinge haben.

2. Bei einem Überraschungsbesuch im Mütterzimmer einer Wöchnerinnenstation in den Vereinigten Staaten zwischen den Fütterungsterminen sehen wir vielleicht eine Mutter, die gut gelaunt mit ihrer Mutter telefoniert, während wir im anschließenden Zimmer womöglich eine Mutter vorfinden, die schweigsam und bedrückt daliegt. Wir denken daran, daß hier der Ehemann einmal pro Tag zu Besuch kommt, daß das Neugeborene alle vier Stunden zum Füttern oder

Stillen gebracht wird und daß die Geschwister nicht zu Besuch kommen dürfen.
3. Wir besuchen unangekündigt die Geburtsklinik in Horsholm in Dänemark; wir finden dort eine Gruppe von Wöchnerinnen, die gemeinsam ihre Babys pflegen und sich mit ihnen vertraut machen; dies geht in einer ruhigen, glücklichen, angenehmen Atmosphäre und in einem Klima gegenseitiger Hilfsbereitschaft vor sich. Wir denken daran, daß die Neugeborenen hier den ganzen Tag mit der Mutter zusammen sind, daß die Pflege des Säuglings allein in ihren Händen liegt und daß der Vater und die Geschwister nach Belieben zu Besuch kommen können.

Kommentar: Es ist allerdings denkbar, daß auch die kulturell geprägte Norm, seine Gefühle nicht zu zeigen, das Verhalten dieser Mütter beeinflußt.

T. B. Brazelton

Wir kennen die Ursachen der nachgeburtlichen Depression nicht, aber unsere Beobachtungen legen die Hypothese nahe, daß die Trennung der Mutter vom Säugling, die erzwungene Abtretung der meisten Aufgaben der Säuglingspflege an »Experten«, die Besorgnis hinsichtlich der eigenen Fähigkeit, dem Neugeborenen zu Hause eine gute Mutter zu sein, und die Einschränkung der Besuchsmöglichkeiten wichtige ursächliche Faktoren sind.

Kommentar: Es ist auch ein hilfloser Hilferuf in dem Wunsch, die »ideale« Mutter zu werden, wie sie der Vorstellung amerikanischer Frauen entspricht.

T. B. Brazelton

Praktische Empfehlungen

1. Besondere Erfordernisse. Die je besonderen Erfordernisse, die sich im Hinblick auf die einzelne werdende Mutter ergeben, sollten festgestellt werden, indem man sich über den Verlauf ihrer bisherigen Schwangerschaften, über ihre Wünsche und Pläne hinsichtlich des Geburtserlebnisses und des Säuglings sowie darüber informiert, welche Art von mütterlicher Fürsorge sie selbst einst von ihrer Mutter erfuhr.
2. Anleitung der Eltern. Gruppensitzungen, bei denen Informationen über emotionale und physische Aspekte der Wehen und der Geburt zusammen mit speziellen Übungen angeboten werden, haben sich als wertvolle Hilfe für die werdenden Eltern erwiesen. Solche Veranstaltungen helfen mit, Ängste abzubauen, und geben den Eltern die

Möglichkeit, die vielen Probleme, die sich auch während einer normalen Schwangerschaft ergeben, mit anderen zu teilen. Die Mutter wird dadurch in die Lage versetzt, an die Stelle einer passiven Erfahrung ein aktiv gestaltetes Erleben zu setzen, zur Partnerin statt zur Patientin zu werden.

3. Bedürfnis nach »Geleit«. Es ist hilfreich für eine werdende Mutter, wenn sie im Verlauf der Wehen und der Entbindung einen Menschen (ihren Mann, ihre Mutter, einen Freund oder eine Freundin, eine Hebamme, eine Schwester oder einen Geburtshelfer) bei sich hat, der ihr »Geleit gibt« und Zuversicht einflößt. Es hat sich gezeigt, daß ermunterndes Zureden eine Frau die Wehen leichter ertragen läßt; und je leichter die Wehen und die Entbindung vor sich gehen, desto schneller und freudiger nimmt die Mutter ihr Neugeborenes zu sich.

4. Bindungsfördernde Maßnahmen. Um die Bindung der Mutter an ihr Baby zu fördern, sollten während und nach der Entbindung die folgenden Bedingungen erfüllt sein:

a. Intime Atmosphäre
b. Großzügig bemessene Zeit für Kontakte zwischen Vater, Mutter und Säugling
c. Alleinige und vollständige Verantwortung der Mutter für die Betreuung ihres Säuglings; Verfügbarkeit einer Schwester oder Hebamme als Beraterin

5. Augenmedikation. Wir empfehlen, eine Medikation der Augen des Neugeborenen, etwa mit Silbernitrat, erst vorzunehmen, nachdem es zwischen Mutter und Kind, im Verlauf der ersten Stunde nach der Entbindung, zu einer ausgiebigen Kontaktaufnahme gekommen ist.

6. Erste Stunde. Wir raten, die Mutter, sobald die Nachgeburt da und ein eventuell vorgenommener Dammschnitt genäht ist (fünf bis fünfzehn Minuten nach der Entbindung), mit ihrem Mann und dem Kind eine Zeitlang allein zu lassen. Wir verwenden einen Heizstrahler oder Heizschirm, um die erforderliche Wärme für den nackten Säugling zu gewähleisten, und raten der Mutter, das Kind nicht zuzudecken. So fühlt sie sich vielleicht veranlaßt, es an ihren eigenen nackten Körper zu drücken. Man sollte für dieses Zusammensein soviel Zeit einräumen, daß die Mutter, das Kind und der Vater voll und ganz an dem aufregenden Verwandlungsprozeß teilhaben können, in dessen Verlauf aus drei Einzelpersonen eine neue Familieneinheit entsteht.

7. Rooming-in. In den Tagen nach der Geburt sollten Mutter und Neugeborenes entweder ununterbrochen oder doch während langer Zeiträume zusammenbleiben (Jackson 1948). Wir empfehlen, den Säugling mindestens fünf Stunden pro Tag in einem Körbchen neben dem Bett der Mutter unterzubringen, so daß sie Erfahrungen mit den

Bedürfnissen und Aktivitäten des Kindes sammeln kann. Es erscheint uns erforderlich, daß sie während dieser Zeit des Beisammenseins selbst die Verantwortung für die Betreuung ihres Kindes übernimmt, während die Schwester lediglich beratend zur Seite steht. Indem wir das gewohnte Schema umkehren, in dem eine Mutter von »Experten« korrigiert wird, sooft sie von den hergebrachten Routinepraktiken abweicht, tun wir einen Schritt in Richtung auf mehr Selbstvertrauen und Kompetenz der jungen Mutter. Die nachgeburtliche Phase sollte für die Mutter eine Zeit der Interaktion mit ihrem Säugling sein, damit sie Gelegenheit bekommt, mit ihm vertraut zu werden, seine Bedürfnisse kennenzulernen und ihre eigene Fähigkeit zur Befriedigung dieser Bedürfnisse zu ihrer vollsten Zufriedenheit ausbilden kann, ehe sie über den Zeitpunkt ihrer Rückkehr nach Hause entscheidet (all dies selbstredend nur dann, wenn ihr Gesundheitszustand es erlaubt). In den Vereinigten Staaten verfügt die durchschnittliche erstgebärende Mutter über so wenige Vorerfahrungen mit Säuglingen, daß sie nicht weiß, daß bestimmte Charakteristika der Atmung und der Körperfarbe des Säuglings und bestimmte Bewegungen in den Eingeweiden normal sind. Sie macht sich womöglich unnötige Sorgen, weil sie viele normale Merkmale und Verhaltensweisen als Zeichen einer Erkrankung oder einer abnormalen Entwicklung betrachtet. Wenn sie ihr Kind bei sich behalten kann und Gelegenheit erhält, sich mit anderen Müttern zu besprechen, wird sie erkennen, daß ihr Kind durchaus normal ist. Wenn eine zeitweilige Trennung, etwa infolge einer Erkrankung oder eines Eingriffs bei der Mutter oder beim Kind unvermeidlich war (beispielsweise nach einer Kaiserschnittgeburt), ist es besonders wichtig, so früh wie möglich für einen ausgiebigen Mutter-Kind-Kontakt zu sorgen.

Kommentar: In der Klinik können Mütter gruppenweise zusammenkommen, um ihre Besorgnisse, ihre Unzulänglichkeiten und auch ihr Entzücken untereinander zu vergleichen. Das gibt einen großen psychischen Rückhalt.

T. B. Brazelton

8. Familienbesuche. Die Wöchnerin braucht während dieser Zeit den intensiven Kontakt zu ihrem Mann und ihren anderen Kindern als emotionale Stütze. Das Leiden unter der Trennung von Mann und Kindern veranlaßt Frauen oft dazu, die Klinik zu verlassen, ehe sie in der gesundheitlichen Verfassung dazu sind. Die Trennung kann schwerwiegende unmittelbare und langfristige Auswirkungen auf die Geschwister haben, besonders auf solche, die unter drei Jahre alt sind.

9. Pflegepersonal. In der unmittelbaren postnatalen Periode reagiert selbst eine vollkommen normale Frau äußerst empfänglich und empfindlich auf Meinungsäußerungen und Mitteilungen der Schwester und des Arztes über den Gesundheitszustand des Kindes und darüber, wie sie sich in der mütterlichen Rolle bewährt. Wir dringen darauf, daß Schwestern, Ärzte und andere Angehörige des Stationspersonals sich optimistisch äußern und Kritik an den Müttern vermeiden. Man bewirkt viel mehr, wenn man eine Mutter für das, was sie gut macht, lobt. Es kann bei jeder durchschnittlichen Mutter vorkommen, daß sie ihrem Baby gegenüber in den ersten 24 oder 48 Stunden einen objektiven Blick behält, sich dann aber plötzlich in den Kopf setzt, daß sie das schönste und entzückendste Kind hat, das jemals zur Welt gekommen ist. Diese – normale – Entwicklung können Schwestern und Ärzte fördern, indem sie jeder Mutter das Gefühl geben, auch sie hielten ihr Kind für das allergroßartigste.

Kommentar: Wie, wenn man ihr einfach Gelegenheiten gäbe, Dampf abzulassen – zu weinen, Enttäuschung zu zeigen, selbst ein Baby zu sein usw. Das wäre vielleicht eine bessere Therapie für eine Mutter als Lob und Schmeichelei. Ich fürchte jedoch, daß viele Ärzte negative Gefühlsreaktionen einer Mutter nur schwer akzeptieren können. Die meisten Geburtshelfer, Kinderärzte, Hebammen und Schwestern haben sich für dieses spezielle Metier wegen der im allgemeinen erfreulichen Arbeitsergebnisse entschieden.

T. B. Brazelton

Auch nachdem die Mutter die Klinik verlassen hat, gibt es für den Arzt und die Schwester Möglichkeiten, sich ein Bild von der Intensität der Mutter-Kind-Bindung zu machen. Levy (1951) hat dazu originelle und äußerst hilfreiche Anregungen gegeben. So schrieb er beispielsweise in bezug auf »mütterliche Gefühle«:

Während der Kinderarzt die Mutter befragte und Eintragungen auf dem Krankenblatt machte, hielt er inne und bemerkte: »Das ist ein sehr hübsches Kind.« Die Mutter, die das Baby auf dem Schoß hatte, blickte ihn an, sagte »Danke schön« und lächelte, aber sie schaute nicht zu ihrem Kind hinunter. Die Summe der in dieser Untersuchung zusammengetragenen Daten scheint den Schluß zuzulassen, daß die typische Reaktion einer Mutter, der ein Kompliment für ihr Kind gemacht wird, darin besteht, daß sie das Kind ansieht; bleibt diese Reaktion aus, dann ist dies vermutlich ein Indiz dafür, daß weniger als das durchschnittliche mütterliche Empfinden vorhanden ist. Die Reaktion auf das Kompliment an das Baby bietet vielleicht einen ebenso verläßlichen Anhaltspunkt wie das Hochschnellen des Unterschenkels bei der Auslösung des Patellarreflexes. Beide Reaktionen müssen auf angemessene Weise hervorgerufen werden; obgleich der auslösende Reiz in keinen zwei Fällen exakt der gleiche sein wird, wird die Reaktion doch erfolgen, ungeachtet der Verschiedenheit der sie provozierenden Personen.*

Kommentar: Wir, die wir als Ärzte, Schwestern oder andere Angehörige des Stationspersonals neue Mutter-Kind-Dyaden oder Vater-Mutter-Kind-Triaden betreuen, warum fördern wir all dies nicht von vornherein und mit Selbstverständlichkeit? Warum haben wir zugelassen, daß Rationalisierungen wie »Infektionsgefahr«, »Sterilität« und »optimale medizinische Versorgung« diese wichtigen Aspekte der Geburt und der Sorge für das Neugeborene und seine Eltern beiseite schoben? Wir sind doch gewiß nicht *so* unsensibel gegenüber der lebenswichtigen Bedeutung dieser Probleme. Daß wir es haben geschehen lassen, daß es institutionelle Praxis geworden ist, die Erwachsenen von ihren neugeborenen Kindern zu trennen, beruht, wie ich glaube, auf drei sehr plausiblen *unbewußten* Motiven:

1. Als Ärzte und Schwestern neigen wir im Grunde dazu, den Leuten in eine gewisse Abhängigkeit von uns »hineinzuhelfen«. Wenn wir ihnen zuviele Entscheidungsmöglichkeiten, zuviel Autonomie belassen, minimieren wir damit die Befriedigung, die wir aus unserer Arbeit ziehen.
2. Der wirksamste Weg, dies zu erreichen, besteht darin, daß wir die Vorgänge in ein pathologisches Modell hineininterpretieren, d. h. die Geburt und die Säuglingspflege so behandeln, als wären es Krankheiten, anstatt daß wir die Kräfte mobilisierten und unterstützten, die in den meisten Menschen stecken, und damit die ohnehin schon überwältigende Wahrscheinlichkeit eines guten Ausgangs noch erhöhten.
3. Alle Erwachsenen, die Interesse an der Fürsorge für Neugeborene haben, wetteifern mit allen anderen Erwachsenen, und jeder wäre gern der erste unter den Bemutterern des so anziehenden, hilflosen Neugeborenen. *Unbewußt* höhlen wir die Rolle der Eltern aus, um auf ihre Kosten unsere Rolle aufzublähen und uns zu *dem* wichtigen Betreuer diesen neuen Babys aufzuwerten. Keiner würde sich je dieses Motiv eingestehen, aber es ist allgegenwärtig. Vielleicht können wir dieselbe Antriebsenergie stattdessen darauf verwenden, für die Dyade oder Triade (Mutter-Vater-Neugeborenes) zu sorgen, wenn wir dem Rat von Klaus und Kennell folgen und die Ausbildung von Schwestern und Kinderärzten auf ein neues Rollenverständnis hin orientieren: Familien fester zusammenzubinden, anstatt sie zu spalten!

T. B. Brazelton

Broussard und Hartner (1970) registrierten mit einer einfachen Ratingskala, wie Mütter ihren einen Monat alten Säugling wahrnehmen; die dabei ermittelten Werte erwiesen sich als verblüffend verläßliche prognostische Kriterien für das Auftreten psychischer Erkrankungen bei den Kindern im Alter von 4½ und von 10–11 Jahren.

* Aus: Levy (1951).

Zusammenfassung

Bei einer Bestandsaufnahme der Bedürfnisse gebärender Frauen wird es offenkundig, daß die in den Vereinigten Staaten zur Verfügung stehenden medizinischen Einrichtungen nicht geeignet sind, diesen Bedürfnissen voll gerecht zu werden. Für die rein physischen Bedürfnisse der werdenden Mutter während der Wehen und der Entbindung wird ausreichend gesorgt, und ausreichend sind auch die apparativen Einrichtungen für die Wiederbelebung und die intensive klinische Beobachtung von Säuglingen. Dagegen ist an der Standardpraxis der nachgeburtlichen Fürsorge, die nur alle vier Stunden einen zwanzig- bis dreißigminütigen »Besuch« des Neugeborenen bei der Mutter vorsieht, zu bemängeln, daß dies wahrscheinlich für manche Mütter nicht genügt, um eine enge Bindung an ihr Kind zu entwickeln. Die Begutachtung anderer Systeme der geburtlichen und nachgeburtlichen Fürsorge, wie wir sie etwa in Dänemark, Holland und England gefunden haben, hat uns zu der Überzeugung gebracht, daß es darüber hinaus noch einige weitere wesentliche Aspekte gibt, die in den Vereinigten Staaten außer acht gelassen worden sind. Der Säugling sollte bei seiner Mutter sein, damit sie lernen kann, wie er reagiert, und anfangen kann, seine Bedürfnisse zufriedenzustellen, sobald er sie äußert. Sie bekommt dadurch die Möglichkeit, im Verlauf ihres kurzen Klinikaufenthalts (drei bis sechs Tage in den Vereinigten Staaten, dagegen sieben bis zehn Tage in den meisten europäischen Ländern) die nötigen Voraussetzungen zu erwerben, damit sie nach ihrer Entlassung nach Hause die Pflege und Versorgung ihres Kindes vollständig und allein übernehmen kann (es füttern, trockenlegen, trösten, beruhigen, wissen, wie sie auf all die kleinen Signale reagieren muß – »Bäuerchen«, Veränderungen der Hautfarbe, Schluckauf und die komischen Geräusche, die jeder normale kindliche Organismus hervorbringt).

Die kurze Zeit des Zusammenseins mit ihrem Baby, die der amerikanischen Mutter in der Klinik zugestanden wird, gestattet ihr kein ausreichendes Kennenlernen, so daß sie zum Zeitpunkt ihrer Entlassung nicht in vollem Ausmaß mit ihm vertraut ist. Viele Mütter bezeichnen die ersten Tage nach der Entlassung als »die Hölle« oder als die schwersten Tage ihres Lebens. In vielen Fällen haben Zeitschriftenartikel oder Kurse die Vorstellung einer Frau davon, welche Dinge eine gute Mutter an und mit ihrem Kind vollbringen kann, in solch unrealistische Höhen geschraubt, daß sie sich womöglich verausgabt und dann nur mehr wenig Toleranz für die vielen kleinen Probleme aufbringt, die sich bei der Betreuung eines wenige Tage alten Säuglings immer wieder ergeben. Fast alle

Entbindungsstationen in den Vereinigten Staaten könnten es einrichten, das Neugeborene während der meisten Tagesstunden in einem Körbchen oder Bettchen in unmittelbarer Nähe der Mutter unterzubringen. Wir glauben, daß die bestehenden Einrichtungen und Praktiken in den amerikanischen Kliniken ohne Schwierigkeiten so umgestellt werden können, daß optimale Bedingungen für die Entwicklung einer guten emotionalen Eltern-Kind-Bindung in den ersten Tagen nach der Geburt geschaffen werden.

Kommentar: Eine der wirksamsten Vorgehensweisen, wie man die Befürchtungen junger Mütter, sie könnten den Anforderungen, die die Betreuung eines Neugeborenen stellt, nicht gewachsen sein, abbauen kann, besteht, wie ich festgestellt habe, darin, daß man ihr demonstriert, welche kraftvolle Individualität der Säugling bereits besitzt. Wenn sie sieht, daß er eine eigenwillige kleine Persönlichkeit ist, fühlt sie sich nicht mehr ganz und gar verantwortlich für »diesen Batzen Lehm«; ihr Verhältnis zu ihm wird dann eines der Interaktion und nicht mehr eines des Umgangs mit einem Objekt sein. Wir haben hierfür erfolgreich meinen Test zur Bewertung des Verhaltens Neugeborener eingesetzt.

T. B. Brazelton

KAPITEL 4

Betreuung der Eltern eines frühgeborenen oder kranken Säuglings

von John H. Kennell und Marshall H. Klaus
mit einem ergänzenden Bericht von Bertrand Cramer

> Es ist weit besser, das Kleine im Brutkasten an das Bett der Mutter zu stellen; die Beaufsichtigung, die sie ausübt, ist nicht gering zu schätzen.
>
> *Pierre Budin*

Als die Betreuung Frühgeborener vom Rummelplatz in die Krankenhäuser verlegt wurde, behielt man die meisten der von Martin Cooney praktizierten klinischen Prozeduren bei, darunter auch die Ausschließung der Mütter aus der Säuglingsstation. Die Atmosphäre, die in dieser Entwicklungsphase der Frühgeborenenfürsorge herrschte, läßt sich am besten durch eine Wiedergabe der Liste der Verbote beschreiben, die Gleich in seinem Leitfaden zur Betreuung frühgeborener Säuglinge 1942 aufstellte:

1. Kein unnötiges Hantieren mit dem Frühgeborenen.
2. Kein Zutritt zur Frühgeborenenstation für irgendjemanden außer der Schwester und dem Arzt. Freunde und Verwandte sollten ferngehalten werden.
3. Das durchschnittliche Frühgeborene soll nicht öfter als alle drei Stunden gefüttert werden.
4. Keine routinemäßige Verabreichung von Arzneien an Frühgeborene. Rizinusöl beispielsweise führt bei vielen von ihnen zum Erbrechen und bewirkt am folgenden Tag Verstopfung.
5. Kein Baby mit einer Milchflasche im Mund alleinlassen.
6. Frühgeborene Säuglinge nicht in einem Zimmer mit anderen Kindern schlafen lassen. Frühgeborene stecken sich leicht an. Die vermeintlich gesunden Kinder können Überträger sein.
7. Möglichst nicht von einem regelmäßigen Rhythmus des Fütterns, Badens und Wickelns abweichen.*

* Aus: Gleich (1942)

Das sind nur einige Beispiele für die Verbote dieser vorantibiotischen Ära, die von strikten Regeln, einem starren Fütterungsrhythmus und einer autoritären Führung der Klinikabteilungen geprägt war, alles um die Ausbreitung von Infektionen zu verhindern. In der ersten in den Vereinigten Staaten eingerichteten Frühgeborenenstation, am Michael Reese Hospital in Chicago, war es üblich, daß die Säuglinge zwischen zehn Tagen und drei Monaten blieben. Vor der Entlassung des Babys wurde die Mutter in die Klinik gebeten, man zeigte ihr, wie sie das Kind pflegen mußte, und gab ihr schriftliche Anweisungen mit. Wenn die Familie zu Hause nicht über eine ausreichende Heizung verfügte, gab man der Mutter leihweise ein kleines, elektrisch geheiztes Bett mit.

Auf der anderen Seite des Atlantiks, in Newcastle-on-Tyne, studierte Miller zusammen mit Sir James Spence die Möglichkeiten und Auswirkungen der Betreuung Frühgeborener im Elternhaus. Eine zwischen 1945 und 1947 durchgeführte Vergleichsstudie zwischen Haus- und Klinikbetreuung ergab, daß für Frühgeborene mit einem Geburtsgewicht von mehr als dreieinhalb Pfund beide Möglichkeiten gleich günstig waren. Miller (1948) gelangte zu dem Fazit, daß die Betreuung im Elternhaus unter dem Gesichtspunkt der Infektionsgefahr mehr Sicherheit biete, wirtschaftlicher sei und, was noch wichtiger war, die Eintracht in der Familie fördere. Er hob hervor, jedes Familienmitglied solle bestimmte Aufgaben zugewiesen erhalten, damit »jeder Interessierte mit einbezogen wird und alle ein Gefühl des Sich-Bewährens bekommen; das gibt dem Kind einen guten Start und ist viel besser, als wenn es in ein Krankenhaus weggebracht und einen Monat oder sechs Wochen später als Fremdling, unbekannt und unheimlich, zurückkehrt.«

Die Praxis, Frühgeborene im Elternhaus zu betreuen, griff nicht in die Vereinigten Staaten über, sondern blieb auf England und Europa beschränkt. Als daher in den fünfziger und sechziger Jahren in den Vereinigten Staaten die ersten Beobachtungen an Eltern frühgeborener und kranker Säuglinge angestellt wurden, hatte man es dabei noch mit Eltern zu tun, die völlig von ihren Kindern in der Frühgeborenenstation getrennt waren. Die von den Pionieren der Forschung auf diesem Sektor beschriebenen Mütterreaktionen haben aufgrund dieser totalen Trennung möglicherweise extremen Charakter. Andererseits berichtet Stewart, daß das allgemeine Verhaltensmuster offenbar auch heute noch, trotz großzügigerer Besuchsregelungen, das gleiche ist (Blake u. a. 1975).

Grundlegende Erwägungen

Im Jahr 1953 stellte Prugh eine Reihe einfühlsamer und einsichtsvoller Beobachtungen an Müttern frühgeborener Kinder an. Er berichtete, die Mutter werde während der ersten Lebensmonate des Kindes in eine Statistenrolle gedrängt. Da sie diese ungewollt und unfreiwillig spielen müsse, finde sie sich oft, besonders wenn es sich um das erste Kind handle, »von beunruhigenden und zuweilen heftig konfligierenden Gefühlen heimgesucht« (Prugh 1953). Angst- und Schuldgefühle seien die beiden auffälligsten bei einer solchen Mutter zu beobachtenden Emotionen. Sie mache sich verständlicherweise in der ersten Zeit Sorgen um das Überleben ihres Kindes in der Klinik; anhaltende Ängstlichkeit deute jedoch oft auf andere emotionale Belastungen hin. Ihr Schuldgefühl verstärke ihre Angst. Sie befürchte, daß irgendetwas, das sie während der Schwangerschaft getan oder unterlassen hatte, dem Baby nicht bekommen sei und die Frühgeburt verursacht habe.

Wie Prugh bemerkte, konnte die Mutter möglicherweise auch deswegen Schuldgefühle entwickeln, weil sie in der Pflege ihres Babys nicht so geschickt war wie die Schwester. Obgleich sie der Schwester und dem Arzt dankbar war, war ihr die Notwendigkeit des Dazwischentretens einer Ersatzmutter nicht recht. »Oft wurde eine Mutter eifersüchtig auf die tüchtige Schwester, und das führte zu einem unbewußten Versuch, mit diesem inakzeptablen Gefühl dadurch fertigzuwerden, daß sie die Eifersucht auf die Schwester projizierte, was zu Mißtrauen und Feindseligkeit führte.« Obwohl die Schwester mit Argwohn betrachtet wurde, konnte sie der Mutter in der schwierigen Phase, solange das Baby in der Klinik war, eine wertvolle Hilfe sein. Die Mutter muß ihre emotionale Haltung in ihrem eigenen, persönlichen Tempo entwickeln können. »Es ist wichtig, daß die Schwester die Mutter akzeptiert, wie sie ist, ohne Zensuren auszuteilen oder Kritik zu üben.« (Prugh 1953)

Prugh betonte, wie wichtig es sei, daß die Mutter das Frühgeborene sobald wie möglich zu sehen bekommt, damit »die angsterzeugenden Phantasien, die sie womöglich entwickelt, möglichst gering bleiben und sie mit der Verarbeitung und Überbrückung einer eventuell vorhandenen ›emotionalen Kluft‹ beginnen kann«. Mit »emotionaler Kluft« bezeichnete Prugh eine gefühlsmäßige Entfremdung, die jede frischgebackene Mutter in der Frühphase ihrer Beziehung zum Baby erlebe. »Schwierigkeiten, die warmen mütterlichen Gefühle, die sie erwartet hatten, tatsächlich zu empfinden«, hätten nicht nur Mütter frühgeborener Kinder, sondern unter Umständen in besonders intensiver Weise auch andere Mütter, denen der enge körperliche

Kontakt zu ihren – normalzeitig geborenen – Säuglingen verwehrt werde (Prugh 1953).

Kommentar: Es gibt Fälle, in denen es nicht möglich ist, daß eine Mutter ihr Baby sieht, bevor es in eine Säuglings-Intensivstation gebracht wird. Wir haben festgestellt, daß es in diesen Fällen hilft, mit der Mutter zusammen wenigstens einige Fotografien frühgeborener Säuglinge zu betrachten. Dies trägt dazu bei, die Diskrepanz zwischen der Vorstellung, die sie von »Müllers Baby« hat, und dem wirklichen Aussehen eines frühgeborenen Säuglings zu reduzieren, so daß, wenn sie ihr Baby dann zu sehen bekommt, die Differenz zwischen Erwartung und Wirklichkeit geringer ist.

K. Barnard

Kaplan und Mason (1960) ordneten die Reaktionen von Müttern auf eine erlebte Frühgeburt nicht in den Kontext eines sich vollziehenden pathologischen Prozesses, sondern in den einer akuten Reaktion auf ein Trauma ein. Ihr Ansatz stimmt mit dem krisentheoretischen Konzept von Caplan (1965) zusammen. Er definiert Krisen als »zeitlich begrenzte Perioden eines Ungleichgewichts oder einer subjektiven und auch im Verhalten repräsentierten Verunsicherung, die verschärft werden durch eine unentrinnbare Anforderung oder Bürde, der angemessen zu genügen die Person vorübergehend außerstande ist. Während dieser Periode der Spannung setzt sich die Person mit dem Problem auseinander und erschließt neue Kräfte, sowohl indem sie innere Reserven mobilisiert als auch indem sie sich von anderen Personen helfen läßt. Diese Kräfte werden dann dazu benutzt, den verschärfenden Faktor in den Griff zu bekommen, und die Person erreicht wieder einen ausgeglichenen Zustand.« In Anwendung dieser Definition von »Krise« entdeckten Kaplan und Mason, daß die Reaktionen auf ein Streßereignis wie etwa eine Frühgeburt in sehr weitgehendem Maß von mitgebrachten Persönlichkeitsfaktoren her konditioniert sein konnten. Gleichwohl betonten sie, daß Krankenhauspraktiken und die Rolle der Gesundheitsbehörden die mitgebrachten Persönlichkeitsfaktoren beeinflussen können. Sie umrissen vier psychologische Aufgaben, die die Mutter eines frühgeborenen Säuglings meistern muß, um eine »gesunde Mutter-Kind-Beziehung« herstellen zu können.

1. Die erste dieser Aufgaben sollte der Mutter zum Zeitpunkt der Entbindung nahegebracht werden. Es ist die Vorbereitung auf einen möglichen Verlust des Kindes, dessen Leben gefährdet ist. Diese »antizipatorische Trauer« beinhaltet ein Sich-Zurückziehen aus der bereits aufgebauten Beziehung zu dem erwarteten Kind – so, daß die Mutter zwar noch immer

hofft, das Baby werde überleben, sich aber zugleich auf seinen möglichen Tod einrichtet.
2. In einer zweiten Aufgabe muß sie die Tatsache erkennen und akzeptieren, daß sie nicht in der Lage gewesen ist, ein normales, voll ausgetragenes Kind zu gebären.
3. Die dritte Aufgabe ist die Wiederaufnahme des Aufbaus der Beziehung zum Kind, den sie zuvor unterbrochen hatte. Sie hatte sich auf einen Verlust des Babys eingestellt, aber sobald das Kind sich erholt und entwickelt, muß sie auf diesen Umschwung mit Hoffnung und Vorfreude reagieren.
4. Im Rahmen der vierten Aufgabe muß die Mutter verstehen lernen, inwieweit sich ein frühgeborenes Kind im Hinblick auf seine besonderen Bedürfnisse und Wachstumsrhythmen von einem normalen Baby unterscheidet. Um dem Kind die nötige Extraportion ihrer Fürsorge und ihres Schutzes gewähren zu können, muß die Mutter es als ein Frühgeborenes mit besonderen Bedürfnissen und Eigenheiten sehen lernen. Gleich wichtig ist jedoch, daß sie erkennt, daß diese besonderen Bedürfnisse zeitweiliger Natur sind und mit der Zeit den normalen Abläufen Platz machen werden.*

Wir glauben, daß die von Kaplan und seiner Mitarbeitergruppe skizzierten Aufgaben zum Teil das »artifizielle« Resultat der Kliniksituation sind. Wir haben den Eindruck gewonnen, daß eine Mutter sich nicht auf den möglichen Tod ihres Kindes einzustellen braucht, wenn man ihr in der ersten Stunde nach der Entbindung besondere psychische Beihilfe und frühen Kontakt mit ihrem Neugeborenen gewährt. Wir glauben, daß sie andere Aufgaben zu lösen haben wird, wenn die medizinischen Voraussetzungen in der Klinik und die Kontakte der Mutter mit dem Personal anders gestaltet werden.

Kommentar: Sicher kann man der Mutter helfen, zu begreifen, daß das Baby wahrscheinlich leben wird; aber gleichwohl muß sie sich mit dem »Verlust« auseinandersetzen, kein normal ausgetragenes Kind zur Welt gebracht zu haben. Daher werden die in diesen vier Punkten umrissenen emotionalen Reaktionen, wenn auch weniger ausgeprägt, wahrscheinlich auch dann noch bemerkbar sein, wenn die Mutter frühen Kontakt mit dem Säugling hat.

K. Barnard

Mason (1963) berichtete über eine Untersuchung, in der er qualitative Kennzeichen der frühen Mutter-Kind-Beziehung aufgrund von Informationen prognostizierte, die er durch Gespräche mit Müttern frühgeborener Kinder während des Wochenbetts führte. Ein unabhängiger Beurteiler bewertete, wieder unter Verwendung der Gesprächstechnik, zu einem Zeitpunkt zwischen sechs und zehn Wochen nach der Entlassung des Babys aus der Klinik die Mutter-

* Aus: Kaplan, D. M., und Mason, E. A. (1960)

Kind-Beziehung. Als Definitionsmerkmal für eine gute Entwicklung galt, wenn die Mutter die physischen und emotionalen Bedürfnisse des Kindes mit mindestens mäßigem Erfolg zu erfüllen vermochte – wenn das Baby an Gewicht zunahm oder die Familie an dem Kind Freude zu haben schien. Als schlecht wurde die Entwicklung beurteilt, wenn die Mutter dem Kind gegenüber feindselig oder gereizt oder ungeduldig schien, wenn das Baby einen vernachlässigten Eindruck machte und entweder lethargisch oder kränklich war oder wenn in der Familie schwere Zwietracht herrschte. Die Prognose stimmte mit den späteren Burteilungen in 90 Prozent der Fälle überein (in siebzehn von neunzehn Fällen, $p<.01$).

Mason fand heraus, daß gewisse Aspekte der Bewältigungsmechanismen der Mutter äußerst wertvolle Prädiktoren für die Qualität ihrer späteren Beziehung zum Kind waren. Die Interviewer prognostizierten eine günstige Entwicklung, wenn die Mutter einen einigermaßen hohen Grad an Ängstlichkeit zeigte und zum Ausdruck brachte, wenn sie von sich aus Auskünfte über die Verfassung ihres Kindes suchte und starke mütterliche Gefühle für das Baby zeigte, auch ohne es gesehen oder gehalten zu haben. Auch ein starker Rückhalt beim Ehemann und eine vorausgegangene positive Erfahrung mit einer Frühgeburt waren Indikatoren für eine gute Entwicklung.

Wenn die Mutter dagegen einen geringen Grad von Ängstlichkeit und Aktivität zeigte, deutete dies darauf hin, daß die Beziehung zu ihrem Kind zu wünschen übriglassen würde. Solche Mütter verneinten häufig die Frage, ob sie Befürchtungen hegten, und sie konzentrierten ihr Interesse oft auf andere Dinge als das Befinden des Kindes. In vielen Fällen fehlte ihnen der Rückhalt von seiten des Ehemanns oder der Verwandten, und bei den meisten war von mütterlichen Gefühlen wenig zu bemerken. Mason (1963) kam zu dem Schluß, daß die Bemühungen, einer schlechten Entwicklung für Mütter und ihre frühgeborenen Kinder vorzubeugen, sich darauf richten sollten, »die Interaktion zwischen der Mutter und ihrem frühgeborenen Baby« zu verstärken.

Kommentar: Die Mutter, die einen geringen Grad an Ängstlichkeit hinsichtlich des Kindes zeigt, tut dies vielleicht einfach deswegen, weil sie unter dem überwältigenden Druck ihrer Lebensverhältnisse steht. Im Rahmen einer unlängst durchgeführten Untersuchung wurden Mütter frühgeborener Kinder gefragt, was einen Monat nach der Entbindung ihre vorrangige Sorge sei; cirka 65 Prozent nannten Dinge, die mit dem Kind oder mit der Elternrolle zusammenhingen, 35 Prozent der Mütter nannten andere Dinge. Bei genauerer Aufgliederung der Lebensverhältnisse dieser 35 Prozent zeigten sich bedeutsame finanzielle oder familiäre Probleme, und diese waren ihre Hauptsorge. Die Antwort hierauf liegt womöglich nicht immer in einer

Vermehrung der Interaktion zwischen der Mutter und dem frühgeborenen Kind; in manchen Fällen wird es vielmehr geboten sein, zu untersuchen, welche Umstände die Mutter möglicherweise unfähig machen, mit ihrem Baby zu interagieren.

K. Barnard

Blau und Mitarbeiter (1963) forschten nach einer möglichen psychogenen Ätiologie der Frühgeburt. Sie führten mit einer Gruppe von dreißig Frauen, die eine Frühgeburt gehabt hatten, und einer angeglichenen Kontrollgruppe von Müttern voll ausgetragener Kinder im Abstand von einem bis drei Tagen nach der Entbindung psychiatrische und psychologische Tests durch und verglichen die Ergebnisse. Tatsächlich stellten sich klinische Differenzen zwischen den beiden Gruppen heraus. Die Mütter der frühgeborenen Kinder waren tendenziell unreifer, unsicherer hinsichtlich ihrer Rolle als Frau und Mutter und benötigten während der Schwangerschaft mehr emotionalen Beistand von außen. Blau kommentierte: »Zweifellos ist eine ambivalente Einstellung allen Schwangeren gemeinsam, aber bei der Frühgebärenden ist sie weniger ausgeprägt, d. h. sie neigt in ihrer negativen Einstellung zur Schwangerschaft und in ihrer Ablehnung des Fetus zu größerer Eindeutigkeit. Sie hegt mehr destruktive Phantasien über das, was ihr und dem Baby bevorstehen könnte, und reagiert empfindlicher auf Probleme bei den Wehen und bei der Entbindung.« Man sollte freilich nicht vergessen, daß diese hochinteressanten Beobachtungen nicht vor, sondern nach der Entbindung gemacht wurden.

Während sich zwischen 1945 und 1960 ganz allgemein revolutionäre Veränderungen in den diagnostischen Ansätzen und im ganzen Umgang mit Säuglingen und Kindern in der Klinik vollzogen, veränderte sich in bezug auf die Handhabung von Frühgeburten im Krankenhaus praktisch nichts. So hatte beispielsweise der naturwissenschaftliche Ansatz von Gamble und Darrow in der Flüssigkeits- und Elektrolytphysiologie, der die Messung einer Reihe von Blutparametern erforderte, keinerlei Auswirkungen auf die klinische Handhabung der Frühgeburt. Die Frühgeborenenstation blieb eine vor Neuerungen, Untersuchungen und Eltern abgeschirmte Festung. Es ist wichtig, sich zu vergegenwärtigen, daß noch in den frühen fünfziger Jahren an den Kinderkliniken Bestimmungen galten, die einen Besuch der Eltern nur ein- bis zweimal pro Woche für jeweils 30 bis 60 Minuten zuließen.

In den späten fünfziger und frühen sechziger Jahren begannen die Mauern der Festung Säuglingsstation abzubröckeln. In diese Zeit fielen die ersten systematischen Untersuchungen über herkömmliche

Methoden der klinischen Säuglingspflege wie die Temperatur- und Luftfeuchtigkeitskontrolle. In den frühen fünfziger Jahren hatte es zwar auch schon einige wenige Säuglingsstationen gegeben – wie etwa an den Universitätskliniken von Cleveland in Ohio –, die elterliche Besuche gestatteten, aber die vorherrschende Praxis überall in den Vereinigten Staaten war es, die Eltern erst einen oder zwei Tage vor der Entlassung des Säuglings – wenn überhaupt – zum ersten Mal in die Station zu lassen.

Die erste Untersuchung, die es unternahm, die Möglichkeiten einer Öffnung der Säuglingsstation für die Eltern zu erkunden, wurde im Dezember 1964 an der Stanford-Universität in Kalifornien initiiert. Barnett und Mitarbeiter (1970) stellten die Frage, ob es für die Eltern frühgeborener Kinder einer schweren Deprivation gleichkomme, wenn sie während des Klinikaufenthalts ihres Säuglings keinen Zugang zu ihm hatten. Über einen Zeitraum von zwei Jahren hinweg studierten Barnett und Mitarbeiter die praktischen Möglichkeiten, Mütter (insgesamt 44) bald nach der Entbindung in die Frühgeborenenstation einzulassen, damit sie ihr Baby zunächst anfassen und dann auch füttern konnten – beides während das Kind noch im Brutkasten lag. Aufgrund behördlicher Vorschriften mußten die Mütter Mundmaske und Mantel tragen, und die Schwestern in der Abteilung weihten sie in die Prozedur des Händewaschens ein. Am Anfang begleiteten die Schwestern die Mütter und blieben an ihrer Seite, während die Mütter ihre Säuglinge durch die Greiflöcher des Brutkastens hindurch anfaßten. Bei den folgenden Besuchen blieb eine Schwester in der Nähe, um Fragen beantworten zu können. Wenn die Babys soweit waren, daß sie sich leicht mit der Flasche füttern ließen, wurden die Mütter ermuntert, diese Verrichtung selbst zu übernehmen.

Das Schreckgespenst der Infektionsgefahr hatte sehr viel dazu beigetragen, daß den Eltern der Zugang zur Säuglingsstation verwehrt worden war. Um die Möglichkeit zu überprüfen, daß die Eltern pathogene Keime in die Frühgeborenenstation mitbrachten, wurden während der gesamten Zeit, in der die Mütter Zugang zur Abteilung hatten, in Abständen von einer Woche Kulturen vom Nabel, von der Haut und aus den Nasenlöchern jedes Kindes sowie von den Instrumenten und Einrichtungsgegenständen der Station genommen. Die Forscher machten die Beobachtung, daß die Mütter im Vergleich sowohl zu den Schwestern als auch zum übrigen Anstaltspersonal die Hände häufiger und gründlicher wuschen. Das Ergebnis der Kulturversuche (s. Tabelle 4–1) zeigte, ebenso wie die Ergebnisse von Untersuchungen von Williams und Oliver (1969), Silverman und Sinclair (1967) und Forfar und MacCabe (1958), keine erhöhte Zahl potentiell pathogener Organismen. An der Stanford-Universität ging die Zahl der positiven Kulturen zwischen 1964 und 1965 sogar zurück. Man hat die Hypothese aufgestellt, der Säugling könne von seiner Mutter nichtpathogene Bakterien aufnehmen, die ihm einen gewissen Immunschutz vor in der Klinik vorhandenen pathogenen Organismen verleihen, was den Rückgang der Zahl der positiven Kulturen erklären könnte. »Eine Überprüfung der Aufstellung ergab, daß bei den Säuglingen in der Phase, während der die Mütter Zugang zur Station hatten, kein Befall mit Staphylokokken oder hämolysierenden Streptokokken und keine Virusinfektion der oberen Atemwege auftraten. Aufgrund dieser Daten scheint es, als ob die Anwesenheit von Müttern in der Säuglingsstation die Gefahr oder das Auftreten von Infektionen nicht verstärkte« (Barnett u. a. 1970).

*Tabelle 4–1: Ergebnisse von Keimkulturen von Säuglingen und Einrichtungsgegenständen (für 3 Jahre)**

	1964	1965	1966
Anzahl der Neugeborenen in der Abteilung	38	48	49
Anzahl und Prozentsatz der Mütter, die ihr Neugeborenes im Brutkasten anfassen durften	2 (5%)	27 (56%)	12 (25%)
Daten für die Neugeborenen			
Gesamtzahl der Kulturen von Nasenloch und Nabelschnur	680	718	694
Anzahl der potentiell pathogenen isolierten Keime und Prozentsatz der positiven Kulturen**	146 (21%)	102 (14%)	119 (17%)
Daten von den Einrichtungsgegenständen			
Gesamtzahl der Kulturen von Einrichtungsgegenständen***	390	420	489
Anzahl der potentiell pathogenen isolierten Keime und Prozentsatz der positiven Kulturen**	44 (11%)	20 (5%)	24 (5%)

* Aus: Barnett u. a. (1970).

** Darunter: koagulase-positive Staphylokokken, beta-hämolysierende Streptokokken, *pseudomonas, proteus,* Pneumokokken, Hefepilze, *Clostridium, perfringens.*

*** Wöchentlich abgenommene Kulturen von: Inkubator-Dichtungen, Wasserbehältern, Sauerstoffmasken, Babyflaschen und Wasserhähnen.

Der Zulassung der Mütter in die Säuglingsstation ging eine Reihe von Orientierungstreffen zwischen ihnen und dem Schwesternpersonal der Station voraus. Viele der Schwestern waren dem Vorhaben ursprünglich skeptisch gegenübergestanden, aber auch sie wurden bald zu begeisterten Verfechterinnen dieses Ansatzes. Die Zulassung von Eltern in die Abteilung störte weder den organisatorischen Ablauf noch die medizinischen Prozeduren. Die Schwestern bezogen die Mütter bereitwillig in die an den Kindern vorzunehmenden Routineverrichtungen ein und äußerten häufig, welche Hilfe es ihnen sei, daß die Eltern die Kinder beobachteten und pflegten. Das soll nicht heißen, daß alle Eltern den Schwestern eine Freude sind – es gibt Eltern, die überzogene Ansprüche stellen, ebenso wie es andererseits Variationen in Persönlichkeit und Befähigung von Ärzten und Schwestern gibt.
Aus der von Barnett und Mitarbeitern untersuchten Gruppe wurden dreizehn Mütter für eine detaillierte Erhebung ausgewählt, die die beziehungsrelevanten Vorgänge sowohl während des Klinikaufenthalts des Babys als auch nach seiner Entlassung zum Gegenstand hatten. Mit zwei Ausnahmen reagierten die dreizehn Mütter, die zum regelmäßigen Besuch in der Säuglingsstation aufgefordert wurden, auf diese Erfahrung positiv. Die beiden anderen Mütter weigerten sich, die Station zu betreten. Sie befürchteten, ein enger Kontakt mit ihrem Baby würde ihre Bindungsgefühle verstärken, so daß ein möglicher Tod des Kindes für sie noch schwerer zu verarbeiten sein würde. Diese beiden Familien warteten einen Monat, ehe sie ihrem Kind einen Namen gaben, und durchlebten eine Periode »antizipatorischer Trauer«, die noch eine ganze Weile über den Zeitpunkt hinaus andauerte, an dem ihr Kind für außer Lebensgefahr erklärt wurde.
Die Zulassung der Eltern in die Frühgeborenenstation klappte so reibungslos, daß man leicht die schweren Besorgnisse der Ärzte und Schwestern vergißt, die in der elternlosen »Festung« Frühgeborenenstation ausgebildet worden sind und viele Berufsjahre dort verbracht haben. Das Schreckgespenst einer fatalen und skandalträchtigen Epidemie oder einer Zunahme der Sterblichkeit war von denen, die mit den althergebrachten Regeln der Vergangenheit brachen, nicht leicht abzuschütteln.
Die Mütter, die von der Möglichkeit der Anwesenheit in der Station Gebrauch machten, zeigten bei ihren ersten Besuchen ein typisches Verhalten: Sie berührten und betasteten den Körper ihres Kindes immer wieder. In dem Maß, wie sie weitergehende Pflegeaufgaben übernahmen – wie Füttern und Wickeln –, nahm dieses »Erkundungsverhalten« ab. Ungeachtet der trennenden Plastikwände des

Brutkastens kam es oft vor, daß die Mütter dem Kind spontan zuredeten oder zärtliche Laute von sich gaben.
Die Forscher beobachteten Unterschiede zwischen den Müttern, die Zugang zur Station hatten, und denen, die ausgeschlossen blieben. Die ersteren zeigten eine stärkere Verbundenheit mit dem Säugling, mehr Zutrauen zu ihren mütterlichen Fähigkeiten und größeres Geschick darin, das Baby zu stimulieren und zu pflegen.
Wenn Mütter erstmals die Gelegenheit erhalten, ihr frühgeborenes Kind anzufassen, umkreisen sie gewöhnlich zunächst den Brutkasten und berühren mit den Fingerspitzen die Gliedmaßen des Säuglings (Klaus u. a. 1970) (s. Abb. 4–1). Ihre Reaktionen unterscheiden sich wesentlich von denen der Eltern normal ausgetragener Kinder. Diese pflegen am Ende ihres ersten Kontaktbesuchs den Rumpf des Säuglings mit der Handfläche zu streicheln. Oft kommt es auch vor, daß eine Mutter sich dem Kind in *En-face*-Position zuwendet. Abb.

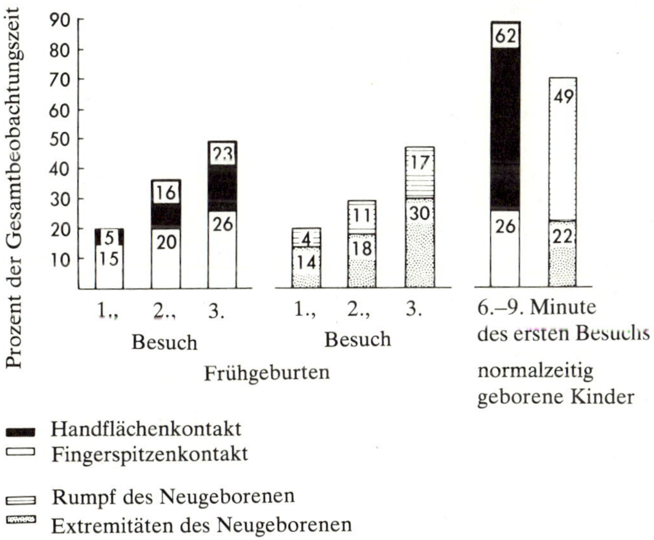

Abb. 4–1: Berührungskontakt mit Fingerspitzen und Handfläche an Rumpf und Extremitäten des Neugeborenen bei den ersten drei nachgeburtlichen Kontakten zwischen neun Müttern und ihren frühgeborenen Säuglingen; im Vergleich dazu dieselben Kontakte bei zwölf Müttern normalzeitig geborener Kinder zwischen der sechsten und neunten Minute ihrer ersten Begegnung mit dem Neugeborenen (in abgewandelter Form übernommen aus: Klaus u. a. 1970).

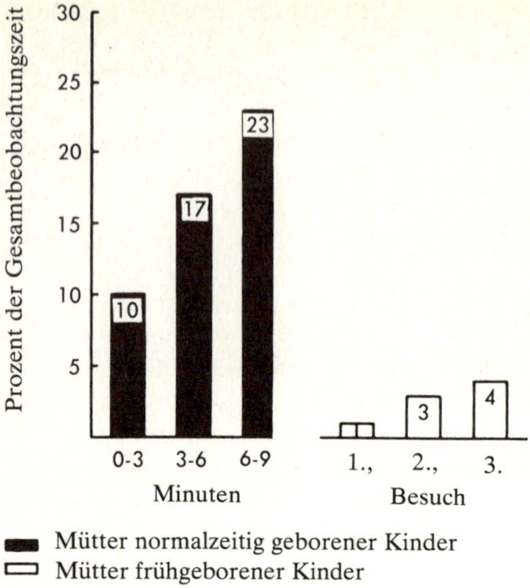

Abb. 4–2: Zeitlicher Anteil der *En-face*-Position (in Prozent) bei der ersten Begegnung von zwölf Müttern mit ihren normalzeitig geborenen Kindern sowie bei den ersten drei Besuchen von neun Müttern bei ihren frühgeborenen Kindern. (Aus: Klaus u. a. 1970.)

4–2 zeigt einen Vergleich der Zeitspanne, die die Mütter normal ausgetragener und die frühgeborener Kinder jeweils in der *En-face*-Position verbringen. Abb. 4–3 zeigt eine Mutter in einer solchen *En-face*-Position. Es ist noch unklar, ob diese Unterschiede in dem, was die Mutter über ihr Kind gesagt bekommen hat, in der physischen Kontaktbarriere, die der Brutkasten darstellt, oder aber im Aussehen und in der Winzigkeit des frühgeborenen Kindes begründet liegen.

Kommentar: Die *En-face*-Position ist für die Mutter und den Säugling gleichermaßen wichtig; sie ist im Zusammenhang des Kontakts zwischen Bezugsperson und Säugling diejenige Position, die die Chancen für eine soziale Interaktion zwischen der Mutter (oder Bezugsperson) und dem Säugling erhöht.

K. Barnard

In der Sowjetunion werden die Mütter frühgeborener Kinder in begrenztem Maß an der Fürsorge für ihren Säugling beteiligt. Sie

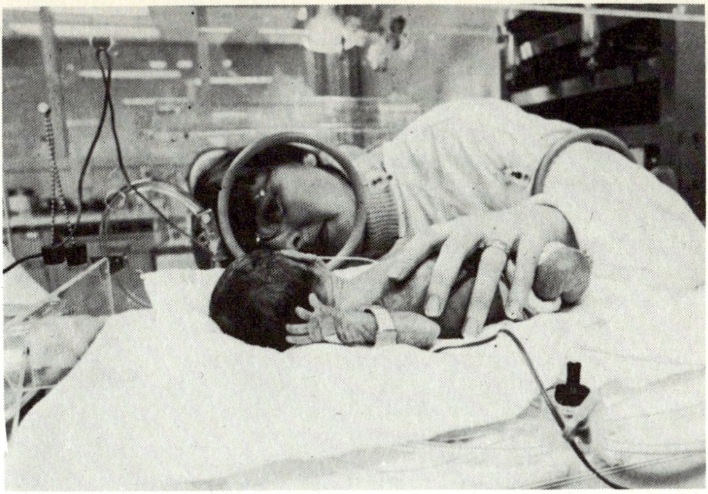

Abb. 4–3: Die Mutter eines frühgeborenen Kindes in *En-face*-Position. (Aus: Klaus, M. H. und Fanaroff, A. A.: Care of the high-risk neonate, Philadelphia, 1973, W. B. Saunders.)

wohnen entweder zu Hause oder in der Klinik. Einer der Autoren (M. H. K.) hatte Gelegenheit, die klinische Versorgung frühgeborener Säuglinge in Rußland zu beobachten. In einem Krankenhaus lagen 150 Frühgeburten, und jeden Tag kamen ca. 60 Mütter frühmorgens von zu Hause, um den ganzen Tag bei ihrem Kind zu verbringen. Sie duschten, zogen eine saubere Kleiderschürze an, frühstückten und stillten ihr Baby. Abb. 4–4 zeigt eine Gruppe von Müttern, die darauf warten, daß sie ihr Kind stillen können; Abb. 4–5 zeigt eine Mutter, die sich anschickt, aus der Brust Milch in eine Flasche zu pressen, mit der ihr Baby in der Nacht gefüttert werden kann. Die Mütter konnten längere Zeit mit ihrem Kind verbringen und hatten Gelegenheit, mit dem Arzt zu sprechen; sie waren überzeugt, daß sie etwas taten, das dem Wohlergehen ihres Kindes nützte. Im Leningrader Geburtshilfeinstitut wurden die Mütter frühgeborener Kinder nicht nach wenigen Tagen entlassen, sondern blieben bis zur Entlassung des Kindes ebenfalls in der Klinik – oft 60 bis 90 Tage lang – und stillten dabei ihr Kind die ganze Zeit an der Brust. Unglücklicherweise konnten die Ehemänner nicht zu Besuch kommen, und die Frauen konnten mit ihnen nur brieflich kommunizieren. Ein tendenziell depressives Aussehen dieser Mütter fiel dem

Beobachter auf. In allen von ihm besuchten russischen Kliniken war Stillen das einzige, was die Mütter taten, gleich ob sie in der Klinik wohnten oder sich allmorgendlich einstellten, um nach ihrem frühgeborenen Kind zu sehen. Die Kinder wurden ihnen, in Tücher eingewickelt, gebracht, und es war den Müttern nicht erlaubt, ihnen die Windeln zu wechseln oder sich an anderen Pflegeaufgaben zu beteiligen.
In einem Versuch, diese Praxis zu bewerten, erkundigten wir uns nach dem Vorkommen von Kindesmißhandlungen oder Entwicklungshemmungen (Helfer und Kempe 1978). Alle befragten russischen Ärzte verneinten kategorisch, daß Kindesmißhandlungen vorkämen. In jeder der besuchten Kliniken führte diese Frage zu einer langen Diskussion. Die Ärzte wollten nicht glauben, daß in den Vereinigten Staaten Säuglinge mißhandelt werden. Wir befragten die russischen Ärzte auch über die Mißhandlung von Frauen durch ihre Männer, von der bekannt ist, daß sie vorkommt. Die Antworten auf diese Fragen waren verwirrend. Weil die russischen Ärzte auch in Abrede stellten, daß Frauen von ihren Männern geschlagen würden, lassen sich ihre Antworten auf die Frage nach Kindesmißhandlungen nur schwer interpretieren. Sie erklärten, Kindesmißhandlungen gebe es in Rußland wahrscheinlich deswegen nicht, weil dort die Abtreibung unbeschränkt erlaubt ist. Wenn eine Frau ein Kind bekommt, das sie

Abb. 4–4: Eine Gruppe russischer Mütter wartet darauf, ihre frühgeborenen Babys stillen zu können.

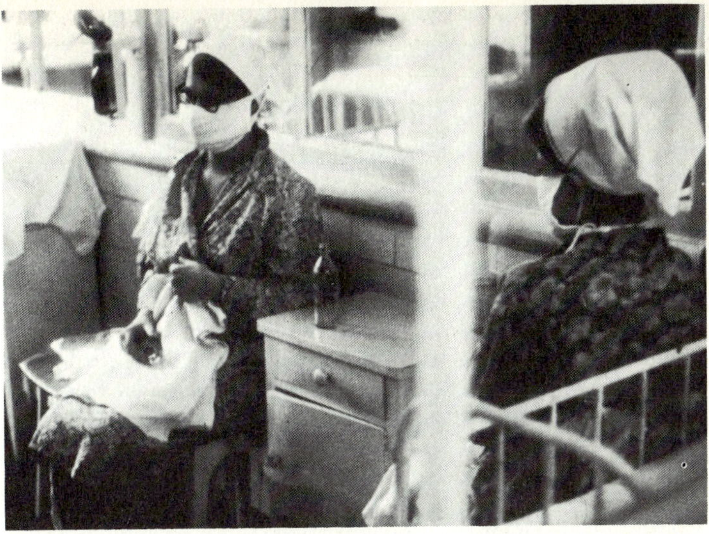

Abb. 4–5: Eine russische Mutter schickt sich an, Muttermilch für die nächtliche Fütterung ihres Kindes in eine Flasche abzufüllen.

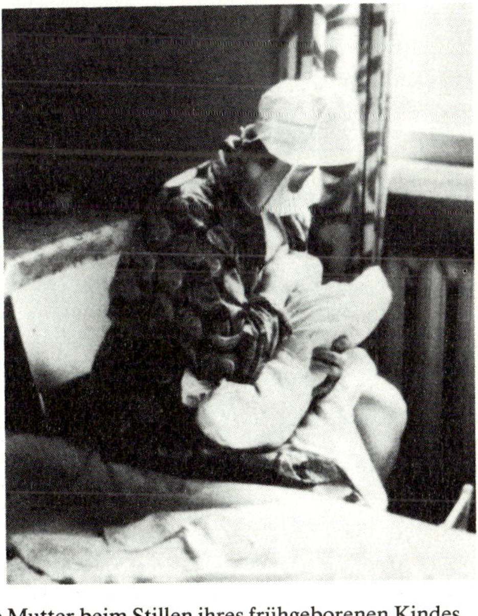

Abb. 4–6: Eine russische Mutter beim Stillen ihres frühgeborenen Kindes.

nicht möchte, kann sie es auch in ein Säuglingsheim geben, das es bis zum Ende des dritten Lebensjahres versorgt. Gewöhnlich besucht die Mutter ihr Kind in einem solchen Heim ein- oder zweimal die Woche. Jede russische Mutter hat das Recht, ihr Kind in ein Säuglingsheim zu geben; jedoch geschieht das nur bei jedem 150. russischen Kind. In dem Versuch, die Auswirkungen der an russischen Geburtshilfekliniken üblichen Pflegepraktiken zu bewerten, rechnete einer der Autoren (M. H. K.) aus, wie sich in mehreren Säuglingsheimen die Zahl der aufgenommenen Frühgeburten zu der der normal ausgetragenen Säuglinge verhielt; er stellte fest, daß der Anteil frühgeborener Kinder in den Säuglingsheimen acht- bis zehnmal so groß ist wie der Anteil der Frühgeburten an der Gesamtzahl aller Geburten. Nach Vollendung des dritten Lebensjahres muß das Kind von der Mutter entweder zur Adoption freigegeben oder zurückgenommen werden. Es ist interessant, daß frühgeborene Kinder in Rußland doppelt so häufig zur Adoption freigegeben werden wie normal ausgetragene Kinder. Das zeigt, daß auch russische Menschen Probleme mit der Mutter-Kind-Bindung haben, wenn das Kind eine Frühgeburt ist. Von dieser kurzen Orientierung her hat es den Anschein, als ob das bloße Stillenlassen frühgeborener Säuglinge durch die Mütter die Bindungsprobleme, die bei diesen Kindern auftreten, nicht beseitigen oder verhüten kann.

Ein anderes Modell für die Frühgeborenenfürsorge bietet das Baragwanath-Krankenhaus in Südafrika. Dort leben jeweils drei Mütter frühgeborener Kinder in einem an die Frühgeborenenstation angrenzenden Raum zusammen; jedes Mal, wenn es Zeit zum Füttern ist, gehen die drei Frauen zusammen in die Station, um ihr Kind selbst zu füttern und zu pflegen. Dr. Kahn führte dieses Verfahren anfänglich infolge eines Mangels an Schwestern ein. Es hat jedoch den Anschein, als bringe diese Lösung zahlreiche Vorteile. Sie gestattet der Mutter, weiterhin Milch zu produzieren, erlaubt ihr, vergleichsweise problemlos weiterhin für ihren Säugling zu sorgen, reduziert den Pflegeaufwand für das Klinikpersonal beträchtlich und ermöglicht es, daß die Mütter frühgeborener Kinder gruppenweise ihre Situation besprechen und durch die Diskussion voneinander lernen können (Bell 1960; Kahn u. a. 1954).

Kommentar: Wir haben festgestellt, daß Gruppen von jeweils zwei Elternpaaren extrem gut geeignet sind, Eltern bei der Beantwortung einiger ihrer Fragen zu helfen, und daß sie den Beistand liefern, den sie zur Bewältigung dieser Krise benötigen. Wie unsere Erfahrung lehrt, sind Kontakte sowohl zu Elternpaaren, die durch dieselbe kritische Phase gehen, als auch zu »erfahrenen« Elternpaaren, die schon hindurchgegangen sind, hilfreich. Es hat den Anschein, als sei der Kontakt zu anderen Eltern insbesondere an drei Zeitpunkten wichtig: zunächst bei der Entbindung oder kurz danach, dann in dem Moment, da die Eltern bereit sind, ihr Kind nach Hause zu holen, und drittens, wenn der Säugling cirka fünf bis sechs Monate alt ist.

K. Barnard

Erwähnt werden sollte noch die Arbeit von Tafari und Sterky (1974) in Äthiopien. Es gelang diesen beiden Ärzten, dadurch daß sie die Mütter frühgeborener Kinder in der Säuglingsabteilung unterbrachten und wohnen ließen, die Zahl der Babys, die in ihrer Abteilung versorgt werden konnten, zu verfünffachen. Entlassen wurden Mutter und Säugling in der Regel, wenn das Kind ungefähr 1,7 Kilogramm wog; die meisten Mütter stillten. Vor Beginn dieses Versuchs waren die meisten Säuglinge bis zur Heimkehr mit der Flasche ernährt worden, und viele waren an Infektionen der Atemwege und des Magen-Darm-Trakts gestorben. Die von Tafari und Sterky entwickelte Praxis eignet sich vermutlich für vier Fünftel der Welt. In Ländern, in denen die Kosten für einwandfrei präparierte Milch einen so hohen Anteil des wöchentlichen Einkommens ausmachen, stehen die Grundsätze, nach denen eine Frühgeborenenstation geführt wird, in direktem Zusammenhang mit der Säuglingssterblichkeit.

Zwei Langzeituntersuchungen über die Auswirkungen einer frühen Trennung von Mutter und Säugling als Folge der in Neugeborenen-Intensivstationen üblichen Praktiken wurden Mitte der siebziger Jahre abgeschlossen; eine davon an der Stanford Universität, die andere an der Case Western Reserve University in Ohio (s. Tabelle 4–2). Beide Studien gingen von der Hypothese aus, es müßten sich, falls diese frühe Trennungsphase einen Einfluß auf die Einstellung der Mutter zum Kind hat, in den ersten Wochen und Monaten nach der Niederkunft Unterschiede in der Mutter-Kind-Bindung und im Mutterverhalten zwischen den von ihrem Kind getrennten und den nicht von ihm getrennten Müttern feststellen lassen – und als Folge hiervon auch Unterschiede in der späteren Entwicklung des Kindes.

Bei der Untersuchung an der Stanford-Universität wurden drei Gruppen von Müttern, die aus ähnlichen sozio-ökonomischen Verhältnissen stammten, beobachtet. Die Mütter der ersten Gruppe konnten mit ihrem frühgeborenen Säugling in der Intensivstation bereits während dessen ersten fünf Lebenstagen Kontakt aufnehmen; die Mütter der zweiten Gruppe hatten mit ihrem frühgeborenen Kind in dessen ersten einundzwanzig Lebenstagen nur visuelle Kontakte; und in einer dritten Gruppe hatten die Mütter normal ausgetragener Kinder den üblichen Kontakt mit ihrem Säugling bei

Tabelle 4–2: Untersuchungen zu frühem und spätem Mutter-Kind-Kontakt in der Säuglingsstation

	Stanford-Universität*	Case Western Reserve University
früher Kontakt	22**	27 (1537 Gramm)***
später Kontakt	22**	26 (1428 Gramm)***
Anzahl der verheirateten Mütter	44	42
sozio-ökonomischer Status	Mittelschicht	sehr unterschiedlich
Hollingshead-Index	3	1–5
Nachbeobachtungszeitraum (in Monaten)	22	42

* Hier waren auch 24 voll ausgetragene Kinder mit ihren Müttern einbezogen.
** Geburtsgewichte zwischen 890 und 1899 Gramm.
*** Durchschnittsgewicht.

den Füttcrungsterminen im Laufe eines drei Tage dauernden Klinikaufenthalts. Sobald die Kinder der zweiten Müttergruppe ein Gewicht von 2100 Gramm erreicht hatten – irgendwann zwischen dem 21. Lebenstag und der 12. Lebenswoche –, wurden sie in eine Entlassungsstation verlegt, wo die Mütter sich beliebig lange Zeit bei ihnen aufhalten konnten, bis die Kinder weitere sieben bis zehn Tage später bei einem Gewicht von 2500 Gramm entlassen wurden.

Die Interaktionen zwischen den Müttern dieser drei Gruppen und ihren Kindern wurden an drei Zeitpunkten beobachtet: zum ersten Mal kurz vor der Entlassung, dann eine Woche danach und schließlich nochmals einen Monat nach der Entlassung. Das Verhalten der Mütter normal ausgetragener Kinder unterschied sich von dem der Mütter der beiden anderen Gruppen. Sie lächelten ihrem Kind öfter zu und nahmen es häufiger an ihren Bauch. Zwischen dem Verhalten der von ihren frühgeborenen Kindern bis auf Blickkontakte getrennten Mütter und der »Kontaktgruppe« zeigten sich keine auffälligen Unterschiede. Allerdings zeigten die erstgebärenden Mütter der Nur-Blickkontakt-Gruppe ein signifikant geringeres Zutrauen zu ihrer eigenen Fähigkeit, ihr Kind zu versorgen (Seashore u. a. 1973). Sameroff (1975) legte dazu folgende Erklärungshypothese vor:

Die vorausgegangene Erfahrung einer erfolgreich hinter sich gebrachten Kindsgeburt schien die nicht erstgebärenden Mütter vor den schädlichen Auswirkungen einer Trennung von ihrem frühgeborenen Säugling bei ihrer jetzigen Niederkunft zu schützen. Bei den Müttern der Gruppe, der der Besuch der Intensivpflegestation gestattet war, verringerten sich die anfänglichen Selbstvertrauensdefizite bis zu dem Zeitpunkt, als das Kind entlassungsreif war. Dagegen zeigte in der Gruppe der von ihren Säuglingen getrennten Mütter nur eine Frau eine solche positive Veränderung. Diese Daten scheinen den Schluß nahezulegen, daß die Schaffung von Kontaktmöglichkeiten bei – insbesondere erstgebärenden – Müttern frühgeborener Kinder die Minderwertigkeitsgefühle verringert.*

Kommentar: Früher Kontakt ist vielleicht entscheidend bei Müttern, bei denen aufgrund ihrer vorgegebenen Lebensverhältnisse schon unabhängig von der Tatsache der Frühgeburt die Gefahr einer unzureichenden Bindung an das Kind besteht.

K. Barnard

Auch Leifer und Mitarbeiter (1972) berichteten über bedeutsame klinische Resultate, die nicht vorauszusehen waren. In der Gruppe der »Kontaktmütter« gab es nur eine, die sich während des Zeitraums, über den sich die Untersuchung erstreckte, scheiden ließ, während es in der »Trennungsgruppe« bei fünf von zweiundzwanzig Müttern zu einer Scheidung kam. Man muß dazu bemerken, daß eine Vorbedingung für die Aufnahme in eine der Untersuchungsgruppen war, daß die Eltern vorhatten, ihr Kind bzw. ihre Kinder zu behalten und aufzuziehen. Überraschenderweise gab es in der »Trennungsgruppe« zwei Fälle, in denen kein Elternteil das Sorgerecht für das Kind haben wollte, so daß diese beiden Kinder zur Adoption freigegeben wurden.

Bei der Untersuchung an der Case Western Reserve University wurden 53 Mütter frühgeborener Kinder in Abhängigkeit vom Zeitpunkt der Entbindung zwei Gruppen zugewiesen: einer Gruppe mit »frühem« und einer mit »spätem« Kontakt. Die Mütter der »Frühkontaktgruppe« enthielten ab dem ersten bis spätestens fünften Tag nach der Entbindung Zutritt zur Frühgeborenenstation, um Körperkontakt mit ihrem Kind aufzunehmen und es zu pflegen. Die Mütter der »Spätkontaktgruppe« durften die Station nicht vor dem zweiundzwanzigsten Tag nach der Entbindung betreten. Diese Mütter hatten während der ersten drei Wochen mit ihren Babys lediglich Blickkontakt durch die Sichtfenster der Säuglingsstation.

* Aus: Sameroff (1975).

Das Verhalten der Mütter beider Gruppen im Umgang mit ihren Kindern wurde, einmal unmittelbar vor der Entlassung und dann nochmals einen Monat später, mittels Zeitraffer-Fotografie festgehalten. In Abb. 4–7 illustriert eine als Mutter posierende Frau vier aus der großen Zahl der Verhaltensweisen, die aufgrund der jeweils zehnminütigen, das Fütterungsverhalten zeigenden Zeitrafferfilme analysiert wurden. Zusätzlich wurden, um festzustellen, ob die Entwicklung des Säuglings auch durch die Auswirkungen frühen Kontakts auf das mütterliche Verhalten beeinflußt wurde, am Ende des 9., 15. und 21. Lebensmonats der Kinder Entwicklungstests nach Bayley und, als die Kinder 42 Monate alt waren, ein Stanford-Binet-Test durchgeführt.
Die Mütter der Frühkontakt-Gruppe blickten ihr Kind bei der ersten gefilmten Fütterung eine signifikant längere Zeit an. Zwischen der Gesamtlänge der Zeit, während derer die Mütter bei der zweiten gefilmten Fütterung ihr Baby anblickten, und dem Intelligenzquo-

A *B*

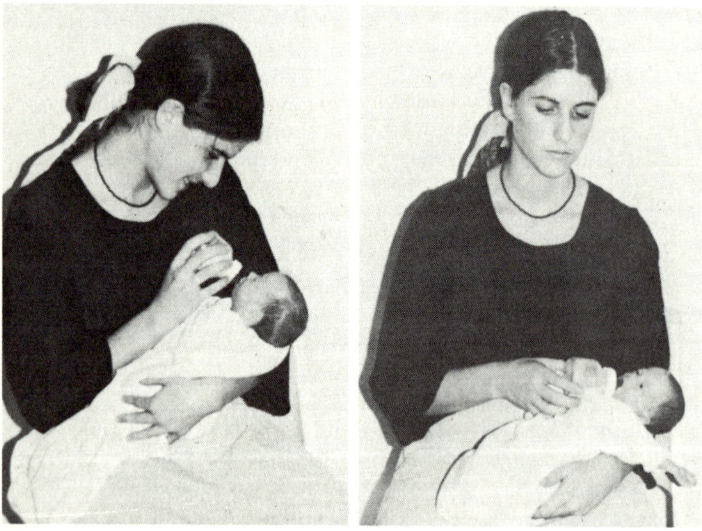

Abb. 4–7: Gestellte Szene, die zwei verschiedene Möglichkeiten zeigt, das Neugeborene beim Füttern zu halten. Im Bild A besteht enger Körperkontakt (das Baby liegt am Körper der Mutter an), die Mutter blickt das Kind *en face* an, die Flasche steht senkrecht zum Mund des Kindes, und die Milch sammelt sich im Sauger. Im Bild B hält die Mutter den Körper des Kindes von sich weg; sie blickt das Kind zwar an, aber nicht *en face,* und die Flasche steht nicht senkrecht zum Mund des Kindes.

tienten des Kindes im 42. Lebensmonat, gemessen nach dem Stanford-Binet-Test, bestand eine Korrelation. Das heißt, Mütter, die mit ihrem Kind frühen Kontakt hatten, blickten es bei der Fütterung für längere Zeit an, und diese Kinder hatten später einen signifikant höheren IQ ($r=.71$); signifikant war auch der Unterschied der Durchschnitts-IQs: 99 für Kinder der Frühkontakt-Gruppe, im Vergleich zu 85 für solche der Spätkontakt-Gruppe ($p<.05$).

Kommentar: Mütter, die in der ersten Klinikphase und in den ersten Monaten nach der Entbindung ihr Kind öfter und länger anblicken, verfügen in der Regel ganz allgemein über eine größere Sensibilität für die Verhaltensbotschaften des Kindes und stimulieren ihrerseits das Kind wirkungsvoller als Mütter, die ihr Kind weniger anblicken.

K. Barnard

Interessanterweise gab es hinsichtlich der Werte im Bayley-Entwicklungstest für die ersten 22 Lebensmonate der Kinder keine signifikanten Unterschiede zwischen den beiden Gruppen (Kennell u. a. 1975). Mehrere Probleme, die jeder dieser Untersuchungen anhaften, sollten nicht unerwähnt bleiben. Beide Untersuchungen wurden über einen Zeitraum von zwei Jahren hinweg durchgeführt, in dessen Verlauf es Veränderungen sowohl auf der methodischen als auch auf der personellen Seite gab. So fielen etwa bei der an der Case Western Reserve University durchgeführten Untersuchung achtzehn Patienten im Laufe der langen Periode der Nachtests aus; wären diese Patienten in die Tests einbezogen geblieben, hätten die Endergebnisse womöglich anders ausgesehen (Moss 1965).

Untersuchungen mit Mutter-Kind-Paaren unter der Bedingung der Frühgeburt haben sich als ausgesprochen schwierig erwiesen, nicht nur wegen gewisser Probleme, die sich während der langwierigen und anstrengenden Periode des Klinikaufenthalts des Säuglings ergeben, sondern auch weil es eine fast unlösbare Aufgabe ist, beide Untersuchungsgruppen mit einer homogenen Population in bezug auf Gruppenprofil, Geschlecht des Säuglings, Geburtsgewicht, relativen Entbindungszeitpunkt, Religion, kulturellen Hintergrund und sozio-ökonomischen Status zu besetzen. Unmöglich ist es ferner, die eigenen frühen Lebenserfahrungen der Mutter oder die zu Hause auftretenden Streßbelastungen statistisch zu kontrollieren. Beide Forschergruppen mußten feststellen, daß es unmöglich war, die Tests mit der Frühkontakt- und mit der Spätkontakt-Gruppe zu gleicher Zeit auf einer Station durchzuführen. Beide Teams behalfen sich damit, zunächst eine dreimonatige Untersuchungsperiode mit der Spätkontakt-Gruppe anzusetzen und eine ebenfalls dreimonatige Periode mit der anderen Gruppe folgen zu lassen. Auf diese Weise wollte man verhindern, daß Mütter der Spätkontakt-Gruppe auf der Station Mütter mit frühem Kontakt beobachten konnten. Schließlich wurden beide Untersuchungen abgebrochen, weil sie die Schwestern psychisch zu sehr belasteten: Sie hielten es für ungerecht, nicht allen Müttern gleichermaßen einen frühen Kontakt zu ihrem Kind zu gestatten.

Zur Untersuchung an der Stanford-University gehörte auch eine Reihe von sieben Gesprächen mit den Eltern vor der Entlassung des Kindes. Dies brachte natürlich für die Mütter beider Gruppen eine Reihe zusätzlicher Klinikbesuche mit sich, so daß man annehmen kann, daß zumindest die Mütter der Spätkontaktgruppe ihrem Kind zahlreichere Besuche abstatteten, als sie es sonst getan hätten. Es ist übrigens überraschend, daß die in die Stanford-Untersuchung einbezogenen Mütter auch der Frühkontakt-Gruppe ihr Kind durchschnittlich nur alle sechs Tage einmal besuchten. Fanaroff und Mitarbeiter (1972) haben das Besuchsverhalten von Müttern in einer Frühgeborenenstation untersucht, in der die Besuchs- und Anrufmöglichkeiten unbegrenzt waren. Sie stellten fest, daß 25 Prozent der Mütter, die im Lauf von 14 Tagen im Durchschnitt weniger als dreimal zu Besuch kommen oder anrufen, später ein erheblich gestörtes Mutterverhalten zeigen (s. Tabelle 4–3).

Noch 1970 war erst bei einem Drittel aller Frühgeborenenstationen den Eltern der Zutritt gestattet. Barnett und Mitarbeiter verschickten Fragebögen an 2729 Frühgeborenenstationen. Von 1644 oder 61 Prozent der Stationen kam Antwort, aber nur 1444 der ausgefüllten

*Tabelle 4–3: Besuchshäufigkeit in der Neugeborenen-Intensivpflegestation und Folgeerscheinungen**

	Mehr als 3 Besuche in 2 Wochen	Weniger als 3 Besuche in 2 Wochen
Anzahl	111	38
Nachbeobachtung bei	108	38
Störung des Mutterverhaltens	2 (1,8%)	9 (23%)**
Kind verstoßen	1	1
Kind geschlagen	0	2
Entwicklungshemmung	0	5
Kind zu Pflegeeltern	1	1

* Aus: Fanaroff u. a. (1972)

** p= <.001, Chi-Quadrat

Fragebögen enthielten verwertbare Informationen. In 486 oder 34 Prozent derjenigen Stationen, die antworteten, war es Müttern gestattet, ihr Kind zu besuchen und es zu betasten. Von diesen Stationen gestatteten wiederum 60 Prozent auch dem Vater, sein Kind zu besuchen und es anzufassen. Es ist von besonderem Interesse, die Gründe zu erforschen, die diese Kliniken bewogen haben, ihre Besuchsregelungen so zu liberalisieren. 35 Prozent der Stationen gaben an, von der praktischen Möglichkeit der Öffnung der Frühgeborenenstation für die Eltern zum ersten Mal durch eine Weiterbildungsveranstaltung in einem anderen örtlichen Krankenhaus gehört zu haben; 25 Prozent hatten davon durch den Besuch einer Schwester oder eines Arztes aus einer anderen Klinik, 22 Prozent auf einem Kongreß für Kinderheilkunde oder einer ähnlichen nationalen Veranstaltung erfahren. Innerhalb der kleinen Gruppe, die literarische Informationsquellen erwähnte, gaben 20 Prozent den *Reader's Digest,* verschiedene Frauenzeitschriften oder eine örtliche Tageszeitung an. Von den 486 Stationen, die den Eltern Besuchsmöglichkeiten anboten, beriefen sich nur 8, oder 1,6 Prozent, auf wissenschaftliche Forschungsergebnisse (sei es auf bakteriologischem oder auf psychologischem Gebiet). 81 Prozent der Stationen beriefen sich, auf die Gründe hin befragt, aus denen sie Müttern den Zutritt zur Station gestatteten, auf den gesunden Menschenverstand. Grobstein ist der festen Überzeugung, daß im Bereich der klinischen Säuglingspflege ein sehr viel mehr wissenschaftlich orientierter Zugang nötig ist, der den psychischen und sozialen Bedürfnissen von Eltern und Kind höchste Priorität zubilligt. »Wenn die soziale Organisation der klinischen Säuglingspflege dies außer acht läßt, wird der Trend weg von der professionellen, institutionellen Säuglingspflege weitergehen – wie sich in der zunehmenden Zahl der Hausgeburten und ähnlicher ›natürlicher‹ Praktiken zeigt, die eine Absage an die moderne Geburtshilfe und Kinderheilkunde darstellen« (Barnett u. a. 1972).
Während sich dieser Wandel in der Besuchsoffenheit der Stationen vollzogen hat, sind zugleich bemerkenswerte Fortschritte hin zu einer Verbesserung sowohl der Überlebensrate als auch der qualitativen Verfassung der überlebenden Kinder erzielt worden. Die Beobachtungen von Stewart und Reynolds (1974) zeigen, daß das Frühgeborene, wenn alle zur Verfügung stehenden modernen Verfahren angewandt werden – z. B. eine frühe Verabreichung von Flüssigkeit, eine sorgfältige und detaillierte Sauerstoffkontrolle, die Optimierung der Umgebungstemperatur, die Überprüfung und Korrektur von pH-Wert, Atmung und Herzschlag –, eine nahezu ebenso große Chance auf eine gesunde Entwicklung hat wie ein normal ausgetrage-

nes Kind. Es ist besonders wichtig, in diesem Zusammenhang nicht zu vergessen, daß in die Untersuchungen von Stewart und Mitarbeitern nur die allerkleinsten Frühgeborenen mit einem Geburtsgewicht von weniger als 1500 Gramm einbezogen waren, Säuglinge also, die normalerweise als hoch anfällig für Entwicklungsstörungen gelten.

Kommentar: Hier sollte Vorsicht walten, da die Befunde von Stewart und Reynolds bisher noch keine breite Bestätigung durch andere Forschungen gefunden haben. Ferner repräsentieren ihre Daten lediglich die Folgeentwicklung bis zum Schuleintrittsalter.

K. Barnard

In den letzten Jahren hat es eine Flut von Untersuchungen zur sensorischen Stimulation des Säuglings gegeben; diese Untersuchungen liefern eine Brücke zwischen den vielen Studien zum Mutterverhalten und denen zur späteren Entwicklung des Säuglings. Tabelle 4–4 (siehe S. 170/171), faßt einige der zur sensorischen Stimulation beim Säugling gemachten Beobachtungen zusammen. Diese Untersuchungen zeigen, daß frühgeborene Säuglinge, die während ihres Aufenthalts in der Klinik täglich entweder berührt, geschaukelt, gestreichelt oder liebkost werden, weniger häufig Atemlähmungen erleiden, rascher an Gewicht zunehmen, weniger häufig Stuhlgang haben und in einigen Bereichen des höheren Zentralnervensystems einen Entwicklungsvorsprung erreichen, der nach der Entlassung aus der Klinik noch für Monate anhält. Bei einem vorhandenen Mangel an Personal zur Gewährleistung dieser Stimulationen erscheint es nur logisch, daß man es den Eltern überläßt, diese spezifischen zusätzlichen Manipulationen vorzunehmen, die das Gedeihen eines winzigen frühgeborenen Kindes fördern.
Die Eltern müssen dazu ermuntert werden, ihr Kind kontinuierlich in der beschriebenen Weise zu stimulieren. Normalerweise sind die Schlafphasen beim Frühgeborenen verlängert und nur von kurzen Wachzeiten unterbrochen, was die Eltern zuweilen verunsichert. Häufig sitzt eine Mutter lange Zeit vor dem Brutkasten und wartet darauf, daß ihr Baby aufwacht. Da die Zuneigung und der Enthusiasmus der Eltern angeregt und bestärkt werden, wenn sie die geöffneten Augen ihres Kindes sehen, empfiehlt es sich, ihnen zu erklären, daß die Wachphasen des Babys um so länger werden, je mehr es sich entwickelt. Oft bemühen sich Eltern mit Beharrlichkeit und Einfallsreichtum, ihr Kind dazu zu bringen, daß es ihnen »etwas mitteilt«; durch Streicheln oder Tätscheln kann eine Mutter beispielsweise erreichen, daß das Kind die Augen öffnet. Wenn eine Mutter fähig ist, die besonderen Bedürfnisse des Frühgeborenen

anzuregen und zu erfüllen, dann wird das Baby, das sie nach Hause nimmt, empfänglicher für ihre Zuwendung sein und dem Baby, das sie eigentlich nach neun Schwangerschaftsmonaten hatte zur Welt bringen wollen, in seinem Verhalten ähnlicher sein.

Kommentar: Man sollte in dieser ganzen Stimulationsgeschichte nicht bloß die Aufforderung sehen, dem Frühgeborenen zusätzliche oder vermehrte sensorische Reize zu verabreichen. Man sollte mehr über die geeigneten Arten der Stimulation und ihren zeitlichen Rhythmus nachdenken; tatsächlich sind doch viele Säuglinge, sei es in der Klinik oder zu Hause, einem Bombardement von Reizen ausgesetzt zu einer Zeit, da ihre Fähigkeit, mit Reizüberflutungen fertigzuwerden, noch weniger ausgeprägt ist. Es kann sogar vorkommen, daß sie aufgrund von Reizüberflutung eine Neigung zur leichten Erregbarkeit und zum Schreien entwickeln, was dann für die Familie schwierig ist.

K. Barnard

Blake und Mitarbeiter (1975) haben in ihrer ausführlichen Entwicklungsstudie an Säuglingen mit einem Geburtsgewicht von 1500 Gramm oder weniger festgestellt, daß viele englische Mütter in den ersten sechs Monaten nach der Entlassung des Kindes aus der Klinik drei Phasen durchmachen.
Zunächst setzt eine Flitterwochen-Phase ein: Bei den Eltern herrscht freudige Erregung vor, und beim ersten Besuch in der Klinik, sieben bis zehn Tage nach der Entlassung, sind sie gewöhnlich voller Euphorie. Dann folgt eine Periode der Ermüdung: die Euphorie ist geschwunden, und die Mutter äußert viele kleine Klagen über Probleme in der Handhabung des Babys, insbesondere was seine Fütterung betrifft. Die Mutter sieht nicht nur erschöpft aus, sondern ist es auch. Die Fütterungsprobleme sind oft sehr real. Diese Phase dauert gewöhnlich an, bis das Baby zu lächeln und auf seine Mutter zu reagieren beginnt, was manchmal nur wenige Tage, manchmal mehrere Wochen auf sich warten läßt.

Kommentar: Wir haben festgestellt, daß Mütter einen Monat nach der Entlassung des Kindes normalerweise physisch erschöpft sind; die Babys sind oft reizbar, was im Gegensatz zu unserer Bewertung ihres Verhaltens in der Säuglingsstation steht. Des weiteren zeigt das Frühgeborene, solange es in der Klinik ist, im Brazelton-Test zur Bewertung des Verhaltens Neugeborener häufiger gute Reaktionen auf die Orientierungs-Items, während es bei der Untersuchung einen Monat nach der Entlassung schwieriger ist, Reaktionen auf die Orientierungs-Items zu bekommen. Man müßte die Eltern im Beratungsgespräch über die Verhaltensänderungen aufklären, die sie bei ihrem Kind womöglich beobachten werden, und ihnen erläutern, wie sie zu deuten sind.

K. Barnard

Tabelle 4–4: Auswirkungen sensorischer Stimulation in der nachgeburtlichen Phase

Anzahl der Patienten	Frühgeburt oder normalzeitig	Art der Stimulation	beobachtetes Folgeverhalten		Quelle
			Experimentalgruppe	Kontrollgruppe	
60	Frühgeburt	Sensorisch, taktil, kinästhetisch (Experimentalbabys wurden hochgenommen und gewiegt) in 14 Tagen 2,73mal soviel wie die Kontrollbabys	Größere Häufigkeit von Erkrankungen im Zusammenhang mit der Genitalzone[a]; länger im Zustand der Reglosigkeit[c]; weniger Stuhlgang[a]	Häufigere Erkrankung an Augen und Mund und Körperausschlägen[b]; Babys schrien länger[c]; Babys schrien öfter vor der Fütterung[d]	Hasselmeyer 1964
10	Frühgeburt	Taktil, pro Stunde 5 Min. gestreichelt, 10 Tage lang	Wiedererreichung des Geburtsgewichtes in 10,8 Tagen, 7–8 Monate nach Entlassung aktiv und gesund; bei Bayleys-Entwicklungstest 7–8 Monate nach Entlassung zeigte ein Säugling gute motorische, aber eine enttäuschende Allgemeinentwicklung[e]	Wiedererreichen des Geburtsgewichts nach 15,4 Tagen; 3 Babys um mehr als Standardabweichung unter Wachstumsdurchschnitt; bei 2 von 4 Säuglingen Verdacht auf Cerebrallähmung; 4 Babys in motorischer Entwicklung unter Altersdurchschnitt[e]	Solkoff u.a. 1969
32	normalzeitig	Schaukelbett	Bei größerer Schaukelfrequenz (60mal pro Min.) weniger Gequältheit[c]; nach Schaukeln niedrigeres Aktivitätsniveau[f]; geringerer Streß[a]	Bei langsamerer Schaukelfrequenz (30mal pro Min.) geringere Abnahme der Aktivität[b]	Van den Daele 1970
18	8 Frühgeburten 10 normalzeitige	Schaukelbett; weißes Rauschen	Beruhigende Wirkung des Schaukelbettes[a]; Schaukelbett und Geräusche hatten zusammen größere Beruhigungswirkung als Schaukelbett alleine[c]		Van den Daele 1970
62	Frühgeburt	Akustisch, aufgenommene Mutterstimme 6mal pro Tag in Abständen von 2 Std., bis 252 Tage nach Schwangerschaftsbeginn	Bei allgemeinem Reifetest nach Rosenblith im Alter von 36 Wochen erhöhter Wert für motorische Entwicklung[c]; stärkere akustische Reaktion auf Glocke oder Rassel[c], stärkere Muskelspannungs-Reaktionen[c]	Geringere Werte für taktile Adaptivität[c]; weniger ausgeprägte visuelle Reaktion auf rote Rassel[c]	Katz 1971

15	Frühgeburt	Kinästhetisch, Schaukelbett; akustisch, aufgenommene Herztöne, jeweils 15 Min. pro Std.	Größere durchschnittliche tägliche Gewichtszunahme[b]; höhere Punktwerte auf geistiger Entwicklungs-Skala[b] und bessere lautsprachliche Entwicklung[b]	Weniger lange ruhiger Schlaf[a]; weniger lang in aktivem Schlaf[b]	Barnard 1975
60	Frühgeburt	Aufgenommene Frauenstimme; weißes Rauschen 30 Min. pro Tag	Wenn Kind ruhig, dann bei Ertönen von weißem Rauschen beschleunigter Herzschlag; wenn Kind schreit, dann bei Ertönen aufgenommener Frauenstimme verlangsamter Herzschlag[c]		Segall 1972
36	Frühgeburt	Babys 2mal pro Tag je 20 Min. lang aufgenommen und bewegt, ab 4. Tag nach der Geburt nur noch 1mal pro Tag 20 Min.	Wert für geistige Entwicklung nach 4 Monaten 13,5 Punkte höher[b]; Wert für motorische Entwicklung nach 4 Monaten 16 Punkte höher[c]	Langsameres Wiedererreichen des Geburtsgewichts[b]; Verhaltensindex für 6-Monats-Baby niedriger[c]	Freedman u.a. 1972
30	Frühgeburt	Visuell, Vogel-Mobiles in der Station aufgehängt; taktil, zusätzliche Spielphasen	Allgemeiner Entwicklungsvorsprung nach 1 Jahr[b]	IQ geringer (um 10 Punkte)[d]	Scarr-Salapatek, Williams 1973
18	Frühgeburt	Gliedmaßen gerieben, 5 Min. / 15 Min. / 3 Std.	Abnehmende Häufigkeit von Atemnot-Anfällen[c]		Kattwinkel u.a. 1975
21	Frühgeburt	Leicht schaukelndes Wasserbett	Abnahme der Atemnot[c]		Korner 1975
20	Frühgeburt	Auf Wasserbett leicht geschaukelt; akustische Reize	Beschleunigte Gewichtszunahme[c]; größerer Herzumfang[c]; größerer biparietaler Durchmesser[a]		Kramer, Pierpont 1976

[a] = p < ,001 [c] = p < ,01 [e] = Versuchsgruppe zu klein für statistische Signifikantstests
[b] = p < ,05 [d] = p < ,02 [f] = p < ,0001

Ein in der 28. Schwangerschaftswoche geborenes Kind wird zu keiner wirklichen Interaktion mit seiner Mutter fähig sein, ehe es nicht 18 Wochen alt ist. Dann verschwinden plötzlich die Probleme, und die Zuversicht und die Freude der Mutter kehren wieder.
Black und Mitarbeiter beobachteten bei Müttern in den ersten Wochen, nachdem sie ihr Baby nach Hause geholt hatten, ein spezifisches Verhaltensmuster, das darauf hindeutete, daß die emotionalen Konflikte zu dem Zeitpunkt, da das Baby die Klinik verläßt, noch nicht vollständig gelöst sind. »Diese Mütter sind nicht oder nur schwer in der Lage, gleich nach der Heimkehr des Kindes die Verhaltenssignale, die es aussendet, zu erkennen; sie sind überängstlich und reagieren vermutlich unterschiedslos auf alles, und das führt natürlich zur Ermüdung.« Diese Ermüdung führt dazu, daß praktische hausfrauliche und mütterliche Aufgaben nicht mehr reibungslos bewältigt werden, und das wiederum führt zu latentem Unmut. Und »dann hat die Mutter Schuldgefühle wegen ihres Unmuts«. Die meisten Mütter haben nicht nur gedanklich den möglichen Tod ihres Kindes vorweggenommen, sondern auch bereits an Schuldgefühlen und Versager-Komplexen gelitten. Solche Gefühle können allein schon durch eine Frühgeburt ausgelöst werden; jedoch haben Blake und Mitarbeiter (1975) die folgende Beobachtung gemacht:

> Eine vorausgegangene Zeit der Unfruchtbarkeit, ein Schwangerschaftsabbruch oder Abgang, Abnormalitäten in der Schwangerschaft, ein Verleugnen oder eine innere Ablehnung der Schwangerschaft, insbesondere nach mißlungenen Versuchen der Schwangerschaftsunterbrechung, all dies trägt zur Intensivierung solcher Gefühle bei. Dazu kommt, daß viele Mütter nach einer Frühgeburt beim Anblick ihres Babys Schrecken und Haß empfinden, was zu noch stärkeren Schuldgefühlen führen muß, besonders weil unsere Kultur ja vorschreibt, daß Säuglinge »schön« sind und daß ihre Mütter sie auf den ersten Blick automatisch lieben. Die Mütter verfügen jedoch nicht über ein ausreichendes rationales Vermögen, um ihre Probleme erklären zu können. Sie beklagen sich stattdessen über physische Beschwerden des Babys oder praktische Probleme, z.B. über Erbrechen, Verstopfung, Schwierigkeiten beim Füttern.*

In vielen Jahren der Forschung und Beobachtung haben wir den Eindruck gewonnen, daß eine Mutter sich um so rascher physisch von ihrer Schwangerschaft und ihrer Entbindung erholt, je früher sie in die Frühgeborenenstation kommt und körperlichen Kontakt zu ihrem Baby aufnimmt. Interessanterweise hat schon Budin (1907), der erste Neonatologe, die Auffassung vertreten, daß es wichtig sei, die Mutter an der Pflege ihres frühgeborenen Säuglings zu beteiligen.

* Aus: Blake und Mitarbeiter (1975).

Angeregt durch unsere Beobachtungen und Erfahrungen, begannen wir mit einer Untersuchung, in der wir die Auswirkungen eines ergänzenden Frühinterventions-Programms zur Maximierung der Bindung von Müttern und Vätern an ihr frühgeborenes Kind erforschen wollten. Die Untersuchung sollte Aufschluß darüber geben, ob Mütter, die (1) ihr Kind regelmäßig streicheln, (2) sich an Verrichtungen wie Füttern und Wickeln des Säuglings selbst beteiligen und (3) eine besondere Anleitung zur besseren Entschlüsselung der Bedürfnisse und Reaktionen ihres Kindes erhalten, eine intimere Bindung an das Baby entwickeln als Mütter, denen solche Erfahrungen während der ersten beiden Lebenswochen des Kindes nicht zur Verfügung stehen. Die Mütter beider Gruppen durften in die Frühgeborenenstation kommen, wo ihnen alle dort verwendeten Gerätschaften wie Monitore, Katheter oder Brutkastenhaube beschrieben und erklärt wurden. Die obengenannten drei untersuchungsrelevanten Erfahrungen wurden jedoch während der ersten beiden Wochen nach der Geburt des Kindes nur den Müttern der Experimentalgruppe ermöglicht. Nach Ablauf dieser beiden Wochen wurde beiden, der Kontroll- und der Experimentalgruppe, wieder dasselbe Pflegeprogramm zugänglich gemacht.
Die Erfahrungen der Experimentalgruppe unterschieden sich im Hinblick auf drei wichtige Elemente von denen der Kontrollgruppe. Zunächst einmal wurden die Mütter der Experimentalgruppe ermuntert, ihr Baby in den ersten beiden Wochen nach seiner Geburt sechsmal zu besuchen. In der ersten Stunde eines jeden Besuchs wurden sie aufgefordert, ihr Baby viermal jeweils für fünf Minuten anzufassen und zu streicheln, wobei zwischen diesen Streichelphasen jeweils zehnminütige Pausen lagen. Zum zweiten wurden diese Mütter auch ermuntert, bei der Versorgung ihres Babys mit Hand anzulegen, zum Beispiel die Windeln zu wechseln (bei sehr kleinen Babys) oder das Kind zu halten und zu füttern (bei größeren). Zum dritten wurden die Mütter, nachdem sie eigens über die Wahrnehmungs- und Reaktionsfähigkeiten der Kinder aufgeklärt worden waren, aufgefordert, die Kinder über ihren Wahrnehmungsapparat »anzusprechen« und mit ihnen in Kommunikation zu treten. Da die meisten Mütter der Überzeugung sind, es sei sehr wichtig, die geöffneten Augen des Kindes zu sehen, wurden für die Dauer des mütterlichen Besuches die Augenpflaster entfernt und die Phototherapie unterbrochen. Mit je zehn Müttern aus beiden Gruppen wurde zunächst eine Pilotstudie zur Ermittlung der Durchführbarkeit der Hauptuntersuchung veranstaltet. Die Analyse einer auf Videoband festgehaltenen fünfzehnminütigen standardisierten Fütterungsszene zum Zeitpunkt der Entlassung des Kind-es zeigte einen signifikanten

Unterschied zwischen den beiden Gruppen. Die Mütter der Experimentalgruppe hielten den Blick signifikant häufiger und länger auf ihr Kind gerichtet als die Mütter der Kontrollgruppe ($p<.02$). Eine früher durchgeführte, weiter oben beschriebene Untersuchung hatte eine signifikante Korrelation zwischen der Länge der Zeit, in der der Blick der Mutter bei frühen Fütterungen auf dem Baby ruht, und dem IQ des Kindes im 42. Lebensmonat ergeben. Die ergänzenden Kontakterfahrungen, die die Experimentalgruppe machte, erscheinen uns vielversprechend, da es so aussieht, als verstärkten sie die Bindung der Mutter und des Vaters an das Baby. Daher haben wir nach Abschluß der Pilotstudie nun die eigentliche Untersuchung gestartet.

Kommentar: Vielen Eltern ist aufgefallen, daß es keine Regeln oder Anleitungen dafür gibt, »wie man sich verhalten sollte, um einem frühgeborenen Baby, das man in der Klinik besucht, eine gute Mutter bzw. ein guter Vater zu sein«. Wenn diese Versuchsanordnung ihnen nun eine Orientierung hinsichtlich der Zahl der Besuche und der Art und Weise gibt, wie sie ihr Baby anfassen sollten, so müßte dies ihnen eine gewisse Sicherheit vermitteln, daß sie Dinge tun, die nach der Erfahrung und Überzeugung des Klinikpersonals gegenüber einem frühgeborenen Säugling richtig und angemessen sind.

K. Barnard

Klinische Erwägungen

Wir glauben, daß die starren Besuchsregelungen in Säuglingsstationen geändert werden müssen. Unbewegliche Bestimmungen isolieren die Mutter von ihrem Kind, und das führt zu einem drastischen Anstieg ihrer Ängste in bezug auf die Verfassung des Babys. Die Station sollte den Eltern rund um die Uhr zum Besuch offenstehen. Untersuchungen haben gezeigt, daß das Infektionsproblem sich nicht stellt, wenn die erforderlichen Vorkehrungen getroffen sind (die Eltern müssen darauf hingewiesen werden, daß sie nur zu Besuch kommen dürfen, wenn sie sich gesund fühlen, keine Halsbeschwerden oder andere ansteckende Krankheiten haben und ihre Hände gründlich vier bis fünf Minuten lang waschen). Der nebenstehende Kasten enthält ein Merkblatt für Elternbesuche auf der Frühgeborenenstation, wie es unserer Vorstellung nach aussehen könnte.
Ärzte und Pflegepersonal sollten sich bei ihrer Arbeit mit Eltern an sechs Aufgaben orientieren:

1. Der Mutter helfen, ihr vorheriges Idealbild eines normalen

Neugeborenen der winzigen Gestalt des Lebewesens anzupassen, das sie tatsächlich geboren hat.

2. Der Mutter helfen, etwaige Schuldgefühle wegen der Frühgeburt abzubauen.
3. Der Mutter helfen, mit dem Aufbau einer engen emotionalen Bindung an ihr Neugeborenes sowie mit der Entwicklung wechselseitiger Interaktionsformen zu beginnen, damit sie auf die besonderen Bedürfnisse des Babys eingestellt ist.
4. Der Mutter ermöglichen, die Handhabung und Pflege des Babys zu lernen, während es noch in der Klinik ist, damit sie nach seiner Entlassung beim Umgang mit ihm sachverständig und entspannt ist.
5. Die Familie ermuntern, während der Krise der Frühgeburt zusammenzuhelfen; die Eltern anregen, ihre Schwierigkeiten miteinander zu besprechen und gemeinsam nach befriedigenden Lösungen zu suchen.
6. Mithelfen, die besonderen Bedürfnisse einzelner Familien zu befriedigen.

Kommentar: Ich würde eine siebte Aufgabe hinzufügen: Der Familie in der Übergangsperiode beistehen, die eintritt, wenn der Säugling aus der Klinik entlassen wird. Dazu kann auch gehören, daß man mit anderen, unmittelbarer mit der Familienfürsorge befaßten Institutionen zusammenarbeitet.

K. Barnard

Elternbetreuung

Wenn man diese Aufgaben meistern will, muß man zunächst unmittelbar nach der Entbindung sowohl mit der Mutter als auch mit dem Vater sprechen. Welche Worte man dabei wählt, kann von weitreichender Bedeutung sein. Das gesamte Personal der Station sollte ganz besonders vorsichtig mit Bemerkungen sein, die suggerieren könnten, das Kind wäre in irgendeiner Weise abnormal. Eltern pflegen Bemerkungen, die sie zu einem sehr frühen Zeitpunkt hören, niemals zu vergessen, Bemerkungen wie: »O, es ist sehr blau ... Es ist so klein ... Glauben Sie, es bleibt am Leben? ... Sehen Sie, es keucht ... Warum atmet es nicht?« Der Geburtshelfer sollte nicht vergessen, daß seine Worte aufgrund des intimen Vertrauensverhältnisses, das ihn mit der Mutter verbindet, besonderes Gewicht besitzen. Wir haben oft von Eltern lange nach der Entbindung gehört, sie würden niemals die Bemerkung des Arztes vergessen: »Ich zweifle, ob das Kind am Leben bleibt. Es sieht so klein und unentwickelt aus.« Äußerungen wie diese spiegeln die Überzeugung

Neugeborenen-Intensivstation/Leitfaden für Eltern

1. Die Station ist täglich rund um die Uhr für Ihren Besuch bei Ihrem Baby geöffnet. Wir möchten alle Eltern ermuntern, die Station zu besuchen, und heißen Sie willkommen. Sie dürfen Ihr Baby anfassen und können bei seiner Betreuung mithelfen.
2. Die Sicherheit der Kinder hängt davon ab, daß sich jedermann, ehe er eines der Kinder berührt, gründlich die Hände wäscht. Sie müssen sich die Hände wenigstens vier Minuten lang waschen und können dies an den großen Waschbecken an beiden Enden der Station tun. Die Anweisungen für die Technik des Händewaschens finden Sie über den Waschbecken. Ziehen Sie nach dem Händewaschen bitte einen der Kittel über. Es ist wichtig, daß man den Kittel auf dem Rücken gut zubindet.
3. Wenn Sie irgendwelche Fragen in bezug auf Ihr Baby haben, bitte zögern Sie nicht, den Arzt oder die Schwester darauf anzusprechen. Es ist für uns eine Hilfe, wenn wir bei jedem Ihrer Besuche mit Ihnen plaudern und Ihnen die Fortschritte, die Ihr Baby macht, erläutern können. Es kann sein, daß wir bei Ihrem Anruf oder Ihrem Besuch gerade beschäftigt sind und Sie bitten müssen, es etwas später nochmals zu versuchen. Manchmal sind wir vielleicht nicht in der Lage, bei jedem Ihrer Besuche alles Nötige zu besprechen.
4. Die Beobachtungen, die Sie selbst an Ihrem Baby machen, sind sehr wichtig; wenn Sie daher etwas bemerken, das sich verändert hat, oder wenn Sie sich über irgend etwas Sorgen machen, versäumen Sie bitte nicht, die Schwester oder den Arzt, die Ihr Kind betreuen, darauf anzusprechen.
5. Es gibt Zeiten, da macht die Station einen etwas betriebsamen, zuweilen auch hektischen Eindruck; auch in solchen Stunden ist für Ihren Besuch auf der Station immer Zeit und Platz. Das eine oder andere Mal müssen wir Sie vielleicht bitten, ein paar Minuten zu warten.
6. Sollten Sie abends zu Hause irgendwelche Besorgnisse haben, zögern Sie bitte nicht, bei uns anzurufen. Die Schwestern sprechen gerne mit Ihnen, auch wenn es zwei Uhr morgens ist. Irgend jemand ist immer hier. Wählen Sie direkt zur Station durch.
7. Bitte kommen Sie nicht zu Besuch, wenn Sie irgendeine Krankheit haben, mit der Sie Ihr Baby anstecken könnten, wie etwa Durchfall oder eine Erkältung (dazu gehören Halsschmerzen, Schnupfen, Lippenbläschen, Husten und erhöhte Temperatur). Solange sie noch sehr klein und in der Klinik sind, sind frühgeborene Kinder anfälliger für Infektionskrankheiten, und daher gestatten wir niemandem Zutritt zur Station, der sich nicht ganz wohl fühlt. Bitte wenden Sie sich an die Ärzte und Schwestern, wenn Sie sich nicht schlüssig sind, ob Sie bedenkenlos zu Besuch kommen können, und erkundigen Sie sich auch nach einer überstandenen Erkrankung, wann Sie Ihre Besuche gefahrlos wieder aufnehmen können.

vieler Ärzte wider, daß eine Frau, die man auf den möglichen Tod ihres Neugeborenen vorbereitet, von der realen Erfahrung eines solchen Todes emotional nicht so schwer getroffen wird. (Untersuchungen mit Eltern, die ein Neugeborenes verloren haben, zeigen, daß dies nicht stimmt; diese Untersuchungen werden in Kapitel 6 erörtert.)

Der Arzt, der eine solche Äußerung in dieser Absicht tut, versucht der betreffenden Frau damit zu helfen. Auf den ersten Blick mag dieses Unterfangen vernünftig erscheinen (im Sinne eines Teilens aller Sorgen mit der Patientin), aber tatsächlich ist es in dieser Situation nicht geboten. Heute bleiben nahezu alle Frühgeburten am Leben. Wenn eine Frau ihrem Kind den Rest seiner Kindheit über eine gute Mutter sein soll, so muß der Aufbau einer festen und engen Bindung an das Kind schon bei der Geburt einsetzen. Pessimistische Äußerungen in den ersten Stunden nach der Entbindung veranlassen die Mutter eines frühgeborenen Kindes dazu, eine emotional reservierte Haltung einzunehmen, die die Mutter-Kind-Bindung von Anfang an hemmt, und in den Prozeß des antizipatorischen Trauerns einzusteigen. Wenn dieser Prozeß erst einmal voll eingesetzt hat, läßt er sich nur schwer wieder umkehren. Wenn dann nach zwei oder drei Tagen der Geburtshelfer und der Kinderarzt die Überlebenschancen des Frühgeborenen wieder positiv beurteilen, haben sie vielleicht schon begonnen, die Mutter zu verlieren. Es kann mehrere Tage dauern, ehe die Mutter selbst glaubt, daß ihr Baby am Leben bleiben wird, es kann sogar sein, daß sie Jahre braucht, ehe sie wirklich voll und ganz davon überzeugt ist. Der Arzt muß ehrlich sein d. h. er muß, wenn die Situation es erfordert, erklären, daß es Fälle gibt, in denen eine Prognose über die Entwicklungsfähigkeit eines Frühgeborenen äußerst schwierig ist. Unglücklicherweise führt diese Situation oft zu einer Unterbrechung der Kommunikation mit der Mutter, was ihre Sorgen nur noch verstärkt. Wir haben festgestellt, daß es hilft, wenn man ihr beschreibt, wie wir das Aussehen des Kindes aus ärztlicher Sicht einschätzen, wobei wir einige der negativen Faktoren unterschlagen. Wir machen der Mutter gegenüber keine statistische Aussage über die Überlebenschancen des Babys. Es gibt allerdings Fälle, in denen das Kind, nachdem es schon eine Zeitlang bei den Eltern zu Hause gewesen ist und ihre Liebe voll auf sich gezogen hat, mit einer Hirnhautentzündung oder einer anderen akuten Erkrankung in die Klinik zurückgebracht wird. In diesen Fällen sollte der Arzt die Mutter dann von Anfang an in seine Bedenken einweihen.

Im vorausgegangenen Kapitel haben wir erörtert, wie die Mutter eines normalen, gesunden Neugeborenen die Idealvorstellung, die sie sich von ihrem Kind gemacht hat, dem realen Lebewesen vor ihren Augen angleichen muß. Dieser Anpassungsprozeß ist natürlich für die Mutter eines frühgeborenen Säuglings weit schwieriger. Sie muß ihre Idealvorstellung mit einem dünnen, runzligen, schwächlichen Säugling in Übereinstimmung bringen. Da die Mutter eines frühgeborenen Kindes normalerweise nicht in der Lage ist, sich vorzustellen, daß ihr winziges Baby sich schließlich zu einem normalen, stämmigen, kräftigen, gesunden Baby entwickeln wird, ist es für sie alles andere als einfach, sich mit seinem Äußeren anzufreunden.

Die Ängste einer Mutter (oder eines Vaters), die zum ersten Mal eine Frühgeborenenstation betritt, sind, heute nicht anders als in den fünfziger Jahren, viel größer als etwaige Ängste des Arztes. Die Mutter, die ihren frühgeborenen Säugling (sagen wir ihre Tochter) besuchen kommt, war physisch und emotional auf die Frühgeburt nicht vorbereitet und hat die Erschütterung darüber noch nicht überwunden. Sie macht sich größte Sorgen über das Wohlbefinden ihrer Tochter, fragt sich, ob sie irgendwelche Abnormalitäten aufweisen könnte, denkt darüber nach, ob jemand ihr Vorwürfe machen wird, weil sie ein unfertiges, schwächliches, unvollkommenes Wesen in die Welt gesetzt hat, und fürchtet vielleicht, daß sie Keime mitbringt, an denen ihre Tochter sich anstecken könnte. Sie betritt die hellerleuchtete Zitadelle aus Edelstahl und Glas, die mit unbekannten Geräuschen und Gerüchen erfüllt und von eifrigen jungen Männern und Frauen bevölkert ist, die von einem Brutkasten zum anderen eilen, komplizierte Apparaturen bedienen und längere Zeit mit ernstem Gesicht über dem einen oder anderen Baby verweilen. Diese Aktivitäten wirken unheimlich und suggerieren ein Klima großer Spannung – selbst noch nach mehreren Besuchen. Erst wenn man einer Mutter gesagt hat, daß ihre Tochter deutlich gute oder erheblich bessere Fortschritte macht, wenn sie sich selbst mit Händen und Augen davon überzeugt hat, beginnt ihre innere Anspannung nachzulassen. Aber gewöhnlich erlebt sie bei den ersten Besuchen furchteinflößende Überraschungen: Ihre Tochter hängt an verschlungenen Drähten, dünnen und dicken Schläuchen, ihr Kopf, ihre Arme oder ihre Beine sind bandagiert, ihre Augen verpflastert, und helle Lampen bescheinen ihren kleinen Körper. Dieser Körper ist so winzig, so anders als der eines normalen Säuglings. Der Kopf ist groß, die Gliedmaßen sind dünn, die Bewegungen ruckhaft, die Atmung unregelmäßig und mühsam. Abb. 4–8 zeigt den Anblick, der sich einer Mutter bietet, wenn sie ihr Baby in den ersten Tagen nach der Entbindung besucht. Bei jedem Besuch ist vielleicht ein neues Problem entdeckt oder wird angekündigt, und jedes neu auftauchende Problem verursacht ihr einen neuen stechenden Schmerz im

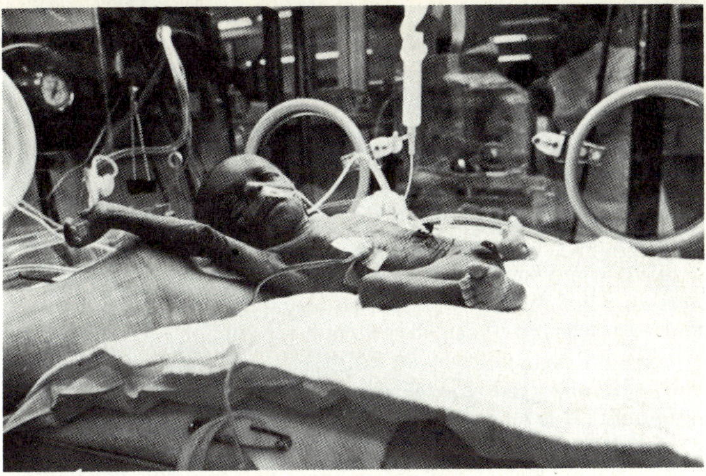

Abb. 4–8: Ein Anblick, wie er sich einer Mutter bietet, wenn sie ihr frühgeborenes Kind zum ersten Mal besucht.

Unterleib. »Ist Gelbsucht bei einem Baby lebensgefährlich?« »Wie wird sie diese Belastung aushalten, so schwer atmen zu müssen, wo sie doch ohnehin so klein und zerbrechlich ist?« »Wächst ein solcher Winzling tatsächlich jemals zu einem ausgewachsenen Kind oder Erwachsenen heran?« »Sagt man mir wirklich die Wahrheit? Was habe ich meiner armen Tochter angetan?«

Wir glauben zwar nicht, daß man Antworten auf derartige Fragen drehbuchmäßig vorbereiten kann, aber wir möchten dennoch den folgenden Gesprächsausschnitt als Beispiel anführen. Wenn eine 1500-Gramm-Frühgeburt 30 Minuten nach der Entbindung noch keucht, aber eine rosa Hautfarbe hat, ist es nach unserer Erfahrung hilfreich zu sagen: »Frau Johns, Sie haben ein schönes, kräftiges Baby, wenn es auch noch klein ist. Es hat einige der Anpassungen an das Dasein außerhalb Ihres Körpers vollbracht, die wir bei Neugeborenen gewöhnlich beobachten. Wir glauben, daß es sich gut entwikkeln wird, wenn es diese Anpassungsperiode im Lauf der nächsten paar Tage gut übersteht. Es ist rosarot, aktiv und hat einen schönen Körperbau. Es macht einen ausgezeichneten Eindruck auf uns, abgesehen davon, daß es ein bißchen Probleme mit dem vollen Aufblasen seiner Lungen hat, aber das beobachten wir in dieser Periode häufig. Es haben hier in letzter Zeit viele Entwicklungen stattgefunden, und wir haben viele neue Techniken. Einige davon werden wir bestimmt einsetzen, um Ihrem Kind zu helfen, und wir werden Sie darüber informieren, sowie wir sie einsetzen. Ich finde, daß Ihr Baby sich sehr erfreulich macht, und hoffe, Sie später am Tag nochmals zu sehen. Wenn Sie sich wohl genug fühlen, kommen Sie Ihr Kind besuchen, ich glaube, es wird Ihnen Freude machen.«

Es ist auch wichtig, die Mutter zu diesem Zeitpunkt zu fragen, wie sie sich fühlt und welche Sorgen und Befürchtungen sie hat. Nachdem sie ihr Baby gesehen hat, können wir sie vielleicht fragen: »Wie hat das Kind auf Sie gewirkt? Was ist Ihnen aufgefallen? Was halten Sie von dem Baby und von dem, was wir Ihnen zuvor gesagt haben? Welche Fragen haben Sie?« Jede Frau hat ihre individuellen Bedürfnisse, und wenn wir nicht achtgeben, laufen wir Gefahr, eine Mutter mit unnötigen Beschreibungen zu überfluten – vielleicht gilt ihre Sorge einer ganz anderen Frage, als der Arzt glaubt.

Manchem Leser mag die Empfehlung, zu diesem Zeitpunkt Optimismus zu verbreiten, unehrlich oder trügerisch erscheinen – wie eine Aufforderung, der Mutter gegenüber »mit verdeckten Karten« zu spielen. Ein Arzt sollte eine Mutter niemals in falschen Hoffnungen wiegen, wenn er damit rechnet, daß ein Säugling stirbt, und es liegt beileibe nicht in unserer Absicht, eine solche Täuschung zu empfehlen. Es ist wichtig, daß der Arzt zunächst für sich festlegt, welche Überlebenschancen ein Baby hat, und sich dann, auf der Grundlage der gegenwärtigen gerechtfertigten Erwartungen, überlegt, was er der Mutter sagt. Ärzten, die sich noch aus eigener Erfahrung an die hohen Säuglingssterblichkeitsraten der Vergangenheit erinnern, wird es vielleicht schwerfallen, optimistisch zu sein; sie sehen es vielleicht lieber, wenn in der Phase der Intensivbetreuung jemand anders das Gespräch mit den Eltern führt.

Auch der Vater muß mit einbezogen werden. Der Arzt sollte mit ihm besprechen, in welcher Verfassung das Kind ist, und sollte ihm auch gestatten, es aus der Nähe zu betrachten. Da die Mutter vielleicht von der Entbindung her noch benommen ist, ist es wichtig, beim ersten Gespräch auch den Vater dabei zu haben. Viele Ärzte halten es für richtig, einer Frau kurz nach der Entbindung noch nichts über einen eventuell kränklichen Zustand ihres Kindes zu sagen und ihr damit eine psychische Belastung zu ersparen; demgegenüber erscheint uns jedoch klar, daß die Sorgen einer Mutter oft weit größer sind, als der reale Zustand des Neugeborenen es rechtfertigt, und daß ihre Sorgen auch oft nicht dieselben sind wie die des Arztes. Der Arzt wäre gut beraten, den Eltern beim ersten Gespräch zu versichern, daß es keine Geheimnisse geben wird, daß sie über den Entwicklungsverlauf des Kindes informiert werden und daß dies, wenn immer möglich, im Gespräch mit beiden Elternteilen geschehen wird. (Es mag aus praktischen Gründen so ablaufen, daß der Arzt persönlich mit der Mutter spricht und sie die Informationen an ihren Mann weitergibt; jedenfalls muß der Arzt sicherstellen, daß die Mutter keinen Verdacht schöpft, ihr Mann oder der Arzt hielten irgendwelche Entwicklungen vor ihr geheim.)

Es ist heute in den Vereinigten Staaten in vielen Fällen so, daß unentwickelte oder kranke Säuglinge von der Klinik, in der sie geboren worden sind, in eine Klinik mit einer Neugeborenen-Intensivstation verlegt werden. Die meisten Mütter nehmen diese Verlegung, selbst wenn sie nur aufgrund eines leicht erhöhten Bilirubinspiegels erfolgt, zum Anlaß, sich Sorgen um das Überleben ihres Kindes zu machen (Benfield u. a. 1976). Es ist wichtig, sich dies zu vergegenwärtigen, da Mutter und Vater in solchen Fällen zusätzlichen Beistand benötigen (Fanaroff und Baskiewicz 1975). Bevor das Kind verlegt wird, zeigen wir es seiner Mutter und versuchen den Eltern in vereinfachter Darstellung zu beschreiben, welche Behandlung das Kind erfahren wird. Wir bitten den Vater, uns bei der Betreuung seines Kindes zu helfen, und lassen so bei ihm den Eindruck entstehen, daß er eine ganz besondere Rolle zu spielen hat. Und wirklich hat er ja auch zwei Kranke in der Familie – seine Frau in der Geburtsklinik und sein neugeborenes Kind in der Säuglingsabteilung derselben oder einer anderen Klinik. Dazu kommt, daß er manchmal noch weitere Kinder zu Hause zu versorgen hat. Wir haben beobachtet, daß er, wenn wir ihn früh in die Konstellation einbeziehen, seine Ängste eher zu meistern vermag. Wir schlagen ihm vor, in die Neugeborenen-Intensivstation zu kommen, mit den Ärzten und Schwestern über den Gesundheitszustand seines Kindes zu sprechen und sich mit den gewohnten Abläufen vertraut zu machen, ehe er seine Frau besucht. Auf diese Weise kann er ihr aktuelle Informationen mitbringen und zum Abbau ihrer Ängste beitragen. Wir empfehlen ihm, mit seiner Frau mindestens einmal am Tag zu sprechen.

Ehe die Mutter zum ersten Mal in die Säuglingsstation kommt, sollte der Arzt ihr eingehend beschreiben, wie ihr Baby aussieht. Sie sollte wissen, daß es, bis auf eine Windel, nackt in einem Brutkasten liegt, daß in seinem Nabel ein dünner Plastikschlauch steckt, durch den kleine Blutproben entnommen werden, nach denen sich seine Behandlung richtet, daß an seinem Arm ein zweiter dünner Schlauch hängt, durch den es Zucker-Nährlösungen zugeführt bekommt, daß sein Kopf von einer kleinen Plastikhaube bedeckt ist, die eine exakte Sauerstoffkontrolle ermöglicht, daß es eine rosarote Hautfarbe hat, sich aktiv bewegt und darauf wartet, daß seine Mutter in den Brutkasten greift und es ihre Berührung spüren läßt. Gleichzeitig

erklären wir ihr auch, daß, wie eine Reihe jüngst durchgeführter Untersuchungen ergeben haben, das bloße Anfassen des Säuglings ausreicht, um seine Atmung, seine physische Entwicklung und seine Gewichtszunahme zu fördern und ihn in einen entspannteren Zustand zu versetzen. Daher ist der Besuch nicht nur für die Mutter, sondern auch für das Kind selbst wichtig. Es kommt oft vor, daß eine Mutter sagt, sie wolle ihr Baby nicht anfassen, aus Angst, es zu verletzen oder zu infizieren. Diese Angst entstammt vielleicht ihrer Überzeugung, sie sei eine unzulängliche oder »schlechte« Mutter, weil sie nicht imstande gewesen ist, ein normales Kind zur Welt zu bringen. Es tut jeder Mutter gut, wenn man sie diese Dinge aussprechen läßt, es ist aber ebenso wichtig, sie zu ermutigen, zu akzeptieren und ihr Selbstvertrauen wiederaufzubauen. Indem wir der Mutter sagen: »Sie können jederzeit hierherkommen«, geben wir ihr im Grunde zu verstehen, daß wir sie als einen willkommenen, »guten« Menschen betrachten, dessen Gegenwart dem Baby guttut. Die meisten Mütter hatten und haben immer noch zuviel Respekt vor den »fachmännischen« Schwestern und fühlen sich unterlegen.
Je länger eine Mutter auf die erste Begegnung mit ihrem Kind warten muß, desto mehr Zeit hat sie, sich einzureden, daß ihre schlimmsten Vorstellungen sich erfüllt haben oder erfüllen werden. Je früher sie ihr Kind sieht, desto rascher kann sie die Vorstellung, die sie von ihm hatte, mit seiner realen physischen Gestalt in Einklang bringen. Der erste Anblick des Kindes und das erste »Handanlegen« an es sind für eine Mutter keineswegs leicht. Wir empfehlen, einen Stuhl (am besten einen hohen Hocker mit Rückenlehne) neben dem Brutkasten aufzustellen, für den Fall, daß sie weiche Knie bekommt.
Jede Mutter bringt ihr eigenes Repertoire von Sorgen, Problemen und lebensgeschichtlichen Erfahrungen mit. Manche können sich auf die Situation schneller einstellen als andere. Denjenigen, die sehr große Skrupel haben, die Station zu betreten, sagen wir: »Wie geht es Ihnen? Wie haben Sie geschlafen? Wie kommen Sie dieser Tage zurecht? Wie kommt Ihr Mann zurecht? Wie kommen Sie beide zurecht?« Wenn man sie dazu bringt, über ihre Gedanken zu sprechen, dann hilft das viel. Man sollte sie weder zwingen, die Hände in den Brutkasten zu stecken, noch überreden, in die Station zu kommen, wenn sie nicht innerlich bereit oder willens ist, es zu tun. Viele Leute glauben, diejenige Mutter, die die Krankheit nicht wahrhaben will, sich zurückzieht und passiv bleibt, habe es weit schwerer, sich an die Situation zu gewöhnen. Die Mutter, die in der Lage ist, den Problemen des kleinen Frühgeborenen ins Auge zu sehen und mit ihren Schuldgefühlen zu ringen, wird die Situation rascher und leichter bewältigen. Wenn diese Gefühle einmal artiku-

liert sind, ist die Familie auf dem besten Weg, eine gute Bindung zu dem Neugeborenen zu finden.

Die Art der Betreuung, welche die Mutter und ihr Kind in der intensiven Pflegephase erfahren, hat einen Einfluß auf ihre Beziehung zueinander, der das ganze Leben des Kindes über anhalten wird. Wir waren oft beeindruckt von dem Einfallsreichtum, den die Schwestern entwickelten, wenn es darum ging, die »technischen« Voraussetzungen dafür zu schaffen, daß eine Mutter ihr Kind im Arm halten konnte, während es durch eine durch die Nase geführte Magensonde ernährt wird. Sie befestigen die Pürette am Kleid der Mutter, so daß sie ihr Baby halten kann, bis die gesamte Nährration in seinen Magen gelaufen ist. Wir haben am Bettchen des Kindes Zettel mit der Aufschrift gefunden: »Bitte warten Sie mit der Ein-Uhr-Fütterung auf meine Mutter. Sie wird kommen und mir meine Ration geben. Mann, freue ich mich, sie zu sehen! Gezeichnet Susie.« Oft treffen wir auf eine Gruppe von drei oder vier Müttern, die in einem Zimmer mit einer Schwester plaudern.

Man sollte der Mutter keine Aufgabe übertragen, bei der eine noch so geringe Möglichkeit besteht, daß sie sie nicht bewältigen wird. Sie sollte nicht mit der Flasche füttern, bevor nicht eine Schwester oder ein Arzt ihr Baby mehrmals auf diese Weise gefüttert hat und weiß, daß das Kind damit gut zurechtkommt. In der Phase, in der das Kind noch mit dem Schlauch ernährt wird, sollte man der Mutter andere Aufgaben geben, wie etwa die Windeln zu wechseln oder das Kind sensorisch zu stimulieren. Abb. 4–9 ist eine Bildgeschichte über eine Familie mit einem winzigen frühgeborenen Säugling. Zum Kontrast zeigt Abb. 4–10 eine Frühgeborenenstation aus der Zeit, als Elternbesuche noch nicht erlaubt waren.

Ältere Untersuchungen zur Entwicklung des Säuglings legen die Annahme nahe, daß eine kontingente Stimulation (d. h. eine auf vom Säugling ausgehenden »Schlüsselreizen« beruhende Stimulation) die Entwicklung des Kindes möglicherweise optimieren kann. Wir empfehlen daher den Müttern, ihre Babys zu liebkosen und ihnen zuzureden, wie sie es täten, wenn sie mit ihnen zu Hause wären. Abb. 4–11 zeigt eine Szene in einer Säuglings-Intensivstation: Eine Mutter spielt mit ihrem soeben gefütterten Baby.

(Abb. 4–9 bis 4–11, siehe S. 184–188).

Der Fall des kleinen Benjamin G., des bei der Geburt 900 Gramm schweren Kindes weißer Eltern, bietet ein Beispiel für die Bedeutung kontingenter Stimulation. Benjamin war äußerst unentwickelt, sah sehr zerbrechlich aus und litt an häufigen Atemstockungen. Seine Mutter kam, nachdem sie über die Bedeutung einer frühen Stimulation aufgeklärt worden war, jeden Morgen in die Klinik und blieb bis zum Mittag; nach der Mittagspause kehrte sie zurück und blieb bis zum Arbeitsschluß ihres Mannes um sechs Uhr abends. Die Art, wie sie mit dem Kind umging, war sehr einfühlsam auf seine Bedürfnisse abgestimmt; sie redete ihm ausgiebig zu und streichelte es ebenso ausgiebig. Mit der Zeit übernahm sie immer stärker die Verantwortung für seine Fütterung und Pflege. Die deutlich geringere Zahl der Atemlähmungen, die ungewöhnlich rasche Gewichtszunahme und der Entwicklungsfortschritt, den das Kind sowohl noch in der Klinik als auch in den darauffolgenden Monaten zu Hause zeigte, dies alles war eine bemerkenswerte Erfahrung. Die Ärzte erklärten der Mutter wiederholt, das Kind mache sich »dank ihrer Bemühungen« außerordentlich gut. Dies war eine ehrlich gemeinte Feststellung, denn die Fortschritte, die das Baby machte, waren dem, was normalerweise erwartet werden konnte, ein gutes Stück voraus. Dafür gab es mehrere Gründe. Daß der Mutter gestattet wurde, bei der Betreuung ihres Kindes mitzuwirken, festigte bei ihr die Überzeugung, daß sie

a) Die Mutter begann das Neugeborene zögernd zu betasten, während es noch an das Beatmungsgerät angeschlossen war.

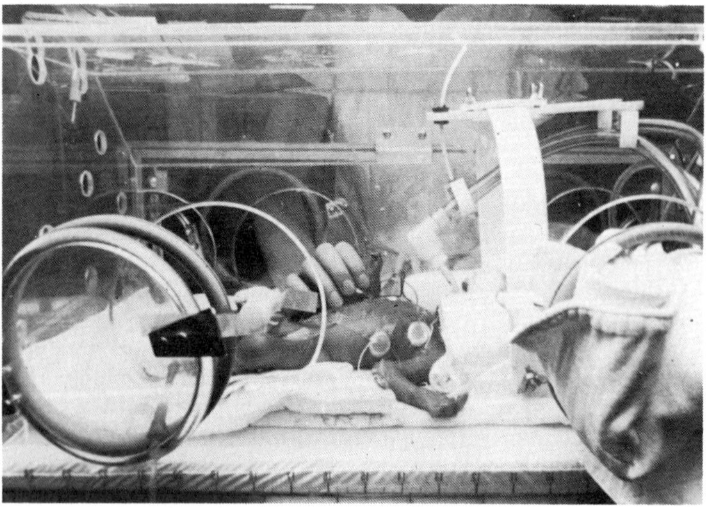

Abb. 4–9: Eine Geschichte in Bildern über eine Familie, die sich auf unserer Station viele Tage lang aktiv an der Betreuung ihres frühgeborenen Kindes beteiligte, bis das Kind Atemmaske und Brutkasten nicht mehr benötigte. (Aus: Alderman, M. M.: Patient care, 1. Februar 1975. Copyright 1975 bei Miller & Fink Corp. Darien, Conn. Alle Rechte vorbehalten.)

b) In den ersten Lebenswochen des Kindes sind die Mütter oft ängstlich und »knieweich«.

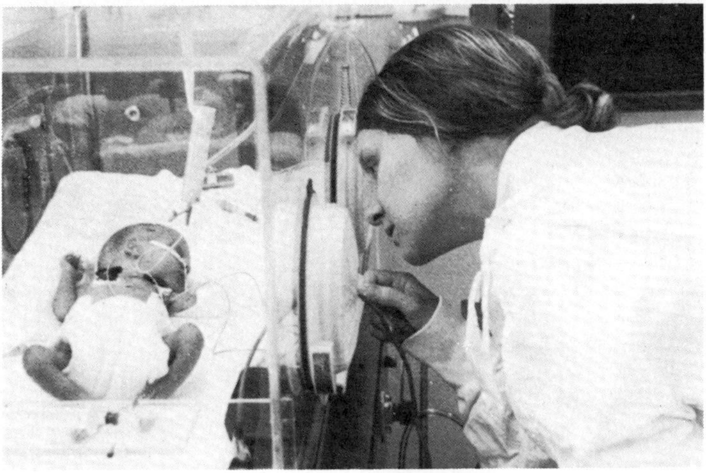

c) Eine Zeitlang betasten die Mütter hauptsächlich die Extremitäten des Neugeborenen.

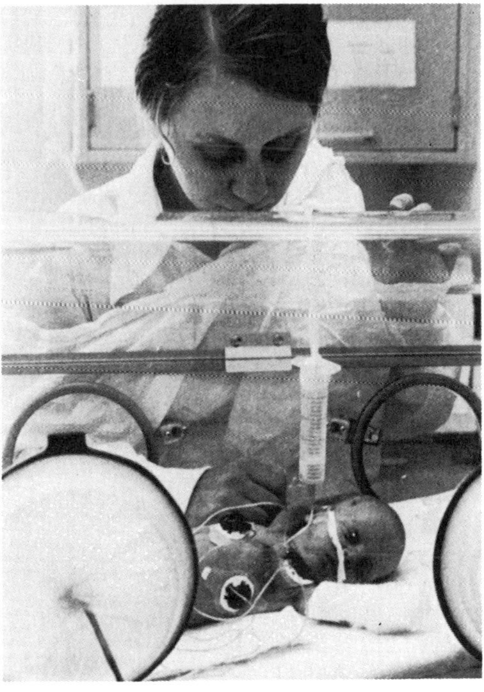

d) Mutter und Vater helfen bei der Sondenfütterung mit.

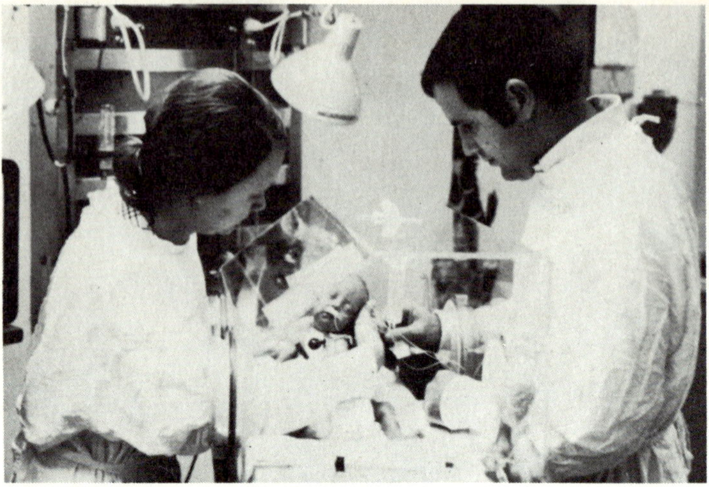

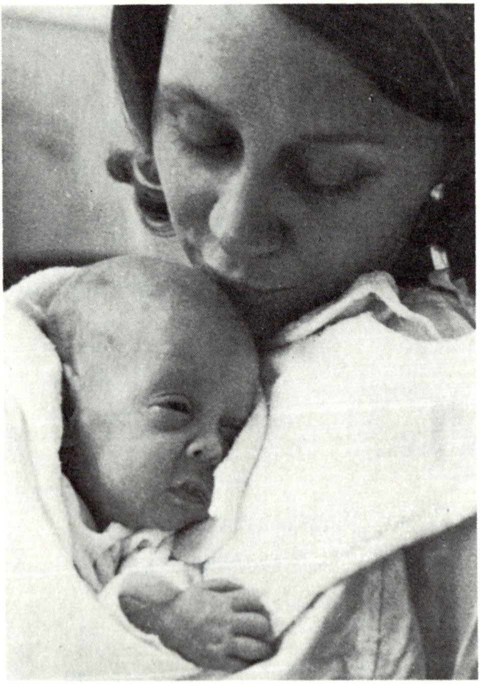

e) Die Mutter tut sich wesentlich leichter, wenn das Baby erst einmal aus dem Brutkasten heraus ist. Einen Tag, nachdem dieses Foto aufgenommen wurde, dürften die beiden nach Hause.

f) Die Eltern mit ihrem Sohn ein Jahr später.

Abb. 4–10: Eine Karikatur, die Annette Tison für ihre Schwester Claudine Tison gezeichnet hat; sie zeigt eine Frühgeborenenstation aus der Zeit, bevor Elternbesuche gestattet waren. (Mit freundlicher Genehmigung von Claudine Amiel-Tison, Port-Royal-Krankenhaus, Paris.)

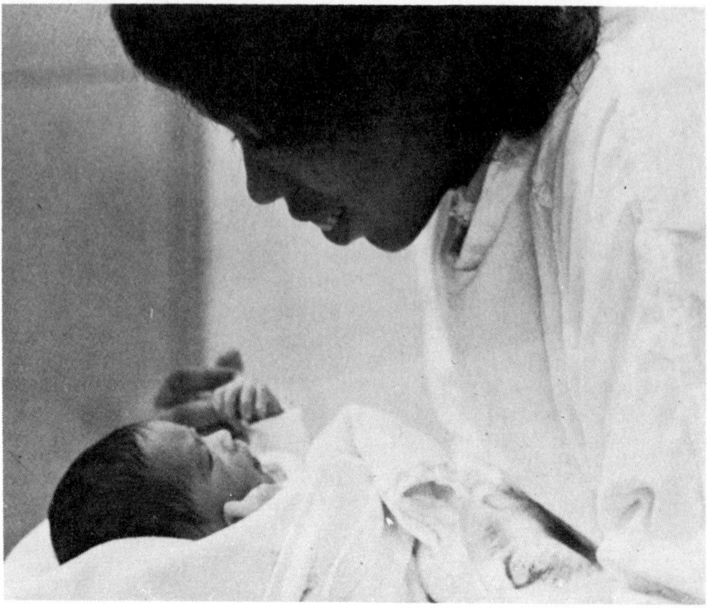

Abb. 4–11: Eine solche Szene ist heute in einer modernen Frühgeborenenstation ein gewohnter Anblick.

einen wichtigen Beitrag leiste. Mehrere Tage lang litt das Baby über Nacht an häufigen Atemstockungen, tagsüber aber, wenn die Mutter anwesend war, fast überhaupt nicht. Das wichtigste jedoch war, daß diese Mutter es verstand, eine wechselseitige Interaktion mit ihrem Baby aufzubauen. Sie konnte ihm etwas mitteilen, indem sie es streichelte und ihm zuredete, und konnte umgekehrt seine Botschaften, wie etwa einen Wechsel im Aktivitätsniveau oder ein Öffnen der Augen, entschlüsseln.

Durch frühe Interaktion kann möglicherweise der fortschreitende Prozeß antizipatorischen Trauerns eingedämmt werden, was eine Modifizierung der ersten der von Kaplan und Mason (1960) formulierten Aufgaben nach sich ziehen würde. Sie führten ihre Untersuchungen zu einer Zeit durch, in der es noch keine Besuchsmöglichkeit für Eltern gab. Die Trennung war daher vollständig und von langer Dauer, und die Mutter konnte das Kind erst kurz vor seiner Entlassung handgreiflich kennenlernen.

Es gibt noch andere Ansätze, die unternommen worden sind in der Hoffnung, die Interaktionen zwischen Eltern und ihrem frühgeborenen Säugling normalisieren zu können. Crosse (1975) gab den Rat: »Wenn immer möglich, sollte die Mutter mehrere Tage vor der Entlassung des Kindes Zutritt zur Station erhalten, um unter Anleitung die Betreuung ihres Kindes in eigener Regie zu übernehmen.« Sie richtete für die Mutter-Kind-Paare kleine Räume ein, damit die beiden vor der Klinikentlassung wirklich miteinander vertraut wurden. James (1969) berichtete über die erfolgreiche Einrichtung einer Eltern-Kind-Abteilung, in der die häusliche Betreuungssituation praktisch simuliert werden konnte. Die Eltern frühgeborener Kinder konnten dort vor der Entlassung des Babys Hilfe und Ratschläge für seine Betreuung in Anspruch nehmen, wenn sie dies benötigten. Andere Abteilungen haben Versuche mit einer frühzeitigeren Entlassung gemacht. Berg und Mitarbeiter (1969) sowie Dillard und Korones (1973) entließen frühgeborene Säuglinge, sobald sie um zwei Kilogramm wogen. Dillard stellte im Zusammenhang mit einer so frühzeitigen Entlassung keine schädlichen Wirkungen fest. Eigentlich hatten diese Autoren sich nur an den Vorschlag Millers (1948) gehalten, der nahegelegt hatte, die vergleichsweise großen unter den frühgeborenen Säuglingen von Anfang an im Elternhaus zu betreuen. Allerdings befolgten sie nicht seinen zusätzlichen Vorschlag, erfahrene Kliniker sollten die Familie zu Hause besuchen, um die Arbeitsteilung zu organisieren und die Betreuung des Säuglings zu überprüfen. Jüngste Untersuchungen über eine frühzeitige Entlassung haben keine nachteiligen Auswirkungen auf das physische Wohlbefinden der Säuglinge erkennen lassen; es liegen jedoch für diesen Bereich noch keine systematischen Beobachtungen zum mütterlichen Verhalten oder zur späteren Entwicklung des Säuglings vor.

Kommentar: Eine frühzeitige Entlassung ist dann zu empfehlen, wenn den Eltern die Unterstützung gewährt wird, die sie brauchen. Sie sollten jemanden haben, mit dem sie ihre Fragen besprechen können, und jemanden, der sie hinsichtlich des Gesundheitszustandes des Kindes und hinsichtlich ihres Elternverhaltens beruhigen kann. Wenn eine frühzeitige Entlassung auch keine offenkundigen nachteiligen physischen Folgen hat, so ist doch denkbar, daß die hochgradigen Ängste in bezug auf Fütterung, Körpertemperatur und Atmung, die manche Eltern durchmachen, wenn sie ein noch sehr junges oder verhältnismäßig instabiles Baby mit nach Hause nehmen, tiefgreifende Auswirkungen auf die Eltern-Kind-Interaktion und das spätere Entwicklungsergebnis zeitigen.

K. Barnard

Wir haben unlängst eine kleine Pilotstudie durchgeführt, bei der wir Müttern erlaubten, in den Tagen vor der Entlassung des Kindes mit ihm in der Klinik zu leben, eine Variante, die wir »Nestwärmen« genannt haben. Sobald ein Kind ein Gewicht von 1720–2110 Gramm erreicht hatte, zog die Mutter mit ihm in ein Privatzimmer innerhalb der Abteilung und übernahm sämtliche Betreuungsaufgaben. Im Verhalten dieser Frauen ließen sich daraufhin eindrucksvolle Veränderungen beobachten. Obgleich die Mütter ihre Babys in der Intensivpflegestation schon vor Beginn des »Nestwärmens« häufig gefüttert und gepflegt hatten, waren von den ersten neun Müttern acht während der ersten vierundzwanzig Stunden nicht in der Lage, Schlaf zu finden. Die meisten Mütter schlossen die Tür zu ihrem Zimmer, um jede Möglichkeit des Beobachtetwerdens auszuschließen – oft zur Bestürzung der Schwestern, die sich sehr für das Wohlergehen des Säuglings verantwortlich fühlten. Es war interessant zu beobachten, daß die Mütter die Möbel, die Krippe und die Versorgungsgeräte für den Säugling umstellten, was ein wenig an das Nestbauverhalten bei bestimmten Tieren erinnerte. Im Laufe des zweiten 24-Stunden-Zyklus machten die Mütter, sowohl was ihr Selbstvertrauen als auch was ihr Geschick in der Pflege des Säuglings anging, große Fortschritte. Zu diesem Zeitpunkt begannen sie den Vorschlag einer frühzeitigen Entlassung des Kindes zu erörtern; auch trafen sie, oft zum ersten Mal, zu Hause Vorbereitungen für sein Eintreffen. Mehrere Mütter bestanden darauf, ihr Kind früher als geplant nach Hause zu nehmen. Die Babys schienen uns während dieser »Nestwärm«-Periode ruhiger zu sein. Bei manchen Müttern waren physische Veränderungen, wie etwa ein verstärktes Anschwellen der Brust in Verbindung mit leichtem Milchaustritt, zu beobachten. Die Mütter waren mit der »Nestwärm«-Prozedur erst ganz zufrieden, als wir dem Vater ein zeitlich unbegrenztes Besuchsrecht einräumten und für ihn einen gemütlichen Sessel und ein Feldbett bereitstellten (Kennell u. a. 1973, 1975).

Ursprünglich hatten wir Probleme, die Rolle der Schwester in der Nestwärm-Abteilung eindeutig zu definieren. Es wurde bald deutlich, daß die Mutter die verantwortliche Betreuerin ihres Säuglings sein sollte und die Schwester nur als Beraterin fungieren konnte. Die Rolle der Schwester und die der Mutter müssen geklärt werden, sonst kommt es zu Auseinandersetzungen darüber, wer die Entscheidungen trifft, ähnlich den Konflikten, die sich ergeben, wenn mehrere Ärzte Rezepte für ein und denselben Patienten ausschreiben. Wenn erst einmal überzeugend bestätigt ist, daß eine frühzeitige Entlassung frühgeborener Säuglinge durchführbar und risikolos ist, könnte eine frühzeitige Entlassung, wenn ihr eine Periode des »Nestwärmens« vorausgeht, unserer Ansicht nach dazu beitragen, das Mutterverhalten bereits im Stadium des Klinikaufenthalts zu normalisieren. Eine frühzeitige Entlassung ist nur denkbar in Verbindung mit regelmäßigen frühen Besuchen der Eltern in der Intensivpflegestation. Wenn man auf diese Weise die Entwicklung der Mutter-Kind-Interaktion und der umfassenden Betreuungsverantwortung der Mutter fördert, so könnte dies zu einem ausgeprägten Rückgang der heute noch so häufigen Störungen des Mutterverhaltens bei den Müttern frühgeborener oder kranker Säuglinge führen.

Kommentar: Die Rolle der Klinikschwester im Rahmen der Vorbereitung der Eltern, insbesondere der Mutter, auf die Aufgaben der Säuglingspflege stimmt mit der traditionellen Rolle überein, die der Gemeindeschwester zukommt, wenn sie Eltern bei der häuslichen Säuglingspflege berät.

K. Barnard

Veränderungen im Krankenhaus

Innerhalb eines Krankenhauses ist jeder Bau, jede Abteilung, jede Station ein soziales Gebilde für sich. Das gesamte soziale Milieu verändert sich, wenn man Eltern gestattet, rund um die Uhr die Säuglingsstation zu betreten oder dort anzurufen. Bevor man eine neue Regelung einführt, muß das Personal darauf gründlich vorbereitet werden. Für jeden einzelnen, der dem Personal einer Abteilung angehört, sei es als Arzt oder Schwester, stellt die berufliche Tätigkeit die Erfüllung eines individuellen Bedürfnisses dar. Sobald die Mütter in der Abteilung Einzug halten, muß sich die Orientierung der dort beruflich Tätigen verändern. Wir haben die Erfahrung gemacht, daß Schwestern gewöhnlich eine innige emotionale Beziehung zu den Säuglingen entwickeln, die sie Tag für Tag pflegen. Sie müssen sich daher zunächst einmal damit abfinden, daß in einem Bereich, der bis dahin ihre Domäne war, nun auch mit der Anwesenheit der Mütter zu rechnen ist. Mütter und Schwestern sind oft eifersüchtig aufeinander, und solche Gefühle müssen diskutiert und verarbeitet werden, ehe die neue Regelung reibungslos funktionieren kann.
In den Zeiten, da Mütter und Väter noch keinen Zutritt zur Säuglingsstation hatten, ähnelte diese einem Heim mit der Oberschwester als Heimleiterin. In dem Maß, wie nun Mütter und Väter in die Säuglingsstationen Einzug halten und dort ihre Elternrollen zu spielen beginnen, müssen die Schwestern begreifen, daß die Eltern den Schwestern und Ärzten einen Teil der Verantwortung für ihr Kind und den kleinen Winkel der Station, den es mit Beschlag belegt hat, abnehmen.

Wir haben in unserer Station die Erfahrung gemacht, daß es sehr wichtig ist, mindestens alle zwei Wochen eine Sitzung des Stationspersonals zu veranstalten. Bei dieser Gelegenheit erörtern die Schwestern die Probleme, die sie sowohl im Zusammenhang mit persönlichen Beziehungen als auch in Verbindung mit den auf jeder Station unvermeidlichen Todesfällen gehabt haben. Dabei kommen von den Schwestern Fragen wie: »Ist es wahr, daß Sie uns nicht sagen, warum die Babys sterben, weil Sie unsere Gefühle nicht verletzen wollen? Wir glauben, daß wir manche Todesfälle selbst produzieren.« In Beantwortung der Frage: »Welches Verhältnis haben Sie zu diesem Baby?« bekannte eine Schwester, sie fühle sich so, als ob sie seine Mutter wäre, und sein Tod sei schrecklich für sie gewesen. Sie spürte eine Leere in sich, die mehrere Tage anhielt. Eine andere Schwester erwähnte, wie rasch sie eine emotionale Bindung zu einem bestimmten Säugling entwickelt habe, als sie aufgefordert worden sei, ihn durch Streicheln zu stimulieren; sie habe einen Augenblick lang beinahe das Gefühl gehabt, es sei ihr Kind. In vielen Frühgeborenenstationen wird darauf verzichtet, den Schwestern bestimmte Kinder zuzuweisen. Die Schwestern entwicklen gewöhnlich von sich aus eine Vorliebe für bestimmte Säuglinge, und oft gibt es für jedes Baby eine Ersatzmutter. Die betreffende Schwester vermag dann die informativsten Berichte über das von ihr bevorzugte Baby und seine Mutter zu geben.

Wenn man Müttern Zutritt zur Station gewährt, bemerken sie jede kleine Veränderung und jede Unzulänglichkeit. Weder feuchte Windeln noch ein paar Tropfen verschüttete Milch bleiben unbemerkt. Die Mütter haben auch viele Fragen. Wenn der Zustand des Säuglings sich ändert, ist es oft die Mutter, die Modifikationen der Hautfarbe, des Tonus oder der Atmung am ehesten bemerkt. Wenn Schwestern auf eine implizierte oder offen artikulierte Kritik mit Unmut reagieren, müssen solche Gefühle durchgesprochen werden.

Jeder, der einmal etwas mit einer Neugeborenen-Intensivstation zu tun hatte, weiß, daß es stark gefährdete, akut erkrankte Säuglinge gibt, die einen unverhältnismäßig großen Teil der Zuwendung des Arztes und der Schwester erheischen. Gruppensitzungen bieten eine Gelegenheit, nicht nur über diese Fälle, sondern auch über die anderen Babys zu diskutieren, bei denen die Entwicklung zufriedenstellender verläuft, deren Eltern aber womöglich Anzeichen für das Vorhandensein persönlicher Probleme gezeigt haben. In dieser krisenhaften Phase kann es leicht vorkommen, daß eine Schwester oder Stationshelferin in die intimsten und drückendsten Probleme

einer Familie eingeweiht wird. Wenn man das weitere Vorgehen in bezug auf einen bestimmten Säugling plant, können die intuitiven Beobachtungen, die eine Schwester am Verhalten einer Mutter macht, äußerst wertvoll sein, und es empfiehlt sich, sie mit einzubeziehen. Wenn man diese Beobachtungen ernst nimmt, kann man unter Umständen bestimmte Probleme in einer frühen Phase erkennen, so daß jegliche eventuell für notwendig erachtete sozialpädagogische oder psychiatrische Interventionen in einem frühen Stadium der Krisensituation einsetzen können.
Auf manchen Stationen wird, damit die Schwestern und Ärzte die Diskussion über ihre Probleme mit Eltern und Kinder unbelasteter führen können, jemand, der mit der Station selbst nichts zu tun hat, hinzugeholt, um die Gruppensitzungen zu leiten.

Diskussionen mit Eltern (wenn die Gesundheit des Kindes nicht in Frage steht)

Solange ein unentwickeltes Frühgeborenes im Krankenhaus liegt, machen sich Ärzte und Schwestern unweigerlich Sorgen über die Möglichkeit einer Gehirnschädigung. Gewöhnlich bestätigen sich solche Befürchtungen im Verlauf der weiteren Entwicklung nicht. Im Rahmen einer Langzeitstudie an unserer Station stellten wir fest, daß negative Prognosen, die von Kinderärzten und Neurologen aufgrund von EG-Werten und anderen Tests aufgestellt wurden, nur in 50 Prozent der Fälle eintrafen – d. h. die Hälfte der Säuglinge, für die eine düstere Prognose gestellt worden war, erwies sich als Normalentwickler. Wir sind der festen Überzeugung, daß festgestellte Unregelmäßigkeiten der Gehirnströme den Eltern gegenüber *niemals* erwähnt werden sollten, es sei denn, die Folgen können mit Sicherheit vorhergesagt werden, wie im Falle des Down-Syndroms. Eltern sind in der Lage, Bedenken, die sich im Hinblick auf andere Organsysteme des Säuglings ergeben haben, wieder zu vergessen, aber wenn einmal die Möglichkeit einer Gehirnschädigung zur Sprache gekommen ist, wird sie ihnen nur schwer wieder auszureden sein. Viele besorgte Eltern haben irgendwo etwas über das Gehirn und ein eng mit ihm zusammenhängendes Organ, die Augen, gelesen. Der Arzt sollte sich der Besorgnisse der Eltern bewußt bleiben und offen für die Beantwortung aller auftauchenden Fragen sein. Wenn Fragen in bezug auf die zukünftige Entwicklung eines frühgeborenen Säuglings gestellt werden, kann der Arzt sich auf die jüngsten optimistischen Berichte berufen. Er sollte darauf hinweisen, daß es zwar in keinem Fall möglich ist, zu einem so frühen Zeitpunkt mit Sicherheit vorherzusagen, welche Entwicklung ein Kind nehmen wird, gleich ob es normal ausgetragen oder eine Frühgeburt ist, daß es jedoch im allgemeinen keinen Grund für Besorgnisse gibt. Die generelle Gefahr von Augenproblemen, wie z. B. eine retrolentale Fibroplasie, sollte den Eltern nicht verschwiegen werden; man sollte sie aber gleichzeitig darauf hinweisen, daß die Säuglinge unter sorgfältiger Kontrolle stehen, so daß das Auftreten solcher Störungen weitgehend vermieden werden kann. Man sollte den Eltern darüber hinaus versichern, daß die Augen ihres Kindes in der Klinik und nochmals nach der Entlassung überprüft werden, um sicherzugehen, daß alles so ist, wie es sein sollte.

Harper und Mitarbeiter (1975) haben die Frage gestellt, ob die Förderung eines engen Eltern-Kind-Kontakts in der nachgeburtlichen Phase für Säuglinge in der Intensivpflegestation auch schädliche Folgen haben kann oder nicht. Wie Harper feststellte, sind Eltern in der Regel ungeachtet ihrer Ängste der Auffassung, die Gelegenheit, mit ihrem Kind in der Intensivpflegestation Kontakt aufzunehmen, sei positiv zu bewerten. 90 Prozent der befragten Eltern sprachen sich gegen eine Einschränkung der Kontaktmöglichkeiten aus; 85 Prozent glaubten, wenn sie ihr Kind auf den Arm nähmen, werde es stärker das Gefühl haben, geliebt zu werden und geborgen zu sein; und 44 Prozent glaubten, die ihrem Kind gewährte Pflege verbessere sich qualitativ und quantitativ, wenn sie anwesend seien. Wie Harper feststellt, könne »häufiger Eltern-Kind-Kontakt zwar überdauernde Beziehungen aufbauen, aber um den Preis hoher emotionaler Kosten für die Eltern«. Sie empfiehlt eine verstärkte psychosoziale Ausbildung für Geburtshelfer, Kinderärzte und Säuglingsschwestern sowie die Institutionalisierung von Diskussionsgruppen für Eltern.

Meilensteine und Warnzeichen

Im Lauf der Zeit, wenn der kleine frühgeborene Säugling zu wachsen beginnt, erkennt die Mutter, daß er sehr wahrscheinlich am Leben bleiben wird. Wenn sie beginnt, ihn selbst zu betreuen, rückt ihre frühere Vorstellung von ihm nochmals ein Stück weit dem realen Kind näher, das sie vor sich hat. Man wundert sich immer wieder, wenn man sieht, daß eine Mutter erfreut erklärt, um wieviel größer ihr Baby ihr vorkommt, wenn es in Wirklichkeit überhaupt nicht an Gewicht zugenommen hat. Mütter achten sorgfältig auf alle Anzeichen für einen Fortschritt, sei es in Form einer geringen Gewichtszunahme, eines ersten Annehmens der Flasche oder einer Verringerung der Zahl der Monitore oder anderer Gerätschaften. Viele Eltern sehen in der Entfernung von Kathetern oder Monitoren, in einer ersten Gewichtszunahme und in der Umstellung von der Schlauch-

auf die Flaschenernährung bedeutende Meilensteine in der Entwicklung des Säuglings, während für das Stationspersonal dies nur routinemäßige Vorgänge sind. Wir haben stets gefunden, daß es hilft, der Mutter die Zeichen für eine positive Entwicklung zu präsentieren. Wenn der Säugling ein paar Gramm Gewicht verliert (etwas, das in der Frühgeborenenstation häufig zu beobachten ist), machen wir davon kein Aufhebens. Wenn die Mutter ihre Besorgnis darüber äußert, sagen wir, daß es sich um einen normalen Vorgang handelt, daß die Gewichtszunahme kein linearer Prozeß ist, sondern eine allmähliche, von kurzen Stillständen oder Rückgängen unterbrochene Entwicklung. Wenn eine Mutter von vornherein auf diese Fluktuationen vorbereitet ist, wird sie sich weniger Sorgen machen.
Die meisten Mütter haben geäußert, sie hätten sich ihrem Baby erst dann richtig nahe gefühlt, als sie es zum ersten Mal bei einer Fütterung im Arm hielten (und erst dann richtig mit ihm verbunden, als sie es zu Hause gefüttert oder gestillt hatten); die Station mit ihren Glaswänden bezeichneten sie als eine ihre Bindungsgefühle hemmende Umgebung. Je heimischer und unbeobachteter sie sich fühlen, desto wärmer werden die Gefühle, die sie für ihr Kind empfinden. (Es ist wichtig, dies beim Bau neuer Abteilungen für das frühgeborene und kranke Kind zu berücksichtigen; man sollte dafür sorgen, daß für Mutter-Kind-Paare kleine Zimmer zur Verfügung stehen, in denen sie unbeobachtet und intim miteinander interagieren können.)
Es ist wichtig, eine Mutter, die nicht zum Aufbau einer emotionalen Bindung an ihr Baby fähig ist, so rasch wie möglich zu identifizieren, damit man ihr helfen kann. Je länger es dauert, ehe eine Bindung zum Kind entsteht, desto schwieriger wird es für sie sein, letztlich eine innige und warme Beziehung herzustellen. Es ist daher ratsam, in der Zeit des Klinikaufenthalts nicht nur die physischen Fortschritte des Säuglings und seine Versorgung, sondern auch die Entwicklung der anderen »Patienten« – der Mutter und des Vaters – kontinuierlich zu überprüfen.
Einer der besten Indikatoren für die Fortschritte der Eltern ist ihr Besuchsverhalten. Beispielsweise: Nimmt die Häufigkeit ihrer Besuche zu oder ab? Beginnt die Mutter, das Baby als ein Mitglied ihrer Familie zu betrachten?
Wir versuchen, die jeweilige Dauer der mütterlichen Besuche, ihr Verhalten während der Besuche (flattert sie von einem Brutkasten zum anderen, um sich alle Säuglinge anzusehen, oder verbringt sie die Zeit bei ihrem eigenen Kind?), die Äußerungen, die sie über ihr Kind tut, und das Geschick, das sie im Umgang mit ihm an den Tag legt, zu registrieren. Es scheint eine Korrelation zu bestehen zwischen einer ungünstigen kindlichen Entwicklung und einem mütterlichen Verhal-

ten, das dadurch gekennzeichnet ist, daß die Mutter von Brutkasten zu Brutkasten wandert, aus dem Fenster blickt, während sie ihre Hände im Brutkasten hat, oder gar das Gesicht des Kindes von sich wegdreht. Sind die Eltern dabei, Pläne für die Unterbringung des Säuglings in ihrer Wohnung zu machen – ein Zimmer anzustreichen, neue Vorhänge oder andere erforderliche Einrichtungsgegenstände zu kaufen? Polstern sie das Nest aus?
Die übermäßig optimistische Mutter, die sich über das Befinden ihres Babys keine Sorgen zu machen scheint, die keinerlei Fragen stellt und sich sehr passiv verhält, präsentiert mit ihrem Verhalten ein Warnzeichen. Das will sagen, die Mutter, die leugnet oder verdrängt, macht uns Sorgen. Die Mutter, die sich mit dem Problem auseinandersetzt, bewältigt die Situation allem Anschein nach letzten Endes weit besser. So war zum Beispiel Frau B., deren Zwillinge auf der Intensivpflegestation lagen, nach außen hin äußerst überzeugt davon, daß sie die beiden Säuglinge selbst würde betreuen können; sie machte sich keine Sorgen um die beiden und forderte die Schwestern häufig auf, bei der Pflege der Kinder dies oder jenes anders zu machen. Weil Frau B. die Erklärungen der Schwestern ignorierte, war es für diese schwer, mit ihr zu kommunizieren und herauszufinden, wieviel sie verstand. Nachdem sie ihre Babys nach Hause geholt hatte, erwies sie sich als ungewöhnlich ängstlich und rief oft, außer sich vor Ratlosigkeit, in der Klinik an.

Kommentar: Bei Fällen wie dem der Mutter, die von einem Brutkasten zum anderen tanzt oder einen sorglosen Eindruck macht, sollte man darauf achten, daß man das allgemeine Verhaltensmuster der Mutter erfaßt und nicht nur den einzelnen Vorfall, da das Verhalten aller Eltern einen hohen Grad an Variation zeigt. Es ist die Beständigkeit eines beunruhigenden Verhaltens, auf die es letztlich ankommt.

K. Barnard

Voraussetzungen für die Entlassung

Wir haben in der Säuglingsstation immer zwei Patienten – den Säugling und die Mutter. Wenn es darum geht, den Säugling zu entlassen, ist es notwendig, nicht nur über ihn, sondern auch über die Situation Bescheid zu wissen, die ihn zu Hause erwartet. Manche Säuglingsstationen machen das Entlassungsdatum davon abhängig, daß das Baby bestimmte markante Entwicklungspunkte erreicht (Fütterungsfähigkeit, Gewichtszunahme, konstante Temperatur). Dagegen versuchen wir vor der Entlassung zu messen, wie ausgeprägt das Selbstvertrauen der Mutter und ihre Bindung an das Kind sind. Früher wurden diese Kriterien aufgrund von Beobachtungen des

Fütterungs- und Pflegeverhaltens eingeschätzt. Heute gestatten uns mehrere zur Verfügung stehende Verfahren genauere Prognosen. Folgende Faktoren sollten vernünftigerweise berücksichtigt werden:

1. Beobachtungen der Schwester zum Verhalten der Mutter.
2. Erkundung der Vorkehrungen, die die Mutter zu Hause getroffen hat.
3. Ein Hausbesuch (mit Erlaubnis der Mutter), falls irgendwelche Zweifel bezüglich der häuslichen Situation auftauchen.
4. Feststellung, ob die Mutter sich der Situation nach der Entlassung gewachsen fühlt.
5. Führung eines Notizbuchs, in dem jeder Anruf und jeder Besuch der Mutter aufgezeichnet wird, so daß wir einschätzen können, ob aus ihr möglicherweise eine Risikomutter wird.

Nachsorge – worauf nach der Entlassung zu achten ist

Nach der Entlassung richten wir unser besonderes Augenmerk auf Situationen, in denen die Mutter sich unzulänglich und beunruhigt fühlt. Aufschlußreiche Signale dafür sind gehäufte Telefonanrufe und mehr als ein Besuch beim Bereitschaftsarzt zu ungewöhnlicher Stunde mit einem vollkommen normalen Kind. Wenn die Mutter mehr als einmal beim Bereitschaftsarzt erscheint oder wenn es den Anschein hat, als gebe sie Notsignale ab, weisen wir das Baby wieder ein.

Im Laufe unserer eigenen Untersuchungen haben wir festgestellt, daß die folgende Prozedur für den Kinderarzt vermutlich von gutem Nutzen ist: Drei bis vier Wochen nach der Entlassung fragen wir die Mutter, ob sie schon einmal aus gewesen ist, und wenn ja, wer auf das Baby aufgepaßt hat. Wir fragen weiter, wie alles geklappt hat. Wir haben festgestellt, daß die Antworten der Mütter sich in zwei Kategorien einordnen lassen. Entweder eine Mutter macht sich vordringlich Sorgen um das Baby oder aber um sich selbst. Die beste Mutter-Kind-Bindung scheint bei denjenigen Müttern vorzuliegen, deren Antworten zeigen, daß sie sich Gedanken darüber machen, ihr Kind alleingelassen zu haben, und häufig an es denken, während sie fort sind.

Bei der körperlichen Untersuchung kann der Arzt wichtige Beobachtungen machen. Steht die Mutter nahe bei ihm und sieht zu, was er mit dem Baby anstellt und tröstet das Baby, wenn es schreit, oder macht sie einen zerstreuten Eindruck, blickt sich im Untersuchungsraum um oder beschäftigt sich mit anderen Dingen? Diese letzteren Verhaltensweisen können wichtige Warnzeichen sein.

Wenn möglich, sollte der Arzt oder eine Schwester die Mutter beim

Füttern ihres Babys beobachten. Positive Kennzeichen dabei sind im allgemeinen *En-face*-Blickkontakt, enger Körperkontakt mit dem Baby während des Fütterns sowie zärtliche Handlungen wie tätscheln, küssen und streicheln. Als Anzeichen für eine gestörte Mutter-Kind-Bindung und ein entsprechend unzulängliches Fürsorgeverhalten betrachten wir es, wenn die Mutter das Baby mit lockerem Griff und auf Distanz zum eigenen Körper hält, wenn sie die Flasche immer aufliegen läßt, gleich ob sie das Baby im Arm hält oder nicht, und wenn sie es versäumt, die Flasche so zu halten, daß die Milch aus dem Hütchen fließen kann.
Auf diese Weise kann man das Mutterverhalten mittels einiger weniger Fragen und einiger einfacher Beobachtungen während der ärztlichen Untersuchung und der Fütterung des Babys halbwegs objektiv messen. Keine dieser Methoden verursacht zusätzlichen Zeitaufwand.
Das schlagartig aufgeflammte Interesse an Geburt und Säuglingspflege hat, in Verbindung mit dem Wunsch, die auf diesen Bereich bezogenen neuen Ideen auch frühgeborenen Säuglingen und ihren Familien zugutekommen zu lassen, eine Flut innovativer humanistisch orientierter Veränderungen im Erscheinungsbild der Frühgeborenenstation hervorgerufen. Der Entwicklungsstillstand zwischen 1945 und 1960 war nahezu total; alle Vorstellungen über Säuglingspflege waren in dem Martin Cooney entlehnten Schema eingefroren. Die neuen, in der Absicht einer Humanisierung der Säuglingsstation und einer Förderung der Eltern-Kind-Bindung entwickelten Arbeitsweisen wurden aus dem Ideenaustausch bei nationalen und regionalen Konferenzen geboren.

Ein Elterngespräch

Das folgende Gespräch mit den Eltern eines frühgeborenen Säuglings erläutert anhand konkreten Materials einige der in diesem Kapitel bereits erörterten Konzepte. Die Erfahrungen der Eltern und ihre Reaktionen sind repräsentativ für einen Großteil der Eltern mit einem akut erkrankten Kind in einer Neugeborenen-Intensivstation, in die es aus einem anderen Krankenhaus verlegt wurde. Das Mädchen Kimberly Dixon* wurde nach 34 Schwangerschaftswochen geboren; sie benötigte künstliche Beatmung mit kontinuierlichem Blähdruck, erzeugt in einer durchsichtigen Unterdruckbox in einem

* Der Familienname wurde geändert

Inkubator für ein mittelschweres Atemnot-Syndrom. Die Lungeninsuffizienz besserte sich, und das Baby schien gute Fortschritte zu machen, als unvermittelt eine Stockung im Genesungsprozeß eintrat: Ein offener *ductus arteriosus* mit schwach kongestivem Herzversagen wurde diagnostiziert und Digitalis verabreicht. Nach diesem Rückschlag nahm die Patientin wieder eine zufriedenstellende Entwicklung. Das folgende Gespräch mit Herrn und Frau Dixon wurde einen Monat nach der Entlassung des Kindes geführt.

Frau Dixon: Ich war wirklich schockiert. Ich war wirklich fix und fertig und hatte mein Baby nicht gesehen, und das einzige, was ich denken konnte, war: »Mein Baby ist sehr krank, und sie werden es mir wegnehmen.« Ich hatte wirklich Angst, daß es mir nicht lange bleiben würde. Ich war so weit, daß ich in die Säuglingsstation runterrennen wollte. Sie wissen ja, man soll nach der Entbindung nicht gleich aufstehen und soll's langsam angehen lassen. Ich stand also auf, und die Schwester kam herein und sagte: »Sie können nicht aufstehen, meine Liebe«, und ich sagte: »Wenn das so ist, dann müssen Sie mir einen Rollstuhl besorgen, denn ich will dort hinunter und will mein Baby sehen, weil sie es mir bald wegnehmen.« Da haben sie mich also runtergebracht, und sie sah furchtbar aus. Ich dachte: »O, mein armes kleines Baby.«

Herr Dixon: Die Ärzte, die mit dem Rollbett kamen, um sie mitzunehmen, brachten sie in Anns Zimmer und sagten: »Das Kind ist krank, aber wir haben Babys gehabt, die noch viel kränker waren als dieses hier.« Da war ich ein wenig erleichtert.
Frau Dixon: Das nächste, was ich merkte, war, daß sie sie hereinfuhren, und der Doktor war sehr nett und erklärte mir alles. Er sagte: »Ich bin sicher, daß Sie sich Sorgen machen wegen dieses Schlauchs und jenes Schlauchs, und wir werden dies und das mit ihr machen und ihr weiter Sauerstoff geben.« Er war sehr vertrauenerweckend. Es regnete an dem Abend, und ich sagte: »Bitte lassen Sie sie nicht naßwerden, sonst holt sie sich einen Schnupfen.« Das einzige, was ich denken konnte, war: »Das fehlt gerade noch – daß sie sich zu all dem noch einen Schnupfen holt.« Er wirkte sehr beruhigend und sagte mir, ich solle mir keine Sorgen machen, und er würde es mit der Schwester so vereinbaren, daß mein Mann, gleich nachdem er sie hier besucht hat, mich, gleich wie spät es ist, zurückrufen und mir sagen kann, was sie mit ihr machen.
Herr Dixon: Das war gut. Gewöhnlich fühlt sich der Ehemann bei einer normalen Entbindung ziemlich ausgeschlossen, weil er in manchen Krankenhäusern nicht dabei sein darf und nicht so viel mit der Mutter und dem Kind zusammen sein darf, wie viele Väter es wahrscheinlich gerne wären, aber in dieser Situation ist es gerade umgekehrt. Ich bin hier die ganze Zeit bei meinem Baby und versuche, ein- oder zweimal am Tag zu meiner Frau zu kommen und ihr zu erzählen, was ich hier sehe.

Kommentar: Unsere Erfahrung hat gezeigt, daß viele Väter sagen, sie hätten das Gefühl, ihrem frühgeborenen Kind näher oder stärker verbunden zu sein als ihren anderen Kindern. Sie bringen dies mit dem Umstand in Verbindung, daß sie während der frühesten Lebensperiode des Säuglings in der Klinik mehr mit ihm zusammen waren.

K. Barnard

Frau Dixon: Ich machte mir immer noch Sorgen. Ich habe es nicht geglaubt, bis ich zum ersten Mal in die Frühgeborenenstation rüberkam und mein Mädchen auf dem Arm hielt und feststellen konnte, daß sie doch noch ein wirkliches Baby war, daß sie wirklich in Ordnung war, daß alles bei ihr stimmte und daß Sie alles taten, damit sie in Ordnung kommt – ich spürte immer noch dieses Gefühl der Leere. Ich fühlte mich sehr schlecht. Ich rief die ganze Zeit hier an – fast jede Stunde.

Ein großer Prozentsatz der von ihrem frühgeborenen Kind getrennten Mütter schildern dieses Gefühl der Leere, das sie entweder noch in der Klinik, in der Wöchnerinnenstation, oder nach der Rückkehr nach Hause empfinden. Ihre Gebärmutter ist ja tatsächlich »geleert«, und doch haben sie kein Kind, das sie im Arm halten könnten. Mütter hingegen, die man mit ihrem normal ausgetragenen Baby im Wochenbett zusammen läßt, erwähnen dieses Gefühl der Leere nicht.

Herr Dixon: Die größte Hilfe war wahrscheinlich, daß sie dann wirklich hier rüberkommen konnte. Sie kann mir vertrauen, aber sie wollte doch das Baby selbst sehen.
Frau Dixon: Ich fühlte mich sehr leer, weil, bei all den anderen Müttern und auch bei der anderen Mutter in meinem Zimmer – die bekam ihr Baby alle vier Stunden, und es war schrecklich im Krankenhaus – jeden Morgen um sechs Uhr jemand reinkam und sagte: »Würden Sie bitte aufwachen, Frau Dixon, Ihr Baby kommt gleich«, und ich war dort sechs Tage. Und jeden Tag kamen sie und sagten: »Bitte, wachen Sie auf, Frau Dixon, Ihr Baby ist da – es ist Zeit, es zu füttern.« Und ich sagte: »Mein Kind ist nicht da.« Die Schwester sagte: »Meine Liebe, Sie sind ja noch nicht wach – Ihr Baby ist hier.« Ich sagte: »Ich weiß, daß mein Baby nicht da ist – bitte wecken Sie mich nicht.« Das war sehr schwer. Das Mädchen neben mir bekam ihr Baby und fütterte es, und sie bekam eine Art schlechtes Gewissen. Sie sagte: »Soll ich den Vorhang vorziehen, weil ich mein Baby habe und du deines nicht?« Als ich dann entlassen wurde, kam eine andere Mutter mit mir raus, die trug ihr Baby ganz an sich gedrückt – und ich hatte bloß meinen Blumenstrauß. Das war schlimm. Ich ging viel in die Kirche. Ich zündete jede Gebetskerze an, die Sie sich denken können – für alle Heiligen, die es auf der Welt gibt.

Die vielköpfige Belegschaft, die der Betrieb eines modernen Großkrankenhauses erfordert, kann in Verbindung mit dem Bemühen um maximale Effizienz zu einer unpersönlichen Atmosphäre führen, wenn man sich nach Kräften und immer wieder bemüht, unter Einbeziehung aller Angehörigen des Klinikpersonals über die Bedürfnisse der Mütter zu diskutieren. Da die medizinische Betreuung und Pflege des Säuglings von der Mutter abgetrennt ist, können Mißverständnisse der geschilderten Art vorkommen. Wenn dagegen das Mutter-Kind-Paar zusammen auf einer Station betreut wird, können solche Situationen nicht vorkommen. Von Müttern, deren Baby gestorben ist oder in eine Intensivpflegestation für Frühgeburten oder für kranke Säuglinge verlegt wurde, haben wir schon mehrfach gehört, daß es besser wäre, eine solche Mutter in ein separates Zimmer oder in eine andere Abteilung zu verlegen, damit sie nicht irrtümlich in die Routinefürsorge für die Mütter gesunder Neugeborener einbezogen wird. Frau Dixons Schilderung macht auch deutlich, daß die erregende nachgeburtliche Phase für die Mutter eines gesunden Säuglings etwas von ihrem Zauber einbüßen kann, wenn sie die Mutter eines kranken Säuglings zur Zimmergenossin hat.

Herr Dixon: An diesem Krankenhaus sollten die Besuchszeiten für Väter geändert werden. Ich mußte, nachdem ich den Nachmittag oder den Vormittag über hier bei unserem Kind war, bis sieben Uhr warten, ehe ich dann ins Krankenhaus rein durfte, um meine Frau zu besuchen, und dann durfte ich auch nur von 7 bis ½9 Uhr bleiben. Es gab so viele Dinge, die ich ihr erzählen wollte – ich zeigte ihr die Bilder, versuchte zu erklären, was passierte, was die Ärzte unternahmen, wie es dem Baby ging. Sicher, das Telefon ist schon praktisch, aber man will doch einfach beieinander sein, und die Zeit ist zu knapp. Das ist irgendwie eine blöde Situation.
Frau Dixon: Wenn man sein Baby bei sich hätte, könnte der Vater von 3 bis ½9 Uhr da sein – *wenn* das Baby da wäre.

In jedem Krankenhaus gibt es eine Vielzahl von Regeln und Prozeduren, geschriebenen und ungeschriebenen. Die Aufstellung einer Regel mag zu einer Zeit gute Gründe gehabt haben, aber diese Gründe spielen vielleicht heute keine Rolle mehr. Häufig haben die Verantwortlichen es versäumt, die Gesamtheit der Folgewirkungen einer Regelung zu prüfen, die sich vordergründig nur auf die klinische Betreuung der Mutter oder des Säuglings bezieht. Es fällt schwer, einzusehen, warum eine Klinik es der Mehrheit der Väter gestattet, mit ihrer Frau und ihrem Kind von 3 Uhr bis ½9 Uhr abends zusammenzusein, *dasselbe aber dem Ehemann einer von ihrem Kind getrennten Frau nicht gestattet.* Die Mehrzahl der restriktiven Bestimmungen in den Entbindungs- und Wöchnerinnenstationen wurden ursprünglich zum Schutz der Mutter und des Säuglings erlassen, und sie müssen heute unter demselben Gesichtspunkt überprüft werden! Wenn der Säugling jedoch nicht bei der Mutter ist, sind Besuchsbeschränkungen noch weit unverständlicher.

Herr Dixon: Aber in unserer Situation war das Baby eben nicht da, und so gelten für den Vater die gleichen Bestimmungen wie für jeden beliebigen Besucher. Ich war wütend – sie standen da wie Wächter an der Tür und sagten, Sie können nicht vor 7 Uhr hinein. Sie haben ihre Bestimmungen, und ich schätze, wir müssen damit leben, aber ich meine doch, in bestimmten Fällen sollten die Bestimmungen ein bißchen gelockert werden. Ich bin sicher, daß dies für das Personal eine Erschwerung ist, aber für die Leute ist es angenehmer – und ich meine, dafür sind Krankenhäuser doch schließlich da, für die Leute.

Krankenhäuser werden gebaut und betrieben, um kranken Menschen zu helfen, und die meisten von ihnen wurden mit Geldern finanziert, die von medizinischen Laien stammen. Es ist nicht schwer zu verstehen, warum Elterngruppen ebenso wie auch manche Ärztegruppen darauf hinwirken, dem Krankenhaus den Charakter einer militärischen Anstalt zu nehmen und es einem Heim für Patienten und ihre Familien ähnlicher zu machen.

Herr Dixon: Dagegen fand ich die Art und Weise, wie wir in der Frühgeborenenstation kommen und gehen konnten, wann immer wir wollten, sehr wohltuend für mich und, nachdem meine Frau aus der Klinik entlassen worden war, auch sehr wohltuend für sie. Denn an einigen Abenden blieben wir bis 11 Uhr dort.
Frau Dixon: Ich wollte am liebsten gar nicht weggehen.
Herr Dixon: Ich kam mir vor wie ein Scheusal mit meinem Drängen: »Komm schon, ich muß morgen früh zur Arbeit.«
Frau Dixon: Er war so müde, daß er eines abends in den Aufenthaltsraum ging und einschlief. Ich wollte einfach nicht nach Hause gehen. Ich wollte dasitzen und sie halten und sie in meinen Armen wiegen. Ich habe alle diese Artikel über frühgeborene Säuglinge gelesen – wenn ihr Gehirn nicht genug Sauerstoff bekommt, es kann aber auch zuviel Sauerstoff da sein ... es kann ihren Augen schaden oder sie kann dann geistig zurückbleiben. Oder ich dachte: »Wenn sie eine Herzschwäche hat, dann wird sie nie umherrennen und mit anderen Kindern spielen können.« Ich werde ihr sagen müssen: »Kimberly, mein Liebling, das darfst du nicht – du darfst nicht auf das Bett hüpfen, du darfst nicht die Treppe hinaufrennen, du mußt sitzenbleiben und ruhig spielen.« Ich wollte, daß sie normal wird, und das einzige, woran ich denken konnte, war: »Wie gehts weiter?«

Es ist interessant, daß hier zum ersten Mal seit Beginn des Gesprächs einer der Elternteile den Namen des Kindes genannt hat. Die Eltern frühgeborener Kinder warten oft viele Tage oder sogar Wochen ab, ehe sie einen Namen für ihr Baby aussuchen. Es kommt vor, daß sie während der Klinikphase und manchmal auch noch während der ersten Wochen zu Hause das Kind nicht mit seinem Namen benennen, sondern es weit häufiger mit »es« oder »er« oder »sie« bezeichnen, als dies die Eltern eines normalen, gesunden Säuglings tun würden.

Frau Dixon: Das Digitalis erschreckte mich zu Tode. Während ich im Krankenhaus war, wollte ich nicht daran denken, aber ich kam nicht davon los – was wird sein, wenn dieses Kind nicht am Leben bleibt? Während ich dort drüben war und sie hier auf der Säuglingsstation, wo ich sie nicht sehen konnte und nur immer von jedermann aus zweiter Hand erfuhr, was geschah, dachte ich andauernd: »Wenn mein Baby stirbt, dann werden sie es mir nicht sagen; und ich hab es nie im Arm gehabt. Ich will nicht, daß es stirbt.« Und dann sagte ich ihr immer wieder: »Ja, Kimberly, du wolltest unbedingt zu früh kommen, du hattest es so eilig – und du wirst nicht wieder gehen. Merk dir das. Ich werde dir sehr böse sein, wenn du uns wieder verlassen willst.« Ich redete die ganze Zeit auf sie ein – ich glaube, die Schwestern hielten mich für verrückt.

Ganz gleich, über welches Bildungsniveau, über welche Intelligenz oder über welche Erfahrungen die Eltern verfügen – in Augenblicken psychischer Belastung beobachtet man häufig, daß sie zu einem magischen Denken Zuflucht nehmen. Viele Ärzte werden sich an Situationen erinnern können, in denen Eltern einem Säugling, von dem sie wußten, daß er vielleicht nicht am Leben bleiben würde, auf diese Art zuredeten.

Kinderarzt: Als Sie herüberkamen und Ihr Baby das Digitalis verabreicht bekam, was dachten Sie da als erstes?
Frau Dixon: Na ja, ich dachte nicht, daß sie sterben würde – ich dachte: »Sie wird es den Rest ihres Lebens mit dem Herzen haben.« Bei Herzkrankheiten können so viele Dinge passieren ... und Digitalis – das bekommen ältere Leute, wenn sie einen Herzanfall haben.

Die Eltern frühgeborener Kinder haben alle ihre eigenen, unterschiedlichen Erfahrungen mit Ärzten, Krankheiten und medikamentösen Behandlungen gesammelt. Jede Diagnose, jedes Symptom, jede Medikation weckt womöglich Erinnerungen. Es ist nicht ungewöhnlich, daß die Dixons glaubten, ihre Kimberly werde, da sie Digitalis erhielt, ihr Leben lang Herzpatientin bleiben. Wir können hieraus ersehen, wie wichtig eine entspannte und offene Kommunikation zwischen Eltern, Schwestern und Ärzten ist. Die Ärzte sollten ein Gespür für die Reaktionen übermäßig besorgter und übermäßig unbesorgter Eltern haben. Herr und Frau Dixon waren glücklicherweise imstande, ihre Frage zu artikulieren, so daß sofort eine erklärende Antwort gegeben werden konnte. Viele Eltern sind zu verschüchtert, um solche Fragen zu stellen.

Herr Dixon: Mein erster Gedanke, als ich das mit dem Digitalis erfuhr – ich weiß nicht viel über Medizin –, aber das ist das Mittel, das herzkranke Patienten ihr ganzes Leben lang einnehmen müssen. Ich muß ein klassisches Beispiel für den ängstlichen Vater gewesen sein. Meine Eltern waren von Detroit hergefahren. Wir warteten. Mein Gott, es war mein erstes Kind. Sie kennen die alte Geschichte, ob man sich einen Jungen oder ein Mädchen wünscht. Mir war das eigentlich egal, ehrlich, nur gesund sollte es sein.
Frau Dixon: Ich hätte ja auch nie gedacht, und ich habe auch nie ein Baby gekannt, das krank oder mit irgendetwas dieser Art zur Welt kam. Ich hätte mir das nie träumen lassen. Ich hatte während der Schwangerschaft Artikel über angeborene Schädigungen gelesen. Ich hätte mir nie träumen lassen, daß mein Baby zur Welt kommen würde, und man es mir wegnehmen müßte und es krank sein würde. Ich dachte, ich kriege es einfach und nehme es mit nach Hause, und Opa und Oma würden kommen und es anschauen und sagen: »Oh, wie süß.« Alles sollte typisch und normal ablaufen, wie im Klischee, wenn Sie so wollen. Aber dann kam alles ganz anders.
Kinderarzt: Sie erwähnten, daß Sie in der ersten Nacht bestimmte Befürchtungen hatten?
Herr Dixon: Ich hätte alles Mögliche getan. Doch es gab eigentlich nichts, was ich in diesem Augenblick hätte tun können; aber ich sagte: »Was kann ich tun?«
Frau Dixon: Das war es eben. Ich fühlte mich sehr hilflos. Es war, wie wenn man dieses oder jenes Baby besucht, das von anderen Leuten gepflegt wird. Sie schließen ihre Monitore an, und ich konnte durch den Inkubator sprechen, aber ansonsten machten fast alles die anderen. Als ob es ihr Baby sei.

»Als ob es ihr Baby sei« – ein Satz, der den Aussagen hunderter von Eltern frühgeborener Kinder entspricht. Wenn diese Eltern sich in der Behandlungsphase und nach der Entlassung des Kindes in diesem Sinne äußern, so kontrastiert dies aufs lebhafteste mit der intensiven Eltern-Kind-Bindung im Normalfall der voll ausgetragenen Schwangerschaft; dieser Gegensatz veranlaßte uns, nach den Faktoren zu forschen, die bei den Eltern frühgeborener Kinder zu derartigen Gefühlen führen. Frau Dixon hatte 34 Schwangerschaftswochen lang mit ihrem Baby gelebt. Nun hatte sie ein Gefühl, als gehöre dieses Baby jemand anderem. Dies wirft die Frage auf, ob ihre Bindung sich anders entwickelt hätte, wenn sie bei der Fürsorge für ihr frühgeborenes Kind eine größere Rolle gespielt hätte. Auch wenn ein Baby krank und von Monitoren umstellt und an Schläuche angeschlossen ist, würde es einer Mutter wie Frau Dixon guttun, wenn sie zur Genesung des Kindes irgendetwas beitragen könnte, was ihre eigene, persönliche Leistung wäre.

Kommentar: Gelegentlich hört man auch von Eltern normal ausgetragener Kinder, daß sie erst ungefähr eine Woche nach der Klinikentlassung das Gefühl gehabt hätten, daß das Baby wirklich ihnen gehört.

K. Barnard

Herr Dixon: Sie wollte abends nicht nach Hause gehen, und das war einer der Gründe – »Es ist mein Baby. Wenn es schon nicht bei mir zu Hause sein darf, dann möchte ich bei ihm bleiben, solange es geht.«

Frau Dixon: Ich glaube, ich war sehr eifersüchtig. Ich weiß, daß man sie gut versorgt und daß ich das niemals hätte ersetzen können, und doch war ich sehr eifersüchtig, weil, es war mein Baby, das da vor mir lag, und ich fühlte mich sehr leer, weil ich nichts für sie tun konnte. Es gab nichts, das ich hätte für sie tun können. Und so saß ich da und weinte.

Das ist eine Kritik an den Methoden der Fürsorge für diese Babys. Man hatte Frau Dixon zwar in der Station willkommen geheißen und ihr gestattet, ihr Baby zu berühren und zu ihm zu sprechen, aber man hatte ihr keine eindeutige Aufgabe im Rahmen der Fürsorge für das Kind gegeben. Wahrscheinlich kann sich keine optimale Mutter-Kind-Bindung entwickeln, solange die Mutter nicht das Gefühl hat, daß sie einen wichtigen Beitrag zur Betreuung ihres Kindes leistet.

Kinderarzt: Waren Sie auf eine ganz bestimmte Schwester oder auf alle eifersüchtig?

Frau Dixon: Auf das ganze Krankenhaus.

Herr Dixon: Bei mir war die Eifersucht weniger ausgeprägt als der Angstaspekt. Babys sind klein, und von Männern heißt es, sie seien ein bißchen linkisch, aber ich glaube, diese Angst übertrug sich irgendwie, denn selbst nachher, als es ihr viel besser ging und Sie sagten, es sei bloß noch eine Frage der Zeit, ehe sie heim dürfe, hatte ich noch immer sehr große Angst davor, sie auch nur im Arm zu halten. Ich bekam schon Krämpfe in den Armen, wenn ich sie nur fünf Minuten gehalten hatte, weil ich meine Arme so verkrampft zusammenpreßte. Jetzt füttere ich sie schon. Ich wickle sie – ich kann wahrscheinlich noch nicht ganz so geschickt mit ihr umgehen wie Ann, aber dieser Angstaspekt, den es hatte, ist vorbei.

Frau Dixon: Jetzt ist sie ein richtiger Säugling.

Kinderarzt: Wann wurde sie ein richtiger Säugling?

Frau Dixon: Als sie aus dem Inkubator heraus in diesen kleinen Babykorb kam.

Herr Dixon: Ann sagte, jetzt ist sie ihr Plastikhäuschen los – jetzt ist sie ein richtiger Säugling. Als wir merkten, daß das bevorstand, sagten wir: »So,

Kimberly, jetzt darfst du in dein eigenes Bettchen umziehen und brauchst diesen Inkubator nicht mehr. Dann kannst du ein richtiger Säugling sein.«
Frau Dixon: Ich weiß, es ist albern, aber ich dachte, vielleicht war es meine Schuld, daß sie zu früh geboren ist, und ich dachte immerzu: »Ich habe doch alles getan, was ich tun sollte – meine Vitamine genommen und mein Eisen und alles getan, was der Doktor gesagt hat.«

Für die Dixons war Kimberly erst dann ein richtiges Baby, als sie in einen Babykorb gelegt wurde, wo sie wie ein normaler Säugling versorgt werden konnte. Daß eine Mutter sich fragt, was sie falsch gemacht haben könnte, daß es zu einer Frühgeburt kam, ist eine weit verbreitete und normale Reaktion, auch bei Frauen, die von ihrer Bildung und Intelligenz her rational genau wissen, daß es nicht ihre Schuld gewesen ist. Weiter unten wird Herr Dixon deutlich machen, wie fassungslos er war, und Frau Dixon wird dem Kern der Sache näherkommen. Ihr kam der Gedanke, daß mit ihr irgendetwas los sei, daß ihr irgendetwas Schlimmes anhaften müsse, das dazu führte, daß ihr Kind als Frühgeburt zur Welt kam. Es hilft in solchen Fällen, diese Gedanken mit der Mutter zu diskutieren. Es ist auch wichtig, der Mutter zu demonstrieren, daß wir sie nicht für die »Schuldige« an der verfrühten Geburt halten: Sie muß eine wichtige Rolle im Rahmen der Betreuung des Babys zugewiesen bekommen, und sie muß es anfassen können, weil das mithilft, Schuldgefühle zu zerstreuen.

Herr Dixon: Sie hat alle diese Übungen gemacht, die der Doktor empfahl, und ich bin nicht sicher, ob diese Übungen nicht doch irgendwie dazu beigetragen haben.
Frau Dixon: Aber man bekommt doch gesagt, daß man diese Übungen zur Vorbereitung auf die Entbindung machen soll.
Herr Dixon: Wir hatten diese Kurse besucht, und ich schätze, daß sie einerseits schon nützlich sind, aber andererseits auch Zeitverschwendung.
Frau Dixon: Ich glaube nicht, daß ich sie jemandem empfehlen würde.
Herr Dixon: Sie erzählen einem da von den klassischen Symptomen bei den Wehen. Einmal, als wir schlafen gingen, sagte Ann: »Ich habe starke Rückenschmerzen.« Als ich aufwachte, sah ich, daß sie weinte, und ich sagte: »Ich verstehe nicht, was los ist, ich werden den Doktor anrufen.« So riefen wir ihren Geburtshelfer an, und der Doktor sprach mit ihr und verlangte dann mich wieder und sagte: »Es klingt, als könnten bei Ihrer Frau die Wehen eingesetzt haben.« Aber nach dem, was man uns im Kursus gesagt hatte, hätte alles in einer ganz ordentlichen Reihenfolge passieren müssen – aber bei Ann blieben alle diese Dinge aus, es schien ganz unvorbereitet zu kommen. Natürlich haben wir sechs Wochen vor dem Termin nicht damit gerechnet, so daß diese Dinge vielleicht dagewesen sind und wir sie nicht bemerkten.
Frau Dixon: Ich fühlte mich pudelwohl an dem Tag bis gegen ½12 abends, als ich diese fürchterlichen Rückenschmerzen bekam.

Kinderarzt: Sie sagten, nachdem das Baby gekommen war, hätten Sie sich gewundert, was passiert war oder sich gefragt, was Sie vielleicht falsch gemacht haben könnten. Welche Gedanken sind Ihnen da gekommen?
Frau Dixon: Ich wußte nicht, ich wollte wissen, warum sie zu früh gekommen ist. War es meine Schuld – habe ich etwas falsch gemacht? War irgendetwas mit mir los?
Herr Dixon: Sie stellte mir diese Frage einmal am Telefon: »Was habe ich getan, daß das Baby so früh kam?« Der Arzt sagte, sie könne noch Auto fahren – es waren ja noch sechs Wochen bis zum Termin.
Frau Dixon: Ich ging immer noch zum Einkaufen ins Lebensmittelgeschäft an der Ecke.
Herr Dixon: So war's, aber das war's eben, was ich nicht verstehen konnte. Ich verstand nicht, warum sie das Gefühl hatte, es könne vielleicht ihre Schuld sein. Ich sagte: »Das passiert manchmal.«
Frau Dixon: Aber ich wollte wissen, wieso. Eine Zeitlang, vor allem als sie so krank wurde, dachte ich: »Vielleicht stimmt mit mir irgendwas nicht, und sie ist deswegen zu früh gekommen.« Wir waren in keiner Weise darauf vorbereitet, daß sie so früh zur Welt kommen würde.
Herr Dixon: Besonders wo es das erste Kind war. Ich glaube, wenn es noch einmal passieren sollte, wäre es für uns ein bißchen leichter. Es war für uns beide eine sehr beängstigende Erfahrung. Ann sagte immerzu: »Was habe ich getan? War es irgendetwas, das ich getan habe? Stimmt mit mir irgendetwas nicht, weil das Baby zu früh gekommen ist?« Es war für mich schwierig, damit fertigzuwerden, weil ich mir immer wieder sagte: »Wir wollten das Kind und trugen es fast neun Monate lang aus, fast eine ganze Schwangerschaft.« Sechs Wochen zu früh sind keine elf Wochen zu früh. Du hattest keine Fehlgeburt im ersten Monat oder so, vielleicht ist es eine biologische Sache. Ich weiß nicht, aber ich konnte nicht verstehen, warum sie so darauf aus war, die Schuld bei sich zu suchen.

Diese längere Diskussion über Frau Dixons Schuldgefühle zeigt, wie intensiv und beharrlich eine Mutter sich mit Schuldgefühlen wegen ihrer Frühgeburt abplagen kann. Sehr aufschlußreich ist ihre Äußerung: »Wir waren in keiner Weise darauf vorbereitet, daß sie so früh zur Welt kommen würde.« Die Eltern eines frühgeborenen Kindes werden um eine psychologische Vorbereitungsphase von ungefähr sechs Wochen »betrogen«. Denn gerade die Veränderungen, die sich während der letzten sechs Schwangerschaftswochen vollziehen, sind gewöhnlich eindrucksvoll. Die Mutter bereitet sich sowohl physisch als auch psychisch auf die Geburt des Babys vor. Die Eltern eines normal ausgetragenen Kindes erleben die Wehen nicht als einen mit der Sorge um das Wohlbefinden des Kindes verknüpften Vorgang. Dagegen erlebt die Mutter eines frühgeborenen Kindes die gesamten Vorgänge – die Wehen, die Entbindung, die Entwicklung der emotionalen Bindung – in einer durch Befürchtungen verdüsterten Atmosphäre.

Frau Dixon: Ich hatte einfach das Gefühl, daß es mein Baby ist und daß es eigentlich an mir wäre, sie zu pflegen, solange sie da war, und das habe ich vielleicht nicht getan. Ich weiß nicht – eigentlich dachte ich, ich hätte alles getan.

Herr Dixon: Das vorherrschende Gefühl bei uns war zu dieser Zeit die Angst. Angst um das Baby, und ich schätze auch in gewisser Weise Angst um uns selbst. Was soll werden? Man plant ein Baby, und wenn das Baby nicht am Leben bleibt, was macht man dann? Wie kehrt man den Scherbenhaufen zusammen und macht weiter? Aber ich glaube, was uns wirklich am meisten geholfen hat, waren die Leute im Krankenhaus, Sie und alle die anderen Ärzte.

Kinderarzt: Wie haben sie Ihnen geholfen?

Herr Dixon: Zuversicht eingeflößt.

Frau Dixon: Indem sie so freundlich waren und alle meine Fragen beantworteten und um zwei Uhr und drei Uhr morgens mit mir redeten und nicht sagten: »Oh, wieder einmal Frau Dixon.«

Herr Dixon: Es ist die ganze Atmosphäre.

Kinderarzt: Sie wollen sagen, sie blieben verständnisvoll, auch wenn es zwei Uhr morgens war?

Herr Dixon: Na ja, natürlich bedeutet zwei Uhr morgens für sie vielleicht dasselbe, was für jemand anderen zwei Uhr nachmittags bedeutet; sie sind wacher als wir; aber wir haben nicht nur um zwei Uhr morgens angerufen, sondern auch um elf Uhr abends, kurz bevor sie Schichtwechsel haben, und keiner hat es je eilig gehabt und gesagt: »Rufen Sie in zehn Minuten nochmal an.« Jedes Mal nimmt sich jemand die Zeit, mit einem zu sprechen und einem die Dinge zu erklären. Das ist das Wichtigste. Ich habe, solange Kimberly hier im Krankenhaus lag, mehr über Medizin und verschiedene Dinge gelernt – Geräte und Instrumente, wie Sie sie verwenden, Bluttransfusionen; sie mußten ihr Blut übertragen.

Frau Dixon: Das hat mich auch geängstigt. Ich dachte mir: »Oh, armes Baby – du hast nicht genug Blut«.

Herr Dixon: Aber hinterher dann, wie der Umschwung kam. Es war erstaunlich. An dem Tag, nachdem sie dieses Blut bekommen hatte, machte sie einen so viel besseren Eindruck. Ihre Hautfarbe und ihre Aktivität. Sie wurde viel aktiver und schrie.

Kinderarzt: Können wir nochmals auf das erste Mal zurückkommen, als Sie sie hochnahmen? Wann war das?

Herr Dixon: Da war sie noch im Brutkasten. Sie hatte nur noch 40 Prozent Sauerstoffzufuhr – nein, noch weniger, ich glaube 30 Prozent. Daher sagte man uns, wir könnten sie für ein paar Minuten hochnehmen.

Frau Dixon: Alle wußten, daß ich sie an mich nehmen wollte. Alle kannten mich, als ich hereinkam. Ich kannte keinen, aber alle kannten mich. »Oh, Sie sind Kimberlys Mutter!«

In Anbetracht der großen Streßbelastung, unter der das Personal einer Neugeborenen-Intensivstation steht, ist es bemerkenswert, wie warmherzig Frau Dixon in der Station begrüßt und mit wieviel

Aufmerksamkeit sie behandelt wurde. In dieser Abteilung sind die Schwestern, Schwesternhelferinnen und Sekretärinnen es seit Anfang der fünfziger Jahre gewöhnt, die Mütter zu begrüßen, die ihr Baby anfassen und aufnehmen wollen. Es kann in jeder Säuglingsstation hin und wieder vorkommen, daß es dem Personal schwerfällt, sich über den Besuch eines Elternpaars zu freuen, insbesondere wenn gerade viele und dringende Arbeiten zu bewältigen sind. Es hat sich unserer Erfahrung nach als nützlich erwiesen, wenn sich die auf der Station Tätigen in die Situation der Mutter versetzen. Sie kommt in die unglaublich einschüchternden Räumlichkeiten der Säuglingsstation voller Angst, daß ihr Baby sterben könnte oder schon tot ist. Sie hört ungewohnte Geräusche, sieht Schläuche und Geräte und kranke Säuglinge. All dies zusammengenommen reicht oft genug aus, um bei Schwesternschülerinnen oder Medizinstudenten weiche Knie und mulmige Gefühle zu erzeugen, insbesondere wenn Blut zu sehen ist oder ungewohnte Gerüche zu bemerken sind. Durch das Getrenntsein von ihrem Baby hat die Mutter sich in ihrer Vorstellung ein Bild von der Krankheit ihres Kindes gemacht, das womöglich in vieler Hinsicht sehr übertrieben ist. Ihre Angst wird noch verstärkt von ihren ungeheuren Schuldgefühlen und ihrer unerschütterlichen Überzeugung, mit ihr stimme irgendetwas nicht, und das habe ihrem Baby geschadet und seine zu frühe Geburt und seine Krankheit herbeigeführt. Die beste »Medizin« für eine solche Mutter ist, wenn das Personal der Säuglingsstation sie akzeptiert, sie willkommen heißt, ihr sagt, was für ein schönes Kind sie hat und wie gut für das Baby ihr Besuch und ihre Berührung sind, und wenn man ihr klarmacht, wie wichtig es ist, daß sie sich selbst an der Betreuung und Fütterung ihres Kindes beteiligt.

Herr Dixon: So kannten sie sie, als Kimberlys Mutter.
Frau Dixon: Jedenfalls nahm ich sie an mich, und da hatte ich einfach das Gefühl, daß alle diese Gedanken, die ich mir über ihren Tod gemacht hatte, wie weggeblasen waren; das durfte einfach nicht sein. Ich war sehr entschlossen, daß es nicht sein durfte. »Du wirst kämpfen. Du wolltest zu früh kommen, und jetzt wirst du bleiben.«
Herr Dixon: Das sagten wir ihr: »Du kannst jetzt nicht wieder gehen. Du hast zu lange gekämpft.«
Frau Dixon: »Du warst so ungeduldig, du konntest es nicht erwarten, jetzt bleibst du hier und gehst nicht wieder fort.«
Kinderarzt: Erinnern Sie sich noch, wann Sie das Gefühl hatten, daß es wirklich Ihr Kind ist?
Herr Dixon: Ich glaube, wir hatten das Gefühl von Anfang an, aber irgendwie kommt dann wieder die Eifersucht hoch. Allerdings spielte die in meinen Gefühlen nicht eine so große Rolle wie die Angst.

Frau Dixon: Ich hatte erst das Gefühl, daß sie mein Kind ist, als ich mit ihr zusammenblieb – als Sie sagten, ich dürfte die drei Tage über im Krankenhaus bei ihr bleiben. Ich kümmerte mich um sie, ich tat alles für sie, trug sie herum und tat alles für sie. Ich fütterte sie. Da war sie dann mein Baby.«
Kinderarzt: Also nicht schon in dem Augenblick, als sie aus dem Brutkasten heraus durfte und Sie sie zum ersten Mal an sich nahmen?
Frau Dixon: Da hatte ich noch Angst um sie. Ich wußte, sie ist mein Baby, aber ich wußte nicht, ob ich sie behalten könnte, und ich hatte auch nicht das Gefühl, sie sei ein richtiger Säugling.

Die Angst der Mutter, ob ihr Kind am Leben bleiben wird, kann den Aufbau einer normalen Bindung hemmen. Daß diese Mutter Gelegenheit bekam, ihr Kind ganz selbständig zu betreuen, trug weit mehr als ihre vorausgegangenen Besuche dazu bei, in ihr die Gewißheit zu wecken, daß sie selbst einen wertvollen Beitrag zum Wohlbefinden ihres Kindes leistete.

Herr Dixon: Wenn danach noch irgendetwas eingetreten wäre, so daß das Baby nicht nach Hause hätte kommen können, es hätte Ann sehr mitgenommen.
Kinderarzt: Dann hat sich also bei Ihnen etwas verändert, in dem Augenblick, als Sie das Kind dort bei sich in dem Zimmer am Ende des Saals hatten?
Frau Dixon: Da war sie ein richtiger Säugling. Mein Kind.
Herr Dixon: Und wir wußten, daß sie nach Hause kommen würde. Wir würden zusammen sein, eine Familie sein.
Frau Dixon: Endlich sollten wir eine Familie werden. Ich würde nicht mehr hierherrennen und wieder heimrennen und Essen kochen und wieder ins Krankenhaus zurückrennen müssen. Ich hatte das so satt. Nicht daß wir etwas dagegen gehabt hätten, hierher zu kommen – ich wollte ja hier sein. Es war einfach nur so anstrengend, immer hin und her, und es fiel mir immer so schwer, von hier wegzugehen. Wirklich schwer. Ich dachte: »Jetzt muß ich mein Baby alleinlassen.« Ich sagte der Schwester jedes Mal: »Bitte drehen Sie ihr den Kopf auf die andere Seite, damit sie mich nicht sieht, wenn ich hinausgehe.« An einem Abend weinte sie, und da mußte ich zu ihr zurückgehen. Ich hatte das Gefühl: »Sie weiß, daß ich sie alleinlasse, und ich bringe es nicht über mich, sie alleinzulassen. So ging ich wieder hinein, und sie hörte auf zu weinen, und dann ging ich schließlich.«
Herr Dixon: Ich glaube, Ann und ich haben darüber nie richtig geredet. Aber gleich, als das Baby geboren wurde, Sie wissen natürlich, es ist mein erstes Kind, und ich war so aufgeregt. Der Doktor sagte: »Es gibt ein kleines Problem, aber machen Sie sich keine Sorgen.« Ich machte mir auch eigentlich keine solchen Sorgen, bis wir wieder in die Klinik zurückkamen. Aber von dem Augenblick an war dieses Baby mein Kind. Ich war wie versteinert, besonders als wir hier hereinkamen und alle diese Brutkästen sahen, und mittendrin unsere Kimberly. Aber dann sollte ich mit der Hand hineingreifen

(in den Inkubator). Ich hatte Angst, richtiggehend Angst. Sie sprachen mir gut zu und sagten: »Tun Sie die Hand hinein.« Dann sagten Sie: »Berühren Sie ihr Bein.« Wenn irgendjemand ein Foto gemacht hätte – ich streckte die Hand fast zögernd hinein. Ich hatte Angst. Aber dieses Baby war mein Kind – oder unser Kind –, jedenfalls sah ich es so. Das Baby war krank; es gab einige Probleme. Alles, was getan werden konnte, wurde getan. Sie und die anderen vom Stationspersonal flößten mir sehr viel Zuversicht ein. Ihre Leute sind phantastisch. Das hat mich wieder aufgerichtet.

Frau Dixon: Alle waren so freundlich, und man hört von keinem: »Oh, Frau Dixon – wieder einmal.«

Kinderarzt: Könnten wir nochmal auf die letzten drei Tage zurückkommen, als Sie in dem Einzelzimmer gewohnt haben? Hatten Sie gleich von Anfang an das Gefühl, es ist Ihr Baby, oder kam das erst am zweiten Tag?

Frau Dixon: Sobald die Schwester draußen war, war es mein Baby. Ich mußte mich um sie kümmern; ich mußte alles für sie tun, und das war wunderbar. Ich hatte das Gefühl: »Sie ist jetzt mein Kind, und ich trage die ganze Verantwortung für sie.«

Kinderarzt: Gewannen Sie ein etwas verändertes Verhältnis zu ihr?

Frau Dixon: Die Schwester war nicht mehr da. Vorher war immer eine Schwester dabeigewesen, zu der ich sagen konnte: »Hallo, könnten Sie einmal herkommen? Was ist dies, was ist das?« Jetzt aber stand ich da, einfach so, und sie war mein Kind, und ich hatte auf einmal die ganzen mütterlichen Aufgaben zu erfüllen. Keine Schwester war da, die sie aufnahm und sagte: »So, jetzt ist es Zeit für dies oder das.«

Kinderarzt: Als Sie da mit Ihrem Kind wohnten, da waren Sie in einer Abteilung, in der die Säuglinge nicht einfach heranwuchsen, sondern die Säuglinge dort waren krank. Versuchten die anderen Mütter, mit Ihnen zu sprechen oder Sie in ihren Kreis einzubeziehen?

Frau Dixon: Na ja, abends pflegten wir in den Aufenthaltsraum zu gehen und uns hinzusetzen und uns zu unterhalten. Es gab da eine Mutter, die ein Mädchen hat, das auch sechs Wochen zu früh geboren wurde. Es ist jetzt zwei Jahre alt und hat in zwei Jahren zwölf Operationen am Kopf über sich ergehen lassen müssen. Die Frau glaubt nicht, daß das Mädchen älter als sechs Jahre wird. Da dachte ich: »Mein Kind ist auch sechs Wochen zu früh gekommen!« Und bei ihr wußte man es noch nicht zu der Zeit, als das Kind nach Hause kam. Ihr Kind war auch einen Monat lang in der Klinik, und dann wurde ihr gesagt: »Ihr Kind ist in Ordnung.«

Kinderarzt: Da kamen also die alten Befürchtungen schnell wieder?

Frau Dixon: Ja, sie kamen alle wieder. Ich dachte: »Weshalb hat er mich hierherverlegt – damit ich merken soll, wie glücklich ich dran bin, daß mein Baby gesund ist? Dabei weiß ich doch – ich habe das Gefühl, ich bin die glücklichste Frau auf der Welt.«

Herr Dixon: Jetzt, wo das Baby zu Hause ist, denke ich manchmal schon gar nicht mehr daran, daß sie krank war. Es geht ihr so gut – sie schreit und kreischt. Und ich liebe ihr Geschrei – außer um drei Uhr morgens.

Frau Dixon: Ich glaube, es war gut, daß er, solange ich im Krankenhaus lag, hier bei unserem Baby war. Ich merkte, daß es sehr gut war, weil er jedes Mal,

wenn er zu mir kam und mir von ihr erzählte, so stolz wirkte. Er sagte immerzu: »Ich habe sie angefaßt und sie am Bein gestreichelt. Sie haben mir gesagt, ich soll ihr Händchen nehmen, und weißt du was, sie hat meinen Finger gepackt – richtig fest dran gezogen.« Ich hatte das Gefühl, daß das sehr gut war, weil der Vater doch gewöhnlich nur dasitzt und zuschaut.
Herr Dixon: In unserem Fall war es ganz anders.

Empfehlungen für die klinische Betreuung

1. Erste Stunde. Wenn eine Frühgeburt zwischen vier und fünf Pfund wiegt, einen guten Eindruck macht und keine Atemnot und keine Retraktion zeigt, ist es unseren Erfahrungen nach unbedenklich, das Kind der Mutter nach der Entbindung eine Stunde lang ins (wärmebestrahlte) Bett zu geben. Wir empfehlen dies allerdings nur, wenn der Arzt hinsichtlich der gesundheitlichen Verfassung des Säuglings unbesorgt ist.
2. Unterbringung. Im Idealfall sollten Mutter und Säugling zusammen in einer Klinik und auf einer Station untergebracht sein. In Anbetracht der weitreichenden Bedeutung eines frühen Mutter-Kind-Kontakts sollte sich eine Modifikation bestehender restriktiver Bestimmungen und regionaler Bräuche in der Regel ermöglichen lassen. Im Idealfall entwickelt eine Mutter, die mit ihrem Neugeborenen in einem abgetrennten Raum innerhalb oder nahe der Station eine Zeitlang allein sein kann, ein innigeres Verhältnis zu ihm.
3. Verlegung. Muß ein Frühgeborenes wirklich einmal in eine Klinik mit einer Neugeborenen-Intensivstation verlegt werden, so ist es nach unseren Erfahrungen nützlich, der Mutter eine Gelegenheit zu geben, ihr Baby zu sehen und zu berühren, selbst wenn es Atmungsprobleme hat und im Sauerstoffzelt liegt. Der Pfleger bzw. der diensthabende Arzt macht mit dem Transportbrutkasten einen Abstecher in das Zimmer der Mutter und ermuntert sie, ihr Kind anzufassen und aus der Nähe zu betrachten. Eine in dieser Situation gemachte Bemerkung über das kräftige und gesunde Aussehen des Kindes wird die Mutter dankbar aufnehmen und vielleicht lange im Gedächtnis bewahren. Der Säugling muß eine rosa Farbe haben und ausreichend atmen, ehe wir ihn der Mutter vorweisen. Wenn er keucht und blau ist, werden noch in der überweisenden Klinik Beatmungsmaßnahmen durchgeführt, und unser Überführungsteam bleibt in der Klinik, bis wir sicher sein können, daß auf dem Transport nichts passiert.
4. Einbeziehung des Vaters. Wir laden den Vater ein, dem Überführungsteam zu uns in die Klinik zu folgen, damit er zusehen kann, was

mit seinem Kind geschieht. Er nimmt sein eigenes Transportmittel, so daß er drei bis vier Stunden lang in der Frühgeborenenstation bleiben kann. Dieser verlängerte Aufenthalt versetzt ihn in die Lage, die Schwestern und Ärzte der Station kennenzulernen, zu sehen, wie das Neugeborene behandelt wird, und mit uns als den Ärzten in gelockerter Atmosphäre darüber zu sprechen, wie es nach unseren Erwartungen mit dem Baby und seiner Behandlung in den darauffolgenden Tagen weitergehen wird. Wir lassen ihn den Säuglingsraum betreten, bieten ihm in der Regel eine Tasse Kaffee an und erklären ihm eingehend, was alles mit seinem Kind gemacht wird. Wir bitten ihn, als Verbindungsglied zwischen uns und den Mitgliedern seiner Familie und dem anderen Krankenhaus zu fungieren, indem er seine Frau mit Informationen versorgt, die ihr Aufschluß darüber geben, wie es dem Baby geht. Wir machen ihm den Vorschlag, das Baby mit einer Sofortbildkamera zu fotografieren, selbst wenn es an ein Beatmungsgerät angeschlossen ist, damit er seiner Frau in allen Einzelheiten beschreiben kann, wie das Kind versorgt wird. Wir hören von Müttern häufig, wie wertvoll solche Bilder für die Herstellung eines gewissen Kontakts zum Neugeborenen während der Dauer der Trennung waren.

5. *Erster Besuch in der Frühgeborenenstation.* Eine Mutter sollte Zugang zur Frühgeborenenstation erhalten, sobald sie sich ohne Schwierigkeiten dorthin begeben kann. Wir sagen ihr bei jedem Gespräch, daß die Ärzte und Schwestern der Station sich auf ihren Besuch freuen und daß wir wissen, daß ihr Kind sich besser entwickeln wird, sobald sie es regelmäßig besuchen kann. Es ist wichtig, daß man beim ersten Besuch der Mutter auf die Möglichkeit vorbereitet ist, daß sie beim Anblick ihres Kindes weiche Knie oder einen Schwächeanfall bekommt. Wir halten stets einen Hocker bereit, auf den sie sich setzen kann, und eine Schwester bleibt die meiste Zeit bei ihr und erklärt ihr ausführlich die Funktion der verschiedenen Geräte und Systeme: der Monitore, mit denen Atmung und Herzschlag kontrolliert werden, des Nabelkatheters, der verschiedenen Infusionsschläuche, durch die das Baby Nährlösungen zugeführt bekommt, und des Brutkastens.

6. *Kaiserschnitt-Mütter.* Wir haben die Erfahrung gemacht, daß es für Mütter, die eine Kaiserschnitt-Entbindung hinter sich haben, anstrengend ist, wenn sie nach der Entlassung aus der Klinik ihrem Kind mehr als einen Besuch pro Tag machen. Der eine tägliche Besuch kann dafür ein längerer sein, aber es ist besser, wenn er in der ersten Woche nach der Kaiserschnitt-Entbindung auf höchstens zwei oder drei Stunden begrenzt wird.

7. *Familienbesuche.* Wir ermuntern auch Großeltern, Brüder, Schwe-

stern und andere Verwandte, den Säugling durch die Glaswand der Station zu betrachten, damit sie eine erste Bindung an ihn gewinnen.
8. Diskussionen mit Eltern. Mindestens einmal pro Tag besprechen wir mit den Eltern, wie das Kind sich entwickelt; wenn das Kind krank und in kritischem Zustand ist, sprechen wir mit den Eltern mindestens zweimal pro Tag.
Man sollte unbedingt in Erfahrung bringen, welche Gedanken sich die Mutter darüber macht, was geschehen wird, und auch, was sie über das Problem gelesen hat. Wir versuchen, bei jedem Gespräch so auf sie einzugehen, daß sie möglichst alles versteht, was wir ihr sagen.
9. Telefongespräche. Wenn wir mit einer Mutter, die noch in der Entbindungsklinik liegt, am Telefon über den Zustand des Säuglings sprechen, bitten wir den Vater, sich dazuzustellen, so daß wir mit beiden zugleich sprechen und sie beide die gleiche Mitteilung hören können. Diese Art der Gruppenkommunikation gewährleistet ein Minimum an Mißverständnissen und trägt gewöhnlich dazu bei, die Mutter zu überzeugen, daß ihr nichts verschwiegen wird.
Wir versichern den Eltern, daß sie rund um die Uhr in unserer Abteilung anrufen können. Auf diese Weise können sie sich stets Auskunft über die gesundheitliche Verfassung, die Aktivität und die Hautfarbe ihres Kindes verschaffen. Dies hat gelegentlich zu Verwirrung geführt, weil es vorkommen kann, daß zwei oder drei verschiedene Schwestern, die im Laufe mehrerer Stunden Auskunft über den Zustand eines bestimmten Säuglings geben, dies in etwas voneinander abweichenden Worten tun. Eigentlich sollte es immer dieselbe Schwester sein, die mit den Eltern spricht. Aber das ist natürlich nicht möglich, weil nach jeweils acht Stunden Schichtwechsel ist. Verunsicherungen lassen sich vermeiden, wenn die Schwester, die einer Mutter eine Auskunft gegeben hat, dieselbe auf dem Krankenbett vermerkt. Doch ist das vielleicht in einer Abteilung, in der sehr viel Betrieb herrscht, nicht möglich.
Die Tagessekretärin bekommt täglich eine Liste mit den Gewichtswerten der Säuglinge auf den Schreibtisch. Sie kann daher einer Mutter, die anruft, rasch diese Auskunft geben, ehe die Schwester an den Apparat kommt.

Kommentar: Auf unserer Station betreut in der Regel jede Schwester ganz bestimmte, ihr zugewiesene Säuglinge, und die Eltern wissen dann bald, welche Schwester in jeder Schicht für ihr Kind zuständig ist. Wenn sie anrufen, fragen sie daher nach dieser bestimmten Schwester oder werden an sie verwiesen, und die Auskunft, die sie erhalten, hat dann unter Umständen einen sehr persönlichen, von besonderer Vertrautheit mit der Entwicklung ihres Kindes geprägten Charakter. Das hat dazu beigetragen, Vertraulichkeit und ein sehr gutes Verständigungsklima zwischen den Eltern und dem Stationspersonal zu schaffen.

K. Barnard

10. Optimistische Haltung. Solange noch eine Chance besteht, daß das Kind am Leben bleiben wird, geben wir uns in unseren Gesprächen mit den Eltern von Anfang an optimistisch. Wenn ein Säugling 70 Prozent Sauerstoff und Beatmungshilfe in Form eines kontinuierlichen Blähdrucks erhält und wenn er 24 Stunden nach der Geburt einen P_{O_2} von 55 mm.Hg und einen annehmbaren pH-Wert hat, pflegen wir zu sagen: »Ihr Kleines macht sich erfreulich. Es ist aktiv und rosarot. Wir sind zwar noch nicht aus dem Schneider, aber die Chancen, daß das Kind am Leben bleibt, stehen so, daß keiner eine Wette dagegen annehmen würde.« Wenn einen Tag später die Blutgaswerte in etwa dieselben sind, sagen wir vielleicht: »Das Kind hat hervorragende 24 Stunden hinter sich; Sie haben ein kräftiges Baby mit starkem Lebenswillen in die Welt gesetzt. Wir sind wirklich zufrieden, daß alle Werte gleich geblieben sind. Jetzt, nachdem das Baby seinen zweiten Tag überstanden hat, macht es offenkundige Fortschritte.« Es gibt keine Anhaltspunkte dafür, daß ein solcher früher Optimismus, wenn eine günstige Prognose sich einmal als falsch erweist und ein Baby stirbt, den Schmerz der Eltern verstärkt. Es bleibt fast immer Zeit, sie, falls ihr Baby doch stirbt, darauf vorzubereiten. Wenn der Arzt sich pessimistisch geäußert hat und das Baby gleichwohl davonkommt, fällt es den Eltern manchmal schwer, eine innige Bindung zu dem Kind zu finden, das sie im Geist quasi schon begraben hatten. Wir sind uns darüber klar, daß diese Empfehlung vielen hergebrachten Bräuchen widerspricht und dem Arzt eine große Verantwortung auferlegt. So sind wir etwa überzeugt, daß wir, wenn ein Säugling schließlich doch stirbt, mit der Mutter weiterarbeiten und ihr durch die Trauerperiode hindurchhelfen müssen.

11. Mögliche Hirnschädigungen. Hat der Arzt einmal die Möglichkeit erwähnt, daß ein Neugeborenes eine Hirnschädigung davontragen könnte, so werden die Eltern das nie vergessen. Wir sprechen daher, wenn wir nicht zu 100 Prozent sicher sind, daß eine Schädigung vorliegt, den Eltern gegenüber niemals von der Möglichkeit eines Hirnschadens oder einer Entwicklungsbehinderung. Wir haben schon oft erlebt, daß ein Neugeborenes, das anfänglich den Eindruck einer Hirnschädigung machte, sich hinterher offensichtlich völlig normal entwickelte. Von den frühgeborenen und normalzeitig geborenen Säuglingen in unserer Klinik, bei denen ein Verdacht auf Hirnschädigung vorlag, erwiesen sich trotz des Einsatzes multipler diagnostischer Verfahren und sorgfältiger neurologischer Analysen nur *die Hälfte* als zutreffend diagnostizierte Problemfälle. Hätten wir in diesen Fällen den Eltern erklärt, wir hegten Befürchtungen im Hinblick auf eine mögliche Hirnschädigung, so hätten wir ihnen eine unauslöschliche Sorge in die Seele gepflanzt, von der sie vielleicht viele Jahre lang nicht losgekommen wären. Wir erleben es zuweilen, daß Kinder, bei denen kurz nach der Geburt von der Möglichkeit einer Hirnschädigung die Rede gewesen war, uns viele Jahre später erzählen, eine wie große Rolle dies in ihrem Leben gespielt hat. Manche von ihnen sagen uns noch als normal entwickelte Zwanzigjährige, sie könnten nicht aufhören, darüber nachzudenken, ob sie in ihren intellektuellen Fähigkeiten nicht doch unter der Norm lägen; diese Sorge führt dazu, daß sie Bewährungssituationen meiden und sehr große Angst vor Prüfungen haben.

12. Erklärung der Befunde. Es ist wichtig, darauf hinzuweisen, daß wir dann, wenn wir einen eindeutigen objektiven Befund vorliegen haben – wie etwa eine anormale Herztätigkeit oder eine bestimmte angeborene Mißbildung –, keinen Grund sehen, den Eltern einen solchen Befund vorzuenthalten. Den Eltern etwas vorzumachen, kommt für uns nicht in Frage. Man sollte allerdings nicht vergessen, daß es Eltern gibt, die in einer zugespitzten Situation nur jeweils ein kleines Stück Aufklärung pro Tag verarbeiten können. Man kann und sollte Erklärungen so einfach formulieren, wie es der Situation angemessen ist. Es hat keinen Sinn, eine Vielzahl diagnostischer Möglichkeiten oder potentieller Komplikationen aufzuzählen, die sich vielleicht niemals einstellen werden.

13. Berührung. So früh wie möglich erläutern wir sowohl der Mutter als auch dem Vater, wie gut ihnen und ihrem Kind körperlicher Kontakt bekommt. Er hilft ihnen, das Baby kennenzulernen, und führt beim Kind zu einer Verringerung der Atemstockungen (falls dies ein Problem ist), zu Gewichtszunahme und zu einer verkürzten Verweildauer in der Klinik.

14. Rückkopplungssignale vom Säugling. Wir sind zur Zeit dabei, die Hypothese zu überprüfen, daß die menschliche Mutter, um eine enge Bindung an ihr Kind zu entwickeln, von diesem Rückkopplungssignale als Antwort auf ihr Fürsorgeverhalten benötigt. Wenn das Kleine ihr in die Augen schaut, Bewegungsreaktionen auf ihre pflegerischen Handgriffe zeigt, sich beruhigt oder durch irgendwelche Verhaltensweisen zeigt, daß es ihre Bemühungen »zu schätzen weiß«, so liefert es damit das Brennmaterial, an dem die Zuneigung der Mutter sich entzünden kann. Praktisch gesprochen bedeutet das, daß die Mutter die Blicke des Kindes auffangen und sehen können muß, daß gewisse Bewegungen und Handgriffe von ihr – etwa wenn sie es hochnimmt und an sich schmiegt – das Kind tatsächlich beruhigen. In diesem Sinne empfehlen wir unseren Müttern, sie sollen versuchen, dem Baby eine Botschaft zu übermitteln und sein Antwortsignal aufzufangen. Gewöhnlich lachen die Eltern, wenn wir ihnen dies sagen. Sie glauben, wir redeten im Scherz. Wir erklären ihnen dann, daß auch ein winziges Frühgeborenes seine Umgebung, besonders strukturierte Objekte, interessiert wahrnimmt und daß es ebensogut hört wie ein Erwachsener. Da das Neugeborene viel schläft und oft nur alle zwei bis drei Stunden einmal aufwacht, müssen die Eltern, damit sie eine der kurzen Wachperioden miterleben können, unter Umständen über einen längeren Zeitraum hinweg in der Station bleiben. Sie bedürfen in dieser Situation gewöhnlich des besonderen Beistands einer Schwester oder einer anderen Pflegeperson.

Es ist wichtig, sich zu vergegenwärtigen, daß Gefühle der Zuneigung zum Kind in vielen Fällen durch direkten Augenkontakt ausgelöst und gefördert werden. Daher pflegen wir, wenn ein Säugling unter Bilirubin-Bestrahlung liegt, die Strahler abzuschalten und die Augenpflaster zu entfernen, so daß Mutter und Säugling einander wirklich anblicken können.

15. Stillen. Es tut der Mutter besonders gut, wenn sie einen handgreiflichen Beitrag zur Fürsorge für ihr Kind leisten kann, etwa indem sie Muttermilch beisteuert. Es hat nach dem heutigen Erkenntnisstand den Anschein, als ob Muttermilch mithelfen könne, die Zahl und Wahrscheinlichkeit von Infektionen und anderen Komplikationen auf der Frühgeborenenstation zu vermindern. Daher legen wir gegenwärtig allen Geburtshelfern, die Patientinnen in unsere Abteilung überweisen, nahe, die Mütter unbedingt dazu anzuhalten, daß sie einen Teil ihrer Milch zur Deckung des restlichen Nahrungsbedarfs ihres Kindes bereitstellen.

16. Registrierung des Elternverhaltens. Unsere bisherigen Beobachtungen haben uns gelehrt, daß eine Buchführung über elterliche Anrufe und Besuche ein nützliches Mittel ist, um festzustellen, welche Mütter mit einer gewissen Wahrscheinlichkeit zusätzliche Hilfe von seiten eines Sozialarbeiters oder zusätzliche Gespräche über die gesundheitliche Verfassung ihres Kindes benötigen werden. Wenn eine Mutter im Lauf von zwei Wochen weniger als dreimal zu Besuch kommt, kann man von einer erhöhten Wahrscheinlichkeit für das Auftreten von Problemen in der Mutter-Kind-Beziehung ausgehen (wie etwa Entwicklungshemmungen, Mißhandlungen oder ein Aufgeben des Kindes). Wenn daher eine Mutter seltener zu Besuch kommt als die meisten anderen, wird man ihr zusätzliche Hilfen zur Anpassung an die Trennungssituation gewähren.

17. Zusammenkünfte des Stationspersonals. Die Schwestern sollten sich ohne Scheu über alle Besorgnisse oder Probleme äußern können, die sie im Hinblick auf das Verhalten einer Mutter oder eines Vaters haben. Wenn das gewährleistet sein soll, muß eine gute Arbeitsbeziehung zwischen den Ärzten und den Schwestern bestehen. Empfehlenswert ist in diesem Zusammenhang eine Zusammenkunft der Ärzte und des übrigen Stationspersonals etwa alle vierzehn Tage. Dies gibt allen Beteiligten Gelegenheit, ihren sehr realen Besorgnissen und Problemen Ausdruck zu verleihen.

Kommentar: Teamarbeit ist auf der Neugeborenen-Intensivstation ebenso vonnöten wie anderswo, und es ist wichtig, daß das Personal Gelegenheit erhält, die individuellen Talente und Fähigkeiten der Kollegen kennenzulernen und so eine Achtung voreinander zu entwickeln, die sich fördernd auf die Arbeitsbeziehungen und auf die Teamarbeit auswirken wird, derer es bei der Fürsorge für den Säugling und die Familie bedarf.

K. Barnard

Wir schieben den folgenden Bericht hier ein, weil er die Reaktionen von Müttern frühgeborener Kinder schildert, wie sie auf einer Station beobachtet wurden, die eine Führungsrolle bei der Entwicklung und Praktizierung der Neugeborenen-Intensivpflege gespielt hat. Zum Zeitpunkt dieser Untersuchung begann man dort damit, Mütter die Station betreten und ihr frühgeborenes Kind anfassen zu lassen. Die hier geschilderten Umstände und Reaktionen stellen sich heute, einige Jahre später, gewiß ganz anders dar. Es handelt sich um eine psychologische Untersuchung der Reaktion von Müttern auf eine Frühgeburt. Die Untersuchung wurde von einem Psychiater durchgeführt, der klinische Erkenntnisse im Bereich der Mutter-Kind-Bindung sammeln wollte. Wir möchten Dr. Bertrand Cramer, der uns dieses Manuskript überließ, an dieser Stelle besonders danken.

Die Reaktion einer Mutter auf eine Frühgeburt von Dr. Bertrand Cramer*

Viele Untersuchungen haben gezeigt, daß sowohl die psychische Entwicklung als auch die endgültige emotionale Stabilität eines Kindes von Art und Verlauf seiner Beziehung zur Mutter abhängen. Wenn das Kind auch im gesamten Verlauf seiner Entwicklung vom Verhalten seiner Mutter beeinflußt wird, spielt doch die frühe Phase

* Dr. Cramer arbeitete zur Zeit der Untersuchung als »Médecin adjoint« (Assistenzarzt) an der Universitäts-Kinderklinik von Lausanne (Schweiz).

dieser Mutter-Kind-Beziehungen eine besonders entscheidende Rolle. In der Tat hat diese Beziehung bereits vor der Geburt begonnen, ist bereits während der Schwangerschaft durch die bewußten und unbewußten Einstellungen der Mutter zu ihrer weiblichen Rolle, durch ihre Ängste und Wünsche und durch ihre Vorstellungen über Schwangerschaft, Geburt und Kinderaufzucht geformt worden.

Ebenso wie das Kind sich von einem Stadium zum anderen entwickelt, muß auch die Mutter eine Reihe von Entwicklungsphasen durchmachen. Jede dieser Phasen stellt die Mutter vor neue Herausforderungen und psychosoziale Aufgaben, die sie unter Rückgriff auf ihre inneren sowie auf äußere Kräfte und Hilfsmittel meistern muß. Wie Caplan (1964) festgestellt hat, stellen diese Herausforderungen »Entwicklungskrisen« dar; sie lassen sich beschreiben, indem man sie in die Anforderungen aufgliedert, die sie an die innerpsychischen Kräfte einer Frau stellen, Anforderungen, die zu gesunden wie ungesunden Resultaten führen können.

Eine Frühgeburt ist eine »zufällige« psychosoziale Krisensituation, die sich gut zur Untersuchung eignet. Es ist eine relativ häufig auftretende Krisensituation, deren Beginn und Schwere sich leicht bestimmen lassen. Caplan und Mitarbeiter (1965) haben die wichtigsten Aufgaben dokumentiert, vor die die Mutter eines frühgeborenen Säuglings gestellt ist. Zunächst einmal muß sie sich der Möglichkeit stellen, daß ihr Kind sterben könnte. Zum zweiten muß sie ein Gefühl der Unzulänglichkeit bewältigen, da sie nicht in der Lage gewesen ist, ein »normales« Kind zur Welt zu bringen. Zum dritten muß sie nach den ersten Tagen der Ungewißheit ihre Beziehung zu ihrem Kind erneuern, einem Kind, das bis dahin getrennt von ihr gewesen ist. Und viertens muß sie mit den besonderen Merkmalen der Entwicklung eines frühgeborenen Säuglings vertraut werden.

Bei einem eingehenden Studium der Mütter frühgeborener Kinder erweist sich, daß solche Mütter eine enorme psychische Leistung erbringen müssen, um die Situation angemessen zu bewältigen. Wie Caplan und Mitarbeiter feststellten, müssen Eltern über die folgenden Fähigkeiten verfügen, um mit der Krisensituation fertig zu werden: Sie müssen die Fähigkeit besitzen, das Problem realistisch zu begreifen (d.h. über einen kognitiven Bewältigungsmechanismus verfügen); sie müssen sich ihrer Gefühle bewußt und in der Lage sein, sie zu artikulieren (d.h. die Situation affektiv bewältigen können); und sie müssen im Stande sein, sich der Hilfe anderer zu versichern (als sozialer Bewältigungsmechanismus). Caplan und Mitarbeiter kamen, indem sie diese Bewältigungsmechanismen untersuchten, zu Voraussagen über die zukünftige emotionale Stabilität der Mutter

und, wichtiger noch, über das zukünftige emotionale Wohl des Kindes.
Während Caplan in seinen bahnbrechenden Untersuchungen gezeigt hat, daß eine Frühgeburt die Mutter in eine bedeutsame, durch die von ihm beschriebenen Aufgaben und Bewältigungsmechanismen gekennzeichnete psychische Krise stürzt, ging es mir und meinen Kollegen darum, klinisches Material aufzufinden, aus dem sich eine Beschreibung des Verhaltens der Mutter und insbesondere ihrer subjektiven Erfahrungen im Verlauf der Krise gewinnen lassen würde.
Wir gingen von der Vorannahme aus, daß eine solche klinische Untersuchung uns eine Bestimmung der folgenden Faktoren erlauben würde:

1. Der durchschnittlichen psychischen Reaktionen bei Müttern, die eine Frühgeburt entbunden haben.
2. Der individuellen Variationen in der Reaktion auf diese Situation.
3. Des Einflusses der Einstellungen des Personals sowie der kliniküblichen Praktiken auf die Gefühle der Mutter.
4. Eines verbesserten präventiven und therapeutischen Ansatzes durch die Identifizierung der bedeutsamsten Streß- und Leidensschwerpunkte.

Zu diesem Zweck führte ich Gespräche mit Müttern frühgeborener Kinder in Form von halbstrukturierten Interviews; ich forderte meine Gesprächspartnerin jeweils auf, ihre Gedanken und Gefühle ohne Scheu auszusprechen, und hielt das Gespräch in Gang, indem ich Leitfragen zu ihrer Reaktion auf die Frühgeburt und auf den ersten Anblick des Kindes, zur Trennung von ihrem Baby, zu ihren Ängsten um das Wohlergehen und Überleben des Kindes, zum Klinikalltag, zum ersten Besuch am Brutkasten, zur Rückkehr nach Hause und schließlich zur Aufgabe der Pflege und Versorgung eines frühgeborenen Säuglings stellte.
Die Mütter wurden zweimal befragt, einmal im Verlauf der ersten zehn Tage nach der Entbindung und dann nochmals ungefähr zwei Monate später. Die Gespräche dauerten jedes Mal eineinhalb Stunden.
Unsere Versuchsgruppe bestand aus dreizehn Müttern. Eine Mutter wurde in die Versuchsgruppe aufgenommen, wenn sie eine Frühgeburt hatte und das Kind weniger als 2500 Gramm wog, und wenn voraussehbar war, daß das Baby mindestens zwei Wochen lang auf der Frühgeborenenstation bleiben würde. Jeder Mutter wurde gesagt, sie werde in ein größeres fortlaufendes Untersuchungsprojekt über Frühgeburten einbezogen. Wenn sie einverstanden sei, würde

sie von einem Arzt über die Geburt ihres Kindes befragt. Keine der angesprochenen Mütter verweigerte ihre Mitarbeit. Drei Mütter hielten allerdings ihren zweiten Gesprächstermin nicht ein.

Klinische Befunde

Probleme des Selbstwertgefühls

Das am häufigsten registrierte Gefühl war ein Empfinden, versagt zu haben. Eine typische Bemerkung einer Mutter lautete: »Ich bin nicht einmal fähig, es bis zum Ende auszutragen wie andere Frauen.« Die Mütter neigten dazu, die Tatsache der Frühgeburt auf eine persönliche Unzulänglichkeit ihrerseits, oft im körperlichen Bereich, zurückzuführen. Eine Mutter hielt Hormonmangel für die Ursache ihrer verfrühten Entbindung; eine andere bat um eine Untersuchung ihrer Nieren. Die Mutter, der es am schwersten fiel, ihre weibliche Identität zu akzeptieren, erklärte die Frühgeburt zur Folge eines psychischen Defekts: »Es ist, als wenn ich nicht mütterlich genug wäre ... Ich lehnte das Kind ab.« Sie klagte sich selbst an, zu männlich zu sein, und äußerte ernsthafte Befürchtungen hinsichtlich der Funktionsfähigkeit ihrer Fortpflanzungsorgane.

Mehrere Mütter brachten dieses Gefühl der mangelnden Eignung für die Mutterrolle dadurch zum Ausdruck, daß sie erklärten, sie wollten niemals wieder schwanger werden. Sie glaubten, es werde für sie besser sein, auf künftige Schwangerschaften zu verzichten, da sie vielleicht nicht im Stande wären, ein Kind voll auszutragen.

Die Trennung des Neugeborenen von der Mutter verstärkte das Unzulänglichkeitsgefühl. Diese Frauen nahmen das Getrenntwerden als Beweis für ihr Ungenügen als Mutter. Sie hatten ja nicht nur verfrüht entbunden, sondern fühlten sich auch deswegen unzulänglich, weil sie nicht im Stande waren, selbst für ihr Neugeborenes zu sorgen.

Das Neugeborene war ein tiefsitzender, verletzender Stachel in der Selbstachtung der Mutter. Sie betrachtete das Kind – einen Fortsatz ihres eigenen Körpers – als fehlerhaft, gewissermaßen als ein Geschöpf zweiter Wahl, da es ein geringes Geburtsgewicht und eine enttäuschende äußere Erscheinung hatte und zudem häufig auch noch Krankheitssymptome aufwies. Frau N. konnte ihre Enttäuschung nur schwer verbergen. »Ich habe immer gehofft, große Babys von mindestens 3500 Gramm Gewicht zur Welt zu bringen. Wenn mein Kind so groß gewesen wäre, hätten sie es mir nicht weggenommen. Ich komme mir im Vergleich zu meinen Freundinnen minderwertig vor. In meiner Familie werden sonst große Babys zur Welt gebracht. Es war immer eine Freude für meine Familie, kräftige Brocken zu haben. Ich sagte mir, mein Baby ist unfertig.« Unfertigkeit war ein verbreitetes Motiv: Die Schwangerschaft war nicht zu Ende gebracht, das Baby war unfertig, und daraus zogen viele Mütter den irrationalen Schluß, es fehle auch bei ihnen an irgendetwas.

Die Sorgen, die sich die Mutter um die »normale« zukünftige Entwicklung ihres Kindes – insbesondere im intellektuellen Bereich – macht, sind die Folge ihrer ursprünglichen Gedanken über die Unfertigkeit des Kindes. »Wird er wie andere Buben sein?« »Wird er in der Schule mitkommen?«

Eine noch drastischere Erschütterung erfährt die Selbstachtung der Mutter, wenn das Kind eine angeborene Schädigung oder ein chronisches Leiden mitbringt. Wenn den Eltern eines mit einer multiplen Schädigung geborenen Kindes keine Hilfe zuteil wird, kann es zu einem solchen Zusammenbruch ihrer Selbstachtung kommen, daß sie alles Interesse und alle Sorge um das Kind aufgeben, in dem sie ein Zeugnis für ihre eigene Schlechtigkeit sehen. Die Folgen können dramatisch sein: Es kann zu einer totalen Vernachlässigung oder zur Mißhandlung des Kindes kommen.

Um die Dynamik dieser Erschütterung der mütterlichen Selbstachtung und den ungeheuren Einfluß auf die Mutter-Kind-Beziehung verstehen zu können, den sie zeitigen kann, müssen wir eine Anleihe bei der psychoanalytischen Narzißmuskonzeption machen. Narzißmus ist die Besetzung des eigenen Selbstbildes, des eigenen Körpers und seiner Teile mit Liebe und Interesse. Während diese Form der Liebe zentripetal, d. h. auf das eigene Selbst, gerichtet ist, sind andere libidinöse Strebungen zentrifugal, d. h. auf Personen und Dinge der Außenwelt gerichtet. Letzteres wird Objektliebe genannt. Um die Beziehung der Mutter zu ihrem Neugeborenen verstehen zu können, muß man die Beziehung zwischen Narzißmus und Objektliebe bei der Mutter untersuchen. Eine solche Untersuchung haben Bibring und Mitarbeiter (1961) vorgenommen.

Während der ersten Schwangerschaftsmonate ist der Embryo im mütterlichen Körper eingeschlossen, und die Mutter empfindet ihr ungeborenes Kind als einen Teil ihrer selbst und schließt es in ihre narzißtische Liebe ein. Dieses vollkommene Verschmolzensein mit dem als Teil des eigenen Organismus empfundenen Embryo währt bis zu den ersten spürbaren Regungen des Fetus. Von da an beginnt die Mutter das Ungeborene als ein Wesen für sich wahrzunehmen, und beginnt es daher mit zunehmenden Quantitäten von Objektliebe zu besetzen. Zum Zeitpunkt der Niederkunft hat die Mutter den

Übergang von der narzißtischen zur Objektliebe nahezu vollzogen. Sie ist nunmehr im Stande, die anatomische Trennung zu akzeptieren und das Neugeborene als selbständiges, von ihr selbst verschiedenes Lebewesen anzuerkennen. Gleichwohl bleibt der Säugling in die narzißtische Liebe seiner Mutter eingeschlossen, und erst die allmähliche Entwicklung des Kindes zu einer erwachsenen Person läßt die Mutter sich dieser selbständigen Existenz ihres Kindes immer stärker bewußt werden.

Bei einer Frühgeburt kommt es jedoch zu einer abrupten Trennung vom Fetus, ehe die Mutter die Möglichkeit gehabt hat, ihn mit einem genügenden Maß an Objektliebe zu besetzen. Wir können daher hypothetisch davon ausgehen, daß das frühgeborene Kind ein Zuviel an narzißtischer Liebe empfängt – so als gelte er der Mutter noch immer als Teil ihres Organismus. Seine Geburt wird so zu einer Verletzung der körperlichen Integrität und der narzißtischen Selbstliebe der Mutter. Wie eine Mutter sich ausdrückte, nachdem sie unmittelbar nach der Entbindung von ihrem Neugeborenen getrennt worden war: »Es war, als ob sie mir einen Teil meiner Eingeweide herausgerissen hätten.«

Ein klinischer Befund liefert eine eindeutige Illustration für die Unfähigkeit der Mutter, ein durch Frühgeburt vorzeitig aus der narzißtischen Mutter-Fetus-Einheit herausgerissenes Baby mit einem genügenden Maß an Objektliebe zu besetzen: Mehr als die Hälfte der dreizehn Mütter gaben an, sie könnten sich nicht klarmachen, daß ihr Kind ein reales Lebewesen sei. Es waren in diesem Zusammenhang Äußerungen zu hören wie: »Ich kann es einfach nicht glauben, es ist, als wäre *nichts* geschehen.« »Ich könnte es erst glauben, wenn ich das Kind sehen würde.« Dieses traumartig-unwirkliche Verhältnis zum Neugeborenen ist ein Hinweis darauf, daß das Kind für die Mutter immer noch ein Teil ihrer selbst ist und nicht ein selbständiges reales Wesen. Dieses durch den Mangel an Objektliebe geförderte Gefühl der Unwirklichkeit wird weiter verstärkt durch die erzwungene Trennung zwischen der Mutter und ihrem Kind. Alle untersuchten Mütter gaben an, erst Wochen später, als sie ihr Kind anfassen und füttern, und insbesondere als sie es mit nach Hause nehmen konnten, richtiggehend Mutter geworden zu sein.

Keine der Mütter hatte ein Kinderbettchen oder Babywäsche für ihr Kind angeschafft. Das Kind war für sie noch kein wirkliches selbständiges Lebewesen mit Bedürfnissen, die außerhalb des mütterlichen Körpers befriedigt werden mußten.

Angesichts dieser Befunde schlagen wir die folgende Hypothese vor: Eine Frühgeburt stellt eine schwere Erschütterung der Selbstachtung, der mütterlichen Fürsorgefähigkeit und des weiblichen Rollenverständnisses der Mutter dar. Sie wird als Verlust eines Teils des eigenen Körpers, als Verletzung der körperlichen Integrität und als Zeichen innerer Minderwertigkeit wahrgenommen. Die Frühgeburt führt zu einer »entwirklichten« Einstellung zum Kind, das als ein fremdes Wesen wahrgenommen wird und von daher auch leichter zurückgewiesen werden kann.

Drei Mütter hatten kein Selbstachtungs-Problem. Unter diesen dreien waren zwei, bei denen die Wehen ganz kurz nach dem Tod eines nahen Verwandten (einer Mutter bzw. eines Bruders) einsetzten. Wie sie erklärten, erwarteten sie von dem Neugeborenen, daß es den Verlust ersetze. Eine dieser beiden Mütter sagte: »Ich habe das Kind für meine Mutter bekommen. Es wird mir über ihren Verlust hinweghelfen. Es füllt auch für meinen Vater eine Lücke aus.« Die andere Mutter, deren Bruder bei einem Autounfall ums Leben gekommen war, sagte: »Als das Baby kam, hat meine Mutter gesagt: ›Durch den Tod deines Bruders haben wir dieses Kind bekommen.‹« In diesen Fällen wurde das frühgeborene Kind also ganz und gar nicht als Beweis für die eigene Minderwertigkeit betrachtet, sondern vielmehr dazu ausersehen, der Mutter eine andere narzißtische Verletzung, den Tod eines geliebten Menschen, überwinden zu helfen.

Die dritte Mutter hatte schon zuvor zahlreiche Abgänge gehabt, wodurch sie in der Achtung ihres Mannes sehr gesunken war. Als sie schließlich einen 1390-Gramm-Säugling gebar, war dies für sie trotz des zu wünschen übriglassenden Aussehens des Kindes so etwas wie ein Sieg, eine große Errungenschaft, die die ihrem mütterlichen Stolz durch die vorausgegangenen Fehlgeburten versetzten schweren Schläge wieder wettmachte.

Die Erschütterung des mütterlichen Selbstwertgefühls durch eine Frühgeburt, wie im Vorausgegangenen beschrieben, bestätigt die Feststellung Caplans (1965), daß die Mutter erst die narzißtische Kränkung durch die Frühgeburt und die physischen Mängel des Neugeborenen überwinden muß, ehe sie ihr Kind zu akzeptieren vermag. Das Schwinden der Selbstachtung der Mutter hemmt zusammen mit dem frühen Auseinandergerissenwerden von Mutter und Kind den Aufbau der Mutter-Kind-Bindung.

Probleme mit Schuldgefühlen

Fast alle in die Untersuchung einbezogenen Mütter frühgeborener Kinder brachten Schuldgefühle zum Ausdruck. Sie bezichtigten sich, eine schlechte Mutter zu sein und ihrem Kind eine Menge zugemutet

zu haben, indem sie es vorzeitig aus der schützenden Gebärmutter verstoßen hatten. »Wenn es noch in meinem Bauch wäre, müßte es diese ganzen Nadeln und Schläuche nicht ertragen.«
Die Frühgeburt erschien den Müttern wie eine Strafe für eine früher begangene Missetat. Aufgefordert, einen Grund für die Frühgeburt zu nennen, brachten sie verschiedene irrationale Deutungen vor. Wenn in ihren Erklärungen auch ein Quentchen Realität stecken mochte, so überstrapazierten sie die betreffenden Punkte doch maßlos. So führten sie die Frühgeburt beispielsweise auf die folgenden Faktoren zurück: zu häufigen Sexualverkehr, einmal drei Gläser Cognac getrunken, geraucht, Freude an einer Arbeit gehabt, sich unzulänglich gefühlt. Mehrere Mütter meinten, sie würden es sich nie verzeihen können, wenn das Kind einen bleibenden Schaden davontrüge oder stürbe. Einige Mütter sorgten sich, daß ihr Kind ihnen später Vorwürfe wegen der verfrühten Niederkunft machen würde. Häufig versuchten die Mütter, auch Ärzte, Schwestern oder den eigenen Mann mit Schuld zu beladen, indem sie ihnen einen Fehler ankreideten, der die Frühgeburt ausgelöst haben könnte.
Diese Schuldgefühle machen sich in drei Bereichen störend – und oft sehr schädlich – bemerkbar:
1. Beim Aufbau einer Beziehung zum Kind. Die Mutter hält sich für unglückbringend und unfähig, das Kind zu beschützen. Das führt dazu, daß sie, wenn sie mit dem Kind zusammengebracht wird, es nicht anzufassen wagt, ehe nicht die Schwester es ihr erlaubt. Die stärksten Angstgefühle kommen auf, wenn das Kind mit nach Hause genommen wird. Die Mutter scheut sich, es selbst zu füttern oder zu baden. »Ich habe Angst, es könnte ersticken.« »Es wird mir aus den Händen rutschen und ertrinken.« »Ich habe Angst, es könnte mir in den Händen zerbrechen.« Die Mutter, die sich als eine potentielle Gefahr für ihr Kind sieht, vermeidet es womöglich, die Frühgeborenenstation zu betreten oder auch nur zu besuchen.
Viele Mütter glauben, daß die Schwestern ihrem Baby eine bessere mütterliche Pflege angedeihen lassen, als sie selbst es könnten. Für sie stellt die Frühgeborenenstation eine Art Ersatz-Gebärmutter dar, in der das Kind schützender geborgen ist als in ihrem Bauch. Die daraus entstehenden Dankbarkeitsgefühle gehen jedoch einher mit einem Gefühl der eigenen Minderwertigkeit. Das Gefühl einer Mutter, in ihren mütterlichen Impulsen gelähmt zu sein, kann dadurch noch sehr verstärkt werden, daß das Personal einer Station diese quasi als einen luftdichten, vollkommen keimfreien Bereich und zu Besuch kommende Mütter im Grunde als Belästigung und Infektionsgefahr betrachtet.
2. Schuldgefühle beeinträchtigen die Fähigkeit einer Mutter, medizi-

nische Fragen an das Klinikpersonal zu stellen. Die mangelnden Kenntnisse der Mutter fördern bei ihr einen Kreislauf selbstanklagender Erklärungen und stärken ihre Überzeugung, daß sie eine Gefahrenquelle für ihr Kind darstellt. Eine Mutter gab deutlich zu verstehen, sie wolle nicht zuviel über die Ursachen ihrer Frühgeburt hören, da sie fürchte, es würden dabei ihre »Fehler« aufgedeckt.

3. Von den Schuldgefühlen der Mutter hing es ab, ob unser Gespräch mit ihr positive oder aber negative therapeutische Ergebnisse hatte. Für mehrere Mütter stellte das Gespräch eine Gelegenheit zur Artikulierung und Neutralisierung ihrer Schuldgefühle dar. Indem wir der Mutter eine unumwundene medizinische Erklärung gaben und eine andere Ursachenzuweisung vornahmen, konnten wir ihre Schuldgefühle neutralisieren. Eine der Mütter scheute beispielsweise davor zurück, sich ihrem Neugeborenen zu nähern; erst als sie es fertigbrachte, sich und uns ihren Widerwillen einzugestehen, überwand sie diese Scheu. Sie war überzeugt, daß sie ihren Sohn in derselben Weise innerlich abgelehnt hatte wie alle ihre weiblichen Funktionen. Nach dem Gespräch nahm sie die Beziehung zu ihrem Sohn wieder auf und sagte: »Mein Mutterinstinkt ist zurückgekommen.« Sie war dankbar, die Gelegenheit zur Artikulierung ihrer negativen, schuldbeladenen Gefühle bekommen und sie durch rationale medizinische Erklärungen »neutralisiert« zu haben.

Mütter, die nicht im Stande waren, sich ihrem Schuldkomplex zu stellen, verhielten sich während des Gesprächs defensiv und konnten keinen Nutzen daraus ziehen. Diese Mütter waren es auch, die zu dem zweiten Gespräch nicht mehr kamen. Sie hatten sich beim ersten Gespräch überaus vorsichtig gegeben und die Sorge um ihr Kind möglichst heruntergespielt. Sie waren nicht willens, ihre Gefühle tiefer auszuloten oder auch nur den Wunsch auszusprechen, mehr über die medizinischen Ursachen von Frühgeburten zu erfahren. Ein Ehemann rief nach dem Gesprächstermin seiner Frau in der Klinik an und beschuldigte den betreffenden Arzt, er habe indiskrete Fragen gestellt und seiner Frau vorgeworfen, sie hätte das Kind abtreiben lassen wollen. Das stimmte nicht, aber es verriet die Schuldgefühle, die diese Mutter offenbar hatte, da ihr Kind vor der Eheschließung gezeugt worden war. Diese Mutter hatte, nach einer möglichen Erklärung für ihre Frühgeburt gefragt, geantwortet: »Ich vermeide es lieber, mir über einen genauen Grund Gedanken zu machen.« Sie war so mit Schuldgefühlen beladen, schämte sich so dafür, Abtreibungswünsche genährt zu haben, daß sie ihren Gefühlen weder freien Lauf lassen noch Worte geben konnte. Sie verweigerte ein zweites Gespräch.

Auf diese Schuldgefühlsreaktionen trifft man auch bei allen Eltern von Kindern mit angeborenen Schädigungen. Diese Schuldgefühle können heftig genug sein, eine Ehe zu gefährden, wenn beide Partner sich dadurch Entlastung von ihrem Schuldgefühl verschaffen, daß sie den jeweils anderen beschuldigen, ein »schlechtes Chromosom« beigesteuert zu haben oder aus anderen Gründen für das Malheur verantwortlich zu sein.

Ebenso wie der Erfolg des Gesprächs von der Fähigkeit der Mutter abhing, sich ihrem Schuldgefühl zu stellen, ist das Schuldgefühl wahrscheinlich auch der Faktor, der im Falle einer Frühgeburt oder einer angeborenen Schädigung mit darüber entscheidet, wie sich die Beziehung zwischen Arzt und Eltern gestaltet.

Eine interessante Beobachtung war, daß bestimmte Merkmale des Neugeborenen offenbar Einfluß auf die Fähigkeit der Mutter zur Bewältigung ihrer Schuldgefühle haben. Eine Mutter beklagte sich darüber, daß ihr Kind nicht auf sie reagiere – nicht lächelte, sich nicht bewegte und keine Laute von sich gab. Sie deutete diesen Mangel an Rückkopplung als ein Zeichen für die totale Schutz- und Hilflosigkeit ihres Kindes. Sie meinte, das Kind werde nicht in der Lage sein, sich gegen die möglichen Fehler, die sie beim Umgang mit ihm machen würde, zu schützen. Dies gab der Mutter das Gefühl, gefährlich und für das Kind übermächtig zu sein, und ließ sie äußerst ängstlich werden. Das bei frühgeborenen Säuglingen häufig zu beobachtende niedrige Aktivitätsniveau erinnert an gewisse Fälle bei Tieren, wo das Muttertier ein Junges, das abweichendes Verhalten zeigt, zu töten pflegt. Auch bei der menschlichen Mutter hängt die Entwicklung des mütterlichen Fürsorgeverhaltens womöglich davon ab, daß vom Neugeborenen bestimmte Auslösereize ausgehen.

Trennungsprobleme

Das frühgeborene Kind wird seiner Mutter wenige Augenblicke nach der Geburt weggenommen. Die Reaktionen auf diese Trennung sind einhellig. Der Verlust leitet den von Caplan und Mitarbeitern (1965) beschriebenen Prozeß des antizipatorischen Trauerns ein.

Die Mütter empfinden eine Leere wie nach einer Amputation. Sie äußern Dinge wie: »Ich habe in meinem Leben noch keine solche Sehnsucht verspürt.« »Es ist, als wäre mir ein Organ herausgenommen worden.« Sie artikulieren einen tiefempfundenen Wunsch, das Kind zu berühren und zu stillen. Während dieser Trennungsphase machen sie sich die schlimmstmöglichen Vorstellungen über das, was aus dem Kind werden wird. Sie glauben fest, daß man ihnen die Wahrheit vorenthält und daß das Kind in Wirklichkeit nicht lebensfähig oder nicht normal sei.

Das antizipatorische Trauern kann so intensiv erlebt werden, daß eine Mutter sich weigert, über ihre zukünftige Beziehung zum Kind nachzudenken. Sie vermeidet es, mit Verwandten über das Kind zu sprechen. Sie fordert Mitglieder ihrer Familie nur selten auf, das Kind zu besuchen. Eine typische Bemerkung einer solchen Mutter lautet: »Ich möchte nicht an die Zukunft denken, ehe ich nicht sicher bin.« Nur eine Mutter verschickte Karten. Keine kümmerte sich um ein Kinderbettchen, ehe ihr Baby nicht deutliche Fortschritte zeigte. Es scheint eine Abwartephase zu geben, in der die Mütter sich bemühen, nicht an das Kind zu denken. Das ist ein signifikanter Unterschied zu der vollkommenen Ausgefülltheit mit der Mutterrolle, wie man sie bei Müttern normaler Neugeborener findet.
Je länger die Abwartephase anhält, desto ausgeprägter wird der Rückzug von Gefühlsbesetzungen dem Kind gegenüber. In manchen Fällen scheint dieser Rückzug irreversibel zu sein, was möglicherweise zu Deprivationssyndromen führt (Entwicklungshemmung, Syndrom des geschlagenen Kindes).
In günstig verlaufenden Fällen beginnt dieser Bruch in der Mutter-Kind-Beziehung bei der ersten Begegnung zwischen der Mutter und dem Neugeborenen zu »heilen«. Erst wenn die Mutter ihr Kind anfassen und aufnehmen kann (nachdem sein Zustand sich eindeutig verbessert hat), lebt die Beziehung neu auf, und die Mutter gibt sich dem Erleben der ganzen Skala mütterlicher Gefühle hin.
Unter den in unsere Untersuchung einbezogenen Frauen war mindestens eine, bei der es zu einer gänzlich irreversiblen Zurückweisung eines Kindes kam. Eine der Mütter, die sich beim ersten Gespräch am defensivsten gegeben hatten und sich weigerten, den zweiten Termin wahrzunehmen, hatte Zwillinge geboren. Der kleinere der beiden blieb zwei Monate lang in der Frühgeborenenstation, während sie den größeren noch vor Ablauf eines Monats nach Hause bekam. Als dann auch das kleinere Zwillingsbaby nach Hause entlassen wurde, entwickelte es eine schwere Anorexie, die eine Wiedereinlieferung in die Klinik notwendig machte. Eine psychiatrische Konsultation ergab eindeutig, daß dieses am längsten von seiner Mutter getrennt gewesene Kind eine totale Zurückweisung erfahren hatte. Es blieb nichts anderes übrigt als eine Adoption durch die Großmutter.
Eine Erklärung für diese Funktionsausfälle im Mutterverhalten nach einer Trennung müßte wohl unterschiedliche Faktorengruppen berücksichtigen. Mutterverhalten muß von Anfang an durch intime wechselseitige Interaktionen zwischen Mutter und Kind stimuliert werden. Es scheint auch beinahe so, als ob eine Trennung – während dieser sensiblen Phase, in der das Mutterverhalten aufgebaut wird

– bei der Mutter aggressive Impulse gegen ihr Kind auslösen könne, Impulse, die dazu führen, daß die Mutter jeden intimen Kontakt mit ihrem Kind meidet und zurückweist.

Allgemeine Erwägungen zur Krisensituation Frühgeburt

Die Daten dieser Untersuchung legen die Annahme nahe, daß eine Frühgeburt für die Mutter mit einer schweren psychischen Krise verbunden ist. Es ist klar, daß man, um entscheiden zu können, wie charakteristisch diese Reaktionen für die Situation Frühgeburt sind, eine größere Zahl von Versuchspersonen und ebenso auch eine Kontrollgruppe normal ausgetragener Neugeborener benötigen würde. Die vorliegende Untersuchung sollte als eine Pilotstudie betrachtet werden. Unsere Daten dokumentieren, daß diese Mütter ganz bestimmte Ängste durchleben, die sie über Gebühr starken psychischen Belastungen aussetzen. Das kann die psychische Verfassung der Mutter beeinträchtigen und, wichtiger noch, den Aufbau der Mutter-Kind-Bindung behindern. Die Krise nimmt jedoch nicht notwendigerweise pathologische Formen an.
Die Entwicklung des Mutterverhaltens ist ein empfindlicher Prozeß. Die verfrühte Niederkunft, die nicht vollendete Schwangerschaft, die frühe Trennung zwischen Mutter und Neugeborenem und die scheinbare Unansprechbarkeit des Säuglings, alle diese Dinge gefährden das Zustandekommen normaler Mutterreaktionen. Auch die Persönlichkeit, die die Mutter mitbringt, entscheidet mit darüber, wie sie reagiert und wie gravierend die eventuell sich entwickelnden pathologischen Züge ihres Mutterverhaltens ausfallen. Wie wir festgestellt haben, leisten die von Caplan (1960) als Kriterien aufgeführten spezifischen krisenbezogenen Verhaltensmuster als Indikatoren für einen günstigen bzw. ungünstigen Ausgang äußerst nützliche Dienste für ein Verständnis der Tatsache, daß bestimmte Mütter die Situation besser bewältigen als andere.

Diagnostische und therapeutische Erwägungen

Caplan (1960) hat drei Teilaspekte mütterlichen Bewältigungsverhaltens beschrieben: (1) Die Fähigkeit der Mutter, die Situation durch kognitives Begreifen zu meistern, d.h. durch die Art und Weise, wie sie sich selbst die Frühgeburt und die damit verbundenen

Erscheinungen erklärt; (2) die Fähigkeit der Mutter, ihre Empfindungen zu handhaben und zu artikulieren; d.h. ihr emotionales Bewältigungsverhalten; und (3) die Fähigkeit der Mutter, sich der Hilfe anderer Personen zu versichern.

Kognitive Bewältigung

Obgleich die von uns untersuchten Mütter im allgemeinen über eine gute Bildung verfügten, waren nur wenige von ihnen in der Lage, uns um eine rationale Erklärung für ihre Frühgeburt zu bitten. Die charakteristische Haltung bestand in einem Fehlen aktiv-fragender Wißbegier, was dazu führte, daß die selbstgemachten irrationalen, schuldbeladenen Erklärungen bestehen blieben. Einer der hilfreichsten Aspekte der Gespräche war, wie sich herausstellte, daß sie Gelegenheit gaben, rationale medizinische Informationen zu vermitteln. Eine der Mütter ließ sich nicht eher von der Überzeugung abbringen, ihr Kind habe einen irreparablen Schaden davongetragen, bis wir ihr die Röntgenbilder von der Brust des Kindes zeigten.

Artikulierung von Gefühlen

Diejenigen Mütter, die ihre Gefühle verleugneten, gaben sich während des Gesprächs bezeichnenderweise unzugänglich und »kühl«. Dagegen zogen diejenigen Mütter, die ihre Gefühle, insbesondere ihre Schuldgefühle, zu artikulieren vermochten, den größten Nutzen aus dem Gespräch und zeigten sich beim zweiten Gespräch gut erholt.

Unterstützung

Die Mütter waren in gewisser Weise wie gelähmt. Sie waren nicht im Stande, bei den Schwestern und Ärzten Rat und Trost zu suchen. Dies könnte freilich auch eine Reaktion auf das Verhalten des Klinikpersonals sein. Zum Zeitpunkt unserer Untersuchung war die Frühgeborenenstation den Müttern noch teilweise verschlossen. Sie konnten ihr Kind nur durch Glasfenster hindurch betrachten, was bei ihnen das Gefühl verstärkte, daß sie eigentlich nur unbequeme, potentiell gefährliche und störende Besucherinnen waren.
Abgesehen von dem therapeutischen Nutzen, den die Artikulierung vorher unausgesprochener Gefühle brachte, zeitigte das Gespräch auch noch andere vorteilhafte therapeutische Wirkungen. In mehreren Fällen war die eingetretene Situation besonders angsterzeugend, weil sie früher erlebte traumatische Situationen wiederbelebte. In

solchen Fällen flossen in die Krisensituation der Frühgeburt massive, aus der Vergangenheit stammende Angst- und Schuldgefühle ein. Hier hatte das Gespräch einen therapeutischen Effekt, da es dazu beitrug, der Mutter in der aktuellen Krise zu helfen, indem es eine Aussprache über jene in der Vergangenheit liegenden Situationen ermöglichte, die für einen großen Teil der akuten Angst verantwortlich waren; sie konnten nun von der aktuellen Krise abgetrennt werden.

Um ein Beispiel hierfür zu geben: Eine der Mütter war dabei, sich durch intensives Trauern von ihrem frühgeborenen Säugling zu lösen. Sie war sicher, daß er sterben werde, und zog es daher vor, sich in keinster Weise nach seinem Ergehen zu erkundigen. Es kam ihr auch so vor, als würden die Ärzte, die sich um ihr Baby kümmerten, an ihm Operationen vornehmen, an denen es sterben werde. Es kam dann folgende Vorgeschichte zutage: Als fünfjähriges Mädchen hatte sie einst miterlebt, wie ihr neun Monate altes Schwesterchen plötzlich an einer akuten Lungenentzündung erkrankte. Der Arzt war gerufen worden. Er hatte das kranke Schwesterchen mitgenommen und es zwei Stunden später tot zurückgebracht. Die Frau war und blieb überzeugt, daß jener Arzt das Kind damals operiert und es dabei getötet habe. Sie hatte ihm das nie verziehen und war nun als Erwachsene nicht im Stande, einem Arzt Vertrauen entgegenzubringen. Als ihr bei der Entbindung ihr Neugeborenes weggenommen wurde, durchlebte sie prompt wieder jene Szene von damals, als der Arzt in aller Eile ihr kleines Schwesterchen mit sich genommen hatte, und sie war überzeugt, auch ihr Kind werde sterben müssen.

Diese Mutter hatte bereits ein anderes Kind, das ebenfalls eine Frühgeburt gewesen war. Als dieses Kind im Alter von neun Monaten (in diesem Alter war damals ihr Schwesterchen gestorben) an einer Erkältung erkrankte, eilte sie mit ihm zum Arzt in der festen Überzeugung, es werde an Lungenentzündung sterben.

Im Gespräch mit dieser Frau besprachen und betonten wir die Zusammenhänge zwischen den Ereignissen ihrer Kindheit und ihrer gegenwärtigen Einstellung. Sie empfand eine große Erleichterung und war danach in der Lage, ihrer Angst um das Leben ihres Neugeborenen Herr zu werden. Ihr Interesse an dem Kind und ihr Mutterverhalten setzten nach dem Gespräch wieder ein.

Eine andere Mutter konnte sich in den ersten zehn Tagen nach der Entbindung nicht dazu überwinden, ihr Kind auf der Frühgeborenenstation zu besuchen. Sie hatte kurze Zeit zuvor ihren Vater verloren, der nach langem Todeskampf im Krankenhaus verstorben war, wo man ihn bis zuletzt mit Hilfe von Schläuchen ernährt und beatmet hatte. Die Frau hatte nun Angst davor, ihr Kind im Brutkasten an solche Schläuche angeschlossen zu sehen, da dies die schmerzlichen Erinnerungen an den Tod ihres Vaters und ihre Angst hätte wieder aufleben lassen, das Kind werde wie ihr Vater sterben. Nachdem diese Zusammenhänge herausgearbeitet waren, war die Mutter in der Lage, ihr Kind zu besuchen, und sie fand sich von da an unbehindert in ihre Mutterrolle hinein.

Wie andere, die auf diesem Gebiet arbeiten, haben auch wir festgestellt, daß es ein Zeichen für eine pathologische Entwicklung ist, wenn eine Mutter ihr Kind nicht besucht. Da in solchen Fällen die Entwicklung des Mutterverhaltens bedroht ist, sollte sich der Arzt sofort darum kümmern.

Die Hilfestellung durch die Krankenschwester, die den Müttern vormachte, wie sie ihr Kind aufnehmen, wickeln, anziehen und füttern sollten, stellte einen äußerst wichtigen Beitrag zur Überwinderung der Paralyse des Mutterverhaltens dar. Es hatte den Anschein, als benötige die Mutter zunächst einmal besondere Ermutigung und Zuspruch, ehe sie sich an die Ausübung ihrer Mutterrolle machen konnte. Man hatte in diesem Zusammenhang den Eindruck, als ob die Krankenschwester, wenn und indem sie eine Mutter in die Grundbegriffe der Säuglingspflege einweihte, ihr gegenüber ihrerseits in eine Mutterrolle schlüpfte.

Zusammenfassend gesagt, sollten alle präventiven und therapeutischen Maßnahmen darauf gerichtet sein, eine optimale Entwicklung des Mutterverhaltens zu gewährleisten. Diese Aufgabe kann auf verschiedenen Ebenen geleistet werden:

1. Auf der Ebene der alltäglichen Abläufe in der Klinik: Die Trennung der Mutter vom Säugling sollte soweit wie möglich vermieden werden. Die Frühgeborenenstation sollte so geführt werden, daß eine Beteiligung der Mutter an der Säuglingspflege gefördert wird.
2. Auf der Ebene des Abteilungspersonals: Die Schwestern sollten frischgebackene Mütter unter ihre Fittiche nehmen und ihnen beim ersten Umgang mit dem Kind anleitend und ermunternd zur Seite stehen.

Der Informationsfluß sollte gefördert werden, insbesondere dann, wenn eine Mutter nicht von sich aus um Erklärungen bittet. Der Arzt sollte versuchen, eine Vertrauensbeziehung zur Mutter zu knüpfen, um ihr die Artikulierung ihrer Minderwertigkeits- und Schuldgefühle zu erleichtern. Dazu ist nicht unbedingt die in dieser Untersuchung verwendete Gesprächstechnik erforderlich; es bedarf dazu nur eines sensiblen, aufmerksam psychologisch beobachtenden Arztes, der sich die Sorgen und Befürchtungen einer Mutter anzuhören versteht.

Auf eine eindeutig pathologische Entwicklung kann immer dann geschlossen werden, wenn eine Mutter ein ausgeprägtes Vermeidungsverhalten zeigt (keine Besuche), wenn sie tatsächlich existierende Probleme verleugnet, wenn sie keine affektiven Reaktionen zeigt, beständig Anklagen gegen das Stationspersonal vorbringt oder durch ein konstantes Ausbleiben mütterlichen Verhaltens auffällt. Wenn bei solchen Patientinnen auch nach einem Gespräch mit dem Arzt kein Einsetzen des Mutterverhaltens zu beobachten ist, sollte man ihnen eine psychiatrische Beratung empfehlen.

KAPITEL 5

Betreuung der Eltern eines Neugeborenen mit angeborener Mißbildung

von Nancy A. Irvin, John H. Kennell und Marshall H. Klaus

> Die Welt zertrümmert jeden,
> und hinterher sind Viele
> stark in den Trümmern.
>
> *Ernest Hemingway*

Die Geburt eines Kindes ist ein Ereignis, in dem sich für die Eltern das Beste verkörpert, was sie zu geben vermocht haben, und an das sich ihre Zukunftshoffnungen knüpfen. Es überrascht daher nicht, daß ein mit einer Mißbildung zur Welt kommendes Kind für die Eltern und für alle anderen, die seine Geburt miterleben, einen Schock darstellt. Allerdings sind die Reaktionen auf angeborene Mißbildungen nicht in jeder Gesellschaft dieselben; die Bandbreite solcher Reaktionen reicht von Ablehnung und Aussperrung auf der einen bis zu Mitgefühl und Schutz auf der anderen Seite.

Die amerikanische Gesellschaft hat sich dafür entschieden, sich der meisten kränklichen oder mißgebildeten Neugeborenen mittels medizinischer Betreuung anzunehmen, wogegen es andere Gesellschaften gibt, in denen Euthanasie praktiziert wurde und wird. Beim afrikanischen Stamm der Zhuntwasi beispielsweise ist es Sitte, bestimmte Neugeborene zu töten. Wenn dort ein Kind mit einer Mißbildung, etwa mit einer Agenesie der Nase, eines Ohrs oder einer Extremität oder in einer »falschen« Lage (z. B. Steißlage) oder als Teil eines Zwillingspaars auf die Welt kommt, wird es Sekunden nach der Geburt, noch bevor es zu atmen begonnen hat, begraben (Konner 1972). Solche extremen Bräuche sind jedoch selten und stehen oft im Zusammenhang mit einer Kontrolle der Bevölkerungszahl oder des Geschlechterproporzes und bezwecken nicht eigentlich die Eliminierung mißgebildeter Kinder.

Bei Haustieren kommt es selten vor, daß ein verkümmertes oder mehr oder weniger mißgebildetes Junges am Leben bleibt. Oft machen sich die Geschwister über das verkümmerte Junge her, oder die Mutter verstößt es. Aber das gilt nicht für die Tierwelt als ganze. Tatsächlich sind die Reaktionen auf die Geburt eines mißgestalteten

Jungen sehr verschiedenartig, und bei vielen Tieren ist ein solidarisches Verhalten gegenüber leidenden oder aufgrund von Mißbildungen gefährdeten Artgenossen beobachtet worden. Berkson (1974) stellte fest, daß blinde Waschbären in freier Wildbahn durchaus gut zurechtkommen, und Darwin (1966) beschrieb einen alten, vollständig blinden, aber dennoch sehr fetten Pelikan, der allem Anschein nach von seinen Artgenossen reichlich verköstigt wurde. Wie die Untersuchungen von Berkson (1974) an Tieren mit spezifischen Verkrüppelungen gezeigt haben, zeichnen sich Tiere, die in Gruppen mit einer komplexen und beständigen Sozialstruktur leben, innerhalb derer eine Art Kooperation zwischen den Einzeltieren bei der Nahrungsbeschaffung, der Jungenaufzucht und der Verteidigung gegen natürliche Feinde stattfindet, durch eine kompensatorische Fürsorge für behinderte Artgenossen aus. Obgleich die sozialen Beziehungen in diesen Tiergesellschaften von Aggression und Unterwerfung gekennzeichnet sind, führt dies allem Anschein nach nicht dazu, daß Mitglieder der Gruppe getötet werden. Wie Berkson bemerkt: »Die Evolution hat soziale Verhaltensweisen hervorgebracht, die auf das Verbleiben des Einzeltiers im sozialen Verband und nicht auf seinen Ausschluß aus ihm abzielen.«
Nach dem, was aus der Frühgeschichte der menschlichen Gesellschaften überliefert ist, kann man davon ausgehen, daß Neugeborene mit Mißbildungen eine ganz unterschiedliche Behandlung erfahren und ein weites Spektrum emotionaler Reaktionen ausgelöst haben. Die Reaktionen, die wir heutzutage bei Eltern nach der Geburt eines mißgestalteten Kindes beobachten können, sind nicht spezifisch für die heutige Zeit. Wie Warkany (1971) bemerkte, wühlte »die Geburt eines Monstrums die Gefühle der Menschen auf, und sie reagierten auf ein solches Mißgeschick entweder mit Bewunderung oder mit Ehrfurcht oder mit Schrecken. Ihre emotionale Reaktion auf angeborene Anomalitäten führte oft zu extremen Handlungen; sie vernichteten oder verehrten die mißgestalteten Individien ihrer Spezies – und manchmal taten sie beides.«*
Nach der Tötung eines Neugeborenen mit einem verunzierenden Defekt schufen sie »häufig ein Abbild dieser Mißgeburt und erhoben es zum Götzen oder Halbgott. Skulpturen, geschnitzte Figuren und Zeichnungen, die eine Mißgeburt darstellen, sind historisch älteren Ursprungs als die Kunst des Lesens und Schreibens; sie zeugen von frühen teratologischen Kenntnissen und von einem ebenso frühen Interesse an seltenen und ungewöhnlichen menschlichen Körpergestaltungen. Daß solche Mißgeburten zu Göttern oder Göttinnen

* Aus: Warkany (1971).

erhoben wurden, ist verständlich. In einer Epoche, in der menschliche Gottheiten angebetet wurden, war es das aus dem Rahmen fallende menschliche Wesen, dem ein göttlicher Rang zugesprochen wurde.«*

Ungeachtet der neugewonnenen wissenschaftlichen Kenntnisse über die Ursachen angeborener Mißbildungen werden auch heute noch die Eltern von althergebrachten abergläubischen Vorstellungen gequält. Angesichts der intensiven emotionalen Reaktionen, die die Geburt eines Kindes begleiten, ist es keine Überraschung, wenn bei den Eltern eines mißgestalteten Kindes archaische abergläubische Vorstellungen zutagetreten und sich in ihrem Denken festsetzen.

Grundlegende und klinische Erwägungen

Die Geburt eines Kindes mit einer angeborenen Mißbildung stellt den Arzt, der mit der Betreuung des betreffenden Neugeborenen und seiner Familie betraut ist, vor eine schwierige und komplizierte Aufgabe. In den Vereinigten Staaten kommt eine schwerere Mißbildung durchschnittlich bei zwei von hundert Neugeborenen vor. Angesichts dessen ist anzunehmen, daß nahezu jede Schwester und jeder Arzt hin und wieder in die Lage kommt, ein solches Baby betreuen zu müssen. Trotz der verhältnismäßig großen Zahl von Säuglingen mit Mißbildungen läßt das Verständnis der Entwicklung der elterlichen Bindung an ein mißgebildetes Neugeborenes bis heute zu wünschen übrig. Eine Anzahl von Forschern stimmen darin überein, daß die Geburt eines solchen Kindes häufig eine erhebliche familiäre Krise einleitet; aber verhältnismäßig wenige von ihnen haben bisher den Prozeß beschrieben, durch den die Eltern und die anderen Familienmitglieder sich in die Situation hineinfinden.

Das Anliegen dieses Kapitels besteht darin, Vorgehensweisen zu beschreiben, mit deren Hilfe man Eltern mit ganz unterschiedlichem sozialen und biographischen Hintergrund helfen kann, eine Bindung an ihr mißgestaltetes Kind zu entwickeln. Dies ist schwierig, da die Reaktionen der Eltern unberechenbar sind und die normalen Verlaufswege der Entwicklung einer Eltern-Kind-Bindung versperrt sind. Das absolute Endziel ist am besten von Bettelheim (1972) formuliert worden: »Kinder können lernen, mit einer Behinderung zu leben. Aber sie können nicht gut ohne die innere Überzeugung leben, daß ihre Eltern sie durch und durch liebenswert finden...

* Aus: Warkany (1971)

Wenn die Eltern, die seine (des Kindes) Behinderung kennen, es jetzt lieben, so kann es daran glauben, daß andere Menschen ihm in der Zukunft ebenso ihre Liebe geben können. Mit dieser Überzeugung kann das Kind heute leben und der Zukunft mit Zuversicht entgegensehen.«

Die Stärke und der Charakter der ursprünglichen Eltern-Kind-Bindung wird mit darüber entscheiden, welcher Art die Bindungen sein werden, die das Kind später zu anderen Personen aufnimmt. Das Grundmotiv und das Webmuster zukünftiger Interaktionen und Bindungen, die schließlich über die individuelle Persönlichkeitsstruktur entscheiden, werden in dieser frühen Periode angelegt.

Im Verlauf einer normalen Schwangerschaft entwickeln die Mutter und der Vater ein Vorstellungsbild von ihrem zukünftigen Kind. Die Konkretheit dieses Bildes variiert zwar, aber doch haben alle Eltern irgendwelche Vorstellungen über das Geschlecht, die Gesichtszüge, die Haar-, Augen- und Hautfarbe usw. des Kindes. Eine der ersten Aufgaben junger Eltern besteht darin, die Diskrepanz zwischen ihrer idealisierten Vorstellung und dem realen Aussehen ihres Kindes zu bewältigen (Solnit und Stark 1961). Das erträumte Baby ist das zusammengesetzte Resultat von Vorstellungen und Wünschen, die die Eltern aus ihrer eigenen Lebenserfahrung bezogen haben. Die Aufgabe der Versöhnung des Vorstellungsbildes mit der Realität gestaltet sich daher noch schwieriger, wenn die Eltern einen unterschiedlichen kulturellen Hintergrund haben. In jedem Fall aber ist die Diskrepanz dann viel größer, wenn das Kind mit einer Mißbildung geboren wird; in diesem Fall müssen die Eltern viel psychische Kraft aufwenden, um die erforderliche große Anpassungsleistung zu vollbringen.

Die Reaktionen der Eltern sowie das Ausmaß ihrer zukünftigen Bindungsprobleme hängen zu großen Teilen von der Art und Weise der Mißbildung ab:

Ist sie teilweise oder vollständig korrigierbar oder ist sie unkorrigierbar?
Ist sie sichtbar oder nicht sichtbar?
Ist das Zentralnervensystem mitbetroffen?
Ist die Behinderung lebensgefährlich?
Wird sie sich auf die zukünftigen Entwicklungsmöglichkeiten des Kindes auswirken?
Sind die Geschlechtsteile mitbetroffen? Die Augen?
Liegt eine einfache oder eine Mehrfachbehinderung vor?
Liegt die Behinderung in der Familie?
Gibt es in der Familie andere behinderte Personen?
Werden wiederholte Krankenhausaufenthalte notwendig sein?
Werden wiederholte Besuche beim Arzt oder bei Ämtern erforderlich sein?

Kommentar: Hat die Behinderung für die Eltern eine spezifische Bedeutung in bezug auf ihren Beruf oder ihren kulturellen Hintergrund und ihre Erwartungen?

A. J. Solnit

Die erste Reaktion der Eltern hängt weitgehend von den Antworten auf diese Fragen ab, die darüber entscheiden, mit welchen langfristigen Problemen sie zu tun haben werden.
Es gibt nur wenige Untersuchungen, in denen versucht wurde, die spezifischen Auswirkungen unterschiedlicher Mißbildungen voneinander zu sondern; einige Forscher haben jedoch bemerkt, daß ein positiver Zusammenhang besteht zwischen der Sichtbarkeit der Behinderung(en) und der Promptheit, mit der die durch sie ausgelösten Besorgnisse und Verlegenheiten auftreten. Schon eine kleinere Abnormität der Kopf- und Halspartie löst stärkere Befürchtungen über die zukünftige Entwicklung des Kindes aus als eine Behinderung in einer anderen Körperzone (Johns 1971). Dies stimmt überein mit Befunden, die besagen, daß Erwachsene mit einer sichtbaren Behinderung gravierendere Störungen ihrer persönlichen Beziehungen zu anderen Menschen erfahren als solche mit nicht sichtbaren Behinderungen (Zahn 1973).

Kommentar: Jüngere Untersuchungen haben gezeigt, daß schon Vorschulkinder dazu neigen, bei der Auswahl ihrer Freunde ihre eher gutaussehenden Altersgenossen zu bevorzugen. Diese Neigung bleibt das ganze Leben hindurch bestehen; jedermann fühlt sich naturgemäß anfänglich zu einem gutaussehenden oder stark oder reizend wirkenden Menschen hingezogen und weicht vor einer äußerlich wenig ansprechenden Person zuruck. Das unscheinbare oder behinderte Kind wird, auch später als Erwachsener, seine mangelnde äußere Attraktivität durch außergewöhnliche Persönlichkeitseigenschaften wettmachen müssen. Eltern reagieren vielleicht auf ihr mit sichtbaren Mißbildungen geborenes Kind anfänglich auch mit negativen Gefühlen, aber ihr intensiverer Kontakt zur Persönlichkeit des Kindes sollte die Überwindung dieser Gefühle erleichtern.

N. Josefowitz

Aus mehreren Untersuchungen ist zu entnehmen, daß Eltern beim ersten Anblick ihres Neugeborenen erleichtert waren, weil die Mißbildungen ihnen weniger schlimm erschienen, als sie sie sich vorgestellt hatten. Der Anblick des Kindes ließ einige ihrer Befürchtungen schwinden. In einer unserer eigenen Untersuchungen berichtete ein Elternteil: »Wir hatten uns alles mögliche eingeredet – daß mit jedem Körperteil etwas nicht stimmen könnte. Aber was ich dann erblickte, war ein verhältnismäßig normales Baby« (Drotar u.a. 1975). Andere Forscher (Daniels und Berg 1968; Johns 1971) berichten über ähnliche Elternreaktionen – die Information, daß das Kind mit einer Mißbildung zur Welt kommen werde, war häufig erschreckender als das Erlebnis, das Kind zum ersten Mal zu sehen. Nach der Erfahrung der Mütter ist die Zeit des Wartens auf das Baby, nachdem man erfahren hat, daß es eine angeborene Mißbildung aufweist, am schwersten zu ertragen (Daniels und Berg 1968). Sowohl Mütter als auch Väter waren sehr erleichtert, als sie ihr Kind mit eigenen Augen sahen.

Manche Eltern hatten anfänglich eine gewisse Scheu davor, ihr Baby zu sehen; sie äußerten ein Bedürfnis, die Intensität des Erlebnisses irgendwie zu dämpfen. Doch wenn diese Eltern ihr Kind dann sahen, schien dieses Erlebnis einen Wendepunkt darzustellen, und es kamen Fürsorgeimpulse auf, wo zuvor keine dagewesen waren. Roskies (1972) führte eine Untersuchung mit Müttern von Kindern durch, die infolge von Thalidomid-Schädigung mit Phokomelie zur Welt gekommen waren. Sie schilderte eine Szene, in der vier Mütter darüber diskutierten, ob sie ihre Kinder in eine Anstalt geben sollten oder nicht. Die Frage war entschieden, als sie ihre Kinder zum ersten Mal gesehen und liebenswerte Aspekte an ihnen wahrgenommen hatten. »Als eine der Mütter ihrem Baby in die Augen blickte, hatte sie den Eindruck, es bitte sie darum, nicht verstoßen zu werden.« Andere Untersuchungen berichten über Eltern von Kindern mit sichtbaren Anomalien, die eine kürzere Phase des Erschreckens und Unglaubens durchmachten als Eltern von Kindern mit verborgenen Schädigungen. Der Schock bei der Geburt eines Kindes mit einer sichtbaren Mißbildung ist heftig und überwältigend, aber man kann das Zustandekommen einer Bindung erleichtern, indem man den Eltern ihr Neugeborenes so bald wie möglich zeigt.

Kommentar: »Sobald wie möglich« muß auch heißen: wenn die Eltern sich dazu bereit fühlen; wenn man den Eltern die Möglichkeit gibt, bei den Entscheidungen und Fürsorgemaßnahmen, die ihr Kind betreffen, mitzuwirken, so wird dies ihre Befähigung zur Lösung der Aufgaben, die die Geburt eines behinderten Kindes stellt, verbessern.

A. J. Solnit

Bei Gesprächen mit 194 Müttern von Neugeborenen mit *Spina Bifida* sprachen sich zwei Drittel der Befragten dafür aus, die Diagnose so früh wie möglich zu erfahren, und zeigten sich zufrieden mit den Informationen, die sie über die Schädigung ihres Kindes erhalten hatten. Jedes Hinauszögern war geeignet, ihre Befürchtungen zu verstärken. Sie wollten weder, daß man ihnen eine übertriebene Vorstellung von der Schwere der Behinderung vermittelte, noch

daß man den Befund verharmloste und die Wahrheit später preisgab. Es war beispielsweise der Fall vorgekommen, daß ein Arzt der Mutter eines Kindes mit Myelomeningozele erklärte, ihr Kind habe »nur eine kleine Pustel auf dem Rücken, das sei aber kein Grund, sich Sorgen zu machen«. Die befragten Eltern legten großes Gewicht auf die allgemeine Einstellung und das persönliche Verhalten der Ärzte und Schwestern ihnen gegenüber. Es erscheint uns sehr wichtig, daß sie sich häufig nicht an die Worte einer Schwester, eines Geburtshelfers oder eines Kinderarztes erinnerten, sehr wohl aber an deren generelle Haltung. Mütter, die sich durch einen scheinbaren Mangel an Mitgefühl verletzt fühlten, neigten dazu, die Kurzangebundenheit ihres ärztlichen Gesprächspartners auf einen Mangel an Gefühl statt auf die vermutlich zutreffende Ursache zurückzuführen – die Schwierigkeit, jemandem etwas so Schmerzliches beizubringen. Die meisten Mütter äußerten sich allerdings beeindruckt über die Freundlichkeit und das Mitgefühl, das ihnen die Schwestern und Ärzte entgegenbrachten. Kleine freundliche Gesten waren noch Jahre später in der Erinnerung präsent. D'Arcy (1968) schließt daraus, daß »das erste Gespräch mit der Mutter eines behinderten Neugeborenen bei ihr einen tiefen und dauerhaften Eindruck hinterläßt«.
Unsere Untersuchungen ergaben, daß sich trotz der großen Variationsbreite in den Mißbildungen der Kinder und im sozialen und biographischen Hintergrund der Eltern aus den Diskussionen der Eltern über ihre Reaktionen eine Reihe überraschend ähnlicher Motive herausschälte. Im algemeinen konnten sie sich an die die Niederkunft begleitenden Umstände und an ihre eigenen Reaktionen bis ins einzelne erinnern (Drotar u. a. 1975). Sie durchliefen abgrenzbare emotionale Reaktionsstadien, wie die Graphik (Abb. 5–1, siehe S. 242) zeigt, die eine Generalisierung der komplexen Reaktionen einzelner Elternpaare darstellt. Zwar gab es Variationen in der Länge der Zeit, die die einzelnen Mütter und Väter benötigten, ehe sie sich mit den zu einem bestimmten Stadium gehörenden Fragen auseinandersetzen konnten, aber die Abfolge der Stadien reflektierte doch den natürlichen Reaktionsverlauf, wie er bei den Eltern mißgestalteter Neugeborener die Regel ist.

Erstes Stadium: Schock

Die erste Reaktion auf die Nachricht, daß ihr Kind eine angeborene Schädigung aufwies, war bei den meisten Eltern ein tiefsitzender Schock. Mit zwei Ausnahmen berichteten alle befragten Eltern über Reaktionen und Empfindungen, die auf einen abrupten Bruch in

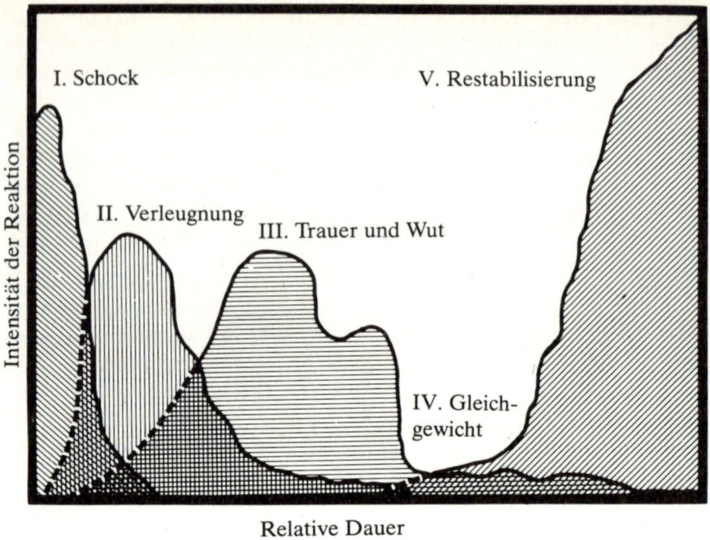

Abb. 5–1: Hypothetisches Modell der normalen Abfolge der elterlichen Reaktionen auf die Geburt eines Kindes mit angeborener Mißbildung. (Aus: Drotar u. a. 1975.)

ihrem bis dahin vorherrschenden Gemütszustand schließen lassen. Eine Mutter sagte: »Es war ein harter Schlag, der mich regelrecht am Boden zerstörte.« Und einer der Väter erklärte: »Es war, als ob die Welt unterginge.« Viele Eltern gestanden ein, daß diese frühe Phase eine Zeit des irrationalen Verhaltens gewesen sei, gekennzeichnet durch vieles Weinen, durch ein Gefühl der Hoffnungslosigkeit und ein gelegentlich auftretendes Bedürfnis, die Flucht zu ergreifen.

Zweites Stadium: Unglauben (Verleugnung)

Viele Eltern versuchten entweder, sich selbst auszureden, daß ihr Kind einen Defekt hatte, oder den ungeheuren Schlag, den diese Tatsache für sie bedeutete, abzufangen. Jeder von ihnen berichtete, er bzw. sie habe sich entweder gewünscht, die Situation ungeschehen machen zu können, oder habe ihre Auswirkungen nicht wahrhaben wollen. Ein Vater beschrieb seinen Unglauben anschaulich so: »Ich ertappte mich dabei, wie ich immer und immer vor mich hinsagte: ›Es ist nicht wahr.‹« Andere Eltern erwähnten, die Nachricht, daß sie ein behindertes Kind hatten, sei ihnen absurd erschienen. Ein Mann erklärte: »Ich konnte einfach nicht glauben, daß so etwas mir passieren sollte.« Wenn auch alle Eltern über eine Reaktion des Unglaubens berichteten, so variierte doch die Intensität, mit der die Realität verleugnet wurde, beträchtlich.

Kommentar: Zwischen dem zweiten und dem dritten Stadium gibt es noch ein weiteres, das Sie weiter unten mit dem Stichwort »Ärzte-Abklappern« benennen (s. S. 249). Es ist so etwas wie eine Phase des »Schacherns«. Man erlebt häufig eine Rückkehr zu religiösem Glauben oder zu wohltätigem Geben, so als wollten die Leute auf einer primitiven unbewußten Ebene zu verstehen geben: Ich bin schlecht gewesen und dafür bestraft worden, wenn ich jetzt verspreche, gut zu sein, wird mein Kind wieder gesundgemacht. Man möchte ein Tauschgeschäft mit Gott machen. In diesem Stadium besteht auch die größte Gefahr, daß die Eltern auf Wunderheiler und andere Scharlatane hereinfallen.
Ich bin auch der Überzeugung, daß der Trauer oder Niedergedrücktheit eine starke Wut vorausgeht. Die Wut kann gegen Gott gerichtet sein (der das ihm gemachte Angebot nicht erhört hat) oder gegen das Schicksal, sie kann sich aber auch auf das Klinikpersonal und, wie Sie erwähnten, auf Freunde oder Verwandte des anderen Elternteils richten. Ärzte, Schwestern und Verwandte sollten sich auf eines gefaßt machen: Gleich wieviel sie für die Mutter oder den Vater tun, es wird nie genug und nie das Richtige sein und ihnen nicht gedankt werden. Die einzige Hilfe, die die Eltern sich wirklich wünschen, ist natürlich, daß man das Kind wieder gesund macht, und nichts, das dahinter zurückbleibt, wird ihnen genügen.

N. Josefowitz

Drittes Stadium: Trauer, Wut und Angst

Intensive Trauer- und Wutempfindungen begleiteten und folgten auf das Stadium des Unglaubens. Die allgegenwärtigste emotionale Reaktion war die des Trauerns. Eine Mutter berichtete: »Ich fühlte mich scheußlich. Ich konnte nicht zu weinen aufhören. Noch lange Zeit später weinte ich darüber.« Eine kleinere, aber noch signifikante Zahl von Eltern berichtete über Zorngefühle. Ein Vater sagte: »Ich hätte am liebsten jemanden getreten.« Eine Mutter berichtete, sie sei wütend gewesen und habe »es (das Baby) gehaßt oder mich gehaßt. Ich war die Verantwortliche.« In den meisten Fällen fürchtete die Mutter um das Leben ihres Kindes, ungeachtet unserer eindringlichen gegenteiligen Versicherungen. Eine Mutter sagte, sie habe ihr Kind anfänglich als ein »nicht menschliches« Wesen empfunden. »Es hochzunehmen, solange es an diesem Schlauch hing, peinigte mich. Am Anfang nahm ich es nur hoch, weil man das von einer Mutter erwartet.« Fast alle befragten Mütter zögerten, eine Bindung zu ihrem Kind anzubahnen.

Viertes Stadium: Gleichgewicht

Die befragten Eltern berichteten von einem allmählichen Nachlassen sowohl ihrer Angst als auch ihrer anderen intensiven emotionalen Reaktionen. In dem Maß, wie ihre emotionale Aufgewühltheit nachließ, stellten sie bei sich ein zunehmendes Sich-Abfinden mit der Situation und ein wachsendes Zutrauen in ihre Fähigkeit fest, für das Kind sorgen zu können. Manche Eltern erreichten einen solchen Gleichgewichtszustand binnen weniger Wochen nach der Niederkunft, während es bei anderen viele Monate dauerte, ehe sie soweit waren. Aber selbst im optimalen Fall bleibt die Anpassung eine unvollständige. Eine Mutter berichtete: »Tränen kommen mir auch heute noch, Jahre nach der Geburt meines Kindes.«

Fünftes Stadium: Restabilisierung

In diesem Stadium setzten sich die Eltern mit ihrer Verantwortung für die Probleme des Kindes auseinander. Manche Mütter haben berichtet, sie hätten sich von Zeit zu Zeit selbst die Versicherung geben müssen, daß sie die Probleme des Kindes nicht verschuldet hatten. Ob es zu einem wirklichen dauerhaften Akzeptieren des Kindes kam, hing von der Solidarität und dem gegenseitigen Beistand der Eltern in der Phase nach der Geburt des Kindes ab. Viele Eheleute berichteten, daß sie sich in der ersten Zeit sehr stark auf den Partner stützten. In manchen Fällen freilich führte die Krisensituation zu einer Trennung der Eltern. In einem dieser Fälle schoben die Eheleute sich gegenseitig die Schuld an der Geburt eines behinderten Kindes zu. Eine andere Mutter wollte nicht mit ihrem Mann zusammensein. »Ich will keinen Menschen sehen. Ich will nur allein sein.«

Ungeachtet der bedeutsamen Ähnlichkeiten in den Reaktionen der befragten Eltern auf unterschiedliche Formen der Behinderung bei ihrem Kind gestaltete sich das Durchlaufen der aufeinanderfolgenden Reaktionsstadien unterschiedlich. Manche Eltern erzählten nichts von einer anfänglichen Schockreaktion oder einem emotionalen Aufgewühltsein, sondern suchten statt dessen das Problem des Kindes zu intellektualisieren und sich auf die mit seinem Zustand zusammenhängenden Tatsachen zu konzentrieren. Andere Eltern waren nicht fähig, ihre heftige emotionale Reaktion auf die Geburt zu bewältigen, und gelangten infolgedessen nicht zu einer adäquaten Anpassung; sie verharrten nach der Geburt eine lange Zeit in einem Zustand der Niedergedrücktheit.

Ein Mangel an Gelegenheiten, Diagnose und Verfassung des Kindes mit den Eltern zu erörtern, kann zu einer Situation führen, in der die Eltern sich von den Ereignissen überrollt und außerstande fühlen, die Realität der Behinderung ihres Kindes einzuschätzen. Wenn der Prozeß des Trauerns sich fixiert und auf längere Zeit die familiäre Atmosphäre bestimmt, kommt es manchmal vor, daß der Geist des ursprünglich erhofften gesunden Wunschkindes sich immer wieder vor das behinderte Kind schiebt und die Anpassung der Familie an dieses erschwert. Diese Befunde bestätigen, was Solnit und Stark (1961) in ihrer kreativen Pionierarbeit festgestellt haben, die zur Grundlage der meisten therapeutischen Ansätze in der Arbeit mit Eltern mißgebildeter Neugeborener geworden ist. Ihre glänzende Analyse gliedert sich in die folgenden elementaren Aussagen auf:

1. Das Neugeborene widerspricht vollkommen dem erträumten oder geplanten Kind.
2. Die Eltern müssen den Verlust dieses erträumten Kindes betrauern – ein Vorgang, der sich über mehrere Monate hinziehen kann –, ehe sie eine vollwertige Bindung an ihr mißgebildet geborenes Kind entwickeln können.
3. Dieser Vorgang des Trauerns beinhaltet eine gewichtige Schuld-Komponente, die viele Formen annimmt (so etwa wenn die Mutter sich »rastlos und ausschließlich« dem Wohlergehen des behinderten Kindes widmet und darüber die anderen Familienmitglieder vernachlässigt) und von demjenigen, der der Familie zur Seite steht, viel Geduld erfordert, da die Eltern ihn unter Umständen immer wieder mit denselben Fragen und Problemen konfrontieren.
4. Schwestern und Ärzte müssen mit der Wut und Erbitterung der Eltern rechnen und diese Reaktionen verstehen, die sich manchmal gegen sie selbst richten.
5. Der Arzt, die Schwester und der Sozialarbeiter sollten *nicht* versuchen, den Eltern deutlich zu machen, daß der Gram, den sie empfinden, dem Verlust des »perfekten« Kindes gilt, das sie ursprünglich erhofft hatten, und sie sollten auch nicht versuchen, Vergleiche zwischen dieser Trauerreaktion und anderen gleichartigen Reaktionen zu ziehen, die die Eltern schon einmal erlebt haben; das könnte nämlich dazu führen, daß die Mutter ihren Kummer intellektualisiert und ihn dann nicht mehr in voller Intensität und Tiefe durchlebt.
6. Die Versuche der Mutter, dem Vorstellungsbild des eigentlich erhofften Kindes die an es geheftete starke affektive Besetzung zu entziehen, werden durch die Bedürfnisse und Ansprüche des real behinderten Kindes gestört. Die Aufgabe, eine Bindung zu dem mißgestalteten Säugling zu entwickeln und ihm kontinuierlich die

notwendige physische Pflege zuteil werden zu lassen, kann die Eltern in der Phase unmittelbar nach der Niederkunft überfordern, da sie zu diesem Zeitpunkt physisch und psychisch ausgebrannt sind.

7. Wenn das behinderte Kind am Leben bleibt, kann die Trauerarbeit nicht konsequent zu Ende geführt werden. Die täglichen Ansprüche, die das Kind an die Mutter stellt, wirken unablässig auf sie ein und erfordern, daß sie ihm Zeit und Kraft widmet. D'Arcy (1968) kam beispielsweise aufgrund von Gesprächen mit 96 Müttern, die mit einem anenzephalischen Kind niedergekommen waren, zu dem Ergebnis, daß die Empfindung eines Verlusts und das Gefühl der Trauer bei diesen Frauen heftiger waren als bei Müttern eines am Leben gebliebenen Kindes mit schwerer Mißbildung. Allerdings erholten sich diese Mütter auch schneller von ihren psychischen Wunden als die Mütter überlebender Kinder mit schweren angeborenen Defekten.

Es ist bemerkenswert, daß Familien, die mit der intensiven emotionalen Erfahrung der Geburt eines behinderten Kindes fertigwerden müssen, dieses Kind so bereitwillig und rasch in ihre Familie aufnehmen und auf seine Bedürfnisse ansprechen können, wie sie es tatsächlich tun.

Wie bei anderen Krisensituationen gilt auch hier, daß eine erfolgreiche Bewältigung der Probleme die Menschen häufig in ihrer Fähigkeit bestärkt, auch in anderen Bereichen schwierige Situationen zu bewältigen. Der Vater eines ohne Beine geborenen Jungen schilderte, mit wieviel Selbstvertrauen und Stolz ihn die Art und Weise erfüllte, in der er die besonders schwierige Phase unmittelbar nach der Geburt seines Sohnes bewältigt, die medizinische Betreuung des Kindes organisiert und die allgemeine existentielle Situation gemeistert hatte. »Ich schätze, man kann nicht sagen, ob man seiner Familie alles gegeben hat, was sie braucht, ehe man nicht mit allem zu Ende ist, aber ich versuche es und glaube, daß ich es gut mache.« (Daniels und Berg 1968). Voysey (1972) kam in ihrer Analyse der Probleme, mit denen die Eltern behinderter Kinder sowie diese Kinder selbst bei der Begegnung mit Außenstehenden konfrontiert werden, zu dem Ergebnis, daß solche Familien spezielle Interaktionsfähigkeiten entwickeln. Indem sie im täglichen Umgang mit ihrem behinderten Kind mit Vorgängen fertigwerden müssen, die andere Menschen womöglich peinlich und unangenehm finden, lernen die Eltern solche Vorkommnisse als etwas Alltägliches zu behandeln. Die sich hieraus ergebenden besonderen Qualitäten, die man als »Verständnis« und »Aufopferung« charakterisieren könnte, bieten eine Erklärung für die durchdringende Menschenkenntnis, die zu entwickeln behinderten oder stigmatisierten Menschen nachgesagt wird (Goffman 1967). Die Identität der Eltern, die durch die Geburt des behinderten Kindes so erschüttert wurde, macht möglicherweise Veränderungen durch, die am Ende zu einem positiveren Selbstbild führen (Voysey 1972). Es kann allerdings ein sehr langsamer Prozeß sein, in dessen Verlauf sich diese Art der psychischen Reife herausschält.

Die Auseinandersetzung mit den komplexen Problemen macht die Bewältigung vieler Aufgaben erforderlich, bei denen es neben der optimalen auch zweit- und drittbeste Lösungsmöglichkeiten gibt. Mehrere Untersuchungen berichten über Eltern, die aufgrund unverarbeiteter Schuld- und Wutgefühle eine allzu beschützende Haltung ihrem Kind gegenüber entwickeln, die für seine physische und psychische Entwicklung schädlich sein kann. Auch der Versuch, die eigenen verletzten Gefühle dadurch zu besänftigen, daß man die Augen vor schmerzlichen Einsichten in bezug auf die tatsächlichen Defekte des Kindes verschließt, kann zu Lösungen führen, die alles andere als adäquat sind. Wenn Eltern den Prozeß des Trauerns dadurch abzuwehren versuchen, daß sie eine mit Schuldgefühlen besetzte Bindung an ihr Kind aufbauen, kann das zur Vernachlässigung anderer Familienmitglieder führen (Solnit und Stark 1961; Miller 1968, Drotar u. a. 1975). Wenn der Prozeß des Trauerns in die Länge gezogen wird, statt abzuklingen, oder wenn aus ihm eine depressive, von Selbstvorwürfen geprägte Haltung erwächst, wird der betreffende Elternteil nicht mehr in der Lage sein, einen aktiven Beitrag zum Familienleben zu leisten.

Auf die die Geburt eines behinderten Kindes begleitenden Umstände optimal zu reagieren, ist wegen der darin liegenden Zwiespältigkeiten ausgesprochen schwierig. Wo liegt beispielsweise die Grenze zwischen einem übertrieben beschützenden Verhalten und einer adäquaten Fürsorge für die besonderen Bedürfnisse des behinderten Kindes? Daniels und Berg (1968) zitierten die Äußerung einer Mutter: »Es fällt manchmal schwer, sich klarzumachen, wo das Muttersein aufhört und die Entmündigung des Kindes anfängt. Ich möchte ihm helfen, so weit er es wünscht und braucht, aber ich will ihn nicht an meinen Rockzipfel binden.« Man muß realistischerweise einsehen, daß ein behindertes Kind wesentlich mehr physische Fürsorge benötigt als ein gesundes. Wieder und wieder erforderlich werdende Klinikaufenthalte in manchen, ungewisse Entwicklungsprognosen in anderen Fällen verstärken die Befürchtungen der Eltern und machen eine konsequente Lebensplanung oft unmöglich, so daß es schwierig ist, zu bestimmen, wo ein Elternpaar die Grenze zum übermäßig beschützenden Verhalten überschreitet.

Ein anderer zu berücksichtigender Punkt ist die Frage, durch welche Merkmale sich eine optimale Anpassung an die Bedürfnisse des behinderten Kindes auszeichnet. Wenn Trauer, Niedergedrückheit und Wut natürliche Reaktionen auf die Geburt eines solchen Kindes sind und wenn das diese Gefühle auslösende Neugeborene am Leben bleibt, wo liegt dann das richtige Gleichgewicht zwischen Betrauern und Bejahen? Olshansky (1962) prägte zur Beschreibung einiger der überdauernden Aspekte der elterlichen Anpassungsreaktion auf ein geistig behindertes Kind den Ausdruck »chronischer Gram«. Auf einer bestimmten Ebene kann ein chronischer Gram bei Eltern solcher Kinder beständig vorhanden sein, besonders wenn sich absehen läßt, daß das Kind immer von ihnen abhängig bleiben wird, wie bei bestimmten Fällen geistiger Behinderung. Solche Eltern unter dem Vorwand, daß diese Gefühle »aufgearbeitet« werden müßten, mit der Erwartung zu konfrontieren, daß der schmerzliche Einfluß ihres behinderten Kindes auf das Familienleben eines Tages verschwinden würde, kann nur dazu führen, daß die Eltern sich gezwungen sehen, ihre wahren Gefühle vor Ärzten oder anderen berufsmäßigen Betreuungspersonen, die ihre Hilfe anbieten, zu verbergen. Eine empfehlenswerte Haltung für den Arzt oder Betreuer könnte vielleicht darin bestehen, daß er in Erwägung zieht, welche Befriedigung es für die Eltern bedeutet, ein Problemkind auf ein höheres Niveau der Funktionsfähigkeit zu führen, nachdem sie zunächst einmal mit der Mißbildung zu Rande gekommen sind.
Viele Eltern setzen sich mit diesen Fragen intensiv auseinander und suchen nach irgendwelchen Erklärungen dafür, daß dies gerade ihnen zugestoßen ist. Manchmal beinhaltet diese Auseinandersetzung ein ausgiebiges Nachdenken über die mögliche exakte Ursache des Problems; dies kann ein frustrierendes Unterfangen sein, wenn nämlich eine solche Ursache sich nicht festmachen läßt. Wo es keine akzeptable medizinische Erklärung für die angeborene Schädigung des Kindes gibt, taucht die Frage nach den genetischen Anlagen der Eltern auf. Manche Eltern setzen alles daran, eine spezifische nichtgenetische Ursache für die Anomalie ihres Kindes zu finden, um sich selbst Schuldgefühle zu ersparen. Eltern von Kindern, die im Anschluß an eine Erkrankung wie etwa eine postnatale Hirnhautentzündung geistig zurückbleiben, finden sich mit der Situation allem Anschein nach weit besser ab als Eltern eines von Geburt an geistig geschädigten Kindes.
Eine Analyse der emotionalen Reaktionen von Eltern, die sich in die ungewohnte Rolle von Betreuern eines behinderten Kindes hineinfinden müssen, hilft uns, Klarheit über einige der Hindernisse zu gewinnen, mit denen Ärzte, Schwestern und andere Betroffene aller

Wahrscheinlichkeit nach konfrontiert werden. Die Suche der Eltern nach möglichen Ursachen beispielsweise, die manchmal zu einem Verhalten führt, das man als »Ärzte-Abklappern« bezeichnen könnte, hat ihren Grund vielleicht nicht so sehr in einer konkreten Unzufriedenheit mit dem diagnostischen Können des Arztes als vielmehr in dem Bedürfnis der Eltern, ihre eigenen Schuldgefühle zu lindern. Außerdem ist die »aktive« Suche nach zusätzlichen Hilfen häufig wegen der dezentralisierten und unkoordinierten Strukturen im Gesundheitswesen geradezu erforderlich und kann in diesem Sinne eine Form der Bewältigung dieser Krise darstellen, die die Eltern nun einmal nicht rückgängig machen können.
Es verunsichert die Eltern, wenn sie eine Diskrepanz zwischen ihrem eigenen heftigen emotionalen Aufruhr und der scheinbaren Gefühlsarmut auf seiten der Ärzte und Schwestern erleben. Das sachliche berufsmäßige Gebaren des Arztes wird in manchen Fällen vielleicht als ein Zeichen mangelnden Mitgefühls mißverstanden und ruft bei den Eltern einen verallgemeinerten Unmut gegen den gesamten medizinischen Berufsstand hervor. Viele Ärzte verstehen es, hier einen Kompromiß herzustellen: den für sie selbst gültigen Maßstäben ihres professionellen Verhaltens treu zu bleiben und zugleich das Bedürfnis der Eltern nach emotionalem Beistand teilweise zu erfüllen. Man kann den Eltern ihr Kind in der Weise präsentieren, daß man seine normalen Eigenschaften hervorhebt. Es ist empfehlenswert, dies unmittelbar nach der Entbindung in Gegenwart beider Elternteile zu tun. Man demonstriert den Eltern so, daß von ärztlicher Seite aus das Kind ein akzeptabler Ersatz für das eigentlich erträumte Kind und nicht nur »ein Stück Ausschuß« ist (Carr und Oppé 1971).

Kommentar: Diese Betonung des »Positiven« kann hilfreich sein, vorausgesetzt, daß Ärzte und Schwestern sie nicht dazu mißbrauchen, Ängste, Fragen und Mißstimmungen unter den Teppich zu kehren, die viele Eltern zunächst einmal aussprechen müssen, ehe sie sehen und hören können, was das Klinikpersonal ihnen zu zeigen und zu sagen hat.

A. J. Solnit

Wenn man die Eltern in die Betreuung ihres Kindes und in die Planung eines therapeutischen Pensums einbezieht, gibt man ihnen die Möglichkeit, befriedigende Rückmeldungen von ihm zu empfangen. In dieser frühen Phase wird auch bereits das Fundament für ein effektives Bündnis von Eltern und Ärzten im Hinblick auf die zukünftige Behandlung des Kindes gelegt.
Schwestern und Ärzte können den Aufbau einer Bindung der Eltern

an ihr mißgebildetes Kind sowohl in der Frühphase nach der Geburt als auch in der weiteren Entwicklung fördern. Ein Wissen um den normalen Verlauf elterlicher Reaktionen hilft dem Arzt, dies bei der Planung von Behandlungsschritten mit in Betracht zu ziehen. So wird beispielsweise ein Arzt, der weiß, welche Erschütterungen die Eltern im Verlauf des Schock- und des Verleugnungs-Stadiums durchmachen, erkennen, daß er Mitteilungen über die Verfassung und die Fortschritte des Kindes unter Umständen viele Male wiederholen muß.

Kommentar: Es ist wichtig, hinzuzufügen, daß es keineswegs der natürlichen Neigung von Ärzten oder Schwestern entspricht, sich auf Gespräche mit erzürnten oder niedergeschlagenen Eltern einzulassen. Sie beziehen ihre berufliche Befriedigung entweder daraus, daß sie gesunde Kinder zur Welt bringen und pflegen, oder daraus, daß sie ihr medizinisches Wissen nutzen, um zu heilen und zu lindern. Einem mit Mißbildungen geborenen Säugling gegenüber sind sie oft hilflos und fühlen sich daher überflüssig. Natürlich sind sie es in Wirklichkeit nicht; wenn man den Eltern eines solchen Kindes einen Extrabesuch widmet, so ist der Nutzen eines solchen Besuches im Moment vielleicht gar nicht sichtbar; gleichwohl ist es wichtig, solche Begegnungen regelmäßig herbeizuführen und die Mutter nicht ihrem Kummer zu überlassen.

N. Josefowitz

Zusätzlich zu ihrem eigenen emotionalen Aufruhr müssen die Eltern auch noch mit den Ansprüchen und Erwartungen der Personen ihrer Umgebung fertig werden. Nun da ihre Fähigkeit, ein normales Kind zu zeugen und zur Welt zu bringen, in Frage gestellt und ihr Selbstvertrauen auf den Nullpunkt gesunken ist, müssen sie sich der Begegnung mit Großeltern, Freunden und Nachbarn stellen. Die Gesellschaft hält in solchen Fällen nur wenige »eingebaute« Unterstützungen bereit, wie es sie in anderen Krisensituationen wie etwa beim Tod eines Verwandten oder in einem Katastrophenfall gibt. So ist es zum Beispiel üblich, daß Freunde und Verwandte nach der Geburt eines normalen Babys Geschenke und Karten in die Klinik schicken; wenn das Kind jedoch behindert ist, herrscht Ratlosigkeit über das angemessene Verhalten, und man zieht es vielleicht als die einfachste Lösung vor, weder anzurufen noch etwas zu schicken. Die Eltern ihrerseits sind oft unschlüssig, ob sie Geburtsanzeigen verschicken oder dem Kind auch nur einen Namen geben sollen. All dies führt in vielen Fällen dazu, daß die Eltern in der Zeit unmittelbar nach der Geburt des Kindes eine Phase tiefempfundener Einsamkeit durchmachen.

Kommentar: Man findet im Zimmer solcher Mütter keine Blumen. Die Wöchnerinnenstation soll eigentlich die fröhlichste Abteilung in einer Klinik sein. Eine weinende Mutter straft diese Annahme Lügen, und man verzeiht ihr diese Störung der Atmosphäre allgemeinen Glücks nicht ohne weiteres.

N. Josefowitz

Die durch die Geburt eines behinderten Kindes herbeigeführte Krisensituation birgt die Möglichkeit, daß die Eltern im Gefolge der in der Anpassungsphase notwendig werdenden gegenseitigen Unterstützung und Kommunikation näher zueinander finden. Auf der anderen Seite führte die Geburt eines solchen Kindes bei vielen der von uns untersuchten Familien zu einer Entfremdung zwischen Mutter und Vater. Die kontinuierlichen Anforderungen, die die Fürsorge für das Baby stellte, verstärkte bei manchen Elternpaaren die Isolation der Partner, insbesondere wenn sie sich nicht in die Verantwortung teilten. Wir haben zur Kennzeichnung eines Verlaufs, bei dem die beiden Elternteile die verschiedenen Anpassungsstadien in unterschiedlichem Tempo durchliefen, den Ausdruck »asynchron« gewählt (s. Abb. 5–1). Solche Eltern teilen einander gewöhnlich ihre Empfindungen nicht mit und geraten, wie es scheint, in bezug auf ihr Verhältnis zueinander in besondere Schwierigkeiten. Asynchronität führt häufig zu einer zeitweiligen emotionalen Loslösung der Elternteile voneinander und scheint ein wichtiger ursächlicher Faktor dafür zu sein, daß es nach bedeutsameren familiären Krisen in verhältnismäßig vielen Fällen zur Scheidung kommt.

Kommentar: Paradoxerweise scheint ein Trauma wie die Geburt eines behinderten Kindes eher die Schwächen in einer Ehe zu verstärken, als daß es die Stärken der Partnerbeziehung zur Geltung bringt, während ein »Erfolg« wie die problemlose Geburt eines normalen Kindes die Stärken der Ehe häufiger heraushebt oder deutlicher werden läßt.

A. J. Solnit

Die Tatsache, daß der Kinderarzt in den ersten Lebensjahren des Kindes jederzeit zur Verfügung steht, versetzt ihn in die Lage, der Familie bei ihrem Anpassungsprozeß zu helfen. Der Kinderarzt kann ein waches Auge auf die Beziehung zwischen den Ehepartnern haben, kann feststellen, welches Stadium der Anpassung jeder Elternteil erreicht hat, kann prüfen, inwieweit jeder der Partner der Fortschritte gewahr ist, die der andere gemacht hat, und er kann Anzeichen für das Vorliegen einer Asynchronität registrieren. Wir wissen von Eltern, wie wichtig es für sie ist, die normalen, d. h. nicht geschädigten Qualitäten ihres Kindes zu erkennen, die im Laufe seiner Entwicklung zunehmend deutlicher hervortreten. Der Kinder-

arzt hat ausgezeichnete Möglichkeiten, die Eltern hierin zu bestärken.
Jeder, der, sei es als Arzt, als Schwester oder als Sozialarbeiter, den Entwicklungsprozeß bei den Eltern eines behinderten Kindes verfolgt, wird von dem schrittweisen Verlauf der Anpassung an diese psychisch belastende Situation verblüfft sein. Man beobachtet ein tastendes und vielleicht immer wieder neu bestimmtes Verständnis der Eltern für die potentiellen Entwicklungsmöglichkeiten des Kindes; wenn die Realität nur eine weniger hoffnungsvolle Prognose zuläßt, kann der Arzt diesen Befund immerhin noch so präsentieren, daß die Eltern sich in kleinen Schritten damit abfinden können, ohne das Zutrauen zu sich selbst zu verlieren. Viele Eltern berichten, ihrer Erfahrung nach bestehe die wirksamste Methode, mit der Herausforderung fertigzuwerden, darin, daß man die Dinge so nimmt, wie sie kommen, d.h. daß man sich nicht ausgiebig den Kopf darüber zerbricht, was die Zukunft wohl bringen wird, oder bei den traumatischen Ereignissen der Vergangenheit verweilt. Eine solche Haltung kann zuweilen als verleugnende Abwehrhaltung mißverstanden werden; uns erscheint jedoch, daß dieser Reaktionstypus – vorausgesetzt, die tägliche Fürsorge und die therapeutische Planung für das Kind leiden nicht darunter – dazu geeignet ist, die Eltern vor unerträglichem Kummer zu beschützen.

Kommentar: Die Probleme werden in diesem Fall in einer »Dosierung« verabreicht, die einerseits verträglich für die Eltern ist und andererseits die Fähigkeit des Arztes, vorauszusagen, was passieren wird, nicht überfordert.

A. J. Solnit

Im Rahmen einer der Untersuchungen, mit denen wir versucht haben, jeden Elternteil einzuordnen und abzuschätzen, wie er bzw. sie zurechtkommt, haben wir das folgende Gespräch geführt. Häufig haben uns bei solchen Gesprächen die ungewöhnlichen Deutungen überrascht, mit denen Eltern versuchten, ihnen früher gegebene Erklärungen für die Schädigung ihres Kindes in den Griff zu bekommen. Bei dem im folgenden wiedergegebenen Gespräch ist auf drei Punkte besonders zu achten:
- wo jeder Elternteil in bezug auf seine emotionalen Reaktionen steht,
- wie er bzw. sie den Säugling und seine Behinderung sieht,
- wie jeder der beiden den Partner und seine emotionale Entwicklung sieht.

Ein Gesprächsleitfaden, wie wir ihn an unserer Klinik benutzen, ist auf den folgenden Seiten abgedruckt.

Leitfaden für die ersten Beratungsgespräche mit den Eltern eines Kindes mit angeborenen Anomalien

A. *Einführung und Erläuterung der Ziele.* Zu Anfang des ersten Gesprächs wäre es von Nutzen, den Eltern den Zweck und die Ziele der Beratung zusammenfassend mit etwa den folgenden Worten zu erläutern:

Wir wissen aufgrund unserer Erfahrungen mit Familien, die Kinder mit schwerwiegenden physischen Anomalien bekommen haben, daß die Zeit nach der Geburt eines solchen Kindes für die Eltern und die ganze Familie äußerst quälend sein kann. So ist es zum Beispiel nichts Ungewöhnliches, daß Eltern aufgebracht und erregt sind und einige Schwierigkeiten haben, diese Situation in den Griff zu bekommen. Wir haben festgestellt, daß sehr viele Familien in dieser Zeit zusätzliche Unterstützung und Hilfe von anderen Menschen brauchen. In diesem Sinne haben viele Eltern ihr Interesse an Gesprächen mit ihrem Arzt und auch mit anderen Menschen zum Ausdruck gebracht, an Gesprächen nicht nur über das körperliche Problem ihres Kindes, sondern auch über ihre eigenen Reaktionen auf die Geburt eines solchen Kindes. Es scheint, als ob solche Gespräche dazu beitrügen, daß die Familie besser mit der für gewöhnlich äußerst schwierigen Situation fertig wird.
Wie wir Ihnen schon früher gesagt haben, würde ich mich mit Ihnen gerne ... mal zu einem Gespräch treffen, um zu versuchen, Ihnen während des ersten Lebensjahres Ihres Kindes Rat und Hilfe zu geben. Wir werden dabei über viele Fragen sprechen, etwa über Ihre Reaktionen auf die Situation, und darüber, wie Sie sich dazu verhalten könnten, oder über Fragen im Zusammenhang mit Ihrem Baby und Ihren anderen Kindern; es ist aber gleichwohl wichtig, daß Sie keine Scheu haben, diese Zeit zur Erörterung von Fragen zu nutzen, die in bezug auf die Situation für Sie selbst wichtig sind. Ihr Einverständnis zeigt, daß Sie das Gefühl haben, daß eine solche Beratung für Sie von Nutzen sein könnte. Haben Sie sich weitere Gedanken darüber gemacht, inwiefern sie für Sie von Nutzen sein könnte? (An beide Eltern.)

Diese einführende Erläuterung dient dem Zweck, die ärztliche Intervention zu strukturieren, einige der Erwartungen, die wir in bezug auf die Eltern hegen, zu überprüfen und zu verdeutlichen, und festzustellen, was sie möglicherweise von uns erwarten. Ferner ist es wichtig, herauszufinden, wo sie Möglichkeiten sehen, daß wir ihnen helfen können, und was sie selbst am nötigsten zu brauchen glauben. Die Eltern wissen zu diesem Zeitpunkt schon über den Zeitaufwand usw., auf den sie sich eingelassen haben, Bescheid, und haben in Kenntnis dessen ihre Bereitschaft zur Mitarbeit erklärt.

B. *Beurteilung der Reaktionen der Eltern.* Eines der wesentlichen Ziele der ersten Gesprächsstunde besteht – abgesehen von der Herstellung eines guten persönlichen Kontakts zu den Eltern – darin, zu beurteilen, wie sie sich sowohl individuell als auch als Familie auf die Situation eingestellt haben. Von dieser Beurteilung aus wird es möglich, Ziele im Hinblick auf zukünftige Gespräche zu formulieren.

1. *Gefühle der Eltern.* Die folgenden Fragen sind vielleicht eine nützliche Hilfe für die Einschätzung des aktuellen »Gefühlsstandes« der Eltern:
   a) Was war Ihre erste Reaktion, als Sie erfuhren, welches Problem es bei Ihrem Kind gab? Was für ein Gefühl hatten Sie? *Diese Fragen werden an jeden der beiden Elternteile gestellt. Das Ziel ist hier, sie ihre eigenen Reaktionen erkennen zu helfen.*
   b) Erinnern Sie sich noch daran, welche Erwartungen Sie in bezug auf Ihr Kind ursprünglich hatten? Wie Sie sich fühlten, bevor das Kind geboren wurde? *Diese Frage erlaubt es, die Diskrepanz zwischen den ursprünglichen Hoffnungen der Eltern in bezug auf das Kind und ihren gegenwärtigen Gefühlen ins Blickfeld zu rücken.*
   c) Was war für Sie das schwierigste an der Situation?

2. *Das Problem des Kindes in der Wahrnehmung der Eltern.*
   a) Können Sie beschreiben, was Ihrem Kind fehlt?
   b) Was ist Ihnen über das Problem Ihres Kindes gesagt worden? Von wem?
   c) Welche konkreten Vorstellungen haben Sie für die Zukunft?
   d) Gibt es Informationen, die für Sie von Nutzen sein könnten und über die Sie noch nicht verfügen? *Die Einschätzung der Anomalie des Kindes durch die Eltern wird auch in den späteren Beratungsgesprächen ein zentrales Thema sein.*

3. *Reaktionen der Eltern auf das Baby*. Das Ziel ist hier, eine Vorstellung von den Einstellungen der Eltern zu ihrem Kind und von ihren Interaktionen mit ihm zu bekommen.
   a) Wie fühlen Sie sich beim körperlichen Umgang mit dem Kind? Fühlen Sie sich ihm gefühlsmäßig nahe usw.? Macht das Kind Ihnen Freude?
   b) Gibt es mit dem Kind Schwierigkeiten beim Füttern usw.?

4. *Bewältigung der Situation durch die Eltern*. Vor dem Hintergrund der Einschätzung, die die Eltern von ihrem Gefühlszustand geben, wäre es nützlich, sich ein Bild davon zu machen, wie sie die Situation bewältigen.
   a) Was tun Sie, wenn Sie sich so fühlen?
   b) Hat es seit der Geburt des Kindes in Bereichen wie Ihrer allgemeinen Stimmungslage, Ihren gemeinsamen Aktivitäten mit Freunden oder Ihrem eigenen körperlichen Gesundheitszustand bedeutsame Veränderungen gegeben? *Hier besteht das Ziel darin, etwas über den »Bewältigungsstil« der Familie zu erfahren und die Eltern schließlich dazu zu bringen, daß sie ihre Gefühle hierzu in Bezug setzen, insbesondere falls ihr Bewältigungsverhalten einen unadaptiven, defensiven Charakter hat.*

5. *Verhältnis der Eltern zueinander*. Es ist wichtig, daß man das ganze Gespräch über Unterschiede in den Äußerungen der Mutter und des Vaters zum selben Thema registriert; die zentrale Frage ist hier, wie die Eltern in bezug auf ihr Kind miteinander kommunizieren und wie sie als Familienverband die Situation handhaben.
   a) Haben Sie die Reaktionen Ihres Ehepartners registriert?
   b) Haben Sie Ihre Reaktionen miteinander besprochen?
   c) Inwiefern sind Ihre Reaktionen ähnlich? Unterschiedlich?
   d) Ist das Problem des Babys mit den anderen Familienmitgliedern diskutiert worden? Wie haben sie reagiert?

6. *Die Haltung der Familie gegenüber Außenstehenden.* Die Fähigkeit der Familie, während dieser Phase andere Menschen wie etwa Freunde oder Verwandte produktiv für sich in Anspruch zu nehmen, ist möglicherweise ein wichtiger positiver Faktor für die psychische Gesundheit und sollte daher erkundet und bewertet werden.
   a) Haben Sie Ihren Verwandten oder Bekannten von dem Problem Ihres Kindes erzählt? Was haben Sie gesagt?
   b) Wie hat Ihre Familie reagiert, als sie von dem Problem Ihres Kindes erfuhr? Wie haben Ihre Freunde reagiert?
   c) Wie denken Sie über ihre Reaktionen?
   d) Hat es seit der Geburt des Kindes in Ihren Beziehungen zu Freunden oder Verwandten Veränderungen gegeben?

Gespräch

Es folgt ein Gespräch mit Herrn und Frau Cook*, den Eltern des sechseinhalb Monate alten Walter, der an einem Down-Syndrom leidet. Walter ist das fünfte Kind der Cooks.

Frau Cook: Der Mongolismus kam mir an allen Ecken und Enden entgegen, als ich schwanger war. Ich las eine Menge Artikel über Mongolismus, hatte ein paar Fernsehsendungen darüber gesehen, ich stieß einfach überall darauf. Sie wissen, jedes Mal, wenn man schwanger ist, macht man sich Sorgen um das Baby, aber man sagt dann dem Arzt doch nie etwas davon, weil es eine typische Sache bei jeder schwangeren Frau ist.

Fast jede Frau, mit der man während ihrer Schwangerschaft ein Tiefeninterview führt, berichtet über beunruhigende Träume oder bewußte Ängste im Zusammenhang mit dem Wohlergehen des Fetus, den sie in sich trägt und von dem sie befürchtet, daß er mißgestaltet, geistig unterentwickelt oder mit einer ungeheuerlichen Abnormität behaftet sein könnte. Gespräche mit Eltern, die tatsächlich ein behindertes Kind bekommen haben, zeigen, daß Besorgnisse dieser Art offenbar bei jeder Schwangeren vorhanden sind. Mütter

* Der Familienname wurde geändert

normaler Kinder, die Monate oder Jahre nach der Geburt ihres Kindes auf diese Dinge hin befragt werden, geben gelegentlich an, sie hätten keine solchen Ängste durchgemacht – aber haben sie es vielleicht nur vergessen?

Frau Cook: Immerhin habe ich es doch zu Dr. L., meinem Geburtshelfer, drei oder vier Monate vor Walters Geburt gesagt, und er antwortete nur: »Ach nein, nein das ist ganz ausgeschlossen«, und so redete er mir meine Sorgen aus. Später sprach ich ihn nochmals darauf an, und er beschwichtigte mich: »Ausgeschlossen, ausgeschlossen.«

Es ist wichtig zu betonen, daß wir nicht sicher wissen, was der Arzt tatsächlich sagte; aber wenn Frau Cooks Bericht zutrifft, kann man rückblickend leicht erkennen, daß der Geburtshelfer die Situation anders hätte anpacken können. Die Befürchtung, daß ein Kind mit dem Down-Syndrom zur Welt kommen könnte, ist bei schwangeren Frauen von über 35 oder 40 Jahren so häufig, daß der Arzt gut daran getan hätte, die Möglichkeit einer Amniozentese vorzuschlagen. Man fährt im Normalfall am besten, wenn man zuerst herauszufinden sucht, worauf sich die Befürchtungen der Mutter richten und was sie schon darüber gehört hat. Es ist auch wichtig, daß man sich vergewissert, ob die Mutter eine Abtreibung in Betracht ziehen würde, wenn sie sicher wüßte, daß ihr Fetus eine Schädigung aufweist. Gleich wie sie reagiert, die Prozedur der Amniozentese sollte mit allen ihren Vor- und Nachteilen erörtert werden. Falls die Mutter eine Amniozentese nicht möchte oder wenn sie aus Gründen der fortgeschrittenen Schwangerschaft nicht ratsam ist, könnte der Arzt etwa auf folgender Linie argumentieren: »Obgleich in Ihrem Alter die Gefahr bestimmter Komplikationen größer ist, spricht alle Wahrscheinlichkeit dafür, daß Sie ein normales Baby bekommen werden. Die Tatsache, daß Sie bereits vier normale Kinder zur Welt gebracht haben, ist ein zusätzliches gutes Omen. Aber wir können natürlich trotz allem nicht für die Gesundheit des Kindes garantieren, ehe es nicht geboren ist.«

Frau Cook: Meine Schwangerschaft war bei Walter anders als bei den anderen Kindern – ich war die ganze Schwangerschaft über müde, einfach schrecklich, schrecklich müde. Meine Füße schwollen an, was vorher nie vorgekommen war, die Wehen dauerten länger und Walter kam in Querlage. Es war also ganz anders als bei den anderen.
Kinderarzt: Waren es diese Unterschiede, die Sie auf den Gedanken an Mongolismus brachten?
Frau Cook: Nein, eigentlich nicht. Ich weiß nicht, warum ich darüber so viel nachgedacht habe. Ich weiß wirklich nicht. Aber dann natürlich, als Walter kam...

Kinderarzt: Sie machten sich Gedanken bis zum Tag der Geburt?
Frau Cook: Hmm hmm. Als er dann kam, schaute ich ihn noch im Kreißsaal an und wußte sofort, was los war. Auf den ersten Blick. Es war für mich gar keine Frage. Ich sagte dem Doktor in diesem Augenblick aber nichts davon. Es war nicht mein Arzt, der mich von Walter entband; es war einer seiner Kollegen. Und zu dem sagte ich: »Das Baby ist nicht normal.« Und er sagte: »Na ja, Frau Cook, ich kenne Sie nicht und kenne Ihren Mann und Ihre Familie nicht. Es ist schwer zu sagen.« Und ich sah Walter nochmals an und sagte, er sei nicht normal. Ich wußte einfach, daß etwas mit ihm nicht stimmte. Er wirkte auf mich wie ein ganz typisches mongoloides Kind – die Augen, der Tonus und die gelbliche Farbe. Na ja, es hätte ja auch sein können, daß ich mir das alles nur einbildete, weil ich so viel darüber nachgedacht hatte, nicht? Was ich wußte, war jedenfalls, daß ich nicht mehr reden konnte, nachdem ich das gesagt hatte, daß ich einfach kein Wort mehr herausbrachte. Ich war vielleicht sprachlos und schockiert; dann wachte ich im Ruhebett auf, und Walter war bei mir und schrie und schrie und war sehr gelb, und ich sagte: »Oh, schauen Sie sich sein Gesicht an, da stimmt doch etwas nicht.« Und er schrie und schrie weiter, und ich dachte: »Wenn sie ihn nur fortbringen könnten, *wenn sie ihn nur fortbringen könnten.*« Aber ich war nicht so keck, den Schwestern zu sagen, sie sollten ihn fortbringen; doch ich dachte: »Mein Gott, könnte man ihn bloß fortbringen.« Ich wollte ihn nicht. Ich wollte nichts weiter als fortlaufen. Laßt mich aus diesem Krankenhaus raus, laßt mich bloß hier raus. Und ich sagte zu Henry: »Ich will nach Hause.« Ich war noch im Ruheraum, und ich wollte nach Hause, wollte nichts wie weglaufen, vor dem Problem davonlaufen, und wußte doch, daß es nicht ging. Und die Schwester dort quatschte eine Menge Zeug auf mich ein, und ich dachte: »Sei doch ruhig, sei doch bitte ruhig.« Sehen Sie, ich hielt ihr Gerede einfach nicht aus, und dann brachten sie mich nach oben in die Wöchnerinnenstation, und eine andere Schwester kam an mein Bett und fing auch an zu quatschen und zu quatschen, und ich dachte: »Sei doch ruhig, halt doch die Fresse – auf gut deutsch, wissen Sie –, hör auf, auf mich einzureden.« Sie legten mich dann in ein Privatzimmer, und ich hatte, glaube ich, das Gefühl, daß das so etwas wie das Ende der Welt war. Ich sagte Henry, daß ich einfach nur wegrennen wollte. Ich konnte es nicht glauben, konnte es einfach nicht glauben; es konnte doch nicht gerade mir passiert sein.

Frau Cook hat hier die charakteristischen ersten Reaktionen auf die Geburt eines Kindes mit einer angeborenen Mißbildung geschildert. Zuerst hatte sie einen solchen Schock, daß sie nicht mehr sprechen konnte. Darauf folgte ein starkes Bedürfnis, die Flucht zu ergreifen, wegzurennen, aus der Klinik herauszukommen. Die dritte Reaktion war Unglauben. Obgleich sie absolut sicher war, daß mit ihrem Kind etwas nicht stimmte, konnte sie nicht glauben, daß ihr dieses Unglück tatsächlich zugestoßen war.

Kinderarzt: Bis zu diesem Augenblick hatte noch niemand Ihre Vermutung bestätigt, ist das richtig?
Frau Cook: Dr. M., der die Entbindung machte, sagte, es sei zweifelhaft. Er war sich nicht ganz sicher. Dann kam Dr. L., und auch er sagte, es sei sehr zweifelhaft. Sie sind beide Geburtshelfer, und sie konnten es nicht erkennen, es war so schwer zu entscheiden. Sie riefen unseren Kinderarzt hinzu, und er untersuchte Walter und bestätigte, daß er die Anzeichen des Mongolismus hatte. Aber ich wußte es, ich wußte es einfach, vielleicht die Intuition einer Mutter. Ich wußte es einfach.

Die zwei Geburtshelfer taten gut daran, sich vorsichtig zu äußern. Es bedarf unter Umständen einer Reihe von Beobachtungen und einer gewissen Zeit, ehe man sich des Vorliegens des Down-Syndroms bei einem Neugeborenen sicher sein kann. Anstatt sich vorschnell auf eine bestimmte Auffassung festzulegen, erklärten sie, die Diagnose sei zweifelhaft, und riefen den Kinderarzt hinzu. Dieselben Reaktionen, die bei den Eltern eines mißgebildeten Kindes zu beobachten sind, treten oft auch bei den Schwestern und Ärzten der Abteilung auf, besonders bei den verantwortlichen Ärzten, in diesem Fall den Geburtshelfern. Ihre Arbeit steht im Zeichen eines ungeschriebenen Versprechens, einem normalen, gesunden Kind zum Leben zu verhelfen, und es bereitet ihnen von daher womöglich ebenso große Schwierigkeiten wie den Eltern, zu erkennen, daß eine Schwangerschaft, die sie ärztlich begleitet haben, mit der Geburt eines mit einer Anomalie behafteten Kindes geendet hat.

Frau Cook: Ich hatte keinerlei mütterliche Gefühle Walter gegenüber. Sie brachten mir ihn noch am gleichen Tag und ich sollte ihm Glukose geben, was die Babys sowieso nicht mögen, und ich konnte ihn nicht füttern. Ich verhielt mich nicht abweisend, aber er wollte es nicht, und ich konnte mich nicht mit ihm abgeben. Und Henry versuchte, ihn zu füttern und konnte es auch nicht, und ich sagte: »Ach, leg ihn doch ins Körbchen zurück.« Wo man doch normalerweise, Sie wissen ja, wenn man ein neugeborenes Baby hat, gar nicht genug von ihm kriegt. Normalerweise, wenn sie es einem bringen, möchte man doch, oh, kriegt man doch einfach nicht genug von ihm. Und ich habe vier Kinder bekommen, und es war jedes Mal dasselbe. Aber mit Walter konnte ich mich nicht abgeben. Er war anders, ganz einfach, ich wollte mit ihm einfach nicht ›rummachen‹. Das war am ersten Tag. Meine Zurückweisung ging nie so weit, daß ich den Schwestern gesagt hätte, ich wollte ihn nicht sehen oder sie sollten ihn nicht mehr bringen. Aber ich spürte ihm gegenüber niemals dieses warme Gefühl, dieses mütterliche Gefühl; erst, na, ich würde sagen, vier oder fünf Tage später fühlte ich mich wirklich zu ihm hingezogen und mit ihm verbunden und liebte ihn, wie ich meine anderen Kinder geliebt hatte. Und dann liebte ich ihn wirklich. Und es macht sich jetzt, es macht sich wirklich. Und doch hatte ich zwischendurch alle möglichen gemischten Gefühle.

Diese Mutter schildert einen interessanten Vorgang, der wie eine übertriebene Version dessen anmutet, was bei einer normalen Geburt passiert und in größerer Ausführlichkeit in Kapitel 3 beschrieben ist. So manche Mutter berichtet über eine ziemlich neutrale Reaktion auf ihr neugeborenes Baby in den ersten zwei bis drei Tagen. Dann auf einmal wird das eigene Kind zum schönsten und wunderbarsten Baby in der ganzen Welt, und von diesem Augenblick an pflegt die Mutter über machtvolle Liebesregungen dem Kleinen gegenüber zu berichten.
Wir können die Annahme wagen, daß eine Frau im Laufe ihrer Schwangerschaft ein idealisiertes Bild des Kindes entwickelt, das sie zur Welt bringen wird. Wenn das Baby dann geboren wird, sieht es immer ein bißchen anders aus, als die Mutter es sich vorgestellt hatte. Nicht nur, daß sein Geschlecht vielleicht nicht das erwünschte ist oder es in Augen- und Hautfarbe und in seiner Größe vom Erwarteten abweicht, sondern es ist bei amerikanischen Müttern auch gewöhnlich so, daß sie nicht auf die Schädelform, die Male der Geburtszange, die Fruchtschmiere und andere Merkmale eines Neugeborenen gefaßt sind. Es ist wichtig, die Frage zu stellen, ob der Prozeß, mittels dessen eine Mutter die Idealvorstellung, die sie von ihrem kommenden Baby hat, dem realen Kind angleicht, reibungsloser und rascher vonstatten gehen würde, wenn Mutter und Baby kontinuierlich zusammen belassen würden. Die Mütter im dänischen Horsholm, die ihr Kind von der Geburt an ununterbrochen in Sichtweite an ihrer Bettkante haben, erzählen, daß sie ihr Neugeborenes stundenlang betrachten und es so »in sich aufnehmen«.

Kinderarzt: Sie weinten viel in dieser Zeit?
Frau Cook: Und ob! Zwei ganze Monate über weinte ich Tag für Tag. Ich nahm ab, aß nicht. Walter hatte Gelbsucht, es war mir egal. Ich machte mir keine Gedanken um ihn. Sie kamen, um den Chromosomentest zu machen; sie entnahmen eine Probe von seinem Kopf, und er ist stark behaart, und sie rasierten ihm die Haare ab, und ich sah diesen Troß von Ärzten bei ihm, aber es machte mir nichts aus. Henry war beunruhigt, aber mir machte es nichts aus. Sehen Sie, ich hatte das Gefühl, daß er mir gar nicht wirklich gehörte, daß ich keine starken Gefühle für ihn empfand. Dr. B., der Kinderarzt, kam eines Tages herein und sagte: »Ihr Walter hat Gelbsucht, regen Sie sich nicht auf, Frau Cook, wenn sie ihn unter der Lampe liegen sehen.« Und ich dachte mir: »Aufregen? Ich mich aufregen? Ich rege mich nicht auf.« Es machte mir nichts aus. Sie erzählten mir, daß mongoloide Kinder ein schwaches Herz haben, daß sie manchmal nicht am Leben bleiben. Ich hoffte, er würde sterben. Ich hab's wirklich gehofft. Nicht weil ich ihn gehaßt hätte; ich habe Walter niemals gehaßt, niemals. Was ich haßte, war seine Krankheit, und wenn ich hoffte, daß er sterben würde, dann deswegen, weil wir dann nicht

die Entscheidung hätten treffen müssen, was wir mit ihm machen sollen. Sehen Sie, es wäre dann ganz einfach gewesen; wir hätten nicht entscheiden müssen, ob wir ihn mit nach Hause nehmen oder ihn in ein Heim geben. Wenn er also gestorben wäre, hätte das alle unsere Probleme gelöst. Und da ich nichts für ihn empfand, hätte es mir nichts ausgemacht. Ich nahm da kein Blatt vor den Mund. Ich sagte allen Ärzten: »Es macht mir nichts aus, wenn er stirbt.« Aber nicht daß Sie denken, daß das auch jetzt noch meine Einstellung ist. Als wir heute morgen hierher aufbrachen, hatten wir zu Hause ein leeres Bettchen, weil wir Walter zu meinen Eltern gebracht hatten, und da fehlte etwas bei uns zu Hause. Es fehlte wirklich etwas.

Frau Cook machte aus ihrem Wunsch, Walter möge sterben, keinen Hehl. Viele andere Eltern von Kindern mit Mißbildungen haben über Empfindungen dieser Art kurz nach der Geburt des Kindes berichtet, aber solche Gefühle sind womöglich gesellschaftlich so verpönt, daß viele Eltern sie wahrscheinlich nicht zu artikulieren wagen. Die von Frau Cook geschilderte Reaktion ist ein weiteres Indiz für den spontanen Wunsch, vor dem Kind die Flucht zu ergreifen und sich damit den sich aus seiner Behinderung ergebenden Problemen zu entziehen. Die Art und Weise, wie Mütter auf die Geburt eines Kindes mit einer Mißbildung reagieren, erinnert uns an ein Phänomen aus dem Umkreis des gesellschaftlich sanktionierten Kindesmordes. Die Tötung von Neugeborenen war in Westeuropa zwischen 1750 und 1850 nicht ungewöhnlich, besonders wenn die finanziellen Verhältnisse einer Familie so beschränkt waren, daß die Mutter nicht wußte, wie sie ein weiteres Kind ernähren sollte. Es ist in diesem Zusammenhang von Interesse, daß der Kindermord fast immer innerhalb der ersten 24 oder 48 Stunden nach der Geburt des Kindes vorgenommen wurde. Es scheint, als ob eine Mutter, wenn sie sich erst einmal zwei Tage oder länger mit ihrem Kind abgegeben hatte, nicht mehr im Stande war, einer Tötung des Säuglings zuzustimmen.

Kinderarzt: Frau Cook, Sie sprachen über Ihre Schwangerschaft und darüber, daß Sie sich Sorgen wegen möglicher Komplikationen machten. Bezogen Sie Ihren Mann da mit ein, sprachen Sie mit ihm darüber, ehe Sie es, wie Sie erzählten, Ihrem Arzt sagten? Welcher Art waren die Gefühle, die Sie bei der Schwangerschaft hatten und dann später, als Walter geboren war?
Frau Cook: Ich glaube nicht, daß wir einmal wirklich darüber gesprochen haben.
Herr Cook: Ich erinnere mich, daß wir es doch einmal besprochen haben. Ich glaube nicht, daß wir konkret über das Down-Syndrom oder über Mongolismus sprachen, und ich glaube auch nicht, daß ich speziell an diese Dinge einmal gedacht habe, aber ich glaube, daß wir sehr wohl beide das Gefühl hatten, daß dieses Kind anders werden würde. Ich weiß nicht, woher dieses Gefühl kam. Ich erinnere mich, daß wir an einem Abend, als wir im Bett

lagen, über die Möglichkeit sprachen. Meine Frau war so beunruhigt über ihre Schwangerschaft und darüber, wie sie sich fühlte, sie hatte einfach den Eindruck, daß mit dem Baby etwas nicht stimmte, und ich sagte, daß ich auch viel darüber nachgedacht hätte. Ich glaube, daß wir in diesem Augenblick uns beide in dem Gefühl einig waren, daß wir uns Sorgen machten. Wir dachten immer, es sind uns vier normale Kinder geschenkt worden, das ist ein unerhört guter Prozentsatz, und daß wir für die Tatsache dankbar sein sollten, daß wir gute, gesunde Kinder haben. Aber was diese Schwangerschaft betraf, so hatten wir ein komisches Gefühl dabei.

Kinderarzt: Haben Sie sich auf dieses Baby anders vorbereitet als auf die anderen? Hatten Sie sich einen Namen überlegt und andere Vorkehrungen getroffen?

Frau Cook: Wir überlegten uns einen Namen, aber als es dann so weit war, daß wir ihm einen Namen geben mußten, als Sie mit der Geburtsurkunde kamen, da wußte ich zwar, ich mußte ihm einen Namen geben, aber ich konnte es nicht, ich konnte es nicht. Vielleicht weil ich nicht wollte, daß so ein Wesen unseren Namen trägt, ich wollte unseren Namen nicht mit etwas in Verbindung bringen, das nicht in Ordnung war. Ich weiß, das klingt lächerlich, aber das war das Gefühl, das ich hatte, und ich sagte: »Ich weiß nicht, wie er heißen soll.« Das war einen Tag, nachdem ich Walter geboren hatte. Und von da an kamen die Schwestern jeden Tag und wollten wissen: »Na, haben Sie schon einen Namen für Walter (nicht für Walter, sondern für ihn)?« Und ich sagte: »Nein«, und ich wußte, wie er heißen sollte, und doch sagte ich: »Nein, noch nicht«, und dann ging es mir wirklich auf die Nerven, weil sie mich nicht in Ruhe ließen; und so sagte ich: »Zum Kuckuck, Sie fragen mich andauernd, wie ich ihn nennen will.« Ich war insgesamt zehn Tage in der Klinik, und schließlich rief ich drunten an, wo sie diese Geburtsurkunden ausfertigen, und sagte ihnen seinen Namen; das war am letzten Tag. Und ich weiß noch, daß sie, wenn sie Walter zu mir brachten, immer auf das Namensband mit den Perlen schauten, das er um den Hals hatte, und daß sie das nach einer Zeit nicht mehr machten, die älteren Schwestern, weil sie Walter dann kannten, weil wir da schon so lange bei ihnen waren. Aber an einem Tag waren einige Schwesternschülerinnen da, und eine dieser Schülerinnen war schon seit mehreren Tagen dort und kannte mich bereits, und trotzdem sagte sie, wenn sie hereinkam: »C-O-O-K« und kontrollierte meinen Namen, und ich sagte: »Warum kontrollieren Sie unsere Namen? Sie müßten doch wissen, daß es da drin nur ein solches Kind gibt, in dieser Station.« Dann, später, entschuldigte ich mich bei ihr, aber in diesem Augenblick dachte ich: »Du blöde Schwester, du müßtest doch wissen, daß es hier nur ein solches Baby gibt.« Das war halt meine spontane Reaktion.

Fragen nach dem Namen des Kindes sind oft aufschlußreich in bezug auf die elterliche Bindung an ein Baby. Viele Eltern zögern bei einem mißgestalteten oder frühgeborenen Kind lange, ehe sie ihm einen Namen geben. Im vorliegenden Fall sieht es so aus, als würden die Schwierigkeiten, die es einer Mutter bereitet, sich von dem Bild ihres

idealen Wunschkindes zu lösen und eine affektive Bindung an ihr Neugeborenes aufzubauen, in der Unschlüssigkeit der Familie sichtbar, dem behinderten Kind den eigentlich für ihr Traumkind gedacht gewesenen Namen zu geben.
Frau Cook beginnt auch immer mehr Anzeichen von Verärgerung zu zeigen, eine weitere typische frühe Reaktion. In diesem Fall regt sie sich über ein Detail aus dem Klinikalltag auf. Objektiv gesehen sind alltägliche Vorgänge in der Klinik, die an sich zum Wohle der Patienten eingeführt wurden, für Eltern eines kranken oder abnormen Kindes oft nicht geeignet. Da es aber nach der Geburt eines Kindes mit einer Mißbildung in den meisten Fällen zu beträchtlichen Wutreaktionen kommt, ist es immer noch besser, wenn diese sich gegen das Klinikpersonal und gegen die Klinikpraktiken richten, als wenn die Mutter sie gegen sich selbst oder gegen andere Mitglieder ihrer Familie wendet.

Kinderarzt: Wurden Sie wütend?
Frau Cook: Ja, ja.
Kinderarzt: Auf andere Personen?
Frau Cook: Ja, dabei bin ich gar nicht der Typ. Ich streite mich nie mit jemandem, es sei denn, die anderen fangen Streit mit mir an. Ich gehe normalerweise nicht auf andere Leute los. Sehen Sie, da wurde ich also immer wieder gefragt, ob ich einen Namen für ihn ausgesucht hätte. Ich wollte aber nicht, daß irgendwer etwas von Walter erfährt. Wir haben niemanden angerufen. Henry hat niemand von unseren Bekannten angerufen, um die Wahrheit zu sagen, nicht einmal unsere Verwandten. Ich vertrug mich zu dieser Zeit mit meiner Mutter nicht gut, und ich bekam Walter an einem Samstag, und meine Familie erfuhr es erst am Donnerstag darauf, daß ich das Kind bekommen hatte. Und das auch nur, weil meine Schwägerin bei uns zu Hause angerufen und mit den Kindern gesprochen hatte und mich dann in der Klinik anrief, und dann sagte ich es ihr. Sie war sehr aufgeregt und sagte es meinen Eltern, aber bis dahin hatten wir es niemanden wissen lassen, keinen unserer Bekannten oder sonst jemand. Normalerweise, wenn man ein Kind bekommt, ist das eine glückliche Zeit und man spendiert Zigarren und Süßigkeiten und lädt alle seine Freunde ein und ist euphorisch. Aber wenn man ein Kind mit einem Problem hat, unterläßt man das alles und tut nichts von alledem und ist nicht glücklich. Es ist etwas ganz anderes.

Diese Mutter beschreibt in drastischen Worten den Gegensatz zwischen den Belohnungen, die Eltern nach der Geburt eines normalen, gesunden Kindes winken, und den abgeschwächten und gestörten Reaktionen nach der Geburt eines Kindes mit einer Mißbildung. Es gibt viele Bräuche und Überlieferungen, die die Funktion haben, eine Mutter für das Zur-Welt-Bringen eines normalen, gesunden Kindes zu belohnen und eine Atmosphäre herzustellen, die die Mutter-Kind-Bindung vermutlich fördert. Wenn die Eltern im vorliegenden Fall bemüht sind, die Neuigkeit geheim zu halten, so steht dies in auffälligem Gegensatz zu dem sonst bei der Geburt eines Kindes vorhandenen Wunsch, die aufregende Nachricht telefonisch und mit schriftlichen Mitteilungen an Freunde und Verwandte bekanntzumachen, damit sie alle an dem freudigen Ereignis teilhaben und der Mutter ihre Glückwünsche übermitteln können. Herr und Frau Cook machten sich, wie die meisten Eltern von Kindern mit Mißbildungen, vom Augenblick der Geburt an Gedanken darüber, wie ihre Familie und die Gesellschaft auf dieses Kind und auf sie als seine Eltern reagieren würden. In der Phase unmittelbar nach der Geburt beobachten die Eltern aufmerksam die Reaktion aller Personen in der Klinik auf ihr Kind. Wenn sich der erste Schock etwas gelegt hat, beginnen sie sich Sorgen darüber zu machen, was wohl andere, nicht zur Klinik gehörende Personen sagen und tun werden.

Frau Cooks Äußerungen erinnern uns daran, daß die Gesellschaft keine Bräuche, Überlieferungen oder Rituale kennt, mit denen Eltern dann geholfen werden könnte, wenn sie am dringendsten Hilfe benötigen – d.h. wenn sie ein Kind mit einer angeborenen Mißbildung bekommen haben. In manchen Gesellschaften ist es bis heute üblich, Kinder, die mit einer Anomalie geboren werden, beiseite zu schaffen. In den letzten Jahren hat es beträchtliche Diskussionen darüber gegeben, welche Eingriffe der Arzt vornehmen sollte, wenn ein Baby wie Walter eine Schädigung aufweist, die man normalerweise mit einem chirurgischen Eingriff behandeln könnte. Diese Diskussionen haben gewöhnlich zu stürmischen Auseinandersetzungen zwischen den Vertretern der unterschiedlichen Auffassungen geführt. Es ist das breite Spektrum möglicher Reaktionen, das den Blick in die Zukunft der Eltern so schwer macht. Sie wissen nicht, wem es unangenehm sein wird, daß sie ein abnormales Baby bekommen haben, und wer sich verständnisvoll und hilfsbereit zeigen wird. Vielleicht können wir in der historisch relativ jungen Entwicklung von Hilfeleistungen für behinderte Kinder und Unterstützungsprogrammen für Eltern die lange ausgebliebene Antwort der Gesellschaft auf die Bedürfnisse dieser Gruppe erblicken.

Kinderarzt: Wissen Sie noch, was Sie Ihrer Familie und Ihren Freunden gesagt haben?
Frau Cook: Ich weiß nicht, das hat Henry erledigt.
Kinderarzt: Erwähnten Sie gleich, daß es bei Ihrem Kind ein Problem gab?

Frau Cook: Oh ja, das haben wir ihnen gleich gesagt. Als meine Schwägerin in der Klinik anrief, sagte ich ihr, der Grund, warum wir nicht Bescheid gesagt hätten, als das Baby kam, sei gewesen, daß es mongoloid ist.
Herr Cook: Ich glaube, am schwersten war es, unseren anderen Kindern zu sagen, daß es ein...
Frau Cook: Es kam am Samstag vormittag gegen zehn Uhr.
Herr Cook: Als ich zu Hause anrief, war es schon sehr spät am Nachmittag, und natürlich ging unsere älteste Tochter ans Telefon und war ganz glücklich, zu erfahren, daß wir einen Buben hatten. Ich wollte ihr am Telefon nichts davon sagen, daß es da ein Problem gab, aber sie wollte genau wissen, wie es stand und so weiter, und da war's aus mit der Verstellung, und...
Frau Cook: Ich glaube, sie wollte wissen, welche Farbe seine Augen hatten.
Herr und Frau Cook: Weil wir drei braunäugige Kinder haben, und...
Herr Cook: Und das gab mir wirklich [*Frau Cook:* den Rest!] einen Stich. Ich erklärte ihr, daß es da ein Problem gebe, über das ich im Moment nicht sprechen wolle, und sagte ihr, ich würde es ihnen erklären, sobald ich nach Hause käme. Es war wirklich eine schwierige Situation.
Kinderarzt: Waren Sie zu diesem Zeitpunkt noch unten auf der Entbindungsstation, Mr. Cook?
Herr Cook: Nein, ich wurde nach oben in den Ruheraum gerufen, sobald Gail und das Baby dorthin kamen. Ich hatte das ganz bestimmte Gefühl, daß etwas nicht stimmte, weil die Entbindung so viel länger dauerte, als ich erwartet hatte. Wir kamen Freitagabend gegen Mitternacht in die Klinik und ich wartete dann bis, na, das muß fast bis elf Uhr vormittags gewesen sein; dann wurde ich nach oben gerufen, und ich hatte wirklich ein ganz starkes ungutes Gefühl dabei. Ich sagte ein kurzes Gebet vor mich hin, als ich im Aufzug hinauffuhr, und ich sagte mir, wenn etwas nicht stimmt, dann hoffe ich nur, daß Gail in Ordnung ist, und das war sie auch, abgesehen von dem emotionalen Schock. Aber sobald ich dann Walter erblickte, war auch mir ganz klar, daß er nicht normal war, und ich konnte es ebensowenig glauben wie Gail. Es war schwer, sich damit abzufinden. Ich versuchte Gail zu trösten, aber sie wollte nur eins: aus dem Ruheraum raus und von dem Baby weg, und dann holten sie schließlich das Baby. Und wir, Gail und ich, blieben dann eine ganze Zeit in diesem Privatzimmer beieinander, und ich glaube, unser erster Gedanke war, wie wir aus diesem Problem herauskommen könnten. Wir können dieses Kind einfach nicht nach Hause nehmen. Noch am gleichen Abend versuchte ich, Verbindung mit einigen Leuten aufzunehmen, um herauszufinden, welche Heime in Frage kämen, und mit einigen Ärzten und Freunden zu sprechen und mich an einige Organisationen zu wenden, zu denen ich Verbindungen habe. Ich glaube, wir haben einfach versucht, irgendeine Möglichkeit zu finden, der Situation zu entrinnen. Das war eine sehr schwierige Phase.

Herr Cook zeigt ein ähnliches Bedürfnis, die Flucht vor dem Baby zu ergreifen und sich vor dem Problem, das es aufwirft, zu drücken. Über diese Reaktion haben nahezu alle Eltern, die eine solche Erfahrung durchlebt haben, berichtet. In dieser Phase werden

Entschlüsse gefaßt und Dinge getan, die sich im Rückblick als dem langfristigen psychischen Wohlergehen der Eltern und der Familie abträglich erweisen können. Familien, die über außergewöhnlich gute politische Verbindungen oder finanzielle Reserven verfügen, haben häufig die Möglichkeit, sehr schnell eine Heimeinweisung für ihr mongoloides Kind in die Wege zu leiten. Es hat sich in mehreren Fällen herausgestellt, daß solche Eltern, die anfänglich mit ihrer Entscheidung durchaus zufrieden waren, im Laufe einiger Monate oder Jahre zu der Einsicht kamen, daß es kein guter Entschluß war; sie sind dann mit der schwierigen Aufgabe konfrontiert, zu versuchen, eine Beziehung zu ihrem Kind zu finden, das ihnen inzwischen fremd geworden ist.

Aus der Einsicht, daß es wichtig ist, daß die Eltern eines normalen Neugeborenen von Anfang an mit ihrem Kind zusammenbleiben, folgt für uns, daß wir Eltern mißgestalteter Neugeborener empfehlen und ermuntern, soweit wie möglich in engem Kontakt mit ihrem Kind zu bleiben. Es liegen nur begrenzte wissenschaftliche Informationen vor, an denen sich Ärzte und Schwestern bei der Fürsorge für junge Mütter und ihre mißgebildeten Kinder orientieren können, aber viele klinische Erfahrungen sprechen dafür, daß es sich günstig auswirkt, wenn Mutter und Kind nach der Geburt soweit wie möglich zusammenbleiben. Im Fall von Frau Cook war es vermutlich das richtige, das Baby kurze Zeit aus dem Zimmer der Mutter zu entfernen und ihr dann, nachdem sie sich einige Zeit erholt hatte, eine neue Kontaktaufnahme nahezulegen. Sie brauchte Zeit, das Kind »in sich aufzunehmen«, aber sie war dazu wahrscheinlich nicht eher in der Lage, als bis sie sich von ihrem ersten Schock erholt hatte. Es ist wichtig, darauf hinzuweisen, daß es sich in diesem Fall um eine Klinik handelte, in der der Vater jederzeit zu Besuch kommen konnte, und daß Frau Cook in einem Privatzimmer lag.

Frau Cook: Man könnte sagen, Dr. S. ist ein Psychologe – und den hatte ich in manchen Augenblicken dringend nötig –, der mir ein ganz schönes Stück weit aus dem Schlammassel heraushalf. Aber alle waren so lieb zu mir, eine Station mit besserem Personal hätte ich mir gar nicht wünschen können, sie waren einfach wunderbar, alle Abteilungsschwestern, mein Arzt und Dr. M., der die Entbindung machte, Dr. B., der Kinderarzt und auch mein alter Kinderarzt, den ich unheimlich gern habe und den ich bei meinen anderen vier Kindern hatte. Aber er wohnt eine halbe Stunde von uns weg, und Dr. B. wohnt nur zehn Minuten von uns entfernt, und so entschied ich mich dafür, ihn zu nehmen. Er kam dreimal hierher zu Besuch und tröstete mich, und ich hätte wirklich keine bessere Behandlung verlangen können; alle waren so lieb, so freundlich und verständnisvoll. Und die Schwestern sagten, wann immer Sie das Gefühl haben, sich aussprechen zu müssen, rufen Sie einfach eine von uns, und sie kamen auch. Ich brauchte sie nicht einmal zu rufen, sondern sie kamen einfach, und wenn ich zu sprechen anfing, und das tat ich nicht wenig, hörten sie zu. Und sie blieben einige Male bei mir sitzen. Und die Entbindungsschwester, die bei Walters Geburt mitgeholfen hatte, kam einen Tag nach der Entbindung und blieb den Vormittag über bei mir und versuchte mich aufzupäppeln, und dann kam sie mich an einem Abend noch ein zweites Mal besuchen. Ich fand das phantastisch, stellen Sie sich vor, eigentlich ein fremder Mensch, der einfach das Gefühl hatte, er tut mir etwas Gutes; oder vielleicht hielt sie es für eine persönliche Sache, denn sie ist wirklich ein wundervoller Mensch. Und alle waren so lieb. Und das hat wahnsinnig viel geholfen. Wäre ich in der Klinik allein gewesen und niemand hätte sich um mich gekümmert, nur mal angenommen, ich glaube es wäre wesentlich schlimmer gewesen. Nicht, daß es nicht auch so schlimm genug gewesen wäre. Sie hatten mich auf Beruhigungsmittel und Schlaftabletten gesetzt, und trotzdem konnte ich nicht schlafen. Es war etwas, von dem man einfach nicht glauben konnte, daß man selbst davon betroffen war. Ich wollte Walter nicht mit nach Hause nehmen, aber ich wollte ihn auch nicht hergeben. So war ich wirklich hin- und hergerissen. Und dann fing ich wirklich an, ihn zu lieben. Und in dieser Klinik gibt es diese Möglichkeit, daß man das Baby aufs Zimmer bekommt, wenn man will, und ich dachte natürlich, nachdem ich schon vier Kinder hatte, ich brauche das nicht. Aber Dr. S. hielt es für richtig, daß ich Walter kennenlernte und mich in der Klinik an ihn gewöhnte, bevor ich ihn mit nach Hause nahm. So hatte ich ihn ein paar Tage bei mir im Zimmer, und das war auch gut so. Nach zehn Tagen, als wir nach Hause gingen, liebte ich dieses Baby innig. Da wußte ich, daß ich ihn nicht hergeben konnte. Aber es war eine Ironie, denn am Anfang hatte ich ja wegrennen wollen. Und als ich dann blieb, sagte Dr. L. (Geburtshelfer), daß ich noch an dem Freitag heim könnte, das wäre nicht ganz eine Woche nach der Entbindung gewesen. Ich wollte aber da noch nicht heimgehen. Sehen Sie, ich wollte in dem Augenblick noch nicht mit der Wirklichkeit zu Hause konfrontiert werden. Und ich sagte: »Ach, könnte ich nicht noch ein paar Tage länger bleiben?« Und er sagte: »Oh ja, aber sicher, ohne weiteres.« Und das waren die paar Tage, auf die es ankam. Denn danach war ich bereit, nach Haus zurückzukehren. Aber es war eine Ironie, denn am Anfang hatte ich es gar nicht erwarten können, aus dieser Klinik herauszukommen – ich hätte mich am liebsten fortgezaubert, verstehen Sie? Und als ich dann hätte gehen können, wollte ich nicht mehr.

Dem ganzen Personal dieser Klinik gebührt ein Glückwunsch für das bemerkenswerte Maß an Flexibilität, Verständnis und Hilfe, das es bewiesen hat.

Kommentar: Die »therapeutische Umwelt«, die in dieser Klinik herrscht, läßt darauf schließen, daß hier Ärzte, Schwestern und anderes Personal täglich darauf hinarbeiten, eine warme, anheimelnde flexible Umgebung herzustellen, die nicht technikzentriert, sondern eher menschenzentriert ist. Voraussetzung für eine solche menschliche Umgebung ist, daß die Direktion sowohl im ärztlichen als auch im Schwestern- als auch im Verwaltungsbereich allen ihnen unterstellten Leuten deutlich gemacht hat, daß ihre erste Aufgabe darin besteht, die Wünsche des einzelnen Patienten zu erfüllen und jeden nach Maßgabe seiner bzw. ihrer Schwächen und Stärken möglichst optimal zu betreuen, ohne dabei hinter den höchsten wissenschaftlichen und technischen Standards zurückzubleiben. Die leitenden Kräfte müssen mit ihrem eigenen Verhalten demonstriert haben, daß humanitäre und technische Gesichtspunkte einander vertragen und nicht widersprechen.

A. J. Solnit

Die Flexibilität, die der Geburtshelfer in diesem Fall bewies, ließ aus einer möglicherweise katastrophalen eine herbeigewünschte und erfolgreiche Entlassung werden. Wie wir bereits weiter oben erwähnt haben, ist es im allgemeinen das Beste, wenn man die Empfehlungen, die man in solchen Situationen ausspricht, bei denen so viele komplexe Faktoren mit hineinspielen, danach orientiert, was die Eltern wünschen und wozu sie bereit sind. Ferner war es, abgesehen von der Ratsamkeit eines möglichst ununterbrochenen Kontakts zwischen Mutter und Säugling, auch wichtig, den Eltern in dieser frühen schwierigen Phase so viel realistische Rückenstärkung und Aufmunterung zu erweisen wir nur möglich. Wenn Frau Cook sagt: »Wäre ich in der Klinik allein gewesen und niemand hätte sich um mich gekümmert, nur mal angenommen, ich glaube es wäre wesentlich schlimmer gewesen«, dann erinnert sie uns damit an die Situation vieler anderer Mütter, eine Situation, die aus bestimmten Zwängen der Patientenbetreuung, aus starren Regeln, aus einem mangelnden Verständnis des Personals dafür, was die Familie durchmacht, und aus den Reaktionen von Klinikmitarbeitern resultiert, die selbst so aufgewühlt sind, daß sie die Fähigkeit verlieren, der Familie Interesse oder Unterstützung entgegenzubringen.

Kinderarzt: Wie fanden Sie sich mit der Realität zu Hause zurecht?
Frau Cook: Ich glaube eigentlich nicht, daß ich mich zurechtfinden mußte. Was die Familie betrifft, so fanden sich die Kinder ganz wunderbar zurecht. Sie akzeptierten ihn von Anfang an. Wir erklärten den beiden Älteren, was los war, aber den beiden Jüngeren gaben wir keine Erklärung, weil wir das Gefühl hatten, sie würden es im Grunde nicht verstehen. Allerdings sagte ich zu Henry, daß das eigentlich nicht fair war. Wie konnten wir diese zwei kleinen Knirpse in einer Welt, ja man möchte fast sagen, in einer Scheinwelt leben lassen? Sie gehören zu unserer Familie; sie müssen wissen, was vor sich geht. Und warum ein Geheimnis daraus machen? Ich fand es einfach nicht richtig. Und der einzige Grund, warum wir ihnen nicht die Wahrheit sagten, war, daß wir mit ein paar Ärzten gesprochen hatten, und die uns sagten: »Sie müssen es den Jüngeren nicht sagen. Sie können ihnen sagen, daß er ein klein

wenig anders ist, aber Sie müssen es nicht tun, wenn sie es nicht von sich aus bemerken.« Aber ich hatte das Gefühl, daß das nicht richtig war. So ging es erst einmal einen Monat lang. Und dann sagte ich zu Henry: »Ich meine, wir müssen es ihnen einfach sagen, wir müssen einfach. Warum sie in dem Glauben lassen, daß Walter ein normales Kind ist, wenn es doch nicht stimmt? Und warum es ihnen nicht jetzt sagen, anstatt daß sie es vielleicht von jemand anderem erfahren oder später dahinterkommen?« Ich fand es nicht fair. Und so sprach Henry mit ihnen darüber.

Frau Cook hat hier beispielhaft gezeigt, wie wichtig es ist, Geheimniskrämerei innerhalb der Familie zu vermeiden, und wie sehr es von Vorteil ist, die Kommunikationskanäle zu öffnen und offenzuhalten, selbst wenn die jüngeren Adressaten das ihnen Mitgeteilte nicht zur Gänze verstehen. Wenn ein Baby mit einer Mißbildung geboren wird, kommt es nicht selten vor, daß wichtige medizinische Informationen entweder dem Vater oder der Mutter als Geheimnis anvertraut werden, und der Betreffende ist dann in seiner Kommunikation mit dem Ehepartner und anderen Familienangehörigen gehemmt. Aus diesem Grund ist es äußerst wichtig, über jegliche Probleme des Neugeborenen mit beiden Eltern zusammen zu sprechen. Das ist manchmal möglich, etwa bei einer Familie wie den Cooks. In den meisten Krankenhäusern sind die Besuchsmöglichkeiten für Geschwister noch eingeschränkt, aber mehrere Kliniken experimentieren derzeit mit einer unbeschränkten Zulassung solcher Besuche. (Dr. Peter De Chateau [1974] berichtet, daß die Einführung unbeschränkter Besuchsmöglichkeiten für Kinder an seiner Wöchnerinnenstation im schwedischen Umea nicht zu einem Anstieg der Infektionen geführt hat.) Wenn sich mehrere Geburtskliniken dieser Praxis anschließen würden, hätte der Arzt die Möglichkeit, die Probleme eines Neugeborenen der vollzählig versammelten Familie zu erläutern. Die Schwierigkeiten, die es Herrn und Frau Cook bereitete, ihren jüngeren Kindern etwas über Walters Problem zu sagen, sind nichts Ungewöhnliches. Viele Eltern sind so unschlüssig, welchem ihrer Kinder sie was sagen sollten, daß sie das Problem ihres Neugeborenen vielleicht vor allen ihren Kindern geheimhalten und auf diese Weise den Zusammenhalt der Familie aushöhlen.

Herr Cook: Wir erklärten ihnen so einfach wie möglich, worin das Problem bestand, ohne auf Einzelheiten einzugehen, und sie stellten Fragen und wir antworteten darauf. Wir fühlten uns erleichtert, zu wissen, daß alle Bescheid wußten.
Frau Cook: Man kann solche Dinge nicht geheimhalten.
Herr Cook: Nein.
Frau Cook: Das tut man nicht. Übrigens nahmen sie es nicht wohlwollend

auf, denn sie wußten vorher, daß da irgend etwas los war. Es war etwas Trauriges um Walter, und unser kleiner Siebenjähriger sagte: »Ich glaube, ich muß weinen.« Und was bei Kindern, glaube ich, so schön ist, daß unser Siebenjähriger eines Tages zu mir sagte: »Wenn ich einmal heirate und ein Kind wie Walter bekomme, würde ich es einfach liebhaben und behalten.«
Kinderarzt: Sie erwähnten vorhin, daß Sie in den ersten beiden Monaten jeden Tag geweint haben – bemerkten das die Kinder und machten sie sich Gedanken darüber?
Frau Cook: Ja. Sie blickten zu mir hin und machten sich Gedanken. Und das beschäftigte mich, was sie wohl denken mochten, und ich schlich bedrückt herum, und doch stellten sie keine Fragen.
Kinderarzt: Es muß schwierig für Sie gewesen sein, Ihren Kindern etwas über Mongolismus oder das Down-Syndrom zu sagen, denn Sie wußten ja selbst nicht viel davon, oder?
Frau Cook: Nein, und ich glaube auch nicht, daß sie es genau wissen wollten. Wir sagten ihnen lediglich, daß er in seiner Entwicklung zurückbleiben würde, und was ein zurückgebliebenes Kind ist, verstanden sie.
Herr Cook: Sie hatten schon Kinder erlebt, die schlecht lernten.
Frau Cook: Wir sagten ihnen, falls sie danach fragten, daß er niemals heiraten und niemals Vater werden würde und daß er nicht in die gleiche Schule gehen würde wie sie. Und sie nahmen das einfach als Tatsache hin. Mehr mußten wir ihnen nicht sagen. Sie wissen, daß er anders ist, aber das ändert für sie nichts. Er macht uns viel Freude, er lacht und gurrt und macht alles, was ein normales Baby auch tut. In ihren Augen ist er nicht anders. Sie lieben ihn.

Kinderarzt: Möchten Sie irgend etwas darüber sagen, wie sich das alles anließ, nachdem Sie nach Haus zurückgekehrt waren?
Frau Cook: Ich wollte nur eins: daß Henry mir das Mitgefühl und das Verständnis und die Wärme geben sollte, die ich in diesem Augenblick brauchte. In der Zeit davor waren Henry und ich nicht so gut miteinander ausgekommen, wie es hätte sein sollen, wir haben unsere Höhen und Tiefen durchgemacht, und ich schätze, es lag zu einem großen Teil an mir. Ich habe ihn nicht so behandelt, wie ich es hätte tun sollen. Ich war nicht mitfühlend und war nicht freundlich und verständnisvoll. Ich glaube, so etwas kommt manchmal vor, wenn man eine große Familie hat und in so viele verschiedene Richtungen auseinanderstrebt und man nicht für jeden einzelnen so viel Zeit hat, wie man gerne hätte, und ich war ihm nicht die Ehefrau, die ich ihm hätte sein sollen. Und so haben wir wirklich unsere Höhen und Tiefen durchgemacht. Und als ich dann mit Walter schwanger wurde, dachte ich zunächst an Abtreibung, aber nachdem ich darüber nachgedacht hatte, war ich einfach nicht fähig, so etwas zu tun; ich konnte es nicht. Ich wußte ja auch, daß ich nicht allein würde leben können. Ich dachte, wir waren gut miteinander ausgekommen, bis einige Monate vor Walters Geburt. Und Henry war im Krankenhaus wunderbar zu mir. Er kam jeden Tag und hielt mir die Hand und tröstete mich. Und das Personal war so wunderbar zu ihm, weil sie ihn zu jeder Zeit kommen und ihn den ganzen Tag bei mir bleiben ließen, was es ja noch nie gegeben hat. Die Besuchszeit ist eigentlich von ½ 7 bis 8 Uhr, und

Henry kam um 12 oder 1 Uhr und blieb bis abends. Sie haben uns wirklich eine Menge Dinge ermöglicht, die unter normalen Umständen nicht drin gewesen wären. Aber, wie gesagt, Henry war sehr mitfühlend und warmherzig.

Er brachte mir gleich am ersten Tag nach der Entbindung Blumen, und ich sagte: »Wozu sollen die gut sein? Ich will keine Blumen. Warum verschwendest du dein Geld für so etwas?« Sie müssen wissen, ich wollte keinerlei Fröhlichkeit. Also keine Karten, keine Blumen, nichts von alledem. Aber Henry ist ein sehr wunderbarer Mensch, und ich habe auch allen Schwestern gesagt, daß ich niemals soweit gekommen wäre in der Klinik ohne einen solchen wunderbaren Ehemann. Ich kehrte seine Vorzüge nach Kräften heraus und brüstete mich mit ihm. Und er hat es verdient. Ich könnte mir keinen besseren Mann wünschen. Niemand könnte sich einen besseren wünschen. Er ist ein wunderbarer Vater und ein wunderbarer Gatte, und ich habe mit ihm wirklich sehr viel Glück, und ich prahlte und prahlte mit ihm. Allerdings, ihm selbst habe ich nie etwas davon gesagt. Ich sagte Dr. L. (Geburtshelfer), ich wüßte nicht, was ich ohne Henry getan hätte, und ich sagte Dr. S. (Psychologe), ich wüßte jetzt, daß ich ihn nötiger brauche als alles andere auf der Welt und daß es ein solches Glück für mich ist, ihn zu haben und ich nicht wüßte, was ich ohne ihn tun würde. Aber ihm selbst sagte ich nichts davon. Und als wir nach Hause kamen, wollte ich, glaube ich, nichts anderes von ihm, als daß er bei mir sitzen und mir Trost schenken sollte, etwas, das ich davor niemals gebraucht hatte, und er war sehr fleißig und kümmerte sich um den Haushalt und um die vier Kinder, denn das mußte ja alles gemacht werden. Und er wollte, daß ich sehr viel ausruhen sollte, und ich sagte immer wieder: »Oh, Henry, kannst du nicht herkommen und dich zu mir setzen.« Er sagte: »Es geht nicht. Ich habe das und das zu erledigen und muß das Abendessen richten und muß Lebensmittel einkaufen gehen und noch so viele andere Dinge machen, weißt du.« Aber das war mir gleich. Alles was ich wollte, war Trost und Verständnis und daß er mir sagen sollte: »Wir können das gemeinsam wieder einrenken.« Aber er hatte keine Zeit. Das störte mich. Und dann gingen wir, zwei Wochen nach Walters Geburt, zu Dr. S., der versuchen wollte, uns gemeinsam über das Gröbste hinwegzuhelfen. Und als wir an dem Abend heimkamen – ach ja, schon in den Tagen zuvor hatte Henry das Gefühl gehabt, daß ich wegen Kleinigkeiten, die er im Haushalt machte, an ihm herumkritisierte, beispielsweise wenn ich sagte: »Tu nicht so viel Babynahrung in die Flasche, weil Walter nicht so viel will und du es dann wegschütten kannst«, oder: »Tu dies« oder: »Tu das«, und es war wirklich ein Herumsticheln. Aber er glaubte fest, ich hätte es auf *ihn* abgesehen, und er sagte: »Gail, laß die Sticheleien, ich tue mein Bestes.« Und ich sagte: »Das weiß ich.« Und er sagte: »Gut, dann hör mit deinen Sticheleien auf.« Aber ich hörte nicht auf. Na ja, wir waren also an dem Abend zu Dr. S. gegangen, das war zwei Wochen nach Walters Geburt, und als wir heimkamen, stand eine Babywaage auf dem Boden, und die Babykommode daneben, und Henry zog diese Schublade heraus, und ich stieß gegen die Waage, und ich sagte: »Mein Gott, daß du auch immer alles kaputtmachen mußt.« Und dann fütterte ich Walter, und da sagte ich: »Ich habe dir doch gesagt, du sollst nicht so viel Babynahrung in die Flasche tun, weil man es dann bloß wegschütten muß.« Und er sagte: »Immer hackst du auf mir herum.« Er sagte: »Es muß immer alles genau so sein, wie du es haben willst.« Und er sagte: »Du änderst dich nie. Nicht einmal der allmächtige Herrgott wird dich jemals ändern können.« Er sagte: »Alles muß immer ganz genau so sein, wie du es dir in den Kopf setzt. Und jetzt hast du etwas gefunden, das nicht ganz genau so ist.« Henry meinte es nicht so, aber diese Worte trafen ins Schwarze. Daß einem der eigene Mann vorhält oder es einem ins Gesicht schleudert, daß man etwas hat, das nicht ganz genau so ist, wie man's wollte. Aber er hat ja auch seinen Teil dazu beigetragen, oder nicht? Und das traf mich tief, weil ich gerade darunter zu der Zeit ohnehin schon sehr gelitten habe. Das ließ mich innerlich absterben. Ich war in dieser Beziehung schon so gebrochen, und dann schleuderte er mir es von neuem ins Gesicht. Da war ich wirklich am Boden zerstört.

Was Frau Cook hier sagt, ist so aufschlußreich, daß wir sie kurz unterbrechen. Die psychische Belastung, die die Geburt eines behinderten Kindes mit sich bringt, ruft so starke Schuldgefühle und Wutimpulse hervor, daß kleine Differenzen zwischen den Ehepartnern sich zu größeren Konflikten auswachsen können. In vielen Fällen sind Trennung und Scheidung die Folgen. Es war klar, daß Herrn Cooks letzte Worte seine Frau verletzen mußten, deren Selbstwertgefühl durch die Geburt eines behinderten Kindes bereits eine schwere Erschütterung erlitten hatte. Sie merkte sich daher jedes einzelne Wort. Noch mehrere Jahre später erinnert sie sich genau an diese Worte, und sie hat ihrem Mann diesen Satz noch immer nicht verziehen.

Frau Cook: Und dann ist da noch etwas, das ich hinzufügen möchte, um zu zeigen, wie durcheinander ich war – Henrys Firma schickte mir eine Pflanze, und das war ein Monstrum. Ich mag sowieso keine Grünpflanzen, Blumen dagegen liebe ich, und dieses Ding war so riesengroß und begann abzusterben, und es war eine sehr bedrückende Sache, diese Pflanze vor meinen Augen sterben zu sehen. Das regte mich furchtbar auf, und ich bemerkte es Henry gegenüber einige Male. Ich sagte: »Diese Pflanze ist so häßlich, ich kann sie nicht ausstehen.« Das war nichts Neues, müssen Sie wissen. Ich beklagte mich immer wieder über diese Pflanze, bis Henry sie eines Tages nahm und hinter dem Sessel im Wohnzimmer versteckte, weil ich sie so häßlich fand. Dabei war sie eigentlich gar nicht häßlich. Nur eben, weil sie so dahinwelkte. Einen Tag später oder vielleicht auch noch am gleichen Tag rief er mich vom Büro aus an. Ich sagte ihm: »Ich will diese Pflanze nicht.« Ich sagte: »Sag dem Blumenhändler, er soll sie abholen. Sie ist häßlich und sie geht ein.« Und ich sagte: »Wenn ich schon innerlich am Absterben bin, dann brauche ich nicht vor meinen Augen noch etwas anderes absterben zu sehen.« Da nahmen sie sie also zurück, und ich bekam dafür ein

Dutzend wunderschöne gelbe Rosen, die ganz herrlich waren. Aber wie Sie sehen, genügte schon eine Pflanze, um mich aufzuregen. Aber diese Pflanze war am Absterben und ich war auch innerlich am Absterben. Und ich wollte mit dieser Pflanze nichts zu tun haben. Sie war am Absterben und war häßlich, und ich haßte diese Pflanze, und wir brachten sie nach Hause, und ich haßte sie immer noch. Und dann wollte ich sie wieder loswerden. Es ist dumm, ich weiß. Aber so war mir nun einmal zu Mute. Man gerät mit seinen Gefühlen so durcheinander und empfindet so fürchterliche Dinge, die man, wenn man vernünftig wäre, niemals empfinden würde. Aber, na ja, zurück zu meinen Gefühlen; es ging um Henry und mich. Ich hatte das Gefühl, er entfernte sich von mir. Und als er dann wieder in die Arbeit ging, war es so, daß er jeden Abend heimkam und irgendwelche Dinge zu tun hatte. Es war kurz vor Ostern, und er sagte: »Ich muß in die Stadt und den Jungs Hosen kaufen, und ich muß in die Stadt und ihnen Schuhe kaufen. Ich muß dies tun, ich muß das tun.« Jeden Abend wollte er nach dem Essen noch weggehen und dies oder das tun. Und ich hatte irgendwie ein komisches Gefühl dabei. Tja, ich weiß nicht, den Rest muß er Ihnen erzählen, denn es ist seine Situation.

Es ist faszinierend, zu sehen, wie Frau Cook sich in der Reaktion auf ihre deprimierende Situation im Innersten mit jener häßlichen und absterbenden Pflanze identifiziert. Man kann annehmen, daß sie auf diesem »Umweg« die psychische Verwundung beschreibt, die sie tief in sich selbst empfindet und an der vermutlich die meisten Eltern von Kindern mit Geburtsdefekten leiden.

Herr Cook: Na gut, ich glaube, ich mache es so kurz wie möglich, Ich glaube, meine Art, die Situation nicht zu akzeptieren, bestand darin, daß ich mich vollständig von ihr abwandte und mir immer Beschäftigungen suchte und mir, wie Gail es schon gesagt hat, nie Zeit für sie oder Walter nahm. Und dann die Möglichkeit, mich noch weiter davon zu entfernen, mich jemand anderem zuzuwenden, eine Affäre zu beginnen und das Gefühl zu haben, das wäre etwas Reales, das wäre das wirkliche Leben, daß ich von Gail weggehe und daß wir uns schon seit Jahren nicht mehr verstanden hatten. Und diese andere Beziehung war so leicht anzuknüpfen, daß es sehr schnell ging. Und ehe ich mich versah, kam ich zu dem Ergebnis, daß ich Gail nicht mehr liebte. Ich liebte die Kinder und akzeptierte Walter, aber ich mußte davon weg. Und so packte ich schließlich meine Koffer und ging fort und dachte sogar ernstlich an Scheidung und Wiederverheiratung und alles andere. Ich brauchte fast einen Monat, bis ich mir darüber klar wurde, was ich da eigentlich tat, und ging dann doch wieder nach Hause zurück für immer. Aber ich glaube, daß ich durch einige Filme, die ich hier bei Ihnen gesehen hatte, eigentlich erst darauf kam, was ich getan hatte. Ich hatte nicht erkannt, daß ich vor Walter davonrannte. Genau das war es nämlich, was ich tat. Ich konnte ihn nicht akzeptieren. Dabei würde ich ihn mir heute von niemandem wegnehmen lassen. Er ist so ein prima Kerl.

Herr Cook ist keineswegs der einzige, der nach der ungeheuer schockierenden und kränkenden Erfahrung, ein abnormales Kind zu bekommen, ein derartiges Fluchtverhalten zeigt. Das eigentlich Ungewöhnliche bei ihm ist einmal seine Bereitschaft, darüber so offen und nach so kurzer Zeit zu sprechen, und zum zweiten die Art und Weise, wie das Zusammenwirken verschiedener Ereignisse ihn dazu befähigte, zu verstehen, weshalb er sich so verhalten hatte. Der Arzt erfährt von solchen Vorgängen oft erst Monate oder Jahre später. Und selbst wenn ihm eine bedeutsame Verhaltensänderung, z. B. eine Flucht in den Alkohol auffällt, ist es für ihn oft schwierig, dem Betreffenden verstehen zu helfen, daß ein Zusammenhang zwischen seinem Verhalten und der Anomalie des Kindes besteht.

Frau Cook: Was so komisch war: Henry sagte eben: »Ich liebte die Kinder«, aber zu mir hat er einmal gesagt: »Ich habe keins von ihnen nach sechs Monaten so geliebt, wie ich Walter liebe.« Und es ist wirklich wahr. Für uns ist er ein normales Kind. Wirklich. Er ist einfach süß.
Herr Cook: Wir versuchen, ganz bewußt auf dem Teppich zu bleiben und uns darüber klar zu sein, daß er zwar eine Menge Sachen macht, die ein normales Kind in seinem Alter genauso machen würde, daß er aber vielleicht nicht immer und überall einen normalen Standard wird erreichen können, und es kann sein, daß wir darauf einmal nicht eingerichtet sind. Aber ich glaube, wir versuchen doch, uns darauf einzustellen. Wenn wir noch einmal auf die Situation in der Klinik, ein oder zwei Tage nach Walters Geburt, zurückkommen können: Ich hatte nichts eiligeres zu tun, als mich zu erkundigen, ob wir nicht ein Heim für ihn finden könnten. Wir wollten ihn nicht akzeptieren und wollten irgendeinen Ort finden, wollten unser Schuldgefühl und unser Gewissen entlasten, indem wir ihn in ein gutes Heim gaben. Die Leute in den Krankenhäusern machen es einem wirklich nicht leicht. Sie sagen einem nicht, daß man diesen Ausweg hat. Ich glaube, das ist eine gute Sache. Ich glaube, sie sollten die Leute nicht dazu ermuntern, Verbindung mit einem Heim aufzunehmen und ihr Kind dorthin zu geben, es sei denn, es ist ein wirklich schwerer Fall. Ich glaube, man sollte alle Eltern diese Phase der Anpassung durchmachen lassen, so daß sie ihr Kind akzeptieren können. Wenn man es ihnen leicht macht, die Klinik zu verlassen und das Kind dort allein zurückzulassen, dann wäre das, wie ich glaube, sehr schädlich, nicht nur für die Eltern, sondern bestimmt auch für das Kind.

Herr und Frau Cook versuchen hier, uns einige wichtige Einsichten zu vermitteln. Herr Cook hat offensichtlich erkannt, daß nicht nur das Kind, das allein in der Klinik zurückgelassen wird, der Fürsorge und der Stimulation durch seine Eltern beraubt wird, sondern daß dies auch den Eltern zum Schaden gereicht. In der Vergangenheit sind die Eltern eines behinderten Kindes nicht selten von Ärzten ermuntert worden, zunächst einmal das Kind in der Klinik zu lassen und sich selbst zu Hause auf das Leben mit ihm vorzubereiten. Der Rat, den Herr Cook erteilt, stimmt mit den Ergebnissen mehrerer Untersuchungen überein, aus denen hervorgeht, daß es besser ist, wenn die Eltern mit dem Baby zusammenbleiben und wenn Mutter und Kind gemeinsam nach Hause zurückkehren. Viele Neugeborene mit dem Down-Syndrom leiden an einer Anomalie der Herztätigkeit oder haben andere Probleme, die eine längere klinische Verweildauer erforderlich machen, aber uns scheint, daß es auch in diesen Fällen wünschenswert wäre, Mutter und Kind in der Klinik zusammenzulassen, solange es praktisch möglich ist.

Frau Cook: Ich war bestürzt darüber, daß eines Tages eine ältere Schwester hereinkam und mich fragte: »Frau Cook, werden Sie Walter mit nach Hause nehmen?« Und ich sagte: »Ja, natürlich.« Das war zwei oder drei Tage nach seiner Geburt. Und es war mir gar nicht in den Sinn gekommen, daß ich ihn hier zurücklassen könnte. Aber ich sagte zu Henry: »Könntest du dir vorstellen, daß wir ihn nach Hause nehmen und ihn dann in irgendein Heim bringen?« Ich könnte das nicht. Ich könnte es einfach nicht. Es würde mich innerlich aufzehren. Sehen Sie, heute morgen habe ich darüber nachgedacht, daß Walter zum ersten Mal seit seiner Geburt nicht bei uns war, und ich dachte: »Wie könnte ich mich je daran gewöhnen, wenn Walter nicht mehr bei uns wäre?« Ich machte mir nicht allzuviele Gedanken darüber, weil ich ja irgendwo genau wußte, daß er bald wieder da sein wird. Aber dann dachte ich heut morgen auch wieder: »Würde es mir etwas ausmachen?« Ja, das würde es. Es würde mich innerlich aufzehren, nicht zu wissen: Wird er jetzt gerade gefüttert? Wird er gebadet? Ist er sauber? Und immer und immer wieder sage ich zu ihm: »Wer würde dich lieben? Wer würde dich bei Stimmung halten? Wer würde dich baden und dir alle diese Küsse geben und alles andere?« Das würden sie im Heim alles nicht tun. Und bei uns gedeiht er doch, wirklich.
Kinderarzt. Sie haben sehr schön über Ihre Gefühle und die Gefühle Ihrer Kinder gesprochen. Wie steht es mit den Großeltern und den Vettern und Cousinen? Wie haben sie es aufgenommen?
Frau Cook: Ganz normal. Wenigstens jetzt. Ich glaube allerdings, zu der Zeit, als wir daran dachten, Walter in ein Heim zu geben, war Henrys Vater ungehalten, aber er sagte nichts. Er ist ein sehr schweigsamer Mensch, er behält seine Gedanken für sich. Aber man konnte ihm ansehen, daß er ungehalten war.
Herr Cook: …
Frau Cook: Ja, Henrys Mutter starb in der Zeit, und doch kam Henrys Vater mich jeden Tag in der Klinik besuchen und konnte es gar nicht erwarten, zu Walter zu kommen, wenn die Säuglingsstation geöffnet wurde; und er benahm sich ganz wie ein stolzer Großvater. Für ihn war Walter nicht anders als ein anderes Kind. Er war stolz auf ihn. Er sagte immer: »Ist er nicht schön? Seht ihn euch nur an.« Und das war er auch. Ob Sie es glauben oder nicht, er war eines der schönsten Babys auf der ganzen Station. Und

Großvater genierte sich nicht, in die Station zu gehen und ihnen die Karte zu zeigen und sich dieses Kind herbringen zu lassen. Er war stolz auf Walter, wirklich stolz. Und er kam auch gleich von Anfang an, denn er wußte Bescheid. Dagegen meine Eltern, sie kamen zweimal in die Klinik, weil, sehen Sie, sie wußten sehr lange nicht Bescheid, und meine Mutter war sehr böse mit mir, weil ich daran dachte, Walter in ein Heim zu geben. Sie sagte: »Oh, wie kannst du das tun?« Sie sagte: »Weißt du, wenn ich jünger wäre, dann würde ich dieses Baby nehmen und aufziehen.« Dabei ist meine Mutter noch nicht alt. Sie ist 58. Aber sie sagte: »Ich würde ihn nehmen und aufziehen.« Und sie war sehr, sehr böse mit mir. Und auch meine Eltern fingen an zu strahlen, als sie an der Scheibe standen und Walter ihnen gezeigt wurde. Ich ging zusammen mit Henry Walter jeden Abend besuchen, und an dem ersten Abend, als meine Mutter kam, kam sie mit meiner Schwägerin, und wir gingen zusammen an die Scheibe. Und natürlich waren da eine ganze Menge Leute, die sich alle ihr Baby zeigen ließen, und da bekam ich vor allen diesen Leuten einen hysterischen Anfall und mußte in mein Zimmer zurückgehen. Ob Sie's glauben oder nicht, Walter war, wie ich schon sagte, sehr, sehr schön, und er ist auch heute noch ein sehr gutaussehendes Baby, aber in jenem Augenblick war ich vielleicht weniger verlegen als verletzt, verletzt, weil er anders aussah als die anderen. Es waren dort drin 35 Neugeborene, aber keiner von ihnen so wie Walter. Dann aber, noch in der gleichen Woche, wurde ein anderes mongoloides Kind geboren. Und da fühlte ich mich auf einmal sehr, sehr erleichtert, weil dieses Kind einen sehr viel schlechteren Eindruck machte als Walter. Meine Eltern vermissen Walter, wenn sie ihn eine Zeitlang nicht sehen. Sie lieben dieses Kind innig. Und man muß ihn einfach lieben. Er hat etwas Besonderes an sich. Das ist ein Gefühl das man nicht beschreiben kann. Es ist nur im Innern. Das Herz weiß Bescheid. Wirklich. Ich nehme Walter und drücke ihn an mich, und mein Herz weiß, daß er einfach schön und was besonderes ist.

Kinderarzt: Bemerken Sie eigentlich wirklich irgendwelche Unterschiede zwischen ihm und ihren anderen Kindern in dieser Phase?
Frau Cook: Überhaupt nicht. Ich bin sicher, daß es Unterschiede geben wird, aber bis jetzt gibt es noch keine.
Herr Cook: Er ist vielleicht ein wenig glücklicher, glaube ich, als einige von den anderen es waren. Ich glaube, unsere anderen Kinder weinten mehr; sie machten uns darauf aufmerksam, wenn sie Hunger hatten. Sie wollten gewickelt werden und waren ungeduldig, etwas zu essen zu bekommen. Bei ihm ist das anders. Er wacht auf und lächelt einen an und ist wirklich glücklich und zufrieden und wartet, bis man ihn füttert.
Frau Cook: Er besteht nur aus Liebe.
Herr Cook: Insofern ist er schon was besonderes.
Frau Cook: Ich glaube, es liegt daran, daß er zufrieden ist, weil er weiß, daß er geliebt wird und ein Zuhause hat, in dem er so viel Liebe und Zuneigung erfährt. Er wird gefüttert und trockengelegt, und er ist satt und ist glücklich, was will man mehr.
Kinderarzt: Darf ich fragen, welcher Art Ihre Gefühle jetzt sind, nachdem sechseinhalb Monate vergangen sind? Sind Sie noch bedrückt oder haben Sie

das Gefühl, daß Sie jetzt mit Walter gefühlsmäßig soweit sind, wie Sie es zu diesem Zeitpunkt auch mit Ihren anderen Kindern waren?
Frau Cook: Sagen wir mal, die Stimmung geht auf und ab.
Herr Cook: Es gibt gute Tage und schlechte.
Frau Cook: Aber mehr gute als schlechte Tage, wenn ich auch sicher bin, daß es im Lauf der Monate noch besser gehen wird. Ich schaue mir Walter manchmal an, besonders wenn er in seinem Bettchen schläft; er ist schön, ach, er ist einfach schön. Und man will einfach nicht glauben, daß man jemals etwas anderes als Freude an ihm haben wird. Dann gibt es aber andere Augenblicke, wenn ich ihn ansehe, und er ist so glücklich, und ich denke, wenn ihn nur jemand gesund machen könnte. Und gerade neulich sagte ich zu ihm – Sie müssen wissen, ich rede immer so blödes Zeug mit ihm –, da sagte ich also: »Ach, Walter, ich würde alles, einfach alles dafür geben, wenn man dich gesundmachen könnte.« Wir haben ein sehr schönes, ziemlich teures Haus, und ich dachte, ich würde das alles dafür aufgeben, alle unsere schönen Möbel und alles andere, und ich würde in eine Wohnung ziehen, die gar nicht unseren Ansprüchen genügt, wenn wir ihn dafür gesundmachen lassen könnten. Ich würde alles dafür tun, weil ich möchte, daß er eine Chance hat, und ich glaube, er hat keine Chance, ein normales Leben zu leben, aber wer bin ich, so etwas zu sagen. Aber ich würde alles geben, um ihm das zu ermöglichen.

Das klingt wie das Hadern eines Patienten mit einem tödlichen Leiden.

Kinderarzt: Haben Sie etwas darüber gehört, wie andere Kinder mit dem Down-Syndrom behandelt worden sind oder welche möglichen Therapien es für solche Kinder gibt?
Frau Cook: Ich möchte nicht, daß man Walter zu einem Versuchskaninchen macht, ich meine mit Vitaminen und Spritzen und solchen Sachen. Aber was Forschungen oder Tests angeht, da bin ich sehr dafür und wäre bereit, jedem zu helfen, der ein Problemkind wie Walter hat. Wenn Walter für irgendjemanden eine Hilfe sein kann, durch Forschungen und diese Dinge, dann bin ich sehr dafür. Ich hoffe nur, daß man eines Tages die Ursache für diese Sache findet, damit keine solchen Kinder mehr zur Welt kommen, weil es doch einfach … es ist doch ein traumatisches Erlebnis sowohl für die Eltern als auch für die anderen Kinder in der Familie und für den Betroffenen selbst, weil es nicht fair ist, es ist ihm gegenüber nicht fair. Sie sollten ein normales Leben leben können wie wir.
Kinderarzt: Haben Sie irgendwelche Anregungen für Schwestern oder Ärzte im Hinblick auf Dinge, die sie tun könnten, um Eltern darüber hinwegzuhelfen – über die ersten paar Tage in der Klinik oder die darauffolgenden Tage zu Hause?
Frau Cook: Ich glaube, das allerwichtigste, das allerwichtigste was Ärzte und Schwestern einer Mutter und einem Vater geben können, ist Mitgefühl. Das ist es, was man am nötigsten braucht. Mir hat das einfach sehr geholfen, das

ganze Mitgefühl, das die Ärzte und Schwestern mir entgegenbrachten. Man muß behutsam sein, wenn man mit solchen Eltern spricht, weil das schon ein Schlag ist für sie. Man muß warmherzig und freundlich und verständnisvoll sein, das bedeutet so viel. Wirklich. Man darf nicht mit der Tür ins Haus fallen und sagen: »Also, Sie haben ein Kind mit Mongolismus zur Welt gebracht, das ist jetzt Ihr Problem.« Das darf man nicht tun. Man muß behutsam sein. Geben Sie den Leuten Mitgefühl, Wärme und Verständnis, denn das brauchen sie. Ich weiß es, weil ich das bekommen habe. Hätte ich es nicht bekommen, ich hätte es nicht geschafft, in der Klinik über diese Krise wegzukommen.

Hier erinnern uns Herr und Frau Cook erneut an die bemerkenswert gute Betreuung, die sie in der Klinik erfahren haben. Frau Cook mag durchaus recht haben, wenn sie meint, sie wäre ohne den Beistand des Personals nicht über diese Krise hinweggekommen.

Kinderarzt: Sie sagten vorhin, es seien Schwestern zu Ihnen gekommen, damit Sie sich bei ihnen aussprechen konnten. Standen die Schwestern zu Ihrer Verfügung, wenn Sie das Gefühl hatten, sich aussprechen zu müssen, und kamen dann an Ihr Bett und sprachen mit Ihnen?
Frau Cook: (nickt zustimmend): Ich habe sie nie extra kommen lassen, aber Sie wissen ja, sie kommen immer wieder einmal herein, um dies oder jenes zu erledigen. Und wenn ich sie ansprach, dann hatten sie es nie eilig, wieder fortzukommen. Und natürlich verwöhnten sie Walter draußen in der Säuglingsstation, und das tat mir auch gut. Sie müssen wissen, daß Walter sehr stark behaart war, und sie machten ihm mit Vaseline eine Locke ins Haar. Es tat mir einfach gut, zu sehen, daß sie an ihm hingen, daß er für sie nicht bloß irgendein Baby mit einem Fehler war, daß sie ihn nicht in eine Ecke abschoben, weil er anders war als die anderen 34 oder 35. Im Gegenteil machten sie mehr Wesens um Walter. Und ich glaube, das teilt sich mit. Wirklich. Denn wenn man weiß, daß jemand anderem an dem Kind etwas liegt und jemand anders sich mit dem Kind abgibt, obwohl es nicht normal ist, dann glaube ich, daß das einem viel bedeutet.

Die Befürchtungen, die Herr und Frau Cook anfänglich über die mögliche Reaktion der in der Klinik Beschäftigten (als Repräsentanten der Gesellschaft als ganzer) hegten, wurden durch das warmherzige Verhalten des Abteilungspersonals zerstreut. Das hatte wahrscheinlich bedeutsame Folgen für die Einstellung von Herrn und Frau Cook selbst zu Walter. Noch wichtiger als das, was Ärzte und Schwestern über ein Kind mit einer angeborenen Schädigung sagen, ist vermutlich das, was sie mit ihm anstellen. Eltern halten Ausschau nach objektiven Anzeichen für die Einstellung des Klinikpersonals zu ihrem Kind; sie achten darauf, ob ihr Baby mit gleicher Aufmerksamkeit betreut wird wie andere, ob es vor aller Augen sichtbar plaziert oder etwa in einer verborgenen Ecke des Raums untergebracht wird. Das stimmt zusammen mit den Beobachtungen, die Roskies (1972) im Rahmen ihrer Untersuchungen mit Müttern sogenannter Contergan-Kinder gemacht hat. Roskies gelangte aufgrund ihrer Studien zu der Überzeugung, daß die Reaktion der Außenwelt der wichtigste die Bindung und Anpassung der Eltern an ihr behindertes Kind bestimmende Einzelfaktor war. Sie machte den Vorschlag, die Regierung solle finanzielle Zuschüsse und andere Hilfsmaßnahmen bereitstellen, um den betroffenen Eltern einen Ausgleich für die zusätzlichen Probleme zu verschaffen, die sich durch ein behindertes Kind ergeben.

Kommentar: Ich würde dem nicht zustimmen, sondern vielmehr sagen, daß die Reaktion der Gesellschaft *einer unter den vielen* Faktoren ist, die die Bindung und Anpassung der Eltern an ihr behindertes Kind bestimmen.

A. J. Solnit

Kinderarzt: Herr Cook, haben Sie eine Anregung für alle diejenigen, die über die Möglichkeit verfügen, einem Vater oder einer Familie in den ersten Tagen, Wochen oder Monaten nach der Geburt eines mongoloiden Kindes zu helfen?

Herr Cook: Mir fällt nichts ein, das mir zu diesem Zeitpunkt besonders geholfen hätte, vielleicht weil ich gerade damals die Sache ein bißchen verdrängt habe. Ich glaube, ich machte mir mehr Sorgen um Gail, und mir fällt gerade eine Sache ein, die Gail nicht erwähnt hat. Eine der Schwestern kam einmal und sprach mit uns beiden, und sie erzählte, sie habe eine Schwester, die an dem Down-Syndrom litt. Die Tatsache, daß sie zu uns kam und mit uns darüber redete und uns von ihrer Schwester erzählte, die, soviel ich weiß, jetzt vielleicht neunzehn Jahre alt ist, bedeutete für uns eine Art von Erleichterung. Ich glaube, man braucht wirklich die tröstliche Gewißheit, daß man nicht allein ist. Ich habe selbst keine Krankheiten oder Leiden durchgemacht, aber wenn man einmal selbst in eine solche Situation kommt, dann merkt man gewöhnlich, daß es viele andere gibt, die in der gleichen Lage sind. Wir kommen jetzt so langsam dahinter, daß es sehr viele solcher Kinder gibt.

Eines der Dinge, die den Eltern von Kindern mit Mongolismus oder einer anderen Behinderung am meisten am Herzen liegt, ist ihre eigene Unwissenheit darüber, wie zahlreich solche Problemfälle tatsächlich sind. Es scheint, daß Eltern es immer als beruhigend empfinden, zu erfahren, daß es viele andere Kinder mit der gleichen Schädigung gibt und daß viele andere Eltern dieselben Reaktionen und Erfahrungen durchmachen wie sie. Es ist ein Glücksfall, daß Herr und Frau Cook dieses Wissen aus einer Quelle bezogen, zu der sie ohne weiteres Vertrauen haben konnten. Es ist dies ein weiteres Indiz für die Aufmerksamkeit der Schwestern in dieser Klinik.

Herr Cook: Und ich glaube, der eine große Trost besteht darin, daß solche Kinder jetzt, wie es scheint, mehr Hilfe und eine bessere Förderung erhalten und daß man mehr darüber weiß. Ich meine auch, wie Gail, daß es, wenn wir Ihnen durch das, was wir Ihnen heute gesagt haben, ein klein wenig geholfen haben, sicherlich in Zukunft für andere Menschen mehr Hilfsmöglichkeiten geben wird.

Der Geist der Hoffnung, der sich gegenwärtig infolge verbesserter Programme und Fördereinrichtungen für Kinder mit dem Down-Syndrom ausbreitet, ermutigt die Eltern solcher Kinder und erleichtert womöglich den Aufbau einer Bindung an das behinderte Neugeborene in den ersten Lebenswochen.

Frau Cook: Ich würde gern noch etwas über all dieses Mitgefühl sagen, das mir in der Klinik zuteil wurde und das ich so wunderbar fand. Am Abend nach der Entbindung kamen Henrys Vater und seine zukünftige Frau und unsere älteste Tochter, die noch nicht ganz sechzehn war, in die Klinik und sie gingen hinunter zu Henry, der auf der Säuglingsstation war, und die diensthabende Säuglingsschwester kam dann zu mir und sagte: »Frau Cook, meinen Sie, daß Ihre Tochter vielleicht gerne auf die Station kommen und Ihren Walter eine Weile halten möchte?« Und ich sagte: »Oh, das wäre toll.« Und dann stellten sie in der Station drei Stühle nebeneinander auf, und alle mußten einen Kittel überziehen; Walter war erst einen Tag alt, und alle hielten ihn eine Weile. Und das war phantastisch, wirklich wahr. Ich meine, daß sie Dinge ermöglicht haben, die einfach ein wenig von der Norm abwichen. Und das bedeutet eine Menge. Es bedeutet wirklich viel, weil es zeigt, daß die Leute nicht gleichgültig sind. Sie gaben sich wirklich Mühe. Und daß sie Henry zu jeder Zeit hereinließen und bei mir bleiben ließen, das taten sie, weil sie wußten, daß es mir eine Menge bedeutete. Sie können nicht ermessen, wieviel Mitgefühl in einem Augenblick wie diesem bedeutet, denn das ist das einzige, was Sie jemandem geben können, der so ein Problemkind hat. Einfach nur Mitgefühl, das ist alles. Etwas anderes können Sie ihm nicht geben.

Kommentar: Ein wichtiges Element bei der Bewältigung der Geburt eines Kindes mit angeborenem Defekt ist, daß man sich um den Aspekt der *Identität* kümmert. Bei der Geburt eines solchen Kindes werden die Vorstellungen, die sich die Eltern im vorhinein von der Beschaffenheit ihres Wunschkindes – von der antizipierten Identität des Kindes – gemacht haben, auf abrupte Weise entweder radikal korrigiert oder nahezu gänzlich über den Haufen geworfen, je nach Ausmaß und Art der Schädigung. Das Baby, mit dem die Eltern nun konfrontiert sind, ist ganz gewiß nicht das, das sie sich ausgemalt und gewünscht hatten. Nicht nur ist das Baby anders, als es hätte sein können; durch seine Geburt scheint vielmehr auch alles andere, einschließlich der Eltern selbst, anders geworden zu sein, als es zuvor war – ein existentielles Erdbeben sozusagen.

Anders als andere bestellte Geschenke, die etwa in falscher Ausführung oder mit einem Transportschaden angeliefert werden, kann man ein mißgestaltetes Baby nicht zurückgeben oder umtauschen. Das Neugeborene, ein von den Eltern verfertigtes Erzeugnis, kann nicht zurückgegeben, umgetauscht oder in einen Schrank weggepackt werden. Es bedarf vielmehr intensiver elterlicher Fürsorge. Daß die Identität des Babys nicht klar bestimmt ist, geht aus dem bereits geschilderten Zögern der Eltern hervor, ihm einen Namen zu geben oder Geburtsanzeigen zu verschicken, als könnten sie mit einem solchen Zögern erreichen, daß der seltsame Eindringling wieder verschwindet.

Ärzte und Schwester haben in stärkerem Maß als alle anderen die Möglichkeit, Eltern, Geschwistern, Verwandten, Freunden und anderen mit der Familie verbundenen Personen zu helfen, eine möglichst realistische und positive Identität für das Baby aufzubauen. Dieser Heilungsprozeß braucht nicht nur Zeit – bis man die Trauer um das Verlorene und die »gute alte Zeit« überwunden und eine neue Identität aufgebaut hat –, sondern er muß auch beginnen und weitergehen, während die Eltern selbst sich noch in einem quasi anomischen Zustand befinden. Es ist beinahe eine irreale Erfahrung, bei der das süße Gefühl der Nostalgie immer wieder durch das bittere Gefühl der Enttäuschung gestört wird. Es ist im wahrsten Sinne des Wortes eine bittersüße Zeit.

Welche Mittel und Wege gibt es, den Eltern die Bewältigung dieses Prozesses zu erleichtern?

1. Den Eltern gestatten, ihr Kind zu sehen. Wie in diesem Kapitel bereits erwähnt, scheint die Geburt eines physisch mißgebildeten Kindes eine kurze Phase des Schocks und des Unglaubens auszulösen. Ich würde sehr dazu raten, daß der Arzt das Neugeborene nach Möglichkeit in Gegenwart der Eltern untersucht, seine normalen Merkmale hervorhebt und zugleich die Abweichungen vom Normalen erläutert. Das Miterleben der Untersuchung ermöglicht den Eltern ein besseres Verständnis der Natur der Probleme ihres Kindes, fördert ihre Bereitschaft, mehr Fragen zu stellen, als sie es sonst tun würden, und gibt dem Arzt Gelegenheit, Hinweise auf die Persönlichkeit des Neugeborenen zu geben, d. h. auf die Art und Weise, in der es auf die Eltern reagieren wird. Dieses Abheben auf die Reaktionsfähigkeit des Säuglings, auf seine Eigenschaft, eine *Person* und nicht etwa ein mißgestaltetes Etwas zu sein, leistet einen wichtigen Beitrag dazu, daß die Eltern sowohl das *Baby* als auch die Realität seiner *Mißbildung* akzeptieren lernen. Dazu kommt, daß eine solche offene Untersuchung auf subtile Weise die Kommunikation zwischen den beiden Elternteilen erleichtert, da das Baby während dieser Zeit im Zentrum ihrer gemeinsamen Aufmerksamkeit steht. Falls ein Kind mehrere separate Anomalien aufweist, beispielsweise eine Hasenscharte, eine Myelomeningozele und Klumpfüße, geht man bei der Untersuchung am besten segmentweise vor und nimmt jeweils nur einen Bereich durch.

2. Die Identität des Neugeborenen immer wieder erklären. Der Arzt, der das Kind und die Familie über eine gewisse Zeitspanne hinweg regelmäßig sieht, sollte den Eltern helfen, Klarheit über die Identität des Kindes zu gewinnen, wobei seine besondere Betonung den normalen Aspekten seiner Entwicklung gilt.

3. Wie bereits Roskies (1972) nahegelegt hat, kann die Art und Weise, wie die Gesellschaft ein behindertes Baby identifiziert und akzeptiert, bis zu einem gewissen Grade mit darüber bestimmen, welche Identität das Kind erhält und wie es von seinen Eltern akzeptiert wird. Verständnis, Freundlichkeit und Integration (im Sinne von Nicht-Trennung) des mißgebildeten Säuglings auf der Neugeborenenstation sind Mittel, mit deren Hilfe die Klinikgemeinschaft eine positive Identität anbahnen kann. Besonders förderlich für die praktische Umsetzung dieser Forderungen sind Einrichtungen wie der Elternbetreuungspavillon am James Whitcomb Riley Hospital in Indianapolis in Indiana. Institutionalisierte Betreuungsformen wie diese tragen dazu bei, bei Familien mit von Geburt an geschädigten Kindern ein besonderes Zugehörigkeitsgefühl zu wecken.

4. Die Eltern ermutigen, ihren Freunden und Verwandten die Situation darzulegen, so daß diese ihrerseits in bezug auf das Kind eine klare Identitätsvorstellung bekommen, auf die sie sich bei Anrufen, Besuchen oder schriftlichen Kontakten beziehen können.

Nicht nur die Identität des Neugeborenen, sondern auch die der Eltern wandelt sich, und zwar sowohl deren Eigenidentität als auch die Art und Weise, wie sie ihren Partner wahrnehmen. Zu Anfang kann die Identität der Eltern schwer belastet, gestört oder sogar erschüttert werden. Ich würde diese frühe Phase eine Zeit des *sozialen* oder *Krisen-Deliriums* nennen. Ärzten und Schwestern kommt eine Rolle bei der konstruktiven Wiederherstellung der individuellen und gemeinschaftlichen Eltern-Identität zu.

Es ist ohne Frage richtig, daß manche Menschen das Wesen oder die Identität einer Situation oder einer Person rascher, umfassender und exakter erfassen können als andere. Diese Erkenntnis gilt ganz offensichtlich auch für die Identität eines Neugeborenen mit einer angeborenen Behinderung. Wieviel Zeit jeweils benötigt und mit welcher Vollständigkeit und Genauigkeit wahrgenommen wird, hängt von vielen Faktoren ab, darunter von der Intelligenz, der Erfahrung und dem Ängstlichkeitsniveau der betreffenden Person sowie von dem Ausmaß an Verleugnung auf seiten der Eltern. Nicht nur die Identitätsbestimmung selbst, sondern auch das Ausmaß, in dem die Eltern eine bestimmte Identitätsvariante akzeptieren, hängt von vielen persönlichen – sowohl biographischen als auch aktuellen – Faktoren ab, darunter mit an erster Stelle von der Reaktivität des Säuglings den Eltern gegenüber. Wir wissen zwar nicht, bis zu welchem Grad die Bereitschaft der Eltern, Identitätsvorschläge für ihr Baby zu akzeptieren, durch freundliches und mitfühlendes Verhalten des Klinikpersonals erleichtert und gefördert werden kann, aber es ist wohl kaum zu bezweifeln, daß die Art und Weise, wie die Eltern die Identität ihres Kindes, ihre eigene Identität und die Reaktion der Gesellschaft deuten, das elterliche Verhalten auf jeden Fall, sei es unter positiven oder negativen Vorzeichen, mit determiniert.

»Identität« und »Zeit« sind zwei eng miteinander verflochtene Momente in den Beziehungen zwischen dem Baby und seinen Eltern sowie auch zwischen den Eltern und dem Klinikpersonal. Die in diesem Kapitel ausgesprochene Empfehlung, den Eltern Diagnose und Beratung in Teilstücken zu verabreichen, die sie jeweils aufnehmen und verarbeiten können, scheint mir klug zu sein. Zeit braucht es, bis Identitäten aufgebaut und erneuert sind und bis eine Form der Betreuung entwickelt ist, die sich an Kopf und Herz der Eltern wendet – die sich um sie als Personen kümmert, ihre Zuversicht stärkt, ihnen in Phasen der Entmutigung beisteht und ihnen hilft, ihre Elternrolle besser zu erfüllen.

Wenn man diese kurze Diskussion in einen weit breiteren Kontext einbettet, kann man die Betreuung des Säuglings mit angeborener Schädigung auf den Hintergrund des in Abb. 5–2 (siehe S. 284), wiedergegebenen Schemas projizieren. Dieser Versuch, das Spektrum der Gesundheitsfürsorge für das Kind bildlich darzustellen, bezieht sowohl die Bezugsebenen der kinderärztlichen Profession – das Kind, die Familie und die Gemeinde – als auch die Komponenten der ärztlichen Betreuung ein – Krankheit, Empfindlichkeiten, Stärken und Hilfsquellen. Übrigens sollten sich die beruflich in der Kinderheilkunde Tätigen, wenn sie Kinder mit angeborenen Mißbildungen behandeln, auch der Stärken, Hilfsquellen, Empfindlichkeiten und Schwächen der Ärzte und Schwestern bewußt sein.

M. Green

Betreuungs-Empfehlungen

1. Erster Kontakt. Wir betrachten es als eine erstrangige Forderung, jedes Neugeborene sobald wie möglich seiner Mutter zu bringen, so daß die Eltern es betrachten und sowohl seine normalen als auch seine anormalen Merkmale kennenlernen können. Jeder Aufschub, in dessen Verlauf die Eltern zwar argwöhnen oder wissen, daß ihr Kind womöglich ein Problem hat, es aber nicht mit eigenen Augen sehen können, verstärkt ihre Befürchtungen beträchtlich und erlaubt ihrer Phantasie, Kapriolen zu schlagen. Sie können auf den Gedanken kommen, daß das Baby tot ist oder im Sterben liegt, während es ihm in Wirklichkeit gut geht und das Problem nur aus einer Hasenscharte besteht. Je mehr Zeit bis zu ihrem ersten Kontakt mit ihrem Baby vergeht, desto verzerrter und desto schwerer korrigierbar wird vielleicht die Vorstellung, die sie sich von dem Zustand ihres Kindes machen. Die Anomalien eines Neugeborenen sind in der alleingelassenen Phantasie der Eltern fast immer weitaus bizarrer als in der Realität. Alles, was die Eltern in dieser allerersten Zeit zu hören bekommen, setzt sich gewöhnlich unauslöschlich in ihrer Erinnerung fest. Diese Tatsache gibt all denen eine ernüchternde

Verantwortung, denen die Betreuung von Mutter und Neugeborenem anvertraut ist, denn die Worte, die sie ihr gegenüber im Gespräch über das Baby benutzen, können den Entstehungsprozeß der Mutter-Kind-Bindung beeinflussen.

Kommentar: Ich stimme mit dem Gesagten im Grundsatz überein, nicht aber mit dem überragenden Gewicht, das den ersten den Eltern gegenüber geäußerten Worten beigemessen wird, und auch nicht mit der angedeuteten Auffassung, die ersten Worte des Arztes im Gespräch über das Baby könnten von Bedeutung für die Langzeitentwicklung der Mutter-Kind-Bindung sein. Wenn es auch zugestandenermaßen sehr wichtig ist, was gesagt wird, und zu welchem Zeitpunkt es gesagt wird, so ist doch denkbar, daß der Arzt gar nicht weiß, wie er es den Eltern gegenüber formulieren soll, ehe sie nicht einige von ihren Befürchtungen und Gefühlen zum Ausdruck gebracht haben. Der Vorgang des Erklärens und Zuhörens ist es, auf dem das Hauptgewicht liegen muß, wie das Gespräch mit den Eltern von Walter gezeigt hat.

A. J. Solnit

Komponenten der Gesundheit des Kindes	Bezugsebenen für die Gesundheit des Kindes		
	Kind	Familie	Gemeinde
Stärken	A	E	I
Hilfsquellen	B	F	J
Empfindlichkeiten	C	G	K
Krankheit und Probleme	D	H	L

Abb. 5–2: Das Spektrum der Gesundheitsfürsorge für das Kind.

2. Hervorhebung des Positiven. Wenn man ein Neugeborenes mit einer sichtbaren Schädigung erstmals den Eltern zeigt, ist es wichtig, sie auch auf alle seine normalen Funktionen und Körpermerkmale hinzuweisen und positive Eigenschaften wie seinen kräftigen Körper, seine Aktivität und Lebendigkeit hervorzuheben. Man ist manchmal überrascht, wenn eine Mißbildung, die dem Arzt als deutlich sichtbar, auffällig oder gar bizarr erscheint, den Eltern offenbar gar nicht erschreckend oder entstellend vorkommt.

3. Möglichst keine Tranquilizer. Wir hegen starke Vorbehalte gegen die Unsitte, den Eltern eines mißgebildeten Kindes vor dem ersten Kontakt Tranquilizer zu verabreichen. Solche Mittel sind geeignet, ihr Reaktionsverhalten abzustumpfen und den Prozeß des Sich-Abfindens mit dem Problem zu verlangsamen. Dagegen ist eine kleine Dosis eines kurzfristig wirksamen Barbiturats als Einschlafhilfe oft von Nutzen.

4. Spezielle Betreuung. Die meisten Wöchnerinnen- und Säuglingsstationen sind auf die Betreuung normaler Mütter und Neugeborener eingerichtet. Wenn daher ein Baby mit einem Problem wie etwa einer angeborenen Schädigung zur Welt kommt, kommt es zwangsläufig zu Dissonanzen zwischen den Stimmungen und Bedürfnissen der Mutter und dem Routinebetrieb auf der Station. Gewöhnlich sind keine speziellen Vorkehrungen für eine den Bedürfnissen der kleinen Gruppe der Eltern mißgebildeter Neugeborener angepaßte Betreuung getroffen; für diese Eltern ist die Fließbandroutine, die für die Betreuung der großen Mehrzahl gesunder und intakter Säuglinge und ihrer Eltern entwickelt worden ist, eine Qual. Es kann vorkommen, daß ein Arzt oder eine Schwester, die momentan vergessen haben, daß eine Frau ein mißgebildetes Kind geboren hat, das zur Intensivpflege auf der Säuglingsstation behalten oder in eine andere Klinik oder eine andere Abteilung verlegt worden ist, fröhlich ins Zimmer gestürmt kommen und fragen, wie es dem Baby geht. Wir haben festgestellt, daß es im allgemeinen das Beste ist, der Mutter eines Kindes mit einer angeborenen Anomalie eine bestimmte Schwester zuzuteilen. Diese Schwester sollte die Fähigkeit und die Möglichkeit haben, notfalls häufiger für längere Zeit am Bett der Mutter zu sitzen und ihr nur einfach zuzuhören, wie sie weint und von den machtvollen Gefühlsreaktionen berichtet, die sie durchmacht und die oft erschreckend negativ und ablehnend sind. Nicht jeder auf einer Station Tätige wird dies als eine leichte Aufgabe empfinden, daher sollte sie nur solchen Ärzten oder Schwestern anvertraut werden, die bereit sind, zuzuhören, und die sich in der Lage fühlen, den Eltern eines Neugeborenen mit einer Anomalie wirklich eine Stütze zu sein. Diese Aufgabe ist kräftezehrend, und manchem, der noch keine Erfahrung mit der nachgeburtlichen Betreuung von Eltern und Säugling gemacht hat, mag sie wenig lohnend erscheinen.

5. *Lange Kontaktdauer.* Wir halten es für das Beste, ein Neugeborenes die ersten paar Tage über bei der Mutter zu belassen, damit sie sich an es gewöhnen kann; erst nach Ablauf dieser Zeit sollte es zur Durchführung eines eventuell erforderlichen speziellen chirurgischen Eingriffs in eine andere Abteilung oder Klinik verlegt werden. Es versteht sich von selbst, daß es auch Indikationen gibt – so etwa bei einer Umphalozele oder bei einem Zwerchfellbruch –, die sofortigen Eingriff nötig machen, aber selbst in diesen Fällen ist es wünschenswert und gewöhnlich auch risikolos, das Baby zunächst einmal zur Mutter zu bringen und ihr zu zeigen, wie normal es in jeder anderen Beziehung ist, und sie es, sofern dies irgendwie möglich ist, anfassen und an sich nehmen zu lassen. Der Vater sollte in alle Gespräche und alle Kontakte mit dem Baby einbezogen werden. Wir versuchen es so einzurichten, daß Mutter und Vater ausgiebige Gelegenheiten erhalten, ihr Neugeborenes mit allen seinen Eigenheiten, den positiven wie den negativen, kennenzulernen. Die Mutter eines gesunden Säuglings macht normalerweise eine ein bis drei Tage währende Phase durch, in deren Verlauf sie nach und nach die Idealvorstellung, die sie sich ursprünglich von dem erwarteten Kind gemacht hatte, dem Bild des realen Babys angleicht, das sie zur Welt gebracht hat. Wenn dieses Baby eine Mißbildung hat, erschwert dies die Aufgabe der Anpassung, und die Folge ist ein entsprechend stärkeres Bedürfnis nach verlängerten Mutter-Kind-Kontakten.

Kommentar: In den Fällen, in denen die Mutter das Bedürfnis äußert, den engen Kontakt zum Neugeborenen zeitweise auszusetzen, sollten ihre Toleranzgrenzen ebenso wie die des Vaters bei den getroffenen Vorkehrungen angemessen berücksichtigt werden.

A. J. Solnit

6. *Besuche.* Es empfiehlt sich, die Besuchszeiten in der Wöchnerinnenstation zu erweitern, so daß der Vater mit seiner Frau über längere Zeiträume zusammen sein kann; auf diese Weise bekommen die Eltern die Möglichkeit, einander ihre Gefühle mitzuteilen und die Sequenz ihrer Reaktionen so synchron wie möglich zu durchleben.

7. *Fragen.* Wir haben in der klinischen Praxis den Eindruck gewonnen, daß Eltern, denen eine einigermaßen gute Anpassung gelingt, häufig viele Fragen stellen und sich manchmal geradezu übereifrig in die Details der klinischen Betreuung vertiefen. Obgleich uns solche Eltern manchmal lästig fallen, freuen wir uns gewöhnlich, wenn wir ein solches Verhalten bemerken. Mehr Anlaß zur Sorge

geben uns Eltern, die nur wenige Fragen stellen und von der Tatsache, daß sie ein geschädigtes Kind bekommen haben, betäubt und überwältigt scheinen.

8. Anpassung. Der Prozeß der Anpassung an eine angeborene Mißbildung nimmt viel Zeit in Anspruch; erst allmählich werden die Eltern im Verlauf dieses Prozesses fähig, mit ihrem Baby unverkrampft umzugehen. Während der ersten Phasen, wenn sie noch über den Verlust des perfekten Kindes trauern, das sie eigentlich erwartet hatten, sind sie oft nicht in der Lage, selbst ziemlich einfache Verrichtungen durchzuführen. Manche durchaus geschickte Eltern beispielsweise, die die Sondenfütterung bei ihrem zwei- oder dreimonatigen Säugling gut beherrschen, kamen damit in den ersten paar Tagen oder Wochen einfach nicht zurecht.

9. Erläuterung von Befunden. Viele Anomalien sind eine höchst undankbare Sache nicht nur für die Eltern des betroffenen Babys, sondern auch für Ärzte und Schwestern. Wenn sich ein Fall unerfreulich entwickelt, kann es vorkommen, daß Ärzte und Schwestern einige ganz ähnliche Reaktionen durchmachen wie die Eltern – Niedergeschlagenheit, Zerknirschung, Wut und antizipatorische Trauer. Es ist wichtig, daß der Arzt sich seiner eigenen Gefühle bewußt bleibt und der Versuchung widersteht, sich von den Eltern oder von dem Neugeborenen zurückzuziehen. Die vielen Fragen, die Mütter oder Väter haben, die sich dem Problem stellen und es zu verstehen versuchen, sind für den Arzt häufig sehr frustrierend, insbesondere wenn dieselbe Frage ihm in den ersten drei bis vier Monaten immer und immer wieder gestellt wird. Es ist wichtig, daß der Arzt gerade in dieser Phase den Eltern zur Verfügung steht. Er mag oft den Eindruck haben, sein Gesprächspartner leide an Gedächtnisstörungen und sei ziemlich begriffsstutzig. Wir sind immer wieder überrascht darüber, wie oft es vorkommt, daß Eltern einfach vergessen, daß sie über ein bestimmtes Problem schon aufgeklärt worden sind. Die psychischen Reaktionen der Verdrängung und Verneinung sind zuweilen so stark, daß die Betreffenden beteuern, niemals etwas von Nierenproblemen oder geistiger Behinderung oder der Möglichkeit einer genetischen Ursache der Anomalie gehört zu haben, obgleich man vielleicht gerade über diese Dinge mit ihnen bei mehreren Gelegenheiten ausführlich gesprochen hat.

Kommentar: Auf den Arzt oder die Schwester wirken diese immer wiederkehrenden Fragen womöglich als ärgerliche Erinnerung daran, daß sie Mitbeteiligte sind an einem Defekt, einer Behinderung, einem mißglückten Versuch, ein gesundes Kind zustande zu bringen.

A. J. Solnit

10. Mögliche geistige Behinderung. Wenn bei einem Neugeborenen die Möglichkeit einer geistigen Behinderung besteht, so sollte der Arzt nach unserer unbedingten Überzeugung darüber mit den Eltern nicht sprechen, es sei denn, er wüßte mit nahezu absoluter Sicherheit, daß eine solche Schädigung vorliegt. Wir leiten diese sicherlich umstrittene Empfehlung aus den vielen Fällen ab, in denen ein ausgezeichneter Arzt eine solche Schädigung vermutete, später jedoch feststellte, daß er unrecht hatte, und dann erleben mußte, daß es ihm, oft über Jahre hinweg, nicht gelang, die Eltern davon zu überzeugen, daß sie ein normales Kind hatten. In vielen solchen Fällen ist es bei den betroffenen Kindern in der Folge zu bedeutsamen Entwicklungsstörungen gekommen, weil ihre Eltern sie weiterhin so behandelten, als seien sie geistig zurückgeblieben. Es ist äußerst schwierig, bei diesen Verdachtsfällen in den ersten Lebenswochen eine Prognose zu stellen. Wir haben in unserer eigenen Neugeborenen-Intensivpflegestation festgestellt, daß qualifizierte Neonatologen und Neurologen unter Verwendung aller üblichen medizinischen Verfahren mit Prognosen zur normalen bzw. gestörten geistigen Entwicklung bei Risiko-Säuglingen mit komplexen physischen Anomalien nur in 50 Prozent aller Fälle recht behielten (Miranda u. a. 1974).

11. Die Eltern nicht überfordern. Eltern sind im allgemeinen nur schwer in der Lage, Informationen über mehrere verschiedene Anomalien ihres Kindes auf einmal und zur gleichen Zeit aufzunehmen. Wir versuchen, uns an der Aufnahmefähigkeit der Eltern zu orientieren und ihnen jeweils nur ein Problem zu erläutern (oder zu warten, bis wir mehrere Probleme zu einem Komplex, etwa zu einem umschriebenen Syndrom, zusammenfassen können). Wir erkundigen uns jedesmal zunächst, welchen Eindruck sie von dem Baby haben und wie sie seine gesundheitliche Verfassung und seine Fortschritte inzwischen einschätzen. Beispielsweise: »Vielleicht könnten Sie mir sagen, wie Ihnen Ihr Kind heute vorkommt. Wo sehen Sie die zukünftigen Probleme des Kindes, an denen wir gemeinsam arbeiten werden?« Wenn man zu schnell vorgeht, weichen die Eltern oft aus und sind gewöhnlich nicht in der Lage, das ganze ihnen vorgesetzte medizinische Material aufzunehmen.

Es empfiehlt sich, daß man, ehe man mit einem Elternteil über eine Mißbildung spricht, in Erfahrung bringt, was der Gesprächspartner bereits über das Problem des Kindes weiß, und sich über die Art der Komplikationen, die möglicherweise eintreten können, informiert. Das setzt häufig voraus, daß man sich die Zeit nimmt, Literatur über das Problem nachzulesen; das verleiht mehr Sicherheit beim Gespräch mit den Eltern.

12. Gespräche mit Eltern. Es kann vorkommen, daß jeder Elternteil die Sequenz der Reaktionen auf die Geburt eines mißgebildeten Kindes – Schock, Verleugnung, Wut, Schuldgefühl, Trauer, Anpassung und Restabilisierung – in unterschiedlichem Tempo durchläuft. Wenn die beiden Partner unfähig sind, miteinander über ihre Reaktionen und ihre Gefühle in bezug auf das Neugeborene zu sprechen, kann es zu einer schweren Krise ihrer Partnerbeziehung kommen. Wir verabreden daher häufig mehrere persönliche Gespräche mit beiden Eltern, in denen wir mit den Theorien und Techniken der Krisenintervention arbeiten. Wir fragen die Mutter, wie es ihr geht, wie ihr Mann ihrem Eindruck nach zurechtkommt und welche Einstellung er zu dem Baby hat. In seiner Gegenwart stellen wir die Fragen dann andersherum und fragen den Vater, wie er die Situation bewältigt und wie seinem Eindruck nach seine Frau zurechtkommt. So veranlassen wir sie, nicht nur über den Partner, sondern auch über ihr eigenes Anpassungsverhalten nachzudenken. Oft verbessert sich nach einer oder zwei Sitzungen dieser Art die Kommunikation zwischen den Eltern.

13. Kommunikation zwischen den Eltern. Wenn die Kommunikation zwischen den Eltern einigermaßen klappt, schlagen wir ihnen oft vor, sie sollen sich einmal nach dem Abendessen Zeit nehmen und Stunde für Stunde zu rekonstruieren versuchen, welche Gefühle sie vom Zeitpunkt der Geburt ihres Kindes an tatsächlich bewegt haben; sie sollen dabei ihre Gefühle und Vorstellungen rückhaltlos schildern, gleich wie bizarr diese auch gewesen sein mögen. Ein Glas Wein oder Sherry kann helfen, ein solches Gespräch leichter in Gang zu bringen. Manchmal ist der eine Partner über das, was der andere ihm offenbart, bestürzt oder verblüfft, und oft erkennen beide erst bei einem solchen Gespräch, daß sie zuweilen sehr ähnliche Dinge gedacht, aber nicht gewagt haben, sie auszusprechen.

14. Zusammenkünfte des Stationspersonals. Der Arzt und die Schwester, die ein Neugeborenes mit einer Mißbildung betreuen, haben oft das Gefühl, sie seien im Grunde ohnmächtig, weil sie an dem Leiden des Kindes nichts Wesentliches ändern können, und hätten daher keine spezifische Funktion. Das ist nicht richtig. In Wirklichkeit erfüllen sie eine wichtige Aufgabe und können letzten Endes mit befriedigenderen Erfolgen rechnen als bei der Betreuung anderer Patienten und Eltern. Die mit der Fürsorge für mißgebildete Neugeborene befaßten Ärzte und Schwestern brauchen die regelmäßige Diskussion über solche Fragen. Nach unseren Erfahrungen ist es eine gute Sache, Stationsversammlungen abzuhalten, bei denen Ärzte und Schwestern die schwierigen Probleme besprechen. Wir fordern die Schwestern auf, die Diskussionsthemen vorzuschlagen.

Daneben sollten aber auch die Ärzte Gelegenheit erhalten, über ihre Probleme und Sorgen zu sprechen und darüber zu diskutieren, wie leicht oder schwer es ihnen fällt, die Reaktionen und Sorgen des Pflegepersonals zu teilen. Das gilt besonders für junge Klinikärzte. In der Vergangenheit mieden wir diese schwierigen Themen, aber es ist uns zunehmend klar geworden, daß das eine folgenschwere Unterlassung war, weil wir so den heftigen und potentiell schädlichen Reaktionen sowohl seitens der Eltern als auch seitens des Pflegepersonals unvorbereitet gegenüberstanden. Man hätte die beträchtliche Belastung für Schwestern und Ärzte durch die Arbeit in der Intensivpflegestation vielleicht vorhersehen können und hätte sich dann genötigt gesehen, Mittel und Wege zu finden, um ihnen bei ihren intensiven Reaktionen zur Seite zu stehen.

15. Die Familie zusammenhalten. Eins der wichtigsten Ziele der Gespräche mit den Eltern ist es, die Familie sowohl während der ersten Phase als auch in den darauffolgenden Jahren zusammenzuhalten. Man erreicht dies am besten, indem man sich nach Kräften bemüht, die zentralen Themen möglichst früh zur Sprache zu bringen, und indem man die Eltern ermuntert, über ihre heiklen Gedanken und Gefühle zu sprechen, sowie sie auftauchen. Es ist auch für sie das Beste, ihre Probleme miteinander zu teilen. Manche Ehepaare, bei denen man anfänglich nicht den Eindruck eines sehr innigen Verhältnisses hat, kommen sich unter Umständen bei der gemeinsamen Durcharbeitung des Anpassungsprozesses näher. Wie bei jeder schmerzlichen Erfahrung kann es auch hier geschehen, daß die Betreffenden sich viel stärker fühlen, nachdem sie zusammen diese Reaktionssequenz durchgemacht haben. Wir möchten empfehlen, daß Medizinstudenten und junge Ärzte sich bei den Gesprächen dazusetzen und beobachten, wie ältere Ärzte Gespräche mit Eltern über einen längeren Zeitraum und eine Reihe von Besuchsterminen hinweg führen, so daß sie nicht nur die erste Reaktion der Eltern, sondern auch ihre Anpassungsarbeit und deren schließliche Resultate miterleben können. Gespräche mit den Eltern eines behinderten Neugeborenen sind für einen jungen Arzt gewöhnlich eine furchteinflößende und aufwühlende Erfahrung. Sie können die bestürzenden ersten Elternreaktionen besser einordnen, wenn sie die Elternpaare zusammen mit einem älteren, erfahrenen Arzt über einen gewissen Zeitraum im Auge behalten. Wir haben in diesem Kapitel ein Elterngespräch wiedergegeben, um dem Leser eine Vorstellung davon zu vermitteln, wie wir solche Gespräche führen.

16. Anpassung an die psychische Belastung. Wie gut jeder Elternteil sich auf die Situation einstellt, hängt vom jeweiligen biographischen Hintergrund und von der mitgebrachten Anpassungsfähigkeit ab.

Für viele junge Menschen ist die Geburt eines mißgebildeten Kindes das schwierigste Problem, mit dem sie sich bis zu diesem Augenblick in ihrem Leben haben auseinandersetzen müssen. Ihr eigenes bisheriges Verhalten und ihre familiären Erfahrungen liefern uns jedoch häufig Hinweise darauf, wie sie vermutlich reagieren werden und wie ihr individueller Anpassungsprozeß verlaufen wird. Manche der betroffenen Eltern haben selbst schon stürmische Phasen in ihrer Beziehung zu den eigenen Eltern hinter sich. In einer psychisch belastenden Situation rekurrieren sie womöglich auf die Verhaltensweisen und Probleme jener Lebensphasen. In anderen Fällen kann es, wenn die Mißbildung des Kindes einer Anomalie bei irgendeinem Verwandten oder bei einem der Eltern selbst ähnelt, vorkommen, daß die Mutter oder der Vater sich für den Verursacher der Schädigung hält und infolgedessen ungeheure Schuldgefühle entwickelt. Solche Dinge können in den meisten Fällen ausdiskutiert und geklärt werden. Es könnte von Nutzen sein, die Eltern zu fragen, wie sie in der Vergangenheit auf psychische Belastungssituationen reagiert haben.

KAPITEL 6

Betreuung der Eltern eines sterbenden Säuglings

von John H. Kennell und Marshall H. Klaus

> Gib Worte deinem Schmerz;
> Gram, der nicht spricht,
> preßt das belad'ne Herz,
> bis daß es bricht.
>
> *Shakespeare* – Macbeth
> (IV. Akt, 3. Szene)

In der Industriegesellschaft von heute ist der Tod eines Säuglings ein ungewohntes und einschneidendes Ereignis im Leben der Familie. In früheren Jahrhunderten gab es (und in vielen Religionen und Kulturen gibt es noch jetzt) ein rituell festgelegtes Trauerverhalten, das nach dem Tod eines nahen Familienangehörigen einzuhalten war. In der westlichen Welt jedoch ist der Tod im Lauf der vergangenen fünfzig Jahre vom Heim der Familie in die Klinik umgezogen. Die Sequenz der Trauerrituale ist auseinandergebrochen; das hat dazu geführt, daß die im Laufe von Jahrhunderten entwickelten traditionellen Praktiken, die gewährleisteten, daß die Trauerreaktion bei den Überlebenden ihren biologisch vorgegebenen Gang ging, teilweise verlorengegangen sind.

In den letzten zehn Jahren hat sich die Betreuung schwerkranker und sterbender Säuglinge zunehmend in spezielle Zentren für Hochrisiko-Neugeborene verlagert, wo der Schwerpunkt auf der Betreuung von Säugling und Mutter vor dem Tod des Neugeborenen liegt. Jüngere Langzeituntersuchungen haben gezeigt, daß in einem Drittel aller Fälle von perinatalem Säuglingstod die Mutter unter tragischen Folgewirkungen leidet. Wie Culberg (1972) feststellte, entwickelten 19 von 56 in seine Untersuchung einbezogenen Müttern binnen einem bis zwei Jahren nach dem Tod ihres Neugeborenen eine schwere psychische Störung (Psychose, Angstanfälle, Phobien, Zwangsvorstellungen, schwere Depression). Es ist von daher erforderlich, eingehend zu untersuchen, welche Art der Betreuung einer Familie nach dem Tod eines Neugeborenen die geeignetste ist.

Wir wollen in diesem Kapitel einen Überblick über die normalen auf den Verlust eines Neugeborenen folgenden Verhaltensänderungen geben, die Reaktionen von Ärzten und Schwestern ausloten und Empfehlungen für den Umgang mit der Familie geben.

Grundsätzliche Erwägungen

Eine Phase intensiver Trauer (die gewöhnlich sechs bis neun Monate lang anhält) macht der erwachsene Mensch in der Regel nur dann durch, wenn er zu dem verstorbenen Wesen eine innige Gefühlsbeziehung gehabt hat, wie es bei engen Verwandten oder Freunden der Fall ist. Manche Psychologen haben die Auffassung vertreten, die Länge und Intensität des Trauerns verhalte sich proportional zur Intensität und Enge der Beziehung, die zwischen dem Trauernden und dem Verstorbenen zuvor bestand. Es ist wichtig, daß die im medizinischen Bereich Tätigen sich klarmachen, daß bei manchen Frauen sich die affektive Beziehung zu ihrem noch ungeborenen Baby bereits beim Einsetzen der fetalen Bewegungen entwickelt oder verstärkt. Am Ende der zweiten Dreimonatsphase sind die meisten derjenigen Frauen, die ihre Schwangerschaft ursprünglich abgelehnt haben, so weit, daß sie sie akzeptieren. Wenn eine Frau einmal die Bewegungen des Fetus gespürt hat, beginnt sie gewöhnlich, träumerische Vorstellungen davon zu entwickeln, welche Eigenschaften ihr Baby haben wird, und in der Regel fängt sie dann auch an, es mit bestimmten Persönlichkeitszügen auszustatten. Eine Mutter sagte uns: »Wenn ich irgendeines von meinen Kindern hergeben müßte, dann wäre es besser, ich würde eines verlieren, zu dem ich noch keine Gefühlsbeziehung entwickelt habe. Wenn einem von ihnen etwas zugestoßen wäre, dann am besten noch in den ersten drei Schwangerschaftsmonaten. Später dann, na ja, besonders wenn man spürt, daß es lebt, dann bekommt es mehr persönliche Züge, und die Gefühle ihm gegenüber werden persönlicher. Von diesem Zeitpunkt an beginnt man sich auch physisch und seelisch und überhaupt besser zu fühlen. Wenn man fühlt, daß es lebt, dann wird es in dem Bild, das man sich von ihm macht, zu einer Person, und man beginnt sich vorzustellen, wie es wohl aussehen wird, wenn es zur Welt kommt – wird es anders sein als die anderen? Nach diesem vierten Monat wünscht man sich, daß man es wird kriegen können, ganz gleich, wie es auch ausfällt.«

Die Schwangerschaft wird zu diesem Zeitpunkt in noch weitergehendem Maß akzeptiert. Zuweilen lassen sich bedeutsame Veränderungen in der Einstellung zum Fetus beobachten; ungeplante und unerwünschte Kinder erscheinen nun womöglich eher akzeptabel. Frau R. sagte: »Ich glaube, keine Frau, die feststellt, daß sie schwanger ist, wird darüber in Jubel ausbrechen, aber nach ein paar Monaten war ich froh darüber. Es dauerte ungefähr vier Monate, bis ich mein Baby als Tatsache wirklich akzeptieren konnte.« Der medizinische Betreuer kann objektive Anzeichen für eine solche Veränderung im Vorbereitungsverhalten der Mutter erkennen – wenn sie sich Umstandskleider kauft, ein Kinderbettchen anschafft, sich einen Namen ausdenkt und so weiter. Affektive Bindungen bilden sich mithin schon vor der Geburt des Kindes.

Klinische Beobachter haben über intensive Trauerreaktionen nach dem Tod eines Neugeborenen berichtet; es gab Trauerperioden von vier bis sechs Monaten, ähnlich wie beim Verlust eines älteren nahestehenden Familienmitglieds. Einige Beobachter haben die These vertreten, die Intensität des Trauerns nach dem frühen Verlust eines Neugeborenen sei ein gewichtiges Indiz dafür, daß eine enge emotionale Bindung an dieses Neugeborene bestanden habe. Dagegen vertritt Helene Deutsch (1948) die Auffassung, daß die Trauer nach einer Totgeburt oder nach dem Tod eines Säuglings nicht identisch ist mit der Trauer nach dem Verlust eines geliebten Erwachsenen, sondern daß sie eher auf der Nichterfüllung einer Wunschvorstellung beruht. Wie dem auch sei, die Abfolge der Reaktionen ist dieselbe, wie Lindemann (1944) und Parkes (1974) sie in ihren klassischen Arbeiten beschrieben haben.

Lindemann beobachtete, daß die klinischen Anzeichen für akute Trauer bei Erwachsenen bemerkenswert gleichförmig sind. Gewöhnlich empfinden die Betroffenen körperliche Schmerzen, die sie in Wellen von zwanzig bis sechzig Minuten Dauer überkommen: ein Gefühl, als sei die Kehle zugeschnürt, ein kurzer, schwergehender und keuchender Atem, ein Bedürfnis, zu seufzen, Klagen über Mattheit und Kraftlosigkeit, eine Empfindung der Leere oder Einsamkeit, ein leichter Realitätsverlust und ein Gefühl größerer emotionaler Entfernung von anderen Menschen. Wie eine Mutter sich ausdrückte: »Ich hatte den Eindruck, in jeder Beziehung ganz schwach zu sein, und ich mußte mich setzen, weil ich immer das Gefühl hatte, gleich ohnmächtig zu werden.« Ein Mann beklagte sich über seine Frau: »Sie ist auf einmal so grausam, sie nimmt um sich herum gar nichts mehr wahr – es ist, als wäre sie in einem Rohr oder etwas ähnlichem eingeschlossen und wollte nichts von dem wissen, was draußen vorgeht.«

Oft wird die Mutter von Schuldgefühlen gequält. Die trauernde Frau läßt die Periode vor dem Tod ihres Neugeborenen Revue passieren und sucht nach Indizien dafür, daß sie etwas falsch gemacht hat. Wie Frau G. sagte: »Es ist noch immer so schwer zu glauben. Ich kann mir nicht denken, was ich hätte anders machen sollen. Ich habe überlegt und überlegt, um herauszufinden, ob ich während der Schwangerschaft irgendetwas getan habe, das dem Baby vielleicht geschadet hat...« Sie beschuldigte sich der Fahrlässigkeit: »Ich hatte das Gefühl, wenn ich besser gegessen und zugenommen hätte, hätte es ein voll ausgewachsenes, voll ausgetragenes Baby werden können. Hätte ich mehr gegessen, dann hätte das Baby vielleicht mehr gewogen.«

Darüber hinaus kommt es oft zu einem beunruhigenden Verlust an zwischenmenschlicher Wärme in den Beziehungen zu anderen Menschen, weil der Trauernde zu gereizten und aufgebrachten Reaktionen neigt. Auch wenn Freunde und Verwandte sich besondere Mühe geben, eine freundschaftliche Beziehung aufrechtzuerhalten, wollen trauernde Eltern oft in Ruhe gelassen werden. Herr G. bemerkte dazu: »Das größte Problem war, mit Freunden darüber zu sprechen, nachdem man zuerst allen Leuten Benachrichtigungen geschickt hatte, und dann die ganzen Anrufe und all die Briefe, die man aufmachen muß – ›unser herzliches Beileid‹ – und so weiter. Das rührt die ganze Sache von neuem auf.«

Im Tagesablauf kommt es zu bemerkenswerten Veränderungen. »Ich hatte eine Zeitlang das Gefühl, daß schrecklich große Verwirrung herrschte... Ich wollte alle Türen zumachen und die meiste Zeit für mich allein sein.« Die Fähigkeit, organisierte Aktivitäten einzuleiten und aufrechtzuerhalten, geht verloren. Die trauernden Eltern klammern sich an die vorgegebene Alltagsroutine, wenngleich diese nicht in automatischer Selbstverständlichkeit abläuft. »Es ist mir einfach gleichgültig. Lassen Sie es mich so sagen: Es ist einfach zu anstrengend. Wenn mein Mann mich dazu drängt oder zwingt, etwas zu tun, dann tue ich es.«

Zusammenfassend lassen sich fünf Reaktionen als symptomatisch für die Trauerperiode festhalten:

1. Somatische Störungen
2. Die Beschäftigung mit dem Bild des Verstorbenen beherrscht das Denken
3. Schuldgefühle
4. Feindselige Reaktion
5. Verlust der gewohnten Verhaltensschemata

In einer detaillierten Untersuchung an 24 Müttern, die ihr Neugeborenes im Verlauf der ersten 22 Tage nach der Geburt verloren hatten, traten als allen gemeinsame Symptome auf: Traurigkeit, Appetitlosigkeit, Schlaflosigkeit, überwiegende gedankliche Beschäftigung mit

dem verstorbenen Säugling, Reizbarkeit und Verlust der normalen Verhaltensschemata (Kennell u.a. 1970). Wie Parkes (1965a) schrieb: »Das Einsetzen der vollen Reaktion kann sich zunächst verzögern, oder es kann eine Periode der Abstumpfung und Realitätsflucht eintreten, die vielleicht nur wenige Stunden, vielleicht aber auch bis zu zwei Wochen anhalten kann und während derer die betroffene Person so agiert, als sei nichts geschehen.« Danach treten Schübe von sehnsüchtigem Verlangen und körperlichen Schmerzzuständen auf, mit all den von Lindemann (1944) beschriebenen Reaktionen. Parkes fügt hinzu: »Es gibt eine verbreitete Vorstellung, derzufolge ein Verstorbener nach seinem Tod noch gegenwärtig ist, und eine Neigung, sich vorzustellen, er lebte noch, und ihn in der Erinnerung zu idealisieren.« Eine Mutter, die von Träumen über ihr Baby heimgesucht wurde, sagte: »Dann wachte ich immer auf und wußte nicht, wo die Kleine war, aber ich wollte sie an mich drücken...« Parkes fährt fort: »Die Intensität dieser Symptome beginnt nach einem Zeitraum von einer bis sechs Wochen nachzulassen und ist nach Ablauf von sechs Monaten bereits äußerst gering, wenn auch bei der Begegnung mit Dingen, die an den Verstorbenen erinnern, noch mehrere Jahre lang kurze Perioden sehnsüchtigen Verlangens und akuter Depression ausgelöst werden können.«
Lindemann, Parkes und andere, die das Trauerverhalten ausgiebig studiert haben, heben mit Nachdruck hervor, daß ein ungehemmtes Ausleben der emotionalen Reaktionen der trauernden Person notwendige Vorbedingung für eine optimale Überwindung der Trauerreaktion ist. Im Gegensatz dazu trägt vieles von dem, was im Krankenhaus üblich ist und was Ärzte, Schwestern und Verwandte der Trauernden sagen und tun, eher dazu bei, diese Reaktion zu dämpfen oder abzuwürgen. Eine Mutter beklagte sich: »Wenn ich in der Klinik zu weinen anfing, wollten sie mir ein Beruhigungsmittel verabreichen. Ich sagte: ›Mein Gott, wenn ich nur weinen dürfte, vielleicht würde ich es dann aus mir herausbringen.‹« Wenn man den Trauerprozeß behindert und ihn nicht seinen Verlauf nehmen läßt, kann daraus ein pathologisches Verhalten resultieren.

Neuere klinische Beobachtungen

Wenn im Krankenhaus ein Neugeborenes stirbt, werden gewöhnlich alle auf seine Existenz verweisenden Anhaltspunkte mit verblüffender Geschwindigkeit beseitigt, und nichts bleibt übrig, um das reale Geschehensein seines Todes zu bezeugen. »Es ist alles so schnell passiert... Meine Gedanken drehten sich im Kreis. Ich kapierte eigentlich nicht, was geschah«, sagte eine Mutter. »Gerade letzten Sonntag mußte ich an sie denken, daran, daß mein Mann und ich die einzigen waren, die sie gesehen haben – es ist, als gäbe es gar keinen Beweis dafür, daß wir jemals ein Baby hatten. Wir waren die einzigen, die das Kind überhaupt gesehen haben, und auch nur wenige Tage lang. Wenn ein Kind so klein stirbt, gibt es keine Beerdigung, keinen Gottesdienst. Ich meine, es ist schon eine Schande, daß nicht ein bißchen mehr daraus gemacht wird... Ich fühlte mich wie allein auf einer Insel – verloren...«

Oft werden für die Eltern keine speziellen Vorkehrungen getroffen. Es kann vorkommen, daß sie keine Möglichkeit bekommen, miteinander allein zu bleiben, oder daß niemand zur Verfügung steht, dem sie ihren Kummer rückhaltlos anvertrauen können und der ihnen Trost spenden könnte. Folgekontakte mit der Familie, die dem Arzt ermöglichen würden, zu sehen, wie der Trauerprozeß fortschreitet, sind gewöhnlich nicht vorgesehen, und über die Ergebnisse der Obduktion werden die Eltern manchmal schriftlich informiert.

Vor einigen Jahren versuchten wir in einer Untersuchung (Kennell u. a. 1970) das emotionale Wohlergehen einer Mutter zu erkunden, die körperlichen Kontakt zu ihrem Baby gehabt hatte, ehe es starb. Wir fanden bei Müttern, die ihr Neugeborenes anfassen und an sich nehmen konnten, ehe es starb, keine pathologischen Folgereaktionen, abgesehen von einer Mutter, die aber bereits früher nach dem Tod eines Neugeborenen – zu dem sie keinen körperlichen Kontakt gehabt hatte – eine pathologische Reaktion gezeigt hatte. Die Mütter berichteten, wie weh es ihnen tue, in der Wöchnerinnenstation untergebracht zu sein, im gleichen Zimmer mit einer Mutter, die ein gesundes Baby hatte, und mit dem Geschrei der anderen gesunden Babys im Ohr. Die meisten Mütter betonten, wie sehr sie sich gewünscht hätten, in einem Zimmer auf einer anderen Station untergebracht zu sein, ganz getrennt vom Personal der Wöchnerinnen-Abteilung, dessen Verhalten ihnen so oft Schmerz bereitete. Wie eine Mutter erklärte: »Manchmal ließen sie meine Mutter eine halbe Stunde lang drunten warten, mit der Begründung, ich würde gerade mein Baby füttern, und dabei hatte ich gar kein Baby zum Füttern...«

Die Mütter beklagten sich über Krankenhauspraktiken, die sie in ihren Trauerreaktionen behinderten, und sie bezeichneten es als wünschenswert, den Müttern selbst die Entscheidung darüber zu überlassen, ob sie ihr – noch lebendes oder schon totes – Kind sehen und berühren wollten. »Sie gaben mir keine Gelegenheit, ihn wirklich zu berühren, ihn zu halten, wie man sein Baby hält. Dabei ist das etwas, das eine Mutter so gern tun möchte, das Baby berühren. Auch wenn sie weiß, daß sie es nicht aufnehmen kann, so möchte sie es doch anfassen. Ich bin so glücklich, wenn ich ihn berühren kann. Manchmal träume ich von ihm, und dann sehe ich ihn vor mir und wache auf. Ich habe ihn nie an mich drücken können. Aber in diesen Träumen nehme ich ihn immer auf und drücke ihn an mich, obwohl ich weiß, daß ich es nicht getan habe. Und dann wache ich davon auf, daß ich mir das so sehr wünsche.« Eine andere Mutter sagte: »Sie sagten mir, ich könnte mein Baby anfassen, aber das wollte ich nicht. Sie war so klein und sah so zerbrechlich aus, daß ich Angst hatte, sie anzufassen. Ich hatte Angst, die bloße Tatsache, daß ich sie anfaßte, würde mir ein bißchen mehr Hoffnung machen und würde es mir schwerer machen, wenn sie dann nicht ... Ich wollte mir nichts noch schwerer machen.« Eine andere Mutter ist überzeugt, daß ein körperlicher Kontakt mit dem Baby eine Form der Kommunikation darstellt: »Man schaut es nicht bloß an, sondern man versucht, diesem Kind etwas mitzuteilen, indem man es anfaßt. Und man hat dabei ein Gefühl, als wüßte es vielleicht, als könne es das vielleicht ahnen oder verstehen.« Frau G. erklärte schließlich: »Wir hatten sehr viele Erwartungen. Eigentlich ist es jetzt so, daß das alles, da ich mein Baby niemals an mich gedrückt oder sonstwie wirklich kennengelernt habe, mehr oder weniger nur auf Erwartungen und nicht auf Realität beruht.«

Aus Gesprächen mit Eltern, die viele Monate nach dem Tod eines Neugeborenen geführt wurden, haben mehrere Beobachter den Eindruck gewonnen, daß Bekundungen der Trauer oder des Mitgefühls von seiten eines Arztes oder einer Schwester für die Eltern sehr trostreich waren. Zugleich äußerten sich diese Eltern sehr aufgebracht über solche Angehörige des Stationspersonals, sich übermäßig fröhlich oder sehr kurz angebunden gegeben oder sich der Aufgabe, den Eltern den Verlust beizubringen, allzu rasch entledigt hatten, um unverzüglich in den Besitz der Autopsie-Genehmigung zu kommen.

Viele Eltern waren von der Intensität ihrer Trauergefühle überrascht und glaubten, psychisch gestört zu sein oder sich eine schwere Krankheit zugezogen zu haben und ärztliche Hilfe zu benötigen. Dies sollte der Arzt auf keinen Fall vergessen.

Übereinstimmend berichteten die Eltern, ihre nächsten Freunde und ihre Verwandten seien ihnen nicht immer eine Hilfe gewesen; sie hätten oft nicht erkannt, daß der Verlust eines Neugeborenen ein tragisches Ereignis ist, das normalerweise eine heftige Trauerreaktion auslöst. Wie Frau M. sagte: »Wenn man ein Baby verloren hat, kann man fast an nichts anderes mehr denken, weil alle Bekannten von einem wissen wollen, wie das gewesen ist, ein Kind bekommen und es gleich wieder verloren zu haben, und so muß man es für sie immer wieder durchkauen.« Überlieferte ritualisierte Formen des Beistandsverhaltens, die es jahrhundertelang gegeben hat, stehen nicht mehr zur Verfügung oder gelten in Situationen wie beim Tod eines Neugeborenen nicht als akzeptabel. Dazu kommt, daß die modernen kulturellen Bezugssysteme dazu neigen, die Realität des Todes zu verleugnen. Es scheint, als seien die neuen Verhaltensmuster, die sich in der modernen Welt durchsetzen, nicht gerade auf die Bedürfnisse trauernder Eltern zugeschnitten, sondern vielmehr geeignet, ihre Trauerreaktion in mehrerlei Hinsicht zu beeinträchtigen.

Reaktionen der Ärzte

Culberg (1972) machte in Schweden die Beobachtung, daß Totgeburten und Todesfälle bei Neugeborenen beim ärztlichen Personal der Entbindungsabteilung Schuldgefühle auslösen. Er identifizierte drei unterschiedliche Formen, in denen die Ärzte die mit einem Todesfall verbundenen Gefühlsreaktionen verarbeiten: (1) Indem sie sich der Situation entziehen, (2) indem sie eigene Empfindungen auf den Patienten projizieren, was sich in aggressivem Verhalten oder in Beschuldigungen niederschlägt, und (3) durch Verleugnung und »magische Wiedergutmachung« (»... vergessen Sie es ... Sie werden ein neues Kind bekommen ... geben Sie ihnen Beruhigungsmittel in starker Dosis«). Im Rahmen einer in Australien durchgeführten Untersuchung bemerkte Giles (1970), daß die Ärzte das Problem trauernder Mütter für sich so lösten, daß sie nur ihre körperlichen Symptome behandelten und großzügig Beruhigungsmittel verschrieben. Sie vermieden es in etwa der Hälfte aller untersuchten Fälle, über den Tod des Kindes zu sprechen.
Viele der in diese Untersuchung einbezogenen Mütter beklagten sich darüber, daß Assistenzärzte auf ihre Fragen nicht geantwortet, sondern sie auf die Antwort des Chefarztes vertröstet hatten, der jedoch praktisch nie zur Visite zu ihnen kam. Auf die Frage, wer oder was ihnen am meisten geholfen habe, gaben 12 von 40 Müttern einen Besucher aus ihrem Familien- oder Bekanntenkreis an, 10 ein Gespräch mit einem Arzt und weitere 10 ein Gespräch mit einem anderen Angehörigen des Stationspersonals.
Diese Reaktionen von seiten der Ärzte werden leicht verständlich, wenn man analysiert, was sie in einer solchen Situation eigentlich erleben.

Der Tod eines Neugeborenen rührt beim Arzt eine Reihe heftiger emotionaler Reaktionen auf. Von seiner Ausbildung und seinen vergangenen Erfahrungen her weiß der Arzt, daß für den Autopsiebericht und für die Konferenz über perinatale Pathologie die gesamte Behandlungsgeschichte von Mutter und Kind nochmals aufgerollt werden wird. In Anbetracht der unzähligen Therapien und Kombinationsmöglichkeiten, die heute zur Verfügung stehen, muß der Arzt sich die Frage stellen, ob eine andere Kombination vielleicht besser gewesen wäre. Von jungen wie von älteren Klinikärzten wird oft die Frage gestellt: »Wie wäre der Fall gelaufen, wenn wir anders vorgegangen wären – wenn wir mehr Sauerstoff oder früher eine Transfusion gegeben hätten?« Auch der Arzt, der sich oft teilweise mit dem Wohlergehen des Neugeborenen identifiziert, wird also, wie die Eltern, von Schuldgefühlen gequält, wenn ein Säugling stirbt. Dazu kommt noch, daß dem Arzt mehrere schwierige Aufgaben obliegen, darunter die, der Familie die schreckliche Nachricht beizubringen – in dem Wissen, daß er damit einen Tränenstrom und große Trauer und möglicherweise auch feindselige Gefühle auslöst. Nicht gerade erleichtert wird das Problem ferner dadurch, daß der heftige Kampf gegen die Säuglingssterblichkeit, wie er heute in den meisten Neugeborenen-Intensivpflegestationen geführt wird, ein wenig den Geist des sportlichen Wettkampfs atmet, wo ein »Totalausfall« beinahe schon etwas Ungehöriges darstellt. Es gibt junge Klinikärzte, die nicht ohne Anzeichen der Verärgerung darauf hinweisen, man erwarte heute von ihnen, daß, besonders bei fehlerloser medizinischer Betreuung, auf ihrer Station keine Neugeborenen mehr sterben. Wenn es dann doch zu einem Todesfall kommt, glauben diese jungen Ärzte oft, sie hätten versagt, und damit sei ihre Arbeit an dem Fall praktisch zu Ende; da nun keine Instrumente, keine Medikamente und keine ärztliche Kunst mehr etwas nützen, glauben sie, kaum noch etwas tun zu können. Dazu kommt, daß der Arzt bei Gesprächen mit den Eltern nicht ungerührt bleibt von deren emotionalen Reaktionen – von ihren Tränen und von den nicht-verbalen Äußerungen der Wut, die einen normalen Trauerprozeß begleiten –, und daß er sich dadurch gehemmt fühlt. Der Arzt hat jedoch, ganz im Gegensatz dazu, daß er sich selbst überflüssig vorkommen mag, mehr als jeder andere die Möglichkeit, einen wichtigen Beitrag zum Wohlergehen der Eltern und zum Zusammenhalt der gesamten Familie zu leisten. Der Arzt, der dies tun will, muß den Eltern helfen, einen Weg zum Ausleben ihrer Trauerreaktionen zu finden, muß Mutter und Vater ermuntern, einander ihre Empfindungen mitzuteilen, und muß ihnen dann helfen, den anderen Kindern zu Hause helfende Eltern zu sein. Es ist

klar, daß der Verlust eines Neugeborenen auch zukünftige Kinder in Mitleidenschaft ziehen wird, wenn es den Eltern nicht gelingt, ihre Trauerreaktionen durchzuarbeiten.
Es ist wichtig, daß der Arzt erkennt, daß er mit ähnlichen Einstellungen, wie die Eltern sie ihm entgegenbringen, auch seitens des gesamten Stationspersonals, von der Sekretärin bis zur Oberschwester, rechnen muß. Es wird ihm oft passieren, daß er bei einer Schwester auf ein Gefühl der Wut und der Enttäuschung stößt, weil die Anweisungen, die er gegeben hat, den Tod eines Säuglings nicht verhindert haben. Das gilt insbesondere dann, wenn die Schwestern gefühlsmäßig so engagiert sind, wie es in den heutigen Intensivpflegestationen der Fall ist. Durch die verschiedenen lebenserhaltenden Maßnahmen beispielsweise, die von den Schwestern gehandhabt werden und das Leben des Neugeborenen in ihre Hände legen, entsteht eine starke emotionale Bindung. Wir haben festgestellt, daß es für die Schwestern schwierig ist, ihren Aufgaben unbelastet nachzugehen, wenn sie keine Möglichkeit haben, über diese Gefühle zu sprechen, und wir halten alle zwei Wochen eine Zusammenkunft ab, bei der diese und andere Probleme zur Diskussion gestellt werden.

Aufgaben für Ärzte und Schwestern

Ärzte und Schwestern müssen drei Hauptaufgaben erfüllen: (1) den Eltern helfen, den Verlust ihres Kindes als reale Tatsache zu erkennen und hinzunehmen, (2) sicherstellen, daß die normalen Trauerreaktionen einsetzen und daß beide Elternteile den Trauerprozeß vollständig durchlaufen, und (3) auf die individuellen Bedürfnisse bestimmter betroffener Eltern eingehen.
Die Arbeiten von Culberg, Kennell und anderen haben gezeigt, daß es mehrere Möglichkeiten gibt, mit denen man Eltern den Verlust ihres Kindes als reale Tatsache bewußt machen kann. Zunächst ist es wichtig, daß sie ihr krankes Neugeborenes besuchen dürfen, selbst wenn es an ein Beatmungsgerät angeschlossen ist und einen wenig hoffnungsvollen Eindruck macht. (Wir wollen aber an dieser Stelle nochmals darauf hinweisen, daß solche Besuche nur dann ratsam sind, wenn die Eltern sie wünschen, und daß sie niemals erzwungen werden sollten.) Zum zweiten ist es, wie wir festgestellt haben, von Nutzen, wenn man den Eltern – so sie es wünschen – gestattet, ihr verstorbenes Kind zu sehen oder auch zu berühren (für Arzt und Schwester oft ein qualvolles Erlebnis). Ein toter Säugling sieht

gewöhnlich anders aus als zu der Zeit, als er noch am Leben war, aber diese Wahrnehmung hilft mit, seinen Tod zu einer Realität für seine Eltern zu machen. Zum dritten möchten wir vorschlagen, ein einfaches Begräbnis im engsten Kreis zu arrangieren, ein traditionelles Ritual, das den Prozeß des Trauerns erleichtert und wiederum die Realität des Verlustes bezeugt. In vielen Kliniken ist es bis heute Brauch, den Eltern die Sorge darum, was mit dem kleinen Leichnam geschieht, abzunehmen. Diese Praxis läßt jedoch alle Zeugnisse von der Existenz des Kindes äußerst rasch verschwinden, so daß es für die Eltern womöglich zu einem Phantom wird und der Vorgang des Trauerns sich bei ihnen dadurch hinauszögert. Wie Frau D. sagte: »Ich glaube, jede Mutter, der so etwas passiert, sollte zum Begräbnis gehen. Mein Arzt war dagegen. Einige aus der Familie waren dagegen. Einige aus der Familie waren dagegen, überhaupt etwas zu veranstalten. Ich finde das nicht richtig. Ich sah nicht ein, warum ich im Krankenbett liegen oder zu Hause sitzen bleiben sollte, während mein Junge begraben wurde. Ich mußte dabei sein.«
Es gibt mehrere Schritte, die sich als nützlich herausgestellt haben, wenn man Eltern bei der Durcharbeitung eines normalen Trauerprozesses helfen will. Wir treffen mit den Eltern dreimal zusammen. Die erste Begegnung findet statt, unmittelbar nachdem das Kind gestorben ist. Die Eltern sind in diesem Augenblick von der Todesnachricht so überwältigt, daß sie nichts anderes in sich aufnehmen können. Dennoch beschreiben wir ihnen den Verlauf des Trauerprozesses in einfachen Ausdrücken. Wir erklären ihnen, daß sie vielleicht Schmerzen in der Herzgegend bekommen und in den ersten beiden Wochen intensive, in Wellen auftretende Anwandlungen tiefer Trauer durchmachen werden, die sich dann allmählich abschwächen werden, bis sie nach etwa sechs Monaten ganz aufhören. Wir machen sie auch darauf aufmerksam, daß sie zuweilen von dem sicheren Gefühl befallen werden können, ihr Kind sei am Leben. »Am ersten Abend ... als ich den ersten Tag vom Krankenhaus zurück war, wollte ich das Baby nehmen und wußte nicht, wo es war.« Oft geraten Eltern in Streit miteinander oder mit ihren Freunden und fühlen sich schuldig am Tod ihres Kindes; sie glauben, es hätte eine Möglichkeit für sie gegeben, das Leben des Kindes zu retten oder von Anfang an zu verhindern, daß es zu einem Problemkind wurde. Diese Selbstvorwürfe können so weit gehen, daß die Betreffenden fürchten, verrückt zu werden.
Wir führen ein zweites Gespräch mit den Eltern zwei oder drei Tage später. Es ist zu diesem Zeitpunkt viel leichter, den Trauerprozeß zusammenfassend zu erläutern. Es ist wichtig, daß sie verstehen lernen, wie die normalen Reaktionen ablaufen, so daß sie nicht auf

den Gedanken kommen, ihre eigenen Reaktionen könnten krankhaft sein. Wir betonen erneut, daß das Trauern ein normaler und natürlicher Vorgang ist. Wir weisen darauf hin, daß viele Leute, darunter Freunde und Verwandte, die Schwere des Verlustes nicht verstehen und Dinge sagen werden, die den Eltern wehtun, zum Beispiel: »Ihr könnt ja jederzeit wieder ein Kind haben«, »Wahrscheinlich war es das Beste für das Kind, daß es gestorben ist«, oder »Ihr müßt Abstand davon bekommen«. Häufig versuchen Bekannte, sie zum Ausgehen zu überreden, damit sie »auf andere Gedanken kommen«. Wir halten es für das Beste, wenn sie das tun, wonach ihnen zumute ist, und legen ihnen nahe, nicht zu versuchen, sich mit Gewalt zusammenzunehmen oder sich zum Ausgehen zu zwingen. Besonderes Gewicht legen wir darauf, daß die Eltern möglichst viel gemeinsam tun und in Übereinstimmung und Kommunikation miteinander bleiben. Wenn der Vater den Tag über traurig gewesen ist, sollte er es seiner Frau beim Nachhausekommen erzählen und es nicht vor ihr verbergen. »Er fühlte sich furchtbar. Er ging nach oben und weinte. Wenn man mit jemandem zusammen weinen kann, fühlt man sich besser, aber er weinte alleine.« »Er denkt nicht so viel darüber nach wie ich. Und wenn ich daran denke, sagt er mir: ›Vielleicht war es das Beste so.‹ Er hängt so trübsinnig herum ...« »Wir redeten immer nur. Wir blieben auf bis zwei Uhr, drei Uhr, vier Uhr morgens und redeten nur über alles und jedes. Und immer wieder kamen wir auf das Baby zu sprechen. Es begann bei dem Baby und endete bei dem Baby. Ich glaube, es tut gut, zu reden.« Oft haben wir miterlebt, wie sich zwei Partner mehr und mehr voneinander entfernten – wenn der Vater etwa seinen Kummer nicht mit seiner Frau teilen wollte. »Ich stürzte mich in die Arbeit ... und hatte ein Schuldgefühl. Ich hatte das Gefühl, vielleicht etwas falsch gemacht zu haben. Wir hackten aufeinander herum ... ungefähr zwei Monate lang. Um Weihnachten herum hatten wir einen heftigen Streit, und ich sah ein, daß ich der Tatsache ins Gesicht sehen mußte, daß unser Baby tot war. Danach war es, als kämen wir uns wieder näher.« Wir konnten nicht miteinander diskutieren. Daher kamen vielleicht meine Schuldgefühle. Immer, wenn sie anfing, von dem Baby zu sprechen, sagte ich: ›Vergiß es, das Baby ist tot.‹ Ich glaube, das war nicht richtig. Sie wollte sich darüber aussprechen, aber ich sagte immer nur: ›Vergiß es.‹« »Sobald die Rede darauf kam, wechselte ich gewöhnlich das Thema. Sehen Sie, ich wollte mich nicht zu sehr damit beschäftigen ...« Wir erklären, daß es wichtig ist, daß der Mann seiner Frau von seiner Trauer erzählt und sie von ihrer Trauer erzählen läßt, so daß sie vielleicht zusammen weinen können. »Ich versuchte ihn zu trösten, und er versuchte mich zu trösten, und schließlich heulten wir beide.« Es war für uns besonders verblüffend, zu sehen, wie amerikanische Männer sich nach dem Verlust ihres Neugeborenen verhalten. Sie werden oft äußerst geschäftig und nehmen Nebenbeschäftigungen oder andere Verpflichtungen an, die sie außer Haus führen. Diese zusätzlichen Beschäftigungen fungieren einerseits als Ventil für die aufgestaute Unruhe, können aber andererseits die Fähigkeit des Mannes, seiner Frau zu helfen und mit ihr zu kommunizieren, beeinträchtigen. Wir achten im zweiten Gespräch besonders darauf, Kommunikationskanäle zwischen den beiden Partnern offenzuhalten und Verabredungen für eine weitere Begegnung nach drei bis sechs Monaten zu treffen. Es ist sehr wichtig, daß der Arzt nicht nur spricht, sondern einen großen Teil der Zeit auch aufmerksam zuhört. Es ist klar, daß man die Bedürfnisse eines jeden Patienten auf der individuellen Ebene erkunden muß. Man darf keine Angst vor Tränen haben – oft wird sehr viel geweint, und der Arzt sollte davor keine Scheu haben, weder was ihn selbst noch was die Eltern betrifft. Viele Eltern haben sich anerkennend und dankbar über das vom Arzt bewiesene Mitgefühl geäußert.

Die dritte Begegnung mit den Eltern findet drei bis sechs Monate nach dem Tod des Kindes statt. Sie dient uns dazu, sicherzustellen, daß ihr Trauerprozeß normal fortschreitet und daß sie sich nicht etwa in einem intensiven Trauerverhalten festgebissen haben oder irgendwelche andere Anzeichen pathologischen Grams zeigen. Wie Lindemann (1944) gezeigt hat, sind diese abnormen Reaktionen in ihrem Mechanismus dem normalen Trauervorgang oft sehr ähnlich, manifestieren sich aber in verzerrter Gestalt. Sie verraten sich durch die folgenden Anzeichen: Hyperaktivität und Fehlen des Gefühls, etwas verloren zu haben, Auftreten von Symptomen, die zu dem Leiden gehören, an dem das Baby gestorben ist, psychosomatische Symptome wie Koliken, Asthma oder rheumatische Arthritis; Veränderungen in den Beziehungen zu Freunden und Verwandten; wütende Feindseligkeit gegenüber bestimmten Personen; Unterdrückung feindseliger Impulse und als Folge davon ein hölzernes Auftreten, das an schizophrene Reaktionen erinnert; und ein dauerhafter Verlust sozialer Interaktionsmuster und Aktivitäten, der den eigenen sozialen und wirtschaftlichen Existenzbedingungen abträglich ist. Wenn diese Symptome im Lauf des dritten Gespräches sichtbar werden, ist eine Überweisung an den psychiatrischen Facharzt zu empfehlen.

Eltern durch diesen Prozeß hindurchzuhelfen, ist eine äußerst schwierige Aufgabe, aber der Lohn dieser Arbeit lag für uns in der Anerkennung und dem Dank, die uns von seiten der Eltern später ausgesprochen worden sind.

Gespräch

Das folgende Gespräch mit Herrn und Frau Day* fand drei Wochen nach dem Tod ihres Kindes statt. Es ist hier nur teilweise wiedergegeben, da es ein langes Gespräch war.

Kinderarzt: Es ist nun drei Wochen her, daß Ihr Baby gestorben ist. Können Sie mir erzählen, wie es Ihnen seither ergangen ist? Welche Gefühle Sie beide gehabt haben?
Frau Day: Ich kann nicht schlafen. Ich drehe mich hin und her. Ich wollte nicht daran denken, aber sobald ich dann in der Zeitung einen Artikel mit einem Säugling im Brutkasten sah, war alles wieder da. Ich sehe die Kleine immer vor mit, im Brutkasten, wie sie ihr Sauerstoff in ihre Lunge pumpen und sie strampelt. Ich mache die Augen zu und sehe sie. Mein Mann ... ihm geht es nicht so nahe ... nur mir.
Herr Day: Da mußt du durch. So etwas passiert eben. Das ist eins von den Sachen, mit denen man zu leben lernen muß. Es ist schwer zu erklären, was da mit einem vorgeht. Es ist schwer, sehr schwer zu erklären. Ich erzähle lieber keinem Menschen etwas ...
Kinderarzt: Sie behalten es einfach für sich?
Herr Day: Ja, ich behalte es für mich ... das ist etwas, das man nicht beschreiben kann. Ich versuche, daß das Leben so gut wie möglich weitergeht. Meine Frau hält sich prima. Es ist für sie eine ungeheure Belastung gewesen, und sie hat es siegreich durchgestanden. Ich möchte den Ärzten und den Leuten von der Station, die sich so viel Mühe mit dem Kind gegeben haben, meine Anerkennung aussprechen. Sie haben wunderbare Arbeit geleistet.

Dieses Gespräch nimmt einen ungewöhnlichen Verlauf, weil der Vater zu einem sehr frühen Zeitpunkt berichtet hat, er halte mit seinen Reaktionen zurück. Es wäre an dieser Stelle vermutlich das Richtige gewesen, Herrn und Frau Day darauf hinzuweisen, daß es natürlich ist, wenn ihnen die Erinnerung an diese traurige Erfahrung weh tut, und daß nichts dabei ist, wenn sie weinen. Anerkennende Worte für die Ärzte und das Personal zu diesem Zeitpunkt lassen uns gewöhnlich argwöhnen, daß etwas Kritisches nachkommt. Nicht uninteressant ist, daß weder die Mutter noch der Vater das Kind beim Namen nennen. Doch sehen wir, wie das Gespräch weitergeht.

Kinderarzt: Haben Sie Probleme mit Schlaflosigkeit gehabt?
Herr Day: Nein, ich habe mit dem Schlafen gar keine Probleme gehabt.
Kinderarzt: Haben Sie Appetit? Haben Sie mehr gegessen als gewöhnlich oder weniger?

* Der Familienname wurde geändert

Herr Day: Ziemlich normal. Mehr, das würde ich nicht sagen. Ich esse ohnehin nicht sehr viel.
Kinderarzt: (zu Frau Day): Haben Sie etwas stärker gegessen?
Frau Day: Ja.
Kinderarzt: Können Sie noch etwas über Ihre Schlafprobleme sagen?
Frau Day: Ich kann vor drei oder vier Uhr morgens nicht einschlafen. Ich werfe mich die ganze Nacht im Bett hin und her. Und dann ruft mich entweder meine Tochter oder mein Sohn, und ich stehe mit ihnen auf. Einschlafen kann ich dann eigentlich erst gegen neun Uhr morgens.
Kinderarzt: Wie würden Sie mir Ihre allgemeine Stimmung beschreiben?
Frau Day: Die ist gedrückt, schrecklich gedrückt. Meine Tochter merkte, daß etwas nicht stimmte. Sie schaute mich an und sagte: »Mama, tut dir der Bauch weh?« Jetzt aber schaut sie mich nur noch an. Mein Mann hatte ihr gesagt, wir würden ein neues Baby heimbringen, und sie hat nach diesem neuen Baby schon gesucht. Sie sagt kein Wort davon, aber sie schaut mich immer mit einem seltsamen Blick an und ebenso ihren Vater. Sehen Sie, sie wartete auf ein neues kleines Baby. Sie schaut mich jetzt bloß noch an – sagt nicht mehr: »Mama, tut dein Bauch weh?« Sie sitzt nur da und schaut mich an.

Die Traurigkeit, die Veränderung der Eßgewohnheiten und die Schlafstörungen, von denen Frau Day berichtet, sind bei Eltern, die den Verlust eines Neugeborenen betrauern, nichts Ungewöhnliches. Die Trauerreaktionen von Eltern sind für Kinder äußerst schwer zu verstehen und zu deuten, wenn die Eltern ihre eigenen Gefühle nicht mitteilen und den Kindern keine Erklärungen geben. Helfen würde in einem solchen Fall möglicherweise eine Erklärung wie die: »Mama ist traurig, weil das Baby gestorben ist. Deswegen weine ich und sehe so unglücklich aus. Ich habe keine Lust, zu reden oder andere Dinge zu tun, die ich gewöhnlich um diese Zeit tue.« Die Vorstellungen, die ein Kind an den Tod eines Geschwisterchens knüpft, können verheerender Natur sein. In unserem Beispiel könnte sich das Mädchen sehr wohl völlig unzutreffende Vorstellungen von den Gedanken und Reaktionen seiner Mutter machen. Es hat vielleicht Schuldgefühle wegen seiner aggressiven Regungen gegen das Baby. Es hat sich vielleicht gewünscht, das Baby möge sterben, und glaubt vielleicht, daß die Unzugänglichkeit der Mutter damit zu tun hat. Offensichtlich besteht ein Kommunikationsproblem zwischen dieser Mutter und ihren Kindern. Es hat den Anschein, als litten auch die Kinder an Schlafstörungen. Es wäre angebracht und wahrscheinlich eine Hilfe für die Mutter, wenn man darauf hinweisen würde, daß die Trauerreaktionen der Kinder denen der Mutter ganz ähnlich sind. Beide Kinder sind alt genug, um den Versuch sinnvoll erscheinen zu lassen, ihnen bei der Artikulierung ihrer Gefühle zu helfen.

Kinderarzt: Was sagten Sie Ihrer Tochter über das Baby?
Frau Day: Nun ja, mein Mann wollte ihr gar nichts sagen. Er sagte nur, das Baby käme nicht, und so sagte ich ihr, daß das Baby gestorben war. Und sie saß nur so da und schaute mich ein wenig seltsam an – sie wußte wohl, wovon ich sprach. Sie ist beinahe drei Jahre alt. Aber mein Sohn, er versteht es nicht. Er rennt nach wie vor im Haus umher. Er weiß zwar, daß ich anders aussehe, aber mehr auch nicht. Er wird in fünf Monaten zwei.
Kinderarzt: Müssen Sie manchmal weinen?
Frau Day: Ja.
Kinderarzt: Was bedeutet das für die Kinder?
Frau Day: Am ersten Tag, als ich nach Hause kam, weinte ich, und meine Tochter verstand nicht, warum. Sie kam auch nicht zu mir. Sie wollte nach oben zu meiner Mutter gehen und wollte sich mit mir nicht auseinandersetzen, und mein Mann sagte zu mir: »Du hättest mit ihr sprechen sollen, bevor du hineingingst und sie umarmt hast«, aber der Grund warum ich sie so seltsam anblickte, war, daß sie mich an das neue Baby erinnerte, und da starrte ich sie einfach an. Und mein Mann sagte: »Du solltest das mit einem Kind wie ihr nicht machen, weil sie das nicht gewöhnt ist.« Ich weiß auch nicht, ich war völlig benommen, und damit machte ich auch meinen Sohn ganz benommen. Ich war nicht in der Lage, zu den beiden Kleinen irgendetwas zu sagen. Ich sah sie nur an. Zwei Tage lang wollten sie nichts von mir wissen. Die Kleine wollte nur unbedingt nach oben gehen.

Es kommt oft vor, daß kleine Kinder heftig auf die Trennung von ihrer Mutter reagieren, wenn diese zur Entbindung in die Klinik geht. Das erklärt vermutlich die Reserviertheit der Tochter gegenüber der zurückkehrenden Mutter. Die Kinder stellen fest, daß ihre Mutter sich infolge ihrer Niederkunft nicht nur äußerlich verändert hat, sondern auch in ihrem Verhalten und ihrer Ansprechbarkeit nicht mehr wiederzuerkennen ist. Dies läßt einen an die verblüffenden Beobachtungen von Brazelton (1974) denken, denen zufolge Säuglinge bereits im Alter von zwei bis vier Monaten mit drastischen Verhaltensstörungen und Depressionen reagieren, wenn ihre Mutter auch nur zwei oder drei Minuten schweigend und mit starrem Gesichtsausdruck vor ihnen sitzt. Eines der spezifischen Merkmale des Trauerverhaltens ist, daß es ichbezogen ist. Trotzdem wird eine Mutter, wenn sie ein wenig Aufmunterung erhält, gewöhnlich jenes Extraquentchen psychischer Kraft aufbringen, das sie benötigt, um ihre Kinder an sich drücken und ihnen eine Erklärung geben zu können. Die kritischen Äußerungen des Mannes helfen in dieser Situation nicht; allerdings war er dadurch, daß er seine eigene Trauerreaktion zurückhielt, in der Lage, an die Bedürfnisse der Kinder zu denken. Rückblickend gesehen, hätten wir, wenn wir in der Klinik mit Herrn und Frau Day zusammen gesprochen hätten, der Mutter wahrscheinlich Gelegenheit geben können, ihre Gefühle soweit zu artikulieren, daß sie bei der Rückkehr nach Hause die Bedürfnisse ihrer Kinder hätte wahrnehmen und das Wiedersehen befriedigender hätte gestalten können.

Herr Day: Die Kinder waren in einer Art von Trance. Die Mutter kommt heim und hat ein Kind verloren. Sie ist auf einmal so grausam, sie nimmt um sich herum gar nichts mehr wahr – es ist, als wäre sie in einem Rohr oder etwas ähnlichem eingeschlossen und wollte nichts von dem wissen, was draußen vorgeht, so daß sie, als sie nach Hause kam, als erstes einmal die Kinder abweisend behandelte, was sie nicht hätte tun sollen. Sie hätte den Kindern mehr Liebe und Zuneigung und Freundlichkeit entgegenbringen müssen, was in bestimmten Situationen natürlich schwer ist.

Da er seine eigenen Trauerreaktionen unterdrückte, konnte Herr Day nicht erkennen, wie betäubt, schockiert und ichbezogen ein trauernder Mensch wird. Er schildert in lebhaften Worten die Unfähigkeit der Mutter, ihre Umgebung wahrzunehmen und au zu reagieren.

Frau Day: Es gab da einen bestimmten Vorfall, an den ich mich erinnere, als wir von der Klinik nach Hause kamen, das war sehr, sehr seltsam ...
Kinderarzt: Ja?
Frau Day: Tja, erst einmal war ich sehr aufgebracht, als ganz plötzlich Milch in meiner Brust zusammenströmte. Sie hatten mir eine Spritze gegeben, die verhindert, daß sich Milch in meiner Brust sammelt, aber als ich heimkam, begann sich ganz plötzlich wieder Milch zu bilden, und das machte es schlimmer, weil ich nun Milch hatte und kein Baby. Da rief ich Dr. M., meinen Geburtshelfer an, und er sagte, ich solle aufhören, so viel Flüssigkeit zu mir zu nehmen. Ich trank dann weniger, aber die Milch kam noch immer in meine Brüste. Ich konnte nichts dagegen tun. Ich habe sie jetzt noch immer, und das macht mir auch zu schaffen, weil ich auch noch wund bin auf einer Seite, wo sie mir die Spritze gegeben haben, aber da ist wohl nichts zu machen. Das hat mich jedenfalls auch nachdenklich gemacht.

Sie möchte hier wahrscheinlich andeuten, daß sie eine Reihe von Deutungen für diese geheimnisvolle Milchproduktion trotz ihres »Schockzustands« phantasiert hat.

Kinderarzt: Sie waren sozusagen ganz auf das Baby eingerichtet, nur daß kein Baby da war?
Frau Day: Ja. Das bringt die Erinnerung immer wieder zurück. Ich denke sehr, sehr viel an sie. Ich sagte meinem Mann, daß ich nicht einmal einen Namen für sie ausgesucht habe. Die Schwestern nannten sie Rosi. Und meine Mutter ist auch böse, weil sie die Kleine kein einziges Mal gesehen hat. Sie wollte das Baby sehen, aber sie wollte sie nicht so sehen, wie sie war. Sie

geriet am Freitag in große Aufregung und rief meinen Vater in der Arbeit an und erzählte ihm davon. Sie wollte wissen, ob ich ein Begräbnis machen wollte und einer meiner Verwandten rief an und wollte wissen, was ich tun würde. Ich sagte ihm, ich könnte da gar nichts machen. So rief er seine Mutter an und erzählte es ihr und seiner Tante Martha. Seine Cousine schrieb ihm einen Brief, eine Beileidskarte. Sie schrieb darauf, daß ihre Tochter auch ein Baby hätte, um das es genauso gestanden sei, und das sei darüber hinweggekommen und sei in der Entwicklung wie ein sechsmonatiges Baby. Es tut nichts, kriecht nicht umher, liegt einfach da. Ich würde nicht wollen, daß mein Baby so wäre, daß es nur so daliegt. Jetzt sitze ich herum und denke immer wieder darüber nach. Alle die Babysachen, die ich habe, von meiner anderen Kleinen, ich habe sie nie weggeworfen und sie hat sie nicht abgetragen; sie haben keine Löcher oder so etwas. Wir haben das ganze Zeug noch zu Hause, und man schaut die Sachen an, und je mehr man sie anschaut, desto mehr kommt man ins Nachdenken. Ich werde das ganze Zeug weggeben, damit ich es nicht mehr anschauen kann.

Es ist natürlich, wenn Eltern bei einem frühgeborenen und kranken Kind mit der Namensgebung zögern. In diesem Fall führte dies dazu, daß die Mutter sich Sorgen macht, ihre eigene Mutter könne ihr böse sein, weil sie ihrem Enkelkind keinen Namen gegeben hat.
Die Cousine, die von dem fünfzehn Monate alten Kind schreibt, das wie ein sechsmonatiger Säugling wirkt, ist typisch für viele Verwandte und Freunde, die glauben, man könne den Schmerz der Trauernden lindern, indem man ihnen zu verstehen gibt, es sei ein Glück, daß ihr Baby gestorben sei, weil es wahrscheinlich ohnehin einen Defekt davongetragen hätte. Auf diesen Punkt geht der ärztliche Gesprächspartner später noch ein. Diese Episode zeigt, wie wichtig eine gute Kommunikation ist, da ein Arzt in diesem Falle mit der Erklärung gegensteuern kann, daß das Baby sehr wohl eine völlig normale Entwicklung hätte nehmen können, wenn es nicht aufgrund von Problemen mit der Atmung gestorben wäre. Die Babysachen erinnern die Mutter, ebenso wie die Muttermilch in ihrer Brust, an ihr Baby und lösen sehr schmerzliche Gefühle in ihr aus. Es ist wichtig, zu verstehen, daß der Trauerschmerz nicht unterdrückt oder aus der Welt geschafft werden kann und sollte. Wir würden keine Einwände gegen das Vorhaben der Mutter erheben, sich der Babysachen zu entledigen, aber wir würden ihr vielleicht zu verstehen geben, daß noch viele andere Andenken an ihr Baby da sind und daß es kein Rezept gibt, um den mit der Trauerreaktion verbundenen Schmerz aus der Welt zu schaffen.

Frau Day: Ich habe diese Antibabypillen genommen. Könnte das vielleicht etwas damit zu tun ... weil meine Freundin mir gesagt hat, ihre Schwester habe ein Baby bekommen, bei dem das Herz aus der Brust herausgeschaut hat.

Kinderarzt: Soviel ich weiß, gibt es keinen Zusammenhang mit den Antibabypillen. Als diese Pillen aufkamen, führte das nicht zu einer Zunahme dieser Problemfälle. Auch Anomalien haben nichts mit der Antibabypille zu tun. Wissen Sie noch, welches Gefühl Sie hatten, als Sie Ihr Baby zum ersten Mal sahen, erinnern Sie sich noch an einige der Gefühle und Gedanken, die Sie da hatten?

Herr Day: Ich hatte ein gutes Gefühl; ein wunderbares. Sie war zwar eine Frühgeburt, aber ich hatte gehört, daß frühgeborene Kinder eine gute Überlebenschance haben, und so hatte ich auch durchaus ein gutes, ein wunderbares Gefühl. Ich kann mir vorstellen, daß es schon schlimmere Fälle gegeben hat.

Kinderarzt: Noch kleinere Babys?

Herr Day: Noch kleinere Babys als unseres, die trotzdem am Leben geblieben sind und denen es jetzt wahrscheinlich gut geht, und das gab mir Hoffnung auch für unser Kind, daß alles von Tag zu Tag besser werden würde. Ich war optimistisch.

Es ist überraschend, daß der Vater seine Reaktion auf die verfrühte Geburt seines Kindes als so optimistisch schildert. Im weiteren Verlauf des Gesprächs werden die Eltern ihre Reaktionen eingehender erläutern.

Kinderarzt: Soviel ich weiß, gibt es keinen Zusammenhang mit den gesehen hatten?

Frau Day: So allmählich, als es der Kleinen immer schlechter ging, bekam ich ein anderes Gefühl, hatte aber immer noch große Hoffnung. Der Arzt sagte mir, es sei mit dem Kind eine große Veränderung vorgegangen innerhalb von drei oder vier Stunden, und sein Zustand verschlechtere sich. Nun, da ich wußte, daß es der Kleinen tatsächlich schlechter ging, setzte ich auf die Zeit und hoffte, während die Uhr tickte, daß sie sich wieder erholen würde. Ich gab die Hoffnung nie auf. Bis zum Ende.

Der Vater hatte es insofern besser, als er das Baby in dieser Phase sehen durfte. Und ungeachtet des klinisch bedenklichen Zustandes des Kindes konnte er dadurch, daß er sah, daß das Baby atmete und sein Herz schlug, einen viel optimistischeren Eindruck gewinnen als die Mutter, die wahrscheinlich von der raschen Verschlechterung des Zustandes nichts erfuhr, das Baby aber, gerade weil sie von ihm getrennt war, in schlechter Verfassung wähnte.

Frau Day: Donnerstag abend nahm ich eine Schlaftablette. Ich nehme sonst keine Schlaftabletten, aber da bat ich um eine, und doch warf ich mich in dieser Nacht bis Freitag morgens fünf Uhr im Bett hin und her. Ich bildete mir ein, daß etwas nicht stimmte. Ich konnte kein Frühstück zu mir nehmen. Ich wußte, daß mein Baby tot war, aber ich wollte nichts sagen, aber ich hatte das dumpfe Gefühl, sie war tot – ich hatte das Gefühl, mein Innerstes sei nach außen gekehrt. Ich konnte nichts essen und mir war übel, und so fragte mich die Schwester: »Was ist los?« Ich sagte: »Ich fühle mich nicht gut.« Und dann sagte sie: »Warum rufen Sie nicht an und erkundigen sich, wie es Ihrem Baby geht?« Das machte ich, und der Arzt sagte mir, sie könnten nichts mehr für sie tun. Tja, in dem Augenblick wußte ich, daß sie tot war. Aber sie wollten es mir nicht sagen – aber ich hatte einfach das Gefühl, sie ist tot. Dann riefen sie mich an und sagten mir, daß sie gestorben war.

An dieser Stelle mag eine Anmerkung zu den Gefühlen der Mutter am Platz sein. Wir könnten sicherlich eine Bemerkung einflechten wie: »Was für eine furchtbare Nachricht! Sie müssen wissen, es ist ganz natürlich, wenn Ihnen die Tränen kommen, wenn wir diese traurigen Ereignisse nochmals Revue passieren lassen.« Im Rückblick ist uns klar geworden, daß der Sprung zum nächsten Thema ein bißchen unvermittelt war. Es wäre vielleicht klüger gewesen, zu warten, um vielleicht noch ihre Reaktion auf die Nachricht vom Tod des Kindes und auf die telefonische Benachrichtigung in Erfahrung zu bringen.

Kinderarzt: Können Sie sich an das erste Mal erinnern, als Sie Ihr Baby sahen? Wissen Sie noch, wie Sie sich da fühlten? Waren Sie optimistisch?
Frau Day: Ja, als ich sie anschaute ... aber sie war so winzig. Sie atmete schwer; ich wußte, sie würde nicht durchkommen.
Kinderarzt: Sie waren also nicht so optimistisch wie Ihr Mann?
Frau Day: Ich habe es ihm gesagt, aber er antwortete: »Verlier die Hoffnung nicht.« Er sagte, sie werde wieder in Ordnung kommen, aber ich wußte, daß das nicht so sein würde. Ich sagte, daß sie sterben würde, aber er sagte: »Sie wird schon wieder werden, verlier die Hoffnung nicht.« Sie bewegte sich auf mich zu. Sie strampelte mir entgegen, aber in ihren Händen war überhaupt kein Leben – sie konnte nur ihre kleinen Finger bewegen. Ich berührte ihre kleinen Beinchen, und sie stieß ein wenig nach mir, und ich berührte ihre kleinen Hände, aber die bewegte sie kaum; stattdessen bewegte sie ihre Beinchen, und das war so ziemlich alles. Ich wäre gerne dabei gewesen, als sie starb, ich meine, um ihr Lebwohl zu sagen, wissen Sie; schließlich war sie doch mein Kind, wenn sie es auch irgendwie schon nicht mehr war.

Daß die Mutter den Eindruck hatte, das Baby bewege sich auf sie zu, war sicher dazu geeignet, ihre Bindung an das Kind zu verstärken. Wäre das Baby am Leben geblieben, so hätte dies der Anfang einer wechselseitigen Interaktion sein können, aus der sich allmählich eine Kommunikationsstruktur zwischen Mutter und Kind entwickelt hätte, die die emotionalen Bindungen immer weiter gestärkt hätte.

Frau Day berichtet dann von ihrem Wunsch, sich von ihrem Baby zu verabschieden, ein Wunsch, den viele andere Eltern auch geäußert haben. Das hat uns veranlaßt, ihnen Gelegenheit zu geben, bei ihrem Kind zu sein, wenn es stirbt oder nachdem es gestorben ist. Man sollte dabei einen möglichst vertraulichen Rahmen wählen. Viele Eltern entscheiden sich dafür, nach Hause oder in ihr Zimmer in der Wöchnerinnenabteilung zurückzukehren, und sie wollen benachrichtigt werden, sobald das Baby nicht mehr lebt. Es ist schwierig, genau vorherzusagen, wann ein Baby sterben wird; deswegen ist es, selbst wenn es so aussieht, als hätte es höchstens noch ein paar Minuten zu leben, klug, die Eltern – wenn sie sich zum Bleiben entschließen – und auch die Schwestern darauf vorzubereiten, daß es eventuell noch mehrere Stunden dauern kann, ehe das Herz des Kindes zu schlagen aufhört.

Kinderarzt: Es tat Ihnen weh, daß Sie sie nicht gesehen hatten...
Frau Day: Ja, hinterher. Ich hätte sie doch gerne gesehen. Es war doch mein Baby. Aber mein Mann sagte nein, und ich hörte auf ihn. So habe ich sie nicht gesehen (sehr leise).

Auf die Äußerungen von Frau Day und anderen Müttern und Vätern gestützt, begannen wir vor mehreren Jahren, Eltern die Möglichkeit zu geben, ihr verstorbenes Baby zu sehen, zu berühren und an sich zu nehmen. Wenn im Falle der Days der Arzt ein Gespräch mit beiden Elternteilen geführt hätte, wären die Eltern wahrscheinlich zu dem Entschluß gekommen, daß die Mutter ihr verstorbenes Baby sehen und berühren solle. Wir glauben, daß der ärztliche Betreuer einen wichtigen Beitrag zum langfristigen seelischen Gleichgewicht der Eltern eines sterbenden Neugeborenen leisten kann, indem er sein möglichstes tut, der Familie zu einem deutlichen Bewußtsein davon zu verhelfen, daß das Baby wirklich geboren wurde, am Leben war und nun tot ist. Wenn man ihnen die Tatsache, daß das Baby tot ist, deutlich vor Augen führt, so wird dies in der Regel dazu beitragen, ihre Trauerreaktion auszulösen und zu erleichtern.

Kinderarzt: Wie fühlten Sie sich danach? Haben Sie sich in den letzten paar Wochen irgendwann einmal reizbar gefühlt? Finden Sie, daß Sie leichter erregbar geworden sind?
Frau Day (lacht): Ich rege mich ohnehin sehr leicht auf. Manchmal, wenn mein Mann etwas zu mir sagt, bin ich böse auf ihn, Sie wissen schon – aber es dauert nie lange.
Kinderarzt: Hat sich in dieser Beziehung etwas geändert? Werden Sie oft böse auf ihn?
Frau Day: Ich gehe auf ihn los, ja (lacht), und er sagt dann: »Du bist

bösartig.« Meine Mutter sagt: »Das solltest du dir abgewöhnen.« Aber wir bekommen nicht sehr oft Streit. Er sagt: »Du weißt, es war das Beste so. Denk nicht darüber nach. Denk an etwas anderes.« Er ist mit mir ausgegangen, um mich auf andere Gedanken zu bringen, aber sobald ich wieder nach Hause zurückkomme und ins Bett gehe, liege ich da und muß wieder daran denken – ich weiß nicht (seufzt), ich glaube nicht, daß ich darüber jemals hinwegkomme (lauter), und ich glaube nicht, daß ich noch einmal ein Kind haben will. Ich könnte es nicht ertragen.

Die Reizbarkeit und Aggressivität der Mutter sind Bestandteile der Trauerreaktion. Die Neigung des Vaters, ihre Reaktionen als grausam oder bösartig einzuordnen, ist verständlich, weil er die Heftigkeit ihres Trauerns nicht erkennt. Seine Versuche, seine Frau vom Nachdenken über das Baby abzuhalten, sind nicht sehr erfolgreich; wir versuchen gewöhnlich, einem Ehemann in einem solchen Fall zu der Einsicht zu verhelfen, daß seine Versuche, seine Frau auszuführen und auf andere Gedanken zu bringen, ihren natürlichen Impulsen zuwiderlaufen und ihre Trauerreaktion nur zurückdrängen. Culberg (1972) stellte bei seiner Untersuchung in Schweden fest, daß Versuche, die Trauerreaktion hinauszuschieben oder zu unterdrücken, den Trauervorgang und die Zeitspanne verlängerten, die die Mütter benötigten, um wieder ins Gleichgewicht zu kommen.

Kinderarzt: Denken Sie mehr an das Baby, wenn Sie allein sind?
Frau Day: Na ja, ich gehe nach oben, um nicht mehr daran denken zu müssen. Ich gehe hinauf zu meiner Mutter, und wir reden über andere Dinge, und so vergesse ich es eine Weile, bis ich wieder nach unten gehe. Meine Tochter hält mich auf Trab.

Das Beispiel dieser Eltern zeigt, welche Hilfe eine größere Familie sein kann. Die Entwicklung hätte weit weniger zufriedenstellend verlaufen können, hätte Frau Day nicht ihre Mutter in unmittelbarer Nachbarschaft gehabt, die ihr verständnisvoll zuhörte und mit der sie über ihre Trauer oder über anderes, was sie bewegte, reden konnte.

Kinderarzt: Ihre Tochter hilft Ihnen sehr dabei?
Frau Day (lacht): Sie redet eine Menge, und das hilft.
Kinderarzt: Sie hält Sie auf Trab.
Frau Day: Mein Sohn auch. Immer hin und her. »Laß das liegen, laß das stehen.«
Herr Day: Ich glaube, das ist die einzige Möglichkeit, über so etwas hinwegzukommen. Immer auf Trab bleiben, so viel es geht.

Dieser Vater verkörpert eine Einstellung, die für viele Männer aus den Vereinigten Staaten, aus dem Britischen Commonwealth und aus Schweden typisch ist. Ein heranwachsender Knabe wird darauf trainiert, sich »wie ein Mann« zu benehmen, d. h. nicht zu weinen und Gefühle wie Traurigkeit nicht zu zeigen. Indem er sich nach dem Vorbild seines eigenen Vaters richtet, entwickelt er ein Verhaltensschema des »Auf-Trab-Bleibens«, das ihm, wenn es in der Familie zu einem Todesfall oder einer schweren Erkrankung kommt, hilft, seine Gedanken auf andere Dinge zu richten. Viele Väter übernehmen eine Nebenbeschäftigung oder eine zusätzliche Aufgabe oder Verpflichtung für die Gemeinschaft, so daß möglichst ihre gesamte Zeit mit Arbeit ausgefüllt ist; oft müssen sie täglich große Entfernungen zurücklegen, um diesen Verpflichtungen nachzukommen. Auf diese Weise vermeiden sie es, sich ihren Gefühlen zu stellen. Dies hat natürlich oft nachteilige Folgen für die Kommunikation mit ihrer Frau.
Gestützt auf die erste Reihe unserer Elterngespräche gleich nach dem Tod eines Neugeborenen, haben wir bei den ersten beiden Gesprächen der zweiten Serie besonderes Gewicht darauf gelegt, mit den Eltern über die Probleme eines Mannes in den Vereinigten Staaten zu diskutieren. Wir haben die Frauen ermuntert, ihrem Mann bei der Artikulierung seiner Gefühle zu helfen und ihm zu sagen, daß überhaupt nichts dabei ist, wenn er weint und darüber spricht, wie traurig oder wütend oder enttäuscht oder schuldbewußt er sich fühlt. Uns sind zwar keine Untersuchungen bekannt, die zeigen, daß dies zu einem zweckmäßigeren Trauerverhalten bei Vätern führt, aber aufgrund unserer Erfahrung glauben wir, daß die meisten von Diskussionen dieser Art profitieren.

Kinderarzt: Das ist eine Möglichkeit.
Herr Day: Die einzige, die ich kenne. Und wie meine Frau vorhin schon erwähnte, ich dachte, es wäre eben nett, wenn ich sie zum Essen und zu Gesellschaften ausführte und ihr verschiedene kleine Vorschläge machte, was sie gern ... wohin sie gerne ausgehen würde.

Auch hier wieder die typische Reaktion des Vaters, der seine Trauerreaktion nicht nur bekämpft, indem er sich selbst, sondern auch, indem er seine Frau auf Trab hält. Es entspricht unserer Praxis, diesem Verhalten schon bei unserer ersten Begegnung mit den Eltern etwas den Boden zu entziehen, indem wir ihnen sagen, es sei empfehlenswert, die sozialen und beruflichen Verpflichtungen möglichst herunterzuschrauben.

Kinderarzt: Sie sind also zum Essen ausgegangen?
Herr Day: Zum Essen, zu einem Tanzabend, zu Veranstaltungen – um uns zu unterhalten und ihre Gedanken von den vergangenen Erlebnissen fernzuhalten.
Kinderarzt: Hat einer von Ihnen jemals das Gefühl gehabt, daß er etwas unterlassen hat oder etwas hätte tun sollen, das der Kleinen vielleicht geholfen hätte?
Frau Day: Nein. Ich glaube, wir hatten die besten Ärzte für sie. Dr. P. sagte mir: »Wir geben Ihnen den besten Arzt unserer Klinik.« Ich habe nicht das Gefühl, daß ich über das hinaus, was die Ärzte getan haben, irgend etwas hätte besser machen können. Ich meine, die Ärzte haben ihr bestes versucht, sie zu retten. Deswegen war es nicht die Schuld der Ärzte oder von sonst jemand. Die Ärzte waren wunderbar, besonders Dr. W. Er mühte sich mit ihr ab und wollte nicht aufgeben, aber allein konnte er es nicht schaffen. Ich meine, wenn sie sterben mußte, mußte sie eben sterben, und niemand kann etwas dafür – sie war einfach nicht für uns bestimmt, das ist alles.

Manche Frauen, deren frühgeborenes Kind verstorben ist, haben das Gefühl, den Tod des Kindes auf eine bestimmte Handlung oder Unterlassung des Arztes oder des Krankenhauses zurückführen zu können. Zu unserem Erstaunen machte jedoch die Mehrheit der Frauen keinen Versuch, die Schuld beim Arzt oder beim klinischen Apparat zu suchen, selbst in den Fällen, in denen ein vertretbarer Vorwand dafür gegeben gewesen wäre. Wir nehmen an, daß die meisten Mütter sich schwere Selbstvorwürfe machen, weil sie ein abnormes Baby zur Welt gebracht haben – das heißt, ein winziges, zerbrechliches Baby, das noch nicht reif war, ihren schützenden Körper zu verlassen.

Herr Day: Würden Sie die Frage nochmal wiederholen, bitte?
Kinderarzt: Haben Sie jemals irgendwie das Gefühl oder den Gedanken gehabt, daß es etwas gegeben hätte, das Sie hätten tun können oder das wir hätten tun können und nicht getan haben, das zu einem anderen Ergebnis für Ihr Kind geführt hätte?
Herr Day: Ich verstehe. Was wir hätten tun können? Medizinisch gesprochen, hätten wir nichts tun können, weil wir keine Ärzte sind. Zu dem Zeitpunkt, als es für die Kleine so schlimm wurde, schlugen wir der Schwester, die sie betreute – da rund um die Uhr jemand bei ihr wachen mußte –, schlugen wir beide ihr also vor, daß wir, wenn möglich, gerne die Dinge übernehmen würden, die die Schwestern taten, *wenn möglich.*

Diese Äußerung kam für den Befrager überraschend. Nach Herrn und Frau Day haben jedoch noch andere Eltern in ähnlichen Gesprächen ein Interesse daran bekundet, an der Betreuung ihres Babys in den letzten Minuten oder Stunden seines kurzen Lebens beteiligt zu werden. Wenn wir in Betracht ziehen, daß Eltern durchschnittlich zwanzig Jahre plus sieben bis acht Monate auf ein Baby gewartet haben, können wir nachvollziehen, daß sie glauben, unzulängliche Arbeit geleistet zu haben, indem sie ein so kleines, unreifes Baby produzierten. Da ihnen das Kind weggenommen wurde, um in die Obhut von Fachleuten zu kommen, ist es verständlich, daß viele Eltern unter Umständen ein starkes Bedürfnis haben, ihren Teil zur Betreuung ihres Kindes beizutragen – zumal sie dabei die Chance bekämen, ihr Baby anzufassen und wirklich kennenzulernen, ein Baby, das vielleicht nur noch wenige Stunden zu leben hat. Ein Kollege, Dr. Raymond Duff vom Yale-New-Haven-Hospital in Connecticut, fragt Eltern von Neugeborenen, die eindeutig keine Überlebenschance besitzen, ob sie wünschen, daß alle Schläuche und Apparaturen entfernt werden, so daß sie ihr Baby im Arm halten können, bis es tot ist.

Kinderarzt: Ich kann mich entsinnen, daß Sie mir davon etwas gesagt haben.
Herr Day: Ja, um die Schwestern und die anderen Ärzte zu entlasten, die ihre Pflicht taten... Ich hätte ihnen gerne die Bürde erleichtert. Ich glaube, das wäre wunderbar gewesen... Ich wäre jetzt wahrscheinlich dort. Ich würde das Leben wirklich zu schätzen wissen; das Leben ist wert, gelebt zu werden. Ich wüßte es wirklich zu schätzen. Ich könnte wirklich mit den Leuten sprechen und es ihnen wirklich begreiflich machen.
Kinderarzt: Sie haben das Gefühl, daß Sie nicht mit einbezogen waren?
Herr Day: Dazu kann ich nicht viel sagen... Das einzige, wovon ich Ihnen erzählen kann, sind meine persönlichen Eindrücke.
Kinderarzt: Sie fühlten sich ausgeschlossen. Sie haben ein geschicktes Paar Hände, und wir hatten Ihnen schnell beibringen können, wie man es macht – dann hätten Sie das Gefühl gehabt, selbst auch eine Aufgabe dabei zu haben.
Herr Day: Genau.
Frau Day: Dann wäre er aufgeregt geworden.
Herr Day: Nein.
Frau Day: Doch, wärst Du (unterbricht sich, lacht dann). Doch, Du wärst in Aufregung geraten.
Kinderarzt: Haben Sie das Gefühl, daß Sie wieder in den allgemeinen Arbeitsrhythmus hineinkommen? Oder haben Sie den Eindruck, daß in Ihrem Leben, in Ihrem Alltag noch irgend etwas verändert ist, in Ihrem Gefühlsleben vielleicht?
Frau Day: Na ja, ich vermisse mein Baby, ich weiß das, und wie schon gesagt, ich werde nicht darüber hinwegkommen. Wissen Sie, ich habe ein bestimmtes Gespür für sie. Ich habe sie sieben Monate in mir getragen, kam in die Klinik, um sie zu gebären, und dann mußte ich ohne sie wieder gehen. Sehen Sie, wenn man zusehen muß, wie andere Leute mit ihrem Neugeborenen die Klinik verlassen, na ja, dann fragt man sich eben, warum das eigene Baby nicht da ist und warum man sein Baby nicht mit nach Hause nehmen kann;

die Frau, die gleichzeitig mit mir entlassen wurde, trug ihr Baby ganz eingewickelt als Bündel im Arm – und unser Baby war drunten im Keller. Ich wollte mich eigentlich nicht umdrehen und irgend etwas zu ihr sagen, aber ich konnte nicht anders, und so sagte ich: »Ich hoffe, daß alles gut geht mit Ihrem Baby«, und sie sagte, es täte ihr leid, daß ich das meine verloren habe. Aber es tat mir furchtbar weh.

Mehrere Mütter, die ihr eigenes Baby verloren haben, haben uns von einem fast überwältigenden Drang berichtet, einer anderen Mutter ein Neugeborenes zu entreißen und mit ihm davonzulaufen. Von solchen Müttern hören wir zuweilen, daß sie ein Neugeborenes von etwa gleicher Größe wie ihr eigenes vor einem Supermarkt oder einem anderen Gebäude abgestellt sahen und nicht widerstehen konnten, es anzufassen, oder beinahe der Versuchung erlegen wären, es zu nehmen und davonzulaufen.

Herr Day: Es gibt so etwas wie ein geheimnisvolles fehlendes Verbindungsglied bei einem Menschen, wenn er unvermittelt etwas aus seinem Leben verliert. Das ist etwas, das sehr, sehr schwer zu erklären ist. Ich versuche es zu erklären, so gut ich kann. Mein Gefühl ist, daß mir im täglichen Ablauf des Lebens etwas fehlt.
Kinderarzt: Daß etwas nicht im Lot ist.
Herr Day: Daß etwas nicht im Lot ist. Sicher, ich kann mich amüsieren. Ich kann ausgehen. Ich schlafe gut. Ich esse gut. Ich habe andere Kinder, die mir Freude machen, ich habe eine wunderbare Frau, ein wunderbares Zuhause, aber irgendwo klafft eine Lücke, da fehlt etwas. Das ist mein Gefühl; und ich glaube, dieses Gefühl wird immer bleiben. Ich glaube nicht, daß man es ausschalten kann.

Viele Eltern haben ein Gefühl großer innerer Leere geschildert und von Schmerzen in ihren Armen oder in anderen Teilen ihres Körpers berichtet, Schmerzen, die durch das Gefühl der Leere nach dem Verlust ihres Neugeborenen ausgelöst wurden.

Kinderarzt: Ich wollte gerne näher auf zwei oder drei Punkte eingehen. Ihre Gefühle sind etwas Normales für jemanden, der gerade ein Baby verloren hat. Ihre Probleme mit dem Schlafen, mit ihren Kindern und mit der Rückkehr zum normalen Alltag sind wirklich sehr normal.
Frau Day (leise): Letzte Nacht konnte ich nicht schlafen, und jedes Mal, wenn ich an sie denke, sage ich mir immer, ich bin nicht dazugekommen, ihr einen Namen zu geben. Und mein Mann sagt: »Warum hast du es nicht getan? Denk nicht mehr an das Namengeben, sie ist jetzt nicht mehr da.« Und dann sage ich darauf: »Ich habe ihr keinen Namen gegeben.« Und mein Mann schaut mich an und sagt: »Aber Liebling, wenn du ihr keinen Namen gegeben hast, dann denk doch auch nicht so viel darüber nach. Denk an die andern zwei Kleinen.« Aber es geht mir nicht aus dem Kopf.

Kinderarzt: Was bedeutet Ihnen das? Warum beschäftigt Sie das so sehr?
Frau Day: Ich wollte so gern noch ein Mädchen. Mein Mann wollte einen Buben. Jedes Mal, wenn er nach Hause kam, als ich schwanger war, sagte er: »Hat mein Sohn sich gerührt?« Also, sie regte sich erst ungefähr vom fünften Monat an. Im sechsten Monat wurde sie wirklich aktiv, aber davor war sie überhaupt nicht aktiv, da tat sie gar nichts, aber dann fing sie an, zu strampeln und sich zu regen. Und mein Mann sagte: »Das ist ein Bub«, und ich sage: »Du täuschst dich, es ist ein Mädchen.« Und nachdem sie da war, hatte ich also meinen Willen – es war ein Mädchen. Und als sie auf der Intensivstation lag, machte ich mir darüber Sorgen, weil ich mir sagte, mein Mann überlegt sich einen Namen für sie. Am Donnerstag schlug er mir einen komischen Namen vor, und ich sagte, daß ich den nicht mochte. Dann sprachen wir über Namen, und dann ganz plötzlich starb sie, und ich hatte ihr noch keinen Namen gegeben. Die Schwestern nannten sie Rosi, und so sagte ich: »Ja, Rosi wäre ein schöner Name.« Dann neulich ist meine Mutter bei der Blumenschau gewesen, und dort war jemand mit einem kleinen Mädchen, das Perle hieß, und ich dachte, daß Perle ein schöner Name für die Kleine gewesen wäre, weil das ein ausgefallener Name ist, und meine Mutter sagte: »Du hättest sie Perle taufen sollen, bevor sie gestorben ist.« Deswegen muß ich jedes Mal, wenn sie mir in den Sinn kommt, daran denken, daß ich ihr keinen Namen gegeben habe.
Kinderarzt: Machen Sie sich über Ihre anderen beiden Kinder jetzt mehr Sorgen als vor dem Tod des Babys?
Frau Day: Ja. Wird sie irgend etwas bekommen, wird sie sich irgend etwas zuziehen, wird sie sich verlaufen oder wird jemand sie mitnehmen?
Kinderarzt: Wie meinen Sie das?
Frau Day: Na ja, daß sie auf die Straße hinausgehen würde, und Sie wissen schon, daß junge Burschen manchmal kleine Kinder mitnehmen; wenn ich so dasitze, fallen mir manchmal die verrücktesten Dinge ein.
Kinderarzt: Aber diese Art von Sorgen haben Sie jetzt häufiger als vor dem Tod Ihres Babys?
Frau Day: Ja. Und auch mein Mann macht sich Sorgen.
Herr Day (lacht): Ich habe mir immer Sorgen um sie gemacht. Ich bin natürlich gesundheitsbewußt. Ich will immer wissen, wie sie sich fühlen. Wenn ich fort bin, rufe ich an, um zu fragen, wie es ihnen geht, ob sie gut essen oder nicht – das sind die Dinge, um die ich mir Sorgen mache, um ihre Gesundheit.

An dieser Stelle wurden die Autopsieergebnisse erläutert und diskutiert. Die Lunge des Neugeborenen wies viele Hyaline-Membranen auf, und am Herzen zeigte sich eine intraventrikulare Blutung. Der ärztliche Gesprächspartner hob hervor, daß das Baby in jeder anderen Beziehung körperlich vollkommen gesund gewesen war.

Frau Day: Wissen Sie, warum sie zu früh kam?
Kinderarzt: Das ist eine sehr wichtige Frage. Wir versuchen, in Zusammen-

arbeit mit anderen Ärzten herauszufinden, wie man voraussagen kann, welche Mütter eine Frühgeburt haben werden. Aber zum gegenwärtigen Zeitpunkt muß ich Ihnen sagen, daß wir es nicht wissen. Wir haben keine Antworten, nur viele Fragen.
Herr Day: Ich habe meiner Frau einiges über Frühgeburten erzählt; ich sagte ihr, daß, wenn einem Baby etwas passiert, ich weiß nicht was, jedenfalls nehme ich an, daß das die Art und Weise ist, wie Mutter Natur uns wissen läßt, daß etwas nicht stimmt – durch eine Frühgeburt.

Es ist nichts Ungewöhnliches, daß der Versuch gemacht wird, eine Mutter, deren Neugeborenes gestorben ist, zu trösten, indem man ihr erklärt, mit ihrem Kind habe tatsächlich etwas nicht gestimmt und es wäre niemals normal und gesund geworden. Äußerungen dieser Art bestärken die Mutter nur in ihrer Überzeugung, daß sie in der Tat etwas sehr Ungenügendes vollbracht und ein sehr mangelhaftes Kind produziert hat.

Kinderarzt: Sie meinen, es könnte sein, daß mit dem Baby etwas nicht stimmte?
Herr Day: Ja.
Kinderarzt: Viele Embryos gehen im ersten oder zweiten Monat verloren. Untersucht man sie, stellt man bei vielen von ihnen Abnormitäten fest. Bei Kindern, die nach dem sechsten Monat geboren werden, ist das jedoch nicht der Fall.
Frau Day (zu Herrn Day, der etwas vor sich hinmurmelt): Bist du nervös oder so was?
Herr Day: Ja.

Es ist die Frage, ob dieses nichtverbale Verhalten von Herrn Day ein Anzeichen dafür ist, daß der Befrager eine der Überzeugungen erschüttert hat, auf denen Herrn Days Ansicht beruhte, es habe auch sein Gutes gehabt, daß es so gekommen sei. Es besteht immer die Gefahr, daß der Arzt einen der Pfeiler umstürzt, auf die ein Vater oder eine Mutter sich in dieser schwierigen Phase stützen.

Frau Day (zum Kinderarzt): Ich würde gerne wissen, wenn ich sie neun Monate lang ausgetragen hätte, wäre das dann auch passiert?
Kinderarzt: Wahrscheinlich nicht. Bei 1400 Gramm Geburtsgewicht – so viel hatte sie – haben 50 Prozent aller Babys dieses Leiden. Bei den voll ausgetragenen Kindern sind es dagegen weniger als 1 Prozent. Wenn Sie wieder ein Kind bekämen, gibt es keine erhöhte Wahrscheinlichkeit dafür, daß dieses Problem wieder auftreten würde.
Herr Day: Sie meinen, wenn man wieder eins bekommt. So eines gehabt zu haben, erhöht nicht die Wahrscheinlichkeit, daß man noch so eines bekommt. Es ist nicht so wie bei Rhesus-Erkrankungen oder bestimmten

angeborenen Anomalien? Und diese Krankheit, die sie hatte, nennt sich ... wie?
Kinderarzt: Sie hatte Hyaline-Membranen. Ein anderer Name dafür ist Atemnot-Syndrom. Die Krankheit hat zwei Namen.
Herr Day: Mit anderen Worten, sie hatte zwei Sachen.

Zum Glück ging das Gespräch lange genug, so daß der Vater zusätzliche Fragen stellen und auf die Komplexe aufmerksam machen konnte, über die er sich im Unklaren war. So oft versäumt der Arzt es unter Zeitdruck, die Eltern zu bitten, ihm zu sagen, was sie verstanden und was sie nicht verstanden haben.

Kinderarzt: Nein, es ist ein und dasselbe.
Herr Day: Das eine löst das andere aus.
Kinderarzt: Nein, nein. Es ist ein und dasselbe Leiden unter zwei verschiedenen Namen. Es gibt sogar noch einen dritten Namen dafür – die Kennedy-Baby-Krankheit, weil das Baby von Präsident Kennedy dasselbe hatte. Man nannte die Krankheit des Kennedy-Babys dann auch das Atemnot-Syndrom des Neugeborenen und auch die Hyaline-Membranen-Erkrankung, weil man unter dem Mikroskop Hyaline-Membranen erkennen kann. Das sind also die drei Namen, die es dafür gibt.

Im Rückblick auf das Gespräch wird uns klar, daß wir Dinge gesagt haben, die wir gerne ungesagt machen würden. Es brachte nichts, einen dritten Namen ins Spiel zu bringen, wo Herr Day sich bereits mit zweien schwer tat.

Herr Day: Alle drei Namen stehen für dasselbe?
Kinderarzt: Ein und dasselbe. Ein Drittel aller Neugeborenen, die an diesem Leiden sterben, haben Gehirnblutungen, daher kam es nicht unerwartet, daß wir hier auch eine Gehirnblutung gefunden haben, wenn wir auch nicht damit rechneten, weil das Baby bis zum Schluß einen so guten Eindruck machte.
Frau Day: Mein Mann sagte mir schon vorher, daß das Kind einen Gehirnschaden haben würde.
Herr Day: Weil ich es in einem medizinischen Buch nachgeschlagen hatte. Ich hatte mich darüber informiert.

Immer mehr Eltern machen die Erfahrung, daß sie sich die Antworten auf ihre Fragen selbst aus medizinischen Lehrbüchern holen können. Was Herr Day über die dürftige Verfassung seines Babys zu wissen vermeinte, beruhte womöglich zum Teil auf der Lektüre, von der er berichtet. Man sieht hier wieder einmal, daß es nützlich ist, den Eltern genug Zeit zu lassen, zu erklären, was sie getan und was sie verstanden haben.

Frau Day: Ob es mich vergeßlich macht? In letzter Zeit bin ich manchmal sehr zerstreut. Ich vergesse, wo ich Sachen hingelegt habe, und dann suche ich nach ihnen und finde sie nicht.
Kinderarzt: Tatsächlich?
Frau Day: Mein Mann sagt, ich baue ab (lacht). Das ist nett gesagt.
Herr Day: So habe ich es nie gesagt.
Frau Day (lacht): Doch, du hast. Wenn ich etwas irgendwo hinlege, finde ich es nicht wieder. Wenn ich mit meiner Mutter rede, vergesse ich manchmal, was ich gerade gesagt habe.
Kinderarzt: Sie haben gefragt, was die Gründe für die Frühgeburt gewesen sein können. Machen Sie sich manchmal Gedanken darüber, daß Sie vielleicht irgend etwas getan haben, das zu der Frühgeburt geführt haben könnte?

Dieselbe Frage im Verlauf eines Gesprächs in unterschiedlicher Formulierung mehrmals zu stellen, trägt oft dazu bei, daß man den Komplexen näherkommt, über die die Eltern sich tatsächlich den Kopf zerbrechen.

Frau Day: Meine Mutter sagt mir immer... Ich tollte immer mit meinem Mann herum, also wir machen immer Ringkämpfe, und ich ziehe ihn immer hoch; und ich habe auch Sachen hochgehoben – anstrengend, ich weiß nicht, ob ich mich nicht überanstrengt habe. Ich glaube, ich bin ein Draufgängertyp bei Dingen, wo man sagt, das tut eine Frau nicht.
Herr Day: Eine Menge Mütter tun dieselben Dinge.
Frau Day: Ich trage meinen Sohn – der ist ziemlich schwer. Als ich ihn einmal zum Friseur brachte, um ihm die Haare schneiden zu lassen, trug ich ihn seitlich, und auf dem ganzen Weg zurück spürte ich, wie das Baby in meinem Bauch strampelte.
Herr Day: Ich glaube nicht, daß das irgend etwas mit dem zu tun hat, wovon der Doktor spricht – mit diesem Gehirnschaden und...
Frau Day (unterbricht): Nein, nein, er redet doch davon, daß das Baby zu früh gekommen ist... Das ist das abgedroschende Gerede meiner Mutter, und sie sagt, der Leichtsinn ist der Vater des Unglücks. Mein Mann und ich tollen viel herum, und ich renne oft die Treppe rauf und runter. Ich renn auch oft die Straße rauf und runter.
Herr Day (mit erhobener Stimme): Es haben schon schwangere Frauen bei der Olympiade mitgemacht als Schwimmerinnen und Läuferinnen. Ich glaube nicht, daß das irgend etwas damit zu tun hat.

Herr Day versucht immer wieder, seiner Frau Schuld- und Trauergefühle auszureden; dabei wäre es für sie besser, wenn sie die sie bedrängenden Gedanken weiterhin aussprechen könnte.

(Herr und Frau Day sprechen miteinander.)
Frau Day: Bei ihnen war das Kind nicht ganz unten im Bauch. Bei mir war es aber so.

Kinderarzt: Das ist eines der Dinge, die fraglich sind. Die einen sagen, Bewegung und Gymnastik ist besser. Andere sagen, Ruhe ist besser, und ich kann Ihnen versichern, daß weder die einen noch die anderen im Besitz der Wahrheit sind.
Frau Day: Das glaube ich, das glaube ich (lacht laut).
Kinderarzt: Den Ärzten geht es also genauso wie Ihnen und Ihrer Frau. Haben Sie noch andere Fragen, die wir Ihnen hier und jetzt beantworten können?
Herr Day (leise): Nein, keine weiteren Fragen. Jean, möchtest du noch irgend etwas sagen? Was läßt sich über die körperliche und seelische Verfassung der Mutter sagen zu dem Zeitpunkt, da sie ein Kind mit diesem Atemnot-Syndrom austrägt?

Rückblickend wünschen wir uns, daß wir bei Herrn Day genauer nachgefragt hätten, woran er bei dieser Frage dachte. Es ist denkbar, daß er bestimmte Aspekte der physischen oder seelischen Verfassung der Mutter mit dem Leiden des Babys in Verbindung brachte.
Obgleich dieses Gespräch lange dauerte und die Dinge sich zu wiederholen begannen, kamen immer wieder neue Aspekte ans Licht. Der anfängliche Optimismus des Vaters, der zunächst schwer zu verstehen gewesen war, wurde viel besser begreiflich, als wir erfuhren, daß er selbst eine Frühgeburt gewesen war.

Kinderarzt: Tatsächlich?
Herr Day: Ja, knapp über zwei Pfund.
Frau Day (lacht): Vielen Dank.
Herr Day: Ja, ich sage das mit Stolz.
Kinderarzt (überrascht): Knapp über zwei Pfund?
Herr Day: Ja, knapp über zwei Pfund wog ich. Dabei hatte ich aber nicht die ärztliche Hilfe, die man heute hat.
Kinderarzt: Ist das nicht interessant, knapp über zwei Pfund! Ich möchte gern, daß Sie in zwei Monaten nochmals zu mir kommen, hauptsächlich damit ich sehen kann, wie es Ihnen geht.
Frau Day: Das ist eine große Hilfe, wenn der Arzt so interessiert ist. Man behält dann einen klaren Kopf. Als ich vorhin hier heraufgekommen bin, habe ich dort hineingeschaut, wo die Neugeborenen sind – mir fällt jetzt nicht ein, wie die Station heißt –, und es gab darunter auch sehr kleine Babys, und ich mußte denken, mein Baby war auch einmal da drin. Deswegen hasse ich es, dort vorbeizugehen.
Kinderarzt: Es war schwer für Sie, hier heraufzukommen?
Frau Day: Nein, es fällt mir nicht schwer, hier heraufzukommen, aber es ist schwer für mich, wenn ich dort vorbeigehe... Sehen Sie, ich kann hineinschauen und die Babys da drin sehen, und dann denke ich, na ja, mein Baby war auch einmal da drin (seufzt tief).
Herr Day: Tja, wie ich vorhin schon sagte, wenn diese Gespräche für Sie eine Hilfe sind für die Zukunft, für andere Patienten, um dem Einzelnen besser

helfen zu können, dann unterstütze ich das gerne soweit wie möglich ... so gut wie wir es können.

Es hat uns immer wieder überrascht, wie kooperationswillig viele Eltern waren, und besonders auch, wie hoch sie die Möglichkeit schätzten, einen Beitrag zur Verbesserung der Betreuung anderer Patienten und zur Wissenserweiterung des Arztes leisten zu können. Es kann sein, daß der Tod ihres Neugeborenen für die Eltern dadurch eine positivere Bedeutung erhält.

Frau Day: Es hilft mir, wenn ich darüber reden kann... Mein Mann sagt: »Sprich nicht so viel darüber.« Es hat aber meinen Nerven irgendwie gutgetan.
Kinderarzt: Wir haben den Eindruck, daß Sorgen immer leichter werden, wenn man über sie spricht. Es sind einige Untersuchungen angestellt worden über das Trauern nach dem Tod eines geliebten Menschen; wie aus ihnen hervorgeht, erschwert es die Überwindung eines solchen Verlustes auf Jahre hinaus, wenn man versucht, seine Gefühle in sich hineinzufressen.
Herr Day (unterbricht): Und wie ist es mit denjenigen, die *nie* darüber reden?
Kinderarzt: Das wissen wir nicht.
Herr Day: Das wäre auch ein Ergebnis. Das müßten Sie auch erforschen. Das ist etwas, von dem ich ... (lange Pause) ... ich glaube, wie ich schon vorhin sagte ... es gehört zum Leben. Solche Dinge passieren einfach. Und wir müssen lernen, mit ihnen fertig zu werden. Ich lebe mein Leben eben weiter, ich habe andere Dinge und andere Aufgaben zu erfüllen. Wenn ich jetzt zusammenbreche, dann wird irgend jemand diese Leute wieder aufrichten müssen ... jemand muß sie zusammenhalten und ihnen helfen, wenn ich zusammenbreche. Deswegen mache ich weiter und beschäftige mich weiter (lauter) und versuche, nicht nachzudenken und mir keine Sorgen über diese Dinge zu machen. Und ich rede eben auch nicht darüber. Bei manchen Leuten ist es genau anders herum. Ich sehe ein, daß es vielleicht hilft, sich auszusprechen, aber es hält einen auch davon ab, eine Menge andere Dinge zu machen.
Kinderarzt: Was Sie sagen, ist sehr richtig, aber vielleicht muß es im Leben auch Zeiten geben, in denen man sich erholt ... wir wissen es nicht. Im allgemeinen haben wir die Erfahrung gemacht, daß es viel emotionale und physische Arbeit kostet, die Dinge in sich zu verschließen. Manchmal müssen diese Dinge einfach heraus.
Herr Day: Es braucht viel Zeit.
Kinderarzt: Oh ja.
Herr Day: Vielleicht tue ich das unter sehr großem inneren Druck, aber das ist allein meine Entscheidung.
Kinderarzt: Ja.
Herr Day: Indem ich unter etwas, das passiert ist, so den Schlußstrich ziehe, als ob es nicht passiert wäre ... vielleicht ist das falsch. Vielleicht wird es sich in vier, fünf, zehn, fünfzehn, zwanzig Jahren als das Falsche erweisen ...

Herr Day (laut): Ich tue, was ich für richtig halte, weil ich noch andere Verantwortlichkeiten habe.
Frau Day: Leg dieses Lineal weg; du machst mich nervös (lacht).
Herr Day (weiterhin laut): Weil ich andere Verantwortlichkeiten habe.
Frau Day (lacht erneut): Du machst mich nervös ... weißt du, gerade darüber habe ich nachgedacht. Als ... ich habe solange mit ihr gelitten ... und sie dann zu verlieren ... von sieben Uhr Montag morgen bis Dienstag fünf nach halb sieben gewartet, daß sie kommt. Es ist ein Wunder, daß ich nicht den Verstand verloren habe ...
Herr Day: Wie nennt man das, wenn sie ...
Kinderarzt: Einen Kaiserschnitt.
Frau Day: Ja, das wollte er tun, als sie sich so lange nicht bewegte.

Das war ein langes Gespräch. Wenn die Zeit des Arztes begrenzt ist, besteht die Möglichkeit, daß die erwünschten Informationen bei einem späteren Gespräch zutage kommen, vorausgesetzt, der Arzt ist bereit, geduldig zuzuhören.

Kommentar: In diesem Kapitel untersuchen die Autoren die Auswirkungen des Todes eines Neugeborenen auf seine Familie sowie auf Ärzte und Schwestern, und beschreiben den Versuch, ihnen bei der Bewältigung dieser Streßsituation zu helfen. Sie gehen an diese schwierige Aufgabe nicht nur mit wissenschaftlicher Objektivität und mit Geschick heran, sondern stellen sie auch in jenen Rahmen des Mit-Leidens und der Bescheidenheit, der den wesentlichsten Aspekt unserer Arbeit mit den von einem Verlust Betroffenen darstellt. Wir vermögen diese Bedingung unserer Arbeit bei uns selbst nur schwer herzustellen und zu konservieren, und tun uns noch schwerer, sie andere zu lehren, doch ohne sie würden sich selbst die am sorgfältigsten ausgewählten Verfahren und Worte als wenig nützlich erweisen.
Die Autoren stützen ihre grundlegenden Handlungsanweisungen auf drei Prämissen: (1) Es fällt der von einem Verlust betroffenen Person leichter, den Tod eines geliebten Menschen zu akzeptieren, wenn sie ihn als konkrete Realität erfährt; (2) nachdem die von einem Verlust betroffene Person diesen Verlust als eine Realität erkannt hat, muß sie sich der Situation innerlich anpassen, indem sie den Trauerprozeß durchläuft; und (3) wenn es dem Betroffenen nicht gelingt, diese »Trauerarbeit« zu leisten, wird er die Rückkehr zu einem fortschreitend gesünderen Funktionieren nicht schaffen.
Wir stimmen mit diesen Prämissen vollständig überein und schließen uns in bezug auf die Ärzte auch den Vorschlägen der Autoren an – daß man die Möglichkeit schaffen muß, daß die Betroffenen den Vorgang des Sterbens miterleben, die Leiche sehen, sich durch die gewohnten Rituale (Beerdigung) von dem Verstorbenen verabschieden und die Ursache für seinen Tod verstehen können.
Unser Verständnis des Trauerprozesses unterscheidet sich jedoch von dem der Autoren, und wir würden daher in bezug auf Hilfsmaßnahmen für die von

einem Verlust betroffene Person die Schwerpunkte etwas anders verteilen. Trauern, ein lautloser innerpsychischer Prozeß, besteht auf der einen Seite darin, daß man seine emotionalen Bindungen von dem Bild der verstorbenen geliebten Person löst, und auf der anderen darin, daß man das eigene Selbstbild bis zu einem gewissen Grad verändert, so daß es Züge des Verstorbenen erhält, d. h. daß es zu einer Identifizierung mit bestimmten Aspekten seiner Persönlichkeit kommt. In Abhängigkeit von Faktoren wie der Natur der Beziehung zu der verstorbenen Person variiert das Verhältnis von Ablösung und Identifikation, wie es sich beim Einzelnen herstellt, und ebenso auch die Dauer des Trauerprozesses. Schmerzhafte Emotionen wie Trauer, Einsamkeitsgefühl und Wut begleiten gewöhnlich den Prozeß der Ablösung, aber ihre Artikulierung gewährleistet den normalen Fortgang des Trauerns nicht und erleichtert ihn auch nicht notwendigerweise, da jeder Mensch in seiner eigenen Weise und über jeden erlittenen Verlust anders trauert.

Wenn Eltern um ihr Neugeborenes trauern, stellt sich ihnen eine besonders schwierige Aufgabe, weil ihnen (1) nur der lange, schmerzhafte Prozeß der Ablösung zur Verfügung steht (Identifizierung ist bei ihnen keine Alternative – wie sollte ein Elternteil wieder teilweise zum Kind werden?), und sie es (2) nicht nur mit dem Verlust eines geliebten Wesens zu tun haben, sondern auch mit dem Verlust eines Teiles des eigenen Selbst (die elterliche Bindung an das Neugeborene besteht aus einer Mischung von Objektliebe und Narzißmus). Beim Tod eines frühgeborenen Kindes verdoppeln sich diese Probleme. Das Kind ist noch keine Person, die um ihrer selbst willen geliebt wird, und sein Tod stellt für die Eltern primär einen Verlust an Ichsubstanz und an Selbstwertgefühl dar. Die innere Anpassung an einen solchen Verlust unterscheidet sich von der Trauer über den Tod eines Menschen, den man als unverwechselbares Individium gekannt und geliebt hat. Der Vater in dem oben wiedergegebenen Gespräch bewies, daß er dies sehr gut verstand, indem er sagte: »Es gibt so etwas wie ein geheimnisvolles fehlendes Verbindungsglied bei einem Menschen, wenn er unvermittelt etwas aus seinem Leben verliert... Ich habe andere Kinder, die mir Freude machen, ich habe eine wunderbare Frau, ein wunderbares Zuhause, aber irgendwo klafft eine Lücke, da fehlt etwas.« Auch die Mutter brachte dies zum Ausdruck, als sie von ihrer inneren Leere, ihrer Furcht vor weiteren Verlusten und von ihrem Bedürfnis sprach, die Lücke zu füllen. Die Autoren bemerken dazu, daß viele Eltern ein Gefühl großer innerer Leere geschildert haben. Bei der Auseinandersetzung mit einem solchen Verlust ist es besonders wichtig, daß die Eltern sich bemühen, sich selbst die Gewißheit zu verschaffen, daß sie »unversehrt« und fähig sind, adäquat als Vater und Mutter zu fungieren. Dieses Bedürfnis floß wohl in die etwas defensiv anmutende Emsigkeit des Vaters (»ich bin verantwortlich für sie«) ein und unterliegt vermutlich auch dem Wunsch beider Eltern, dem Arzt bei der Unterstützung anderer trauernder Eltern von Nutzen zu sein.

Diese Erwägungen lassen einige Gewichtsverlagerungen erkennen. Es scheint uns wichtig, den Eltern gegenüber zu betonen, daß sie in ihrem eigenen Innern eine äußerst schmerzhafte, schwierige Arbeit zu leisten

haben, eine Arbeit, die schwerer ist als Trauern, weil sie mit ihrem Neugeborenen nicht nur eine erst im Entstehen begriffene Bezugsperson, sondern auch einen Teil des eigenen Selbst verloren haben. Es mag von Nutzen sein, wenn man einige mögliche Äußerungsformen des Trauerschmerzes erwähnt, aber man muß gleichzeitig darauf hinweisen, daß jeder Mensch seine eigene Art und Weise hat, damit fertig zu werden. Wenn die Einzelnen das Trauerverhalten der anderen verstehen und respektieren lernen, werden sie auch Möglichkeiten finden, ihre Gedanken und Gefühle helfend miteinander zu teilen. Man tut am besten daran, das Bedürfnis der Eltern nach Aktivität und nach Wiederaufrichtung des Selbstwertgefühles so zu kanalisieren, daß es in das wechselseitige Sich-Beistehen und insbesondere in die Aufgabe einmündet, den anderen Kindern bei der Bewältigung dieser Krisensituation zu helfen. So schwer es sein mag, kleinen Kindern zu einem Verständnis der Tragödie zu verhelfen und ihren Bedürfnissen gerecht zu werden: Letzten Endes gibt es nichts, das besser geeignet wäre, das elterliche Selbstwertgefühl zu erhöhen, als das Gefühl, den eigenen Kindern gute, erfolgreiche Eltern zu sein. Sie könnten es sich niemals verzeihen, wenn sie in ihrem Kummer über den Verlust eines Kindes die Kontinuität ihrer Beziehung zu den anderen Kindern abreißen ließen. Es hat sich gezeigt, daß selbst sehr kleine Kinder in Zeiten des Kummers mitfühlende Gefährten sind, wenn man ihnen die Chance dazu gibt. Wenn man als Mutter oder Vater die Krise gemeinsam mit den Kindern oder dem Kind durcharbeitet, gewinnt man dadurch auch häufig selbst wieder die Oberhand. Es würde uns von daher als angebracht erscheinen, wenn man – falls die Betreffenden zu Hause noch weitere Kinder haben – die trauernden Eltern aktiv dazu anleitet, sich dieser Aufgabe der Kinder wegen, aber auch zu ihrem eigenen Besten zu widmen. Klinisch gesehen ist es eines der besten Anzeichen für einen gesunden Fortgang des elterlichen Trauerprozesses, wenn sie fähig werden, den Verlust mit ihren Kindern zu teilen und zu besprechen.
Die Autoren haben bedenkenswerterweise darauf hingewiesen, daß auch der Arzt mit *seiner* Hilflosigkeit gegenüber dem Sterben eines Neugeborenen teilweise dadurch fertig werden kann, daß er sich bemüht, den Eltern zu helfen. Es ist zu hoffen, daß sein Helfen zu einem großen Teil darin besteht, den Eltern zuzuhören und von ihnen zu lernen, wie man Wissen und Wirken des Arztes verbessern kann.

E. Furman

Betreuungsempfehlungen

1. Kontakt mit dem Neugeborenen. Wenn eine Frau ein Baby zu einem Zeitpunkt verliert, nachdem sie fetale Bewegungen gespürt hat, macht sie gewöhnlich eine lange Phase intensiven Trauerns durch. Um den Trauerprozeß zu fördern, ermutigen wir die Mutter, ihr Kind, nachdem es gestorben ist, anzuschauen und anzufassen. Einige unserer Mütter haben ihr Baby gewaschen und gewickelt.

Andere sind in die Leichenkammer gegangen, haben ihr Kind in einer persönlich gestalteten Atmosphäre eingehend in Augenschein genommen und es im Arm gehalten. Wenn die Mutter noch in einer anderen Klinik liegt, verlangen die Eltern häufig nach einem Foto, das das Kind nach seinem Tod zeigt. Jede dieser Alternativen ist für manche Schwester und manchen Arzt anstößig, aber wir haben die Erfahrung gemacht, daß jede von ihnen dazu beiträgt, den Eltern den Tod ihres Kindes als konkrete Realität vor Augen zu führen. Spontan ist man vielleicht versucht, zu denken, es sei das einzig richtige, wenn die Eltern das Bild eines normalen, aktiven Säuglings im Gedächtnis behalten; wir sind jedoch überzeugt, daß es für manche Eltern im Gegenteil wichtig ist, das Neugeborene nach seinem Tod zu sehen, so daß sie einen eindeutigen optischen Beweis dafür haben, daß es wirklich gestorben ist. Man sollte ihnen diese Gelegenheit geben. Viele Mütter haben uns erzählt, daß sie früher schon einmal ein Baby verloren hatten und jahrelang den Wunsch verspürten, sie hätten es sehen, anfassen, aufnehmen oder auch nur ein Foto von ihm machen lassen können, bevor es fortgeschafft wurde. Viele hatten zu nichts von alledem Gelegenheit.

2. Begräbnis. Nach unseren Erfahrungen ist es gut, ein Begräbnis zu veranstalten, sofern die Eltern dies wollen. Der Trauerprozeß wird dadurch erleichtert. Wir schlagen gewöhnlich ein einfaches Begräbnis nur im engsten Familienkreis vor. Gewiß gibt es bei uns die Möglichkeit, daß das Krankenhaus die Feuerbestattung eines Neugeborenen und seine Beisetzung auf dem klinikeigenen Friedhof kostenlos übernimmt, wenn die Familie dies wünscht. Wenn sie sich jedoch dafür entscheidet, die Bestattung in eigener Regie durchzuführen, empfehlen wir ihnen, in der Kirche ihrer Wahl selbst einen kleinen privaten Gottesdienst zu arrangieren.

3. Zweites Gespräch. Nach dem Tod eines Neugeborenen treffen wir uns zu einem Gespräch mit beiden Eltern (manchmal sind auch noch die Großeltern zugegen); gewöhnlich findet dieses Gespräch im Lauf der ersten drei Tage, spätestens jedoch am Ende der ersten Woche statt. (Das erste Gespräch führen wir unmittelbar nach dem Tod des Kindes, s. S. 303). Diese Zusammenkunft dauert im allgemeinen rund eine Stunde. Jeweils einige Minuten lang sprechen wir über Trauer und Trennungsschmerz und darüber, wie wichtig es ist, daß man die eigenen Gefühle akzeptiert und sich dem deprimierenden Erleben nicht dadurch zu entziehen sucht, daß man sich in die normale alltägliche Geschäftigkeit stürzt. Insbesondere empfehlen wir den Männern, ihrer Frau gegenüber ehrlich zu sein, ihr stets zu sagen, ob sie etwa einen traurigen oder einen schweren Tag hinter sich haben. Sie haben oft Angst davor, von ihren Gefühlen zu sprechen, weil sie glauben, ihrer Frau damit wehzutun und sie zum Weinen zu bringen. Diese Offenheit ermöglicht es der Ehefrau, die widerstreitenden Gefühle zu schildern, die sie bedrängt haben; auf diese Weise können die Partner miteinander kommunizieren und ihren Kummer gemeinsam durcharbeiten.

Es ist nützlich, die Eltern des Ehepaars bei diesem frühen Gespräch dabei zu haben, damit sie die Bedürfnisse ihrer Kinder begreifen lernen und ihnen als Stütze und Ansprechpartner dienen können. Wenn keine Großeltern da sind, empfehlen wir der Mutter, ihre Gedanken einer guten Freundin anzuvertrauen. Man muß den Eltern dabei allerdings erklären, daß viele ihrer Freunde nicht wissen werden, wie sie auf den Tod ihres neugeborenen Kindes reagieren sollen. Sie werden oft Äußerungen tun, die darauf hinauslaufen, daß es für das Baby, falls es eine Anomalie hatte, das Beste gewesen sei, zu sterben. Und sie glauben vielleicht, da die Mutter und der Vater das Baby nicht mit nach Hause genommen hatten, werde sein Tod ihnen nicht so viel Kummer und Trauer verursachen. Mit anderen Worten: Die anderen werden kaum eine Bindung an das verstorbene Kind haben und daher auch seinen Tod kaum als schweren Verlust empfinden.

Als junge Leute haben die meisten Eltern wenig oder gar keine Erfahrung mit dem Tod Neugeborener; allem Anschein nach kommt es ihnen daher zugute, wenn sie erfahren, wie andere Menschen auf den Verlust eines Neugeborenen reagieren. Wir erklären ihnen, daß normale gesunde Menschen nach dem Verlust einer ihnen nahestehenden Person gewöhnlich Wut empfinden – Wut auf sich selbst, auf die Ärzte und auf die Schwestern. Auch Schuldgefühle wegen Dingen, die man getan oder unterlassen hat, melden sich. Wir erklären, daß sie am besten daran tun, ihren Gefühlen freien Lauf zu lassen, statt sich zu zwingen, möglichst schnell zu ihren gewohnten Alltagsgeschäften zurückzukehren – Beruf, Hausarbeit, Besuche bei Freunden, Essengehen, Parties und Veranstaltungen oder Fernsehen; auf alle diese Dinge sollten sie sich erst wieder einlassen, wenn ihnen wirklich danach zumute ist.

Es ist wichtig, daß dieses lange Gespräch im Abstand von mindestens einem Tag nach dem Tod des Säuglings stattfindet. Am Todestag sind die Eltern gewöhnlich zu schockiert und betäubt, um über ihre eigene Zukunft und ihre eigenen Bedürfnisse nachdenken zu können. Im allgemeinen nehmen sie nur die Information wahr, daß ihr Kind tot ist. In unserem Gespräch mit ihnen ermuntern wir sie dann, anzurufen und mit uns zu sprechen, die Verbindung nicht abreißen zu lassen. Wir verabreden mit ihnen, daß sie in drei Monaten nochmals zu uns kommen.

4. Tranquilizer vermeiden. Wir legen den Eltern dringend nahe, keine Tranquilizer zu nehmen. Diese tragen dazu bei, die Trauerreaktion so stark zu dämpfen, daß sie sich womöglich überhaupt nicht voll entfaltet und die Eltern die Erfahrung nie in der erforderlichen Intensität und Vollständigkeit durchleben. In wenigen Fällen empfehlen wir, vor dem Schlafengehen eine Beruhigungstablette zu nehmen.

5. Gedanken an ein neues Baby. Wir raten den Eltern bei den beiden ersten Gesprächen dringend, daß sie es nicht auf ein »Ersatzbaby« anlegen sollen, ehe ihre Trauerreaktion nicht abgeklungen ist. Wir erklären, daß es schwerfällt, eine Bindung zu einem neuen Kind aufzubauen, während man sich gleichzeitig von dem gestorbenen Baby löst. Diese beiden Prozesse verlaufen in entgegengesetzter Richtung und sind nur äußerst schwer miteinander zu vereinbaren. Daher empfehlen wir den Eltern, ein halbes oder ein ganzes Jahr zu warten, ehe sie ein neues Baby planen. Wir legen ihnen nahe, das neue Kind um seiner selbst willen und nicht als Ersatz für das gerade verlorene Kind zu planen. Dies entspricht einer Empfehlung von Engel (1964).

6. Gruppengespräche. In jüngster Zeit haben wir festgestellt, daß es vielen Müttern, die gerade ein Baby verloren haben, hilft, wenn sie die Tagebücher anderer Frauen durchlesen, denen dasselbe widerfahren ist. Wir sind gegenwärtig dabei, eine Gesprächsgruppe für eine kleine Zahl von Müttern, deren Babys gestorben sind, auf die Beine zu stellen. Viele dieser Mütter haben die Auffassung geäußert, nur eine Frau, die selbst ein Baby verloren habe, könne den Schmerz nachvollziehen, den man dabei empfindet. Ähnliche Gesprächsgruppen haben sich in mehreren großen Städten als hilfreich für Mütter erwiesen, deren Babys am sogenannten Syndrom des plötzlichen Kindstodes gestorben waren. Bis heute ist es schwierig, für Eltern, die ein Neugeborenes verloren haben, andere Elternpaare ausfindig zu machen, denen ähnliches widerfahren ist. Vielleicht sollte die klinische Neugeborenen-Intensivstation zum organisatorischen Sammelpunkt für diese Eltern werden, ebenso wie es in unserer Stadt die Leichenbeschaustelle für die Mütter der plötzlich gestorbenen Säuglinge geworden ist.

7. Drittes Gespräch. Bei diesem Gespräch werden alle Fragen erörtert, die die Eltern haben. Oberflächlich hat man den Eindruck, daß die Eltern kommen, um mehr über die Ergebnisse der Autopsie zu erfahren oder Fragen dazu zu stellen, sofern eine Autopsie vorgenommen wurde. Der Hauptgrund, warum sie noch einmal kommen sollen, ist für uns jedoch, zu erfahren, ob der Trauerprozeß normal fortschreitet oder ob Anzeichen für pathologischen Gram nach der Definition von Lindemann (1944) vorliegen. Dies kann sich durch das völlige Fehlen jeder Trauer oder aber durch beständiges, unablässiges Trauern äußern. (Eine ausführlichere Definition findet sich auf S. 296.) Bei diesem Gespräch plaudern wir mit den Eltern, um einen Eindruck davon zu gewinnen, wie es ihnen geht, und stellen einige der folgenden Fragen:

Sind Sie jemals aus gewesen?

Wie geht es Ihren anderen Kindern?

Waren Sie fähig, über den Tod Ihres Kindes miteinander und mit den anderen Kindern zu sprechen?

Was macht Ihr Appetit?

Wie schlafen Sie?

Sehen Sie schon wieder fern?

Hatten Sie Freunde zu Besuch?

Wir versuchen, mit anderen Worten, etwas über den Ablauf ihres Alltaglebens in Erfahrung zu bringen, wobei sich unser Interesse hauptsächlich darauf richtet, ob der Trauerprozeß zu diesem Zeitpunkt noch anhält, ob er leicht abgeklungen ist, ob er sich portionsweise, in täglichen Anflügen von Traurigkeit und Weinimpulsen, geltend macht oder ob eine Veränderung der Alltagsgewohnheiten in bezug auf Schlafen, Essen, Interesse am Fernsehen, am Kinobesuch, an Besuchen, an Hobbys oder am Essengehen eingetreten ist. Oft ist es nützlich, wenn man jeden der Partner auffordert, etwaige Veränderungen im Verhalten des anderen zu beschreiben, und jeden fragt, wie der Trauerprozeß beim anderen fortschreitet. Unseren Erfahrungen nach hält die Trauer gewöhnlich über einen Zeitraum von sieben bis neun Monaten an. Zum Zeitpunkt des dritten Gesprächs hat sie gewöhnlich an Intensität verloren, da die Eltern Gelegenheit gehabt haben, ihre heftigsten Gefühlsreaktionen auf den Tod des Kindes auszuleben, und infolgedessen in der Lage gewesen sind, ihre normale Lebensweise wieder aufzunehmen. Oft haben wir den Eindruck gewonnen, daß die Ehe nach dieser Periode des Trauerns stabiler ist – die Partner wirken, als seien sie nun besser für die Höhen und Tiefen des Lebens gerüstet.

Wir treffen die Verabredung für die Begegnung drei Monate später, und wenn die Eltern sie nicht einhalten, rufen wir sie an, da wir diese Zusammenkunft für wichtig halten. Etwa die Hälfte der Eltern finden den Gedanken, nochmals in die Klinik zurückzukehren, sehr beunruhigend, aber wenn sie erst einmal da sind, machen sie gewöhnlich einen erleichterten Eindruck.

8. Pathologischer Gram. Jedes Jahr haben wir eine kleine Anzahl von Patienten, die trotz dieser besonderen Vorkehrungen Symptome pathologischen Grams entwickeln. Wir halten es für äußerst wichtig, sie, sobald wir dies bemerken, an einen psychiatrischen Facharzt zu überweisen.

9. Andere Kinder. Wenn es in der Familie weitere Kinder gibt, ist es wichtig, daß die Eltern ihnen erklären, was vorgeht. Der Tod eines Neugeborenen wirkt auf die anderen Kinder manchmal überwältigend und löst bei ihnen vage Gefühle der Schuld oder Verantwortung aus. Es ist wichtig, daß man diesen Kindern hilft, über ihre Gefühle zu sprechen. Es empfiehlt sich darüber hinaus, den Eltern zu sagen, sie sollten ihren Kindern erklären, daß sie selbst aus Trauer über den Verlust des Babys weinen und nicht etwa, weil sie böse auf die anderen Kinder wären; sie sollten ihnen versichern, wie gut es für sie ist, sie um sich zu haben.

Es kommt nicht selten vor, daß eines der Geschwister besondere Betreuung benötigt. In solchen Fällen hat es sich als sehr nützlich herausgestellt, wenn die Eltern die Probleme mit einem Erziehungsberater besprechen.

10. Der Wert des Zuhörens. Die bisher gemachten konkreten Vorschläge sind insofern irreführend, als die Betonung zu sehr auf dem liegt, was der Arzt sagt. Bei Zusammenkünften mit den Eltern hört der Arzt einen großen Teil der Zeit zu, und es gibt auch lange Zeiten, in denen geschwiegen oder geweint wird. Dieses Dasitzen und Zuhören fällt einem Arzt, besonders an einem Tag an dem viel zu tun ist, schwer, aber es ist in Wirklichkeit eine gut genützte Zeit.

11. Ärztetraining. Für Assistenzärzte und Klinik-Anfänger ist es in den ersten Monaten und Jahren ihrer Ausbildung und Tätigkeit äußerst schwierig, solche Gespräche mit Eltern zu führen. Sie kommen gewöhnlich mit der Einstellung an die Klinik, daß ihre Arbeit in der medizinischen Behandlung des Neugeborenen besteht, und haben, wenn ein ihnen anvertrauter Säugling stirbt, schwere Schuldgefühle, da sie sich sagen, sie hätten es vielleicht in der Hand gehabt, sein Leben zu retten. Verstärkt werden diese Gefühle noch von solchen klinikublichen Veranstaltungen wie den wöchentlichen Sitzungen des Ausschusses für perinatale Mortalität. Wir haben daher, einem Vorschlag von Barbero (1973) folgend, konsequent mit dem Versuch begonnen, den ersten vier oder fünf Elterngesprächen, die ein junger Nachwuchsarzt führt, beizuwohnen. Zunächst einmal erhält der Betreffende Gelegenheit, unsere Methode, ein solches Gespräch zu führen, durch Beobachtung kennenzulernen, und dann beobachten wir ihn unsererseits bei drei oder vier Zusammenkünften mit Eltern. Nach jedem dieser Gespräche diskutieren wir es mit ihm etwa eine halbe Stunde lang durch. Wir fragen ihn, was er hätte anders machen können, was wir anderes zu den Eltern hätten sagen können, wo die guten Momente und wo die Schwachpunkte des

Gesprächs lagen. In einem gewissen Sinn läßt sich dieses Verfahren mit demjenigen vergleichen, mittels dessen wir ihnen die Einführung eines Katheters beibringen. Wir zeigen es ihnen ein- oder zweimal, dann machen sie es einige Male unter unserer Aufsicht, und schließlich machen sie es alleine. Wir halten dies für einen wesentlichen Bestandteil der Ausbildung in perinataler Medizin für jeden Arzt, der sich auf Kinderheilkunde spezialisieren will.

12. Zusammenkünfte des Personals. Wenn die Schwestern, Ärzte und anderen Angehörigen des Personals einer Station gute Arbeit leisten, erleben sie oft Trauerreaktionen nach dem Tod eines der Säuglinge, mit deren Betreuung sie betraut waren. Wie wir festgestellt haben, ist es äußerst wichtig, daß Ärzte und Schwestern eine Gelegenheit bekommen, über ihre Gefühle zu sprechen. Die Arbeit auf unserer eigenen Station läuft am besten, wenn wir alle zwei Wochen ein Gruppentreffen abhalten, auf dem wir offen über unsere Eindrücke von den Problemen diskutieren. Dabei werden oft heftige Reaktionen im Zusammenhang mit dem Tod eines der Säuglinge artikuliert. In einem Fall sagte eine Schwester: »Sie sagen uns nicht, woran das Baby gestorben ist, Dr. ... Wir fragen uns, ob wir mit der Sauerstoffmaske den Tod verursacht haben. Haben wir die intraventrikulare Blutung herbeigeführt? Würden Sie uns bitte erklären, woran jedes der Kinder gestorben ist? Es würde uns helfen.« Wir hatten einige Assistenzärzte, die bei der Neugeborenen-Intensivpflege in beträchtliche innere Konflikte gerieten, weil sie von sich selbst eine fast makellose Bilanz ihrer lebenserhaltenden Tätigkeit in der Station erwarteten. In jeder gut frequentierten Neugeborenen-Intensivstation gibt es aber Woche für Woche einige Todesfälle. Das ist für bestimmte Assistenzärzte und Schwestern schwer zu verkraften, und sie benötigen besondere persönliche Hilfestellung, um mit dieser hohen Sterblichkeitsrate fertigzuwerden. Überraschenderweise sind diejenigen Assistenzärzte, die von sich selbst Perfektion verlangen und die strengsten Maßstäbe an die eigene Leistung anlegen, gerade diejenigen, denen die Arbeit auf der Station am meisten zusetzt. Manche von ihnen haben chronische Diarrhöe entwickelt oder leiden an Gewichtsverlust oder anderen beunruhigenden Symptomen. Die Station ähnelt in der Tat sehr einer Großfamilie, und der Chefarzt und die Oberschwester spielen eine wichtige Rolle bei der Erhaltung eines hohen Standards von Selbstvertrauen und Arbeitsmoral.

Ausblick auf die Zukunft

Obgleich wir mit unserem Verständnis des komplexen Prozesses der Entwicklung emotionaler Bindungen der Mutter und des Vaters an ihr Neugeborenes erst am Anfang stehen, sollten die für die Betreuung von Müttern und Neugeborenen Verantwortlichen doch schon jetzt diejenigen Krankenhauspraktiken einer Prüfung unterziehen, die einem frühen und ausgedehnten Mutter-Kind-Kontakt im Wege stehen. Man sollte statt dessen die Einführung solcher Praktiken in Betracht ziehen, die Interaktionen der Mutter und des Vaters mit dem Neugeborenen fördern und den Eltern helfen, das breite Spektrum seiner sensorischen und motorischen Reaktionen verstehen zu lernen.

Wir glauben voraussehen zu können, daß die Gesundheits-Profis in Zukunft eine ihrer traditionellen Rollen bei der Betreuung von Säugling und Mutter an die Familie abgeben werden. Vor 25 Jahren gestatteten die Besuchsregelungen in Kinderkrankenhäusern es den Eltern, ihr krankes Kind ein- oder zweimal pro Woche für jeweils eine Stunde zu besuchen. Als die ersten Vorschläge zu einer Änderung dieser Besuchspolitik gemacht wurden, fürchteten viele Schwestern und Ärzte, in den Kinderabteilungen werde ein organisatorisches Chaos ausbrechen, die Kinder würden überanstrengt und ihre Gesundheit würde leiden. Mittlerweile ist man sich einig darin, daß der eingetretene Wandel – uneingeschränkte Besuchszeiten und Einquartierung von Eltern in der Klinik – äußerst wichtige positive Folgen für die Gesundheit des Kindes und ebenso auch der Familie gehabt hat; die Veränderungen fielen freilich nicht immer leicht. So weinen Kinder beispielsweise mehr, wenn ihre Eltern bei einer ärztlichen Verrichtung anwesend sind, aber sie ähneln weit mehr richtigen Kindern als die in sich gekehrten Roboter, mit denen wir es früher oft zu tun hatten. Kinderärzte, die den Wandel miterlebt haben, können bezeugen, daß die Sensibilität und der Einfallsreichtum der Eltern oft eine weit bessere Pflege für das Kind zur Folge haben, als der Arzt sie alleine bereitstellen könnte.

Kommentar: Wir dürfen nicht vergessen, daß diese Verlagerung des Augenmerks auf die positiven Kräfte der normalen Eltern und ihrer gesunden Neugeborenen geeignet ist, um so mehr die Trauer und Verlassenheit sichtbar werden zu lassen, die sich einstellen werden, wenn wir ein krankes

Neugeborenes von seinen Eltern trennen müssen. Daher sollten wir Sicherungen einbauen, nicht nur für die Eltern, sondern mehr noch für das Klinikpersonal, das sich schwertun wird, in einer solchen mit neuem Optimismus geladenen Umgebung die Verantwortung für leidende Eltern zu übernehmen. Das ändert jedoch nichts daran, daß es für die Eltern in einer solchen schönen neuen Welt in der Tat einfacher sein wird, den Beistand zu finden, den sie benötigen, denn die Energiereserven werden weniger erschöpft sein; allerdings ist es auch denkbar, daß Ärzte und Schwestern weniger Erfahrung im Umgang mit ihren persönlichen Problemen und Krisen haben.

T. B. Brazelton

Wenn nun die im Gesundheitswesen Verantwortlichen neue Methoden der klinischen Familienbetreuung in das bestehende komplexe System der klinischen Gesundheitspflege einführen, ist es sehr wichtig, daß die großen Fortschritte und Beiträge der modernen Geburtshilfe und Neonatologie nicht verlorengehen. Die Versuche, die Geburt und die nachgeburtliche Fürsorge stärker familienorientiert zu gestalten, sollten den Fortschritt in diesen beiden sich rapide entwickelnden Disziplinen nicht aufhalten. Wenn man nicht in größerem Maßstab versucht, die wesentlichen Bestandteile dieser drei Ansätze perinataler Gesundheitsfürsorge miteinander zu verknüpfen, werden manche Eltern ganz auf die Klinik verzichten. Zwar wird die Hausgeburt manchen ein wärmeres menschliches Erlebnis verschaffen, aber andererseits kann es nicht ausbleiben, daß es in manchen dieser Fälle zu tragischen Konsequenzen kommt. Wir treten daher unbedingt dafür ein, daß Geburten auch in der Zukunft in der Klinik stattfinden, daß die Klinik aber ein breites Spektrum an Dienstleistungen anbietet, um den besonderen medizinischen und persönlichen Bedürfnissen jeder Familie gerecht zu werden. Es wird daher auch weiterhin Einrichtungen und Apparaturen geben, wie wir sie gegenwärtig für die traditionelle Klinikgeburt verwenden, daneben aber auch Räumlichkeiten innerhalb der Entbindungsabteilung, die vollkommen anders eingerichtet sind. Dort können Eltern drei oder vier enge Freunde oder Verwandte zu sich einladen, und die Mutter kann in deren Gegenwart die Wehen durchmachen und ihr Kind gebären – in der Stellung, die sie am bequemsten findet, betreut von ihrer Hebamme, ohne Drogen oder Anästhesie, aber andererseits auch, für den sicherlich seltenen Notfall, in Reichweite der Hilfsmittel, die das Krankenhaus bietet, beispielsweise frisches Transfusionsblut und ein Beatmungsgerät für das Neugeborene; ferner würden chirurgische Einrichtungen zur Verfügung stehen, für den Fall, daß, etwa bei akuter Lebensgefahr für das Kind, ein Kaiserschnitt notwendig wird. Im Normalfall jedoch kann eine

Geburt durchaus unter Verzicht auf die in Risikofällen angebrachten Vorsichtsmaßregeln und Überwachungsfunktionen vor sich gehen. Wie Vaughan (1975) dazu bemerkt hat: »Es ist vielleicht wirklich eine Katastrophe, daß das medizinische Modell – oder, noch schlimmer, das chirurgische Modell – auf den Geburtsvorgang übertragen worden ist, der in Wirklichkeit ein *soziales* Ereignis ist. Ich glaube es ist an der Zeit, daß wir die Geburt eines Kindes wieder zu einem sozialen Ereignis machen, indem wir sie aus der klinischen Sphäre herausnehmen und sie den Eltern und der Familie zurückgeben.«

Diese Ausweitung des Dienstleistungsangebots der Klinik an die Familie wird keine leichte Aufgabe sein. Die Veränderungen, zu denen es in der Neonatologie und in der klinischen Geburtshilfe gekommen ist, waren die Folge jahrelanger eingehender Untersuchungen mit dem Ziel, die Überlebensrate und die qualitative Verfassung der überlebenden Neugeborenen zu verbessern. Heute bricht im Gesundheitswesen eine Ära an, in der es notwendig sein wird, daß die Ärzte jede ihrer liebgewordenen Prozeduren und Techniken einer aufmerksamen kritischen Prüfung unterziehen.

Literaturverzeichnis

Ahrens, R.: Beitrag zur Entwicklung des Physiognomie- und Mimikerkennens, Z. Exp. Angew. Psychol. **2**:412–454, 1964.

Ainsworth, M. D. S. & Bell, S. N.: Attachment, exploration and separation: illustrated by the behavior of one-year-olds in a strange situation, Child Dev. **41**:49–67, 1970.

Ainsworth, M. D. S., Bell, S. M. & Slayton, D. J.: In Richards, M. P. M., Hrsg.: The integration of a child into a social world, New York, 1974, Cambridge University Press.

Altmann, M.: In Rheingold, H. R., Hrsg.: Maternal behavior in mammals, New York, 1963, John Wiley & Sons, Inc.

Ambuel, J. & Harris, B.: Failure to thrive: a study of failure to grow in height or weight, Ohio Med. J. 59: 997–1001, 1963.

Antony, E. J. Benedek, T.: Parenthood, its psychology and psycho pathology, Boston, 1970, Little, Brown & Co.

Avery, J.: Persönliche Mitteilung, 1973.

Barbero, G.: Persönliche Mitteilung, 1973.

Barnard, K.: A program of stimulation for infants born prematurely, Seattle, 1975, University of Washington Press.

Barnett, C. R., Grobstein, R. & Seashore, M.: Persönliche Mitteilung, 1972.

Barnett, C. R., Leiderman, P. H., Grobstein, R. & Klaus, M. H.: Neonatal separation: the maternal side of interactional deprivation, Pediatrics **45**:197–205, 1970.

Bell, J. E.: The family in the hospital, Bethesda, Md., 1960, National Institute of Mental Health.

Benedek, T.: Studies in psychosomatic medicine: the psychosexual function in women, New York, 1952, Ronald Press Co.

Benfield, D. G., Leib, S. A. & Reutor, J.: Grief response of parents following referral of the critically ill newborn, N. Eng. J. Med. **294**:975–978, 1976.

Berg, R. B. & Salisbury, A.: Discharging infants of low birth weight: reconsiderations of current practice, Am. J. Dis. Child. **122**:414–417, 1971.

Berkson, G.: In Lewis, M. & Rosenblum, L. A., Hrsg.: The effect of the infant on its caregiver, New York, 1974, John Wiley & Sons, Inc.

Bernal, J. F. & Richards, M. P.: In Barnett, A., Hrsg.: Ethology and development, vol. II, London, 1972, Little Club Clinics in Developmental Medicine.

Bettelheim, B.: How do you help a child who has a physical handicap? Ladies Home J. **89**:34–35, 1972.

Bibring, G.: Some considerations of the psychological processes in pregnancy, Psychoanal. Study Child **14**:113–121, 1959.

Bibring, G. L., Dwyer, T. F., Huntington, D. S. & Valenstein, A. F.: A study of the psychological processes in pregnancy and of the earliest motherchild relationship. I. Some propositions and comments, Psychoanal. Study Child. **16**:9–27, 1961.

Blau, A., Slaff, B., Easton, R., Welkowitz, J., Springain, J. & Cohen, J.: The psychogenic etiology of premature births, a preliminary report, Psychosom. Med. **25**:201–211, 1963.

Blake, A., Stewart, A. & Turcan, D.: In Parent-infant interaction, Ciba Foundation Symposium 33, Amsterdam, 1975, Elsevier Publishing Co.

Boston Women's Health Book Collective: Our bodies, ourselves, New York, 1971, Simon & Schuster, Inc.

Bowlby, J.: Nature of a child's tie to his mother, Int. J. Psychoanal. **39**:350–373, 1958.

Bowlby, J.: Attachment and loss, Bd. 1, New York 1969, Basic Books. Gekürzte deutsche Ausgabe: Bindung. Eine Analyse der Mutter-Kind-Beziehung, München 1975, Kindler.

Brandt, E. M. & Mitchell, G.: In Rosenblum, L. A., Hrsg.: Primate behavior: developments in field and laboratory research, vol. II, New York, 1971, Academic Press, Inc.

Brazelton, T. B.: Psychophysiologic reaction in the neonate. II. Effects of maternal medication on the neonate and his behavior, J. Pediatr. **58**:513–518, 1961.

Brazelton, T. B.: The early mother-infant adjustment, Pediatrics **32**:931–938, 1963.

Brazelton, T. B.: Implications of infant development among the Mayan Indians of Mexico, Hum. Dev. **15**:90–111, 1972.

Brazelton, T. B.: Effect of maternal expectations on early infant behavior, Early Child Dev. Care **2**:259–273. 1973.

Brazelton, T. B., School, M. L. & Robey, J. S.: Visual responses in the newborn, Pediatrics **37**:284–290, 1966.

Brazelton, T. B., Koslowski, B. & Main, M.: In Lewis, M. & Rosenblum, L. A., Hrsg.: The effect of the infant on its caregiver, New York,- 1974, John Wiley & Sons, Inc.

Brazelton, T. B., Tronick, E., Adamson, L., Als, H. & Wise, S.: In Parentinfant interaction, Ciba Foundation Symposium 33, Amsterdam, 1975, Elsevier Publishing Co.

Bronfenbrenner, U.: Early deprivation in mammals: a cross-species analysis. In Newton, G. & Levine S., Hrsg.: Early experience and behavior, Springfield, Ill., 1968, Charles C. Thomas, Publisher.

Broussard, E. & Hartner, M.: Maternal perception of the neonate as related to development, Child Psychol. Hum. Dev. **1**(1):16–25, 1970.

Budin, P.: The nursling, London, 1907, Caxton Publishing Co.

Caplan, G.: Patterns of parental response to the crisis of premature birth, Psychiatry **23**:365–374, 1960.

Caplan, G.: Principles of preventive psychiatry, New York, 1964, Grune & Stratton, Inc.

Caplan, G., Mason, E. & Kaplan, D. M.: Four studies of crisis in parents of prematures, Community Ment. Health J. **1**:149–161, 1965.

Carr, E. F. & Oppé, J. E.: The birth of an abnormal child: telling the

parents, Lancet, **2**:1075–1077, 1971.
Cassel, Z. K. & Sander, L. W.: Neonatal recognition processes and attachment: the masking experiment. Presented at the Society for Research in Child Development, Denver, 1975.
Cohen, R. L.: Some maladaptive syndromes of pregnancy and the puerperium, Obstet. Gynecol. **27**:562–570, 1966.
Collias, N. E.: The analysis of socialization in sheep and goats, Ecology **37**:228–239, 1956.
Condon, W. S. & Sander, L. W.: Neonate movement is synchronized with adult speech: interactional participation and language acquisition, Science **183**:99–101, 1974.
Crook, J. H., Hrsg.: Social behaviour in birds and mammals, New York, 1970, Academic Press, Inc.
Crosse, V. M.: The premature baby, ed. 4, Boston, 1957, Little, Brown & Co.
Cullberg, J.: In Psychosomatic medicine in obstetrics and gynaecology, 3rd International Congress, Basel & München, 1972, S. Karger.
Daniels, L. L. & Berg, G. M.: The crisis of birth and adaptive patterns of amputee children, Clin. Proc. Child. Hosp. D. C. **24**:108–117, 1968.
D'Arcy, E.: Congenital defects: mothers' reactions to first information, Br. Med. J. **3**:796–798, 1968.
Darwin, C.: Die Abstammung des Menschen und die geschlechtliche Zuchtwahl, Stuttgart 1966, Kröner.
De Chateau, P.: Persönliche Mitteilung, 1974.
De Chateau, Peter: Neonatal care routines; influences on maternal and infant behavior and on breast feeding Diss., Umea, Schweden, 1976, Umea University medical dissertations, N. S. no. 20.
Desmond, M. M., Rudolph, A. J. & Phitaksphraiwan, P.: The transitional care nursery: a mechanism of a preventive medicine, Pediatr. Clin. North Am. **13**:651–668, 1966.
Deutsch, H.: Psychologie der Frau, Bern 1948, Huber.
Dillard, R. G. & Korones, S. B.: Lower discharge weight and shortened nursery stay for low birthweight infants, N. Engl. J. Med. **288**:131–133, 1973.
Dolhinow, P., Hrsg.: Primate patterns, New York, 1972, Holt, Rinehart & Winston, Inc.
Drotar, D.; Baskiewicz, A., Irvin, N., Kennell, J. H. & Klaus, M. H.: The adaptation of parents to the birth of an infant with a congenital malformation: a hypothetical model, Pediatrics **56**:710–717, 1975.
Elmer, E. & Gregg, G. S.: Developmental characteristics of abused children, Pediatrics **40**:596–602, 1967.
Engel, F.: Grief and grieving, Am. J. Nurs. **64**:93–98, 1964.
Evans, S., Reinhart, J. & Succop, P.: A study of 45 children and their families, J. Am. Acad. Child Psychiatry **11**:440–454, 1972.
Ewer, R. F.: Ethologie der Säugetiere, Berlin u. Hamburg 1976, Parey.
Faber, H. K. & McIntosh, R.: History of the American Pediatric Society, New York, 1966, McGraw-Hill Book Co.
Fanaroff, A. & Baskiewicz, A.: Unveröffentlichte Daten, 1975.

Fanaroff, A. A., Kennell, J. H. & Klaus, M. H.: Follow-up of low birth-weight infants – the predictive value of maternal visiting patterns, Pediatrics **49**:288–290, 1972.

Forfar, J. O. & MacCabe, A. F.: Masking and gowning in nurseries for the newborn infant: effect on staphylococcal carriage and infection, Br. Med. J. **1**:76–79, 1958.

Fraiberg, S.: In Lewis, M. & Rosenblum, L. A., Hrsg.: The effect of the infant on its caregiver, New York, 1974, John Wiley & Sons, Inc.

Frommer, E. A. & O'Shea, G.: Antenatal identification of women liable to have problems in managing their infants, Br. J. Psychiatry **123**:149–156, 1973.

Giles, P. F. H.: Reactions of women to perinatal death, Aust. N. Z. J. Obstet. Gynaecol. **10**:207–210, 1970.

Gleich, M.: The premature infant. III, Arch. Pediatr. **59**:172–173, 1942.

Goffman, E.: Stigma. Über Techniken der Bewältigung beschädigter Identität, Frankfurt/M. 1967, Suhrkamp.

Goldberg, S.: Infant care and growth in urban Zambia, Hum. Dev. **15**:77–89, 1972.

Goldblum, R., Ahlstedt, S., Carlsson, B. & Hanson, L.: Antibody production by human colostrum cells, Pediatr. Res. **9**:330, 1975.

Goren, C., Sarty, M. & Wu, P.: Visual following and pattern discrimination of face like stimuli by newborn infants Pediatrics **56**:544–549, 1975.

Greenberg, M. & Morris, N.: Engrossment: the newborn's impact upon the father, Am. J. Orthopsychiatry **44**:520–531, 1974.

Greenberg, M., Rosenberg, I. & Lind, J.: First mothers rooming-in with their newborns: its impact on the mother, Am. J. Orthopsychiatry **43**:783–788, 1973.

Grota, L. J.: Factors influencing the acceptance of caesarean delivered offspring by foster mothers, Physiol. Behav. **3**:265–269, 1968.

Haith, M. M., Kessen, W. & Collins, D.: Response of the human infant to level of complexity of intermittent visual movement, J. Exp. Child. Psychol. **7**:52, 1969.

Hales, D., Trause, M. A. & Kennell, J. H.: How early is early contact? Defining the limits of the sensitive period, Pediatr. Res. **10**:448, 1976.

Harlow, H. F., Harlow, M. K. & Hansen, E. W.: In Rheingold, H. R., Hrsg.: Maternal behavior in mammals, New York, 1963, John Wiley & Sons, Inc.

Harper, R., Concepcion, S. & Sokol, S.: Is parental contact with infants in the neonatal intensive care unit really a good idea? Pediatr. Res. **9**:259, 1975.

Hasselmeyer, E.: Handling and premature infant behavior: an experimental study of the relationship between handling and selected physiological, pathological, and behavioral indices related to body functioning among a group of prematurely born infants who weighed between 1,501 and 2,000 grams at birth and were between the ages of seven and twenty-eight days of life, Dissertation Abstr. **24**:7, 1964.

Helfer, R., Hrsg.: Das geschlagene Kind, Frankfurt 1978, Suhrkamp.

Hersher, L., Richmond, J. & Moore, A.: In Rheingold, H. R., Hrsg.: Maternal behavior in mammals, New York, 1963a, John Wiley & Sons, Inc.

Hersher, L., Richmond, J. & Moore, A.: Modifiability of the critical period for the development of maternal behavior in sheep and goats, Behaviour (an International Journal of Comparative Ethology) **20**:311–320, 1963b.

Hinde, R. A. & Spencer-Booth, Y.: The study of mother-infant interaction in captive group-living rhesus monkeys, Proc. R. Soc. [Biol.] **169**:177–201, 1968.

Hwang, P., Guyda, H. & Friesen, H.: A radioimmunoassay for human prolactin, Proc. Natl. Acad. Sci. U.S.A. **68**:1902–1906, 1971.

Iyengar, L. & Selvaraj, R. J.: Intestinal absorption of immunoglobulins by newborn infants, Arch. Dis. Child. **42**:411–414, 1972.

Jackson, E., Olmstead, R., Foord, A., Thomas, H. & Hyder, K.: Hospital rooming-in unit for 4 newborn infants and their mothers: descriptive account of background, development, and procedures with few preliminary observations, Pediatrics **1**:28–43, 1948.

James, V. L., Jr. & Wheeler, W. E.: The care-by-parent unit, Pediatrics **43**: 488–494, 1969.

Johns, N.: Family reactions to the birth of a child with a congenital abnormality, Med. J. Aust. **1**:277–282, 1971.

Kahn, E., Wayburne, S. & Fouche, M.: The Baragwanath premature baby unit – an analysis of the case records of 1,000 consecutive admissions. S. Afr. Med. J. **28**: 453–456, 1954.

Kaila, E.: Die Reaktionen des Säuglings auf das menschliche Gesicht, Z. Psychol. **135**:156–163, 1935.

Kaplan, D. N. & Mason, E. A.: Maternal reactions to premature birth viewed as an acute emotional disorder, Am. J. Orthopsychiatry **30**:539–552, 1960.

Kattwinkel, J., Hearman, H., Fanaroff, A. A., Katona, P. & Klaus, M. H.: Apnea of prematurity, J. Pediatr. **86**:588–592, 1975.

Katz, V.: Auditory stimulation and developmental behavior of the premature infant, Nurs. Res. **20**:196–201, 1971.

Kaufman, C.: In Anthony, E. & Benedek, T., Hrsg.: Parenthood: its psychology and psychopathology, Boston, 1970, Little, Brown & Co.

Kennell, J. H., Chesler, D., Wolfe, H. & Klaus, M. H.: Nesting in the human mother after mother-infant separation, Pediatr. Res. **7**:269, 1973.

Kennell, J. H. & Klaus, M. H.: Clin. Obstet. Gynecol. **14**:926–954, 1971.

Kennell, J. H., Klaus, M. H. & Wolfe, H.: Nesting behavior in the human mother after prolonged mother-infant separation. In Swyer, P. & Stetson, J., Hrsg.: Current concepts of neonatal intensive care, St. Louis, 1975, Warren H. Green, Inc.

Kennell, J. H. & Rolnick, A.: Discussing problems in newborn babies with their parents, Pediatrics **26**:832–838, 1960.

Kennell, J. H., Slyter, H. & Klaus, M. H.: The mourning response of parents to the death of a newborn infant, N. Engl. J. Med. **283**:344–349, 1970.

Kennell, J. H., Jerauld, R., Wolfe,

H., Chesler, D., Kreger, N. C., McAlpine, W., Steffa, M. & Klaus, M. H.: Maternal behavior one year after early and extended post-partum contact, Dev. Med. Child Neurol. **16**:172–179, 1974.

Kennell, J. H., Trause, M. A. & Klaus, M. H.: In Parent-infant interaction, Ciba Foundation Symposium 33, Amsterdam, 1975, Elsevier Publishing Co.

Klaus, M. H. & Kennell, J. H.: Mothers separated from their newborn infants, Pediatr. Clin. N. Am. **17**:1015–1037, 1970.

Klaus, M. H., Kennell, J. H., Plumb, N. & Zuehlke, S.: Human maternal behavior at first contact with her young, Pediatrics **46**: 187–192, 1970.

Klaus, M. H., Jerauld, R., Kreger, N., McAlpine, W., Steffa, M. & Kennell, J. H.: Maternal attachment: importance of the first post-partum days, New Engl. J. Med. **286**:460–463, 1972.

Klaus, M. H., Trause, M. A. & Kennell, J. H.: In Parent-infant interaction, Ciba Foundation Symposium 33, Amsterdam, 1975, Elsevier Publishing Co.

Klein, M. & Stern, L.: Low birth weight and the battered child syndrome, Am. J. Dis. Child. **122**:15–18, 1971.

Klopfer, P.: Mother love: what turns it on? Am. Sci. **49**:404–407, 1971.

Konner, M. J.: Aspects of the developmental ethology of a foraging people. In Jones, N. B., Hrsg., Ethological studies of child behavior, London, 1972, Cambridge University Press.

Korner, A., Kraemer, H., Haffner, M. & Cosper, L.: Effects of waterbed flotation on premature infants: a pilot study, Pediatrics **56**:361–367, 1975.

Kramer, L. & Pierpont, M.: Rocking waterbeds and auditory stimuli to enhance growth of preterm infants, J. Pediatr. **8**:297–299, 1976.

Lang, R.: Birth book, Ben Lomond, Calif., 1972, Genesis Press.

Lang, R.: Persönliche Mitteilung, 1974.

Lanier, B. O., Goldman, A. S. & Harris, N. S.: Plasma cell antigen bearing lymphocytes in primary immunodeficiencies, Pediatr. Res. **9**:331, 1975.

Lawick-Goodall, J.: Wilde Schimpansen. Zehn Jahre Verhaltensforschung am Gombe-Strom, Reinbek 1971, Rowohlt.

Leiderman, P. H., Leifer, A. D., Seashore, M. J., Barnett, C. R. & Grobstein, R.: Mother-infant interaction: effects of early deprivation, prior experience and sex of infant. Early Dev. (Research Publication of the Association for Research in Nervous and Mental Disease) **51**:154–175, 1973.

Leifer, A. D., Leiderman, P. H., Barnett, C. R. & Williams, J. A.: Effects of mother-infant separation on maternal attachment behavior, Child Dev. **43**: 1203–1218, 1972.

Levy, D.: Observations of attitudes and behavior in the child health center, Chicago, 1951, Year Book Medical Publishers, Inc.

Liebling, A.: Profiles: patron of the preemies, New Yorker Mag. June 3, pp. 20–24, 1939.

Lind, J.: Persönliche Mitteilung, 1973.

Lind, J., Vuorenkoski, V. & Wasz-Hackert, O.: In Morris, N., Hrsg.:

Psychosomatic medicine in obstetrics and gynaecology, Basel, 1973, S. Karger.
Lindemann, E.: Symptomatology and management of acute grief, Am. J. Psychiatry **101**:141–148, 1944.
Lott, D. & Rosenblatt, J.: In Foss, B. M., Hrsg.: Determinants of infant behavior. IV. London, 1969, Methuen & Co., Ltd.
Lozoff, B. & Misra, R.: Medical control over labour, Lancet **1**:1242–1243, 1975.
MacFarlane, J. A.: In Parent-infant interaction, Ciba Foundation Symposium 33, Amsterdam, 1975, Elsevier Publishing Co.
Mason, E. A.: A method of predicting crisis outcome for mothers of premature babies, Public Health Rep. **78**:1031–1035, 1963.
Mata, L.: Persönliche Mitteilung, 1974.
McBryde, A.: Compulsory rooming-in in the ward and private newborn service at Duke Hospital, J.A.M.A. **145**:625–628, 1951.
Meier, G. W.: Maternal behavior of feral- and laboratory-reared monkeys following the surgical delivery of their infants, Nature (Lond.) **206**:492–493, 1965.
Meltzoff, N. & Moore, M.: Neonate imitation: a test of existence and mechanism. Presented at the Society for Research in Child Development, Denver, 1975.
Miller, F. J. W.: Home nursing of premature babies in Newcastle-on-Tyne, Lancet **2**:703–705, 1948.
Miller, L. G.: Toward a greater understanding of the parents of the mentally retarded child, J. Pediatr. **73**:699–705, 1968.
Mills, N.: Persönliche Mitteilung, 1974.
Miranda, S., Hack, M., Fanaroff, A. A. & Klaus, M. H.: Neonatal visual pattern fixation: a possible predictor of future mental performance, Pediatr. Res. **8**:463, 1974.
Moss, H. A.: Methodological issues in studying mother-infant interaction, Am. J. Orthopsychiat. **35**:482–486, 1965.
Newton, N. & Newton, M.: Mothers' reactions to their newborn babies, J.A.M.A. **181**:206–211, 1962.
Oliver, J. E., Cox, J., Taylor, A. & Baldwin, J.: Severely ill-treated young children in North-East Wiltshire, Oxford, 1974, Oxford University Unit of Clinical Epidemiology.
Olshansky, S.: Chronic sorrow: a response to having a mentally defective child, Soc. Casework **43**: 190 193, 1962.
Parke, R.: Father-infant interaction. In Klaus, M. H., Leger, T. & Trause, M. A., Hrsg.: Maternal attachment and mothering disorders: a round table, Sausalito, Calif., 1974, Johnson & Johnson Co.
Parkes, C. M.: Bereavement and mental illness. I. A clinical study of the grief of bereaved psychiatric patients, Br. J. Med. Psychol. **38**:1–12, 1965*a*.
Parkes, C. M.: Bereavement and mental illness. II. A classification of bereavement reactions, Br. J. Med. Psychol. **38**:13–26, 1965*b*.
Parkes, C. M.: The nature of grief, Int. J. Psychiatry **3**:435–438, 1967.
Parkes, C. M.: Vereinsamung. Die Lebenskrise bei Partnerverlust;

psychologisch-soziologische Untersuchung des Trauerverhaltens, Reinbek 1974, Rowohlt.
Parmelee, A. H., Jr., Wenner, W. H., Akiyama, Y., Schultz, M. & Stern, E.: Sleep states in premature infants, Dev. Med. Child Neurol. **9**:70–77, 1967.
Philips, C. R. N.: Neonatal heat loss in heated cribs vs. mothers' arms, J.O.G.N. Nurs. **3**:11–15, 1974.
Poirier, F. E., Hrsg.: Primate socialization, New York, 1972, Random House, Inc.
Powell, L. F.: The effect of extra stimulation and maternal involvement on the development of low-birth-weight infants and on maternal behavior, Child Rev. **45**:106–113, 1974.
Prugh, D.: Emotional problems of the premature infant's parents, Nurs. Outlook **1**:461–464, 1953.
Rawlings, G., Reynolds, E. O. R., Stewart, A. & Strang, L. B.: Changing prognosis for infants of very low birth weight, Lancet **1**:516–519, 1971.
Raphael, D.: The tender gift, Englewood Cliffs, N. J., 1973, Prentice-Hall, Inc.
Richards, M. P. M. & Bernal, J. B.: In Schaffer, H. R., Hrsg.: The origins of human social relations, London, 1971, Academic Press.
Ringler, N. M., Kennell, J. H., Jarvella, R., Navojosky, B. J. & Klaus, M. H.: Mother-to-child speech at 2 years – effects of early postnatal contact, J. Pediatr. **86**:141–144, 1975.
Ringler, N. M., Trause, M. A. & Klaus, M. H.: Mother's speech to her two-year-old, its effect on speech and language comprehension at 5 years, Pediatr. Res. **10**:307, 1976.
Robson, K. S.: The role of eye-to-eye contact in maternal-infant attachment, J. Child Psychol. Psychiatry **8**:13–25, 1967.
Rose, J., Boggs, T., Jr. & Alderstein, A.: The evidence for a syndrome of »mothering disability« consequent to threats to the survival of neonates: a design for hypothesis testing including prevention in a prospective study, Am. J. Dis. Child. **100**:776–777, 1960.
Rosenblatt, J. S.: The development of maternal responsiveness in rats, Am. J. Orthopsychiatry **39**: 36–56, 1969.
Rosenblatt, J. S.: In Aronson, L., Toback, E., Lehrman, D. & Rosenblatt, J. S., Hrsg.: Development and evolution of behavior: essays in memory of T. C. Schneirla, San Francisco, 1970, W. H. Freeman & Co., Publishers.
Rosenblatt, J. S.: Persönliche Mitteilung, 1971.
Rosenblatt, J. S.: In Parent-infant interaction, Ciba Foundation Symposium 33, Amsterdam, 1975, Elsevier, Publishing Co.
Rosenblatt, J. S. & Lehrman, D.: In Rheingold, H. R., Hrsg.: Maternal behavior in mammals, New York, 1963, John Wiley & Sons, Inc.
Rosenblatt, J. S. & Siegel, H. I.: Hysterectomy-induced maternal behavior during pregnancy in the rat, J. Comp. Physiol. Psychol. **89**:685–700, 1975.
Rosenblum, L. A. & Kaufman, J. C.: In Altmann, S., Hrsg.: Social communication among primates, Chicago, 1967, University of Chicago Press.
Roskies, E.: Abnormalities and normalities: the mothering of thalidomide children, New

York, 1972, Cornell University Press.
Roth, L. & Rosenblatt, J.: Self-licking and mammary development during pregnancy in the rat, J. Endocrinol. **42**:363–378, 1968.
Rubin, R.: Maternal touch, Nurs. Outlook **11**:828–831, 1963.
Sackett, G. P. & Ruppenthal, G. C.: In Lewis, M. & Rosenblum, L. A., Hrsg.: The effect of the infant on its caregiver, New York, 1974, John Wiley & Sons, Inc.
Salk, L.: The role of the heartbeat in the relations between mother and infant, Sci. Am. **228**:24–29, May, 1973.
Sameroff, A.: In Avery, G. B., Hrsg.: Neonatology, Philadelphia, 1975, J. B. Lippincott Co.
Sander, L. W., Stechler, G., Burns, P. & Julia, H.: Early mother-infant interaction and 24-hour patterns of activity and sleep, J. Am. Acad. Child Psychiatry **9**:103–123, 1970.
Scarr-Salapatek, S. & Williams, M. L.: The effects of early stimulation on low birth-weight infants, Child Dev. **44**:94–101, 1973.
Schneirla, T., Rosenblatt, J. & Tobach, E.: In Rheingold, H. R., Hrsg.: Maternal behavior in mammals, New York, 1963, John Wiley & Sons, Inc.
Schreiber, J.: Persönliche Mitteilung, 1974.
Seashore, M. H., Leifer, A. D., Barnett, C. R. & Leiderman, P. H.: The effects of denial of early mother-infant interaction on maternal self-confidence, J. Pers. Soc. Psychol. **26**:369–378, 1973.
Segall, M.: Cardiac responsibility to auditory stimulation in premature infants, Nurs. Res. **21**:15–19, 1972.
Selman, E., McEwan, A. & Fisher, E.: Studies on natural sucking in cattle during the first eight hours post partum. I. Behavioral studies (dams), Animal Behav. **18**: 276–283, 1970.
Shaheen, E., Alexander, D., Truskowsky, M. & Barbero, G.: Failure to thrive – a retrospective profile, Clin. Pediatr. **7**:255–261, 1968.
Shaikh, A. A.: Estrone and estradiol levels in the ovarian venous blood from rats during the estrous cycle and pregnancy, Biol. Reprod. **5**:297–307, 1971.
Shinefield, H. R., Ribble, J. C., Boris, M. & Eichenwald, H. F.: Bacterial interference: its effect on nursery-acquired infection with *Staphylococcus aureus,* Am. J. Dis. Child. **105**:646–654, 1963.
Siegel, H. I. & Rosenblatt, J. S.: Estrogen-induced maternal behavior in hysterectomized-ovariectomized virgin rats, Physiol. Behav. **14**:465–471, 1975.
Silverman, W.: Persönliche Mitteilung, 1967.
Silverman, W. A. & Sinclair, J. C.: Evaluation of precautions before entering a neonatal unit, Pediatrics **40**:900–901, 1967.
Skinner, A. & Castle, R.: Seventy-eight battered children: a retrospective study, London, 1969, National Society for the Prevention of Cruelty to Children.
Solkoff, N., Yaffe, S., Weintraub, D. & Blase, B.: Effects of handling on subsequent development of premature infants, Dev. Psychol. **1**:765–768, 1969.
Solnit, A. J. & Stark, M. H.: Mourning and the birth of a defective child, Psychoanal. Study Child **16**:523–537, 1961.

Sousa, P. L. R., Barros, F. C., Gazalle, R. V., Begères, R. M., Pinheiro, G. N., Menezes, S. T. & Arruda, L. A.: Attachment and lactation, Fifteenth International Congress of Pediatrics, Buenos Aires, Oct. 3, 1974.

Spitz, R.: Vom Säugling zum Kleinkind. Naturgeschichte der Mutter-Kind-Beziehungen im ersten Lebensjahr, Stuttgart 1967, Klett.

Spitz, R. A. & Wolff, K. M.: The smiling response: a contribution to the ontogenesis of social relations, Genet. Psychol. Monogr. **34**:57–125, 1946. Auch als Sonderdruck; Princetown, Mass. (Journal Press) 1946.

Stechler, G. & Lantz, E.: Some observations on attention and arousal in the human infant, J. Am. Acad. Child. Psychiatry **5**:517, 1966.

Stern, D.: In Lewis, M. & Rosenblum, L. A., Hrsg.: The effect of the infant on its caregiver, New York, 1974, John Wiley & Sons, Inc.

Stewart, A. & Reynolds, E. O. R.: Improved prognosis for infants of very low birthweight, Pediatrics **54**:724–735, 1974.

Tafari, N. & Ross, S. M.: On the need for organized perinatal care, Ethiop. Med. J. **11**:93–100, 1973.

Tafari, N. & Sterky, G.: Early discharge of low birth-weight infants in a developing country, Environ. Child Health **20**:73–76, 1974.

Terkel, J. & Rosenblatt, J. S.: Maternal behavior induced by maternal blood plasma injected into virgin rats, J. Comp. Physiol. Psychol. **65**:479–482, 1968.

Terkel, J. & Rosenblatt, J. S.: Humoral factors underlying maternal behavior at parturition: cross transfusion between freely moving rats, J. Comp. Physiol. Psychol. **80**:365–371, 1972.

Turnbull, A. C., Patten, P. T., Flint, A. P. F., Keirse, M. J. N. C., Jeremy, J. Y. & Anderson, A.: Significant fall in progesterone and rise in oestradiol levels in human peripheral plasma before onset of labour, Lancet **1**:101–103, 1974.

Van den Daele, L. D.: Infant reactivity to redundant proprioceptive and auditory stimulations: a twin study, J. Psychol. **78**:269–276, 1971.

Van den Daele, L. D.: Modification of infant state by treatment in a rockerbox, J. Psychol. **74**: 161–165, 1970.

Vaughan, V.: Persönliche Mitteilung, 1975.

Voysey, M.: Impression management by parents with disabled children, J. Health Soc. Behav. **13**:80–89, 1972.

Walker, A.: Immunology of the gastrointestinal tract, J. Pediatr. **83**:517–530, 1973.

Warkany, J.: Congenital malformations: notes and comments, Chicago, 1971, Year Book Medical Publishers, Inc.

Williams, C. P. & Oliver, T. K., Jr.: Nursery routines and staphylococcal colonization of the newborn, Pediatrics **44**:640–646, 1969.

Winters, M.: The relationship of time of initial feeding to success of breast-feeding. Unpublished, Master's thesis, Seattle, 1973, University of Washington.

Wolff, P. H.: Observations on newborn infants, Psychosom. Med. **21**:110–118, 1959.

Wolff, P. H.: The causes, controls and organization of behavior in the neonate, New York, 1965, International Universities Press, Inc.

Yarrow, L. J.: Maternal deprivation: toward an empirical and conceptual reevaluation. Psychol. Bull. **58**: 459–490, 1961.

Sachregister

S

Personenregister

Dr. med. *Marshall H. Klaus*
Professor für Kinderheilkunde an der Case Western Reserve University School of Medicine
Kinderarzt am Rainbow Babies and Children's Hospital in Cleveland, Ohio.

Dr. med. *John H. Kennell*
Professor für Kinderheilkunde an der Case Western Reserve University School of Medicine
Kinderarzt am Rainbow Babies and Children's Hospital in Cleveland, Ohio.

Mitautoren:
Dr. med. Bertrand Cramer, Leiter des Universitäts-Kinderbetreuungszentrums in Genf, Schweiz

Nancy A. Irvin M.S.S.A., im Forschungsbereich tätige Sozialarbeiterin, Fachbereich Kinderheilkunde, Universitätskliniken der Universitäten von Cleveland, Ohio

Dr. phil. Mary Anne Trause, Dozentin für Psychologie, Fachbereich Kinderheilkunde der Case Western Reserve University School of Medicine in Cleveland, Ohio

Kritische Kommentatoren

Dr. phil. Kathryn Barnard, Professorin für Säuglingspflege an der University of Washington in Seattle, Washington

Dr. med. T. Berry Brazelton, Außerordentlicher Professor für Kinderheilkunde an der Harvard University in Cambridge, Massachusetts

Erna Furman, Mitarbeiterin im Forschungszentrum für Kindesentwicklung in Cleveland; Assistenzprofessorin für Klinische Kindertherapie am Fachbereich für Psychiatrie der Case Western Reserve University School of Medicine in Cleveland, Ohio

Dr. med. Morris Green, Professor und Leiter des Fachbereichs Kinderheilkunde an der University of Indiana School of Medicine in Indianapolis, Indiana

Natacha Josefowitz M.S.W., arbeitet an der Whittemore School, University of New Hampshire in Durham, New Hampshire

Dr. med. Betsy Lozoff, arbeitet im Fachbereich Kinderheilkunde, Medizin und Anthropologie der Case Western Reserve University in Cleveland, Ohio

Dr. med., Dr. phil. Jay S. Rosenblatt, Direktor des Instituts für Tierverhaltensforschung der Rutgers University in Newark, New Jersey

Dr. med. Albert J. Solnit, Professor für Kinderheilkunde und Psychiatrie an der Yale University School of Medicine in New Haven, Connecticut